BERT-DIETER HUISMANS

WAS ZU TUN IST BEI ALZHEIMER UND MIKROBIELLEN & PARASITÄREN URSACHEN

novum pro

Bibliografische Information
der Deutschen Nationalbibliothek:

Die Deutsche Nationalbibliothek
verzeichnet diese Publikation in
der Deutschen Nationalbibliografie.
Detaillierte bibliografische Daten
sind im Internet über
http://www.d-nb.de abrufbar.

Alle Rechte der Verbreitung,
auch durch Film, Funk und Fernsehen,
fotomechanische Wiedergabe,
Tonträger, elektronische Datenträger
und auszugsweisen Nachdruck,
sind vorbehalten

Gedruckt in der Europäischen Union
auf umweltfreundlichem, chlor- und
säurefrei gebleichtem Papier.

© 2022 novum Verlag

ISBN 978-3-99131-306-9
Lektorat: Leon Haußmann
Umschlagfoto:
Woodooart | Dreamstime.com
Umschlaggestaltung, Layout & Satz:
novum Verlag
Innenabbildungen:
Bert-Dieter Huismans

Die vom Autor zur Verfügung ge-
stellten Abbildungen wurden in der
bestmöglichen Qualität gedruckt.

www.novumverlag.com

Neurodegenerative Erkrankungen
Demenz, Alzheimer, Parkinson, Multiple Sklerose und Amyotrophe Lateralsklerose

Dr. med. Bernt-Dieter Huismans
Was zu tun ist bei Alzheimer und mikrobiellen
und parasitären Ursachen und bei Demenz, Parkinson,
Multipler Sklerose und Amyotropher Lateralsklerose

Zusammenfassung

Der vorliegende Beitrag ist eine Sammlung von Literaturverweisen und Kommentaren, die aus der Erfahrung eines Internisten entstanden sind während einer viele Jahrzehnte langen ärztlichen Tätigkeit an Patienten mit chronischen Multisystemkrankheiten (non communicable diseases, Multisystemic Infectious Disease Syndromes, MSIDS, Umwelt Erkrankungen, Crypto-Infections). Der Beitrag soll ein Plädoyer sein an die Trendsetter im Bereich der Wissenschaft (Huismans BD, 2018, Höll D, 2021, Perronne C, 2021).

Betroffenheit und das Gefühl von Hilflosigkeit kann den behandelnden Arzt überkommen bei Patienten mit Demenz, Alzheimer, Parkinson, Multipler Sklerose (MS) oder Amyotropher Lateralsklerose (ALS). Die anfallenden Kosten sind immens (Michalowsky B, 2019, 2020). Angehörige und soziale Sicherungssysteme können an diesen Kosten auch zugrunde gehen.

In der Literatur werden seit vielen Jahrzehnten zahlreiche mikrobielle und parasitäre Ursachen bei Demenz, Alzheimer, Parkinson, Multipler Sklerose (MS) und Amyotropher Lateralsklerose (ALS) beschrieben. Genetische Ursachen zeigen die Empfänglichkeit an. Sie sind aber zumeist nicht die Ursache der Erkrankung. Mikrobielle und parasitäre Ursachen ließen sich ursachengerecht (kausal) behandeln und nicht nur symptomatisch, wie es bei diesen Erkrankungen bisher die Regel ist.

Das Spektrum der möglichen Infekt-Ursachen wird aufgezeigt und die Risikofaktoren und Kontraindikationen der Behandlung werden gelistet.

Die biologischen Grundlagen bei chronischen Multisystemkrankheiten durch Krankheitserreger im Allgemeinen und die Schwierigkeiten bei der Diagnostik und der Therapie werden ausführlich dargelegt.

Anleitungen zu Diagnostik und Therapie von Demenz, Alzheimer, Parkinson, Multipler Sklerose (MS) und Amyotropher

Lateralsklerose (ALS), wenn Viren, Mikroben und Parasiten als Krankheitsursache infrage kommen, werden abgehandelt.

Zuletzt werden optional Therapiemuster mit Standardmedikamenten und die unter dieser Behandlung notwendigen Kontrolluntersuchungen aufgelistet.

Der Beitrag wurde praxisorientiert und patientenzentriert verfasst (von Bergmann G, 1922, Balint M, 1964, von Uexküll T, 1979, 1981, Wesiack W, 1984, Elsenbruch S, 2011, Lu YF, 2014, Leiner P, 2015, Horowitz L, 2018).

Abstract

The present contribution is a collection of literature references and comments, which have arisen from the experience of an internist, during many decades of medical practice on patients with chronic multisystem diseases, the so called non communicable diseases, Multisystemic Infectious Disease Syndromes, MSIDS, Umwelt Erkrankungen, Crypto-Infections. The article is meant to be a plea to the trendsetters in the field of science (Huismans BD, 2018, Höll D, 2021, Perronne C, 2021).

The treating physician can be overcome by consternation and a feeling of helplessness in patients with dementia, Alzheimer's disease, Parkinson's disease, multiple sclerosis (MS) or amyotrophic lateral sclerosis (ALS). The costs incurred on the patient for care are immense (Michalowsky B, 2019, 2020). Relatives and social security systems can perish from these costs. A paradigm shift, as described here, could remedy the situation.

Numerous microbial and parasitic causes in dementia, Alzheimer's disease, Parkinson's disease, multiple sclerosis (MS), and amyotrophic lateral sclerosis (ALS) have been described in the literature for many decades. Genetic causes mostly indicate susceptibility. However, they are not the cause of the disease. Microbial and parasitic causes could be treated causally and not only symptomatically, which it is the rule for these diseases so far.

The spectrum of possible infectious causes is shown and the risk factors and contraindications for treatment are listed.

The biological basis of chronic multisystem diseases caused by pathogens in general and the difficulties in diagnosis and therapy are explained in detail.

Instructions for diagnosis and therapy of dementia, Alzheimer's disease, Parkinson's disease, multiple sclerosis (MS) and amyotrophic lateral sclerosis (ALS), when microbes and parasites are the possible causes of disease, are covered.

Lastly, optional therapy patterns with standard medications and the control examinations required under this treatment are listed.

The article was written in a practice-oriented and patient-centered way (von Bergmann G, 1922, Balint M, 1964, von Uexküll T, 1979, 1981, Wesiack W, 1984, Elsenbruch S, 2011, Lu YF, 2014, Leiner P, 2015, Horowitz L, 2018).

Inhaltsverzeichnis

Schlüsselwörter, keywords:

Demenz, Alzheimer, Parkinson, Multiple Sklerose, MS, Encephalomyelitis disseminata, Amyotrophe Lateralsklerose, ALS, nicht übertragbare Krankheiten, noncommunicable diseases, NCDs, Nature deficit disorders, NDDs, Mikrobiom, Microbiome, Endomikrobiom, Chronische Multisystemkrankheiten, Multisystemic Infectious Disease Syndromes, MSIDS, Umwelterkrankungen, Crypto-Infections, Verlegenheitsdiagnosen, Cavete Diagnosen, Klinische Diagnosen, Biofilm Krankheiten, Stille Entzündung, low grade inflammation, silent Inflammation, Inflammation cachée, Metaflammation, Endosymbiosis, Verborgene Infektion, Hidden Infection, Infection cachée.

Zielgruppen:

Betroffene, Angehörige und Therapeuten. Naturwissenschaftliche, medizinische und biologische Fachkreise, Ärzte und Studenten. Chemisch-phamazeutische Industrie, Zentren für neurodegenerative Erkrankungen, Krankenkassen, Marketing Manager (Leitlinienersteller), Juristen, Politiker und interessierte Laien.

Für den Inhalt dieses Beitrags bestand zu keiner Zeit weder eine finanzielle Abhängigkeit noch ein Interessenskonflikt.

1 Einführung

Dieser Beitrag behandelt ein Gesundheitsthema. Er dient nicht der Selbstdiagnose oder Selbsttherapie und ersetzt keine klinische Diagnose durch einen Arzt.

Berichtet wird über den Einfluss von Krankheitserregern bei Demenz, Alzheimer, Parkinson, Multipler Sklerose und Amyotropher Lateralsklerose. (Finlay BB, 2020). Diese Krankheiten werden derzeit als „noncommunicable diseases (NCDs)", als „nicht übertragbare Krankheiten" bezeichnet.

Dargestellt werden das Spektrum der infrage kommenden Infekt-Ursachen und Checklisten zur Erhebung der allgemeinen klinischen Anamnese und der allgemeinen klinischen Untersuchung. Bei Alzheimer und Multipler Sklerose trat hier der Zusammenhang mit Spirochäten, z. B. Borrelien, besonders hervor.

Zusammengestellt wurden die Laboruntersuchungen, bildgebenden und sonstigen Verfahren, die bei einer Sicherung der klinischen Diagnose helfen können.

Gelistet wurden das Spektrum der zur Verfügung stehenden therapeutischen Möglichkeiten, die Risiken und möglichen Komplikationen bei einer Kombinationslangzeittherapie mit Chemotherapeutika, bzw. Antibiotika, sowie die Abfolge der notwendigen Kontrolluntersuchungen bei den Patienten.

Die Literaturverweise entstanden über Jahrzehnte, davon zuletzt innerhalb von 7 Jahren während der Arbeit als behandelnder Arzt in einer Spezialklinik.

Die Suche nach Hinweisen für Zusammenhänge erfolgte über Medline, Google, Google Scholar in Englisch und in Deutsch. Die Sammlung der Literaturverweise entstand kontinuierlich. Sie wurde für den vorliegenden Beitrag nicht selektiert, sondern unverändert belassen. Wiederholungen von Textinhalten und Literaturverweisen waren unvermeidbar.

Der Leser wird selbst entscheiden müssen, was er glauben soll.

Literatur zu den beiden Kapiteln
Zusammenfassung und Einführung

Huismans BD Differential – Diagnosen, Cavete Diagnosen (v.Bergmann) http://www.xerlebnishaft.de/cavete_diagnosen.pdf

Huismans BD Chronic Inflammatory Disorders, Multisystem diseases caused by pathogens http://www.kabilahsystems.de/ko-erreg_eupd1.pdf

Huismans BD Ko-Erreger und Toxine bei Lyme – Borreliose, Multisystem- Multiinfektions – Krankheiten und bei Cavete Diagnosen

http://www.xerlebnishaft.de/ko-erreger.pdf

Huismans BD Borrelien, sexuelle Übertragbarkeit und Schwangerschaft. http://www.kabilahsystems.de/borreliensexuell-schwanger.pdf

Gödel K (1931) Über formal unentscheidbare Sätze der Principia Mathematica und verwandter Systeme I. Monatshefte für Mathematik und Physik. 38, 173–198, doi: 10.1007/BF01700692, Zentralblatt MATH.

Lin MT, Beal MF (2006) Mitochondrial dysfunction and oxidative stress in neurodegenerative diseases. Nature. 443, 787–795.

Sarasin P, Berger S, Hänseler M, Spörri M (2007) Bakteriologie und Moderne. Studien zur Biopolitik des Unsichtbaren 1870-1920. Surkamp Taschenbuch Wissenschaft

Lu YF, Goldstein DB, Angrist M, Cavalleri G (2014) Personalized medicine and human genetic diversity. Cold Spring Harbor Perspectives in Medicine. 4 (9), a008581. doi:10.1101/cshperspect.a008581. PMC 4143101. PMID 25059740. [Präzisionsmedizin]

Leiner P (2015) Präzisionsmedizin: Zukunft der Krebsmedizin. In: Ärzte Zeitung. Springer Medizin. https://www.aerzteblatt.de/nachrichten/sw/Individualisierte%20Medizin?page=1 [Präzisionsmedizin]

Blaser MJ, Magin U (2017) Antibiotika Overkill. Herder https://www.herder.de/leben-shop/antibiotika-overkill-ebook-(epub)/c-28/p-10846/

Bosch ThCG (2017) Der Mensch als Holobiont. Mikroben als-Schlüssel zu einem neuen Verständnis von Leben und Gesundheit. Ludwig Verlag. ISBN: 978-3-86935-324-1

Geesink JH, Meijer DKF (2017) <u>A new causal deterministic coherence law in quantum physics revealed</u>. OAT https://www.oatext.com/a-new-causal-deterministic-coherence-law-in-quantum-physics-**revealed.php**

Huismans BD (2018) Diagnostik / Therapie und biologische Grundlagen zu Cavete Diagnosen bei Multisystemkrankheiten durch Krankheitserreger Literatursammlung und Kommentar https://www.grin.com/document/432181

<u>Horowitz</u> L, <u>Freeman</u> PR (2018) Precision Medicine: The Role of the MSIDS Model in Defining, Diagnosing, and Treating Chronic Lyme Disease/Post Treatment Lyme Disease Syndrome and Other Chronic Illness: Part 2. <u>Healthcare (Basel)</u>. 6(4), 129. Published online 2018 Nov 5. doi: <u>10.3390/healthcare6040129</u> PMCID: PMC6316761 PMID: <u>30400667</u> https://www.ncbi.nlm.nih.gov/pmc/articles/PMC6316761/ [Präzisionsmedizin]

Maes W (2019) Chronische Borreliose - der Schlüssel liegt im Immunsystem http://www.maes.de/11%20BORRELIOSE/maes.de%20CHRONISCHE%20BORRELIOSE%20UND%20IMMUNSYSTEM.PDF

Huismans BD (2019) BIOFILM MEDIZIN. Schaker Verlag. [Metaorganismus, Biogeographie] https://www.shaker.de/de/content/catalogue/index.asp?lang=de&ID=8&ISBN=978-3-8440-6830-6

Michalowsky B, Xie F, Eichler T, Hertel J et al. (2019) Cost-Effectiveness of a Collaborative Dementia Care Management - Results of a Cluster-Randomized Controlled Trial. Alzheimers Dement. 15, 1296–1308. doi: 10.1016/j.jalz.2019.05.008

Michalowsky B, Kaczynski A, Hoffmann W (2020) Ökonomische und gesellschaftliche Herausforderungen der Demenz in Deutschland - Eine Meta-Analyse. Bundesgesundheitsblatt Gesundheitsforschung Gesundheitsschutz. 62, 981–992. doi: 10.1007/s00103-019-02985-z

YouTube (2020) A Campaign Against Alzheimer's Disease https://www.youtube.com/watch?v=CGBwrcU6Zpg

Bosch ThCG (2021) Im Dialog bleiben: Hygienemaßnahmen und das gesunde Mikrobiom in Zeiten von Corona. https://www.youtube.com/watch?v=N9FJBf2m4Tc

DGN Deutsche Gesellschaft für Neurologie (2021) Diagnose und Therapie der Multiplen Sklerose, Neuromyelitis-optica-Spektrum-Erkrankungen und MOG-IgG-assoziierten Erkrankungen

https://dgn.org/leitlinien/ll-030-050-diagnose-und-therapie-der-multiplen-sklerose-neuromyelitis-optica-spektrum-erkrankungen-und-mog-igg-assoziierten-erkrankungen/

Höll D (2021) Mikrobiom und Ethik.Ärzteblatt Baden-Württemberg 6/21 (Jg. 26), 320–323.

https://uni-tuebingen.de/es/forschung/forschungsschwerpunkte/exzellenzcluster-cmfi/aktuelles/medien-presse/

Perronne C (2021) CRYPTO-INFECTIONS. Hammersmith Health books London UK https://www.buecher.de/shop/gesundheit--medizin/crypto-infections-ebook-epub/perronne-christian/products_products/detail/prod_id/61123917/

2 Demenz, Alzheimer, Parkinson, MS und ALS

Symptome, Befunde und Ursachenspektrum der genannten Erkrankungen

Für die Diagnosen der oben genannten Krankheitsbilder steht kein spezieller Krankheitsmarker zur Verfügung, der einen Krankheitsbeweis ermöglichen würde. Die Ursachen der Erkrankungen befinden sich im Dunkeln.

Bei den Bezeichnungen Demenz, Alzheimer, Parkinson, Multiple Sklerose (MS), Amyotrophe Lateralsklerose (ALS) werden Symptome beschrieben (Huismans BD, 2018[1]). Symptome beschreibende Diagnosen gehören zu den Cavete Diagnosen (von Bergmann G, 1928 und 1932). Cavete Diagnosen (Verlegenheitsdiagnosen) bilden eine „eigene Gruppe zwischen den richtigen und den verfehlten Diagnosen" (Gross R, Universität zu Köln, 1969).

„Demenz" (Lat.) heißt „ohne Geist". Die „Alzheimer-Krankheit"[2] ist die häufigste Form von Demenz. Bei der Alzheimer-Krankheit steht der Verlust der Orientierung im Vordergrund.

---

1 Huismans BD (2018) Diagnostik/Therapie und biologische Grundlagen zu Cavete Diagnosen bei Multisystemkrankheiten durch Krankheitserreger https://www.grin.com/document/432181

2 Synonyma für die Alzheimer-Krankheit sind Frontotemporale Lobärdegeneration (FTL), Tauopathie, Vaskuläre Demenz, Lewyi body Demenz (Habeck C, 2008) Parkinson Demenz, Mixed Demenz, Morbus Pick, Kortikobasale Degeneration, Primär progressive Aphasie, Posteriore kortikale Atrophie, Huntington's Krankheit, Kreutzfeld-Jakob Krankheit, Normaldruck Hydrocephalus, Wernicke-Korsakoff Syndrom, Typ3 Diabetes (de la Monte SM, 2008, Frölich L, 2015, Miklossy J, 2016) u. a.

Mit „Parkinson" bzw. „Paralysis agitans" wird eine zumeist nur langsam fortschreitende Art von Schüttellähmung/Zitterlähmung bezeichnet.

Mit der Bezeichnung „Multiple Sklerose, (MS) bzw. Encephalomyelitis disseminata" wird eine in Schüben auftretende chronisch entzündliche Erkrankung beschrieben, zumeist des gesamten Gehirns und des Rückenmarks (Huismans L, 1902).

Mit der Bezeichnung „Amyotrophe Lateralsklerose, (ALS)" wird eine degenerative Erkrankung des motorischen Nervensystems beschrieben mit spastischen Lähmungen bei erhöhtem Muskeltonus.

Genetische Ausstattung, Risikofaktoren, Risikogene, Stoffwechselvarianten

Allgemein Risikofaktoren
Die Manifestation, das Wirksamwerden von genetischen Faktoren (Lill CM, 2015), ist immer abhängig von Umweltbedingungen, von dem Milieu, von Disstress, Toxinen (Hill H-U, 2014, MCAS), Lärm, Elektromagnetismus (Quorum), Radioaktivität, Viren, Mikroben und Parasiten.

Andauernde systemische Entzündungen zerstören, sowohl die Blut-Hirn-Schranke „blood-brain barrier", als auch die Darm-Blut-Schranke, „leaky gut".

Risikogene bei Demenz und Alzheimer und bei Parkinson
„Über 20 Gene wurden entdeckt, die für die Entwicklung einer familiären Form dieser Krankheit verantwortlich sind" (Skrzypa M, 2019). Apolipoprotein E4, lösliches CD14 Glycoprotein (sCD14), das Ehlers Danlos Syndrom (EDS), Medium–Chain-

Acyl-CoA-Dehydrogenase-Mangel (MCAD), Familiäre Dys-
autonomie bzw. die hereditäre sensible Neuropathie Typ III
(Riley-Day-Syndrom), ererbte und erworbene Mitochondrio-
pathien (Lin MT, 2006), ATP6/ATP8 Mutation, APOE Epsilon 4, CYP46, APP, PSEN1, PSEN2, UBQLN1, BACE1, PRND,
APBB2, TOMM 40, TREM2 R47H (Skrzypa M, 2019), ABCC1
(Pahnke J, 2014). Diese genetischen Risikofaktoren seien aber au-
ßerordentlich selten anzutreffen. (Pedersen NL, 2004, Lill CM,
2015). Häufig ist dagegen die sporadische Form dieser Erkrankung. Diese sporadische Form hat als Risikofaktor wohl nur das
Lipoprotein ApoE Epsilon 4 **K01** sowie speziele Muster im Mikrobiom (Sutherland S, 2014, Brandscheid C, 2017, Hewel C,
2020, Novikova G, 2021) und eine bevorzugte Sexzugehörig-
keit (Fisher DW, 2018).

Risikofaktoren bei dem Parkinson Syndrom sind das LRRK2-
Enzym und der Verlust des Fragile X Mental Retardation Proteins (FMRP) (Tan Y, 2019)

Risikogene bei Multipler Sklerose (MS)

HLA-DR15, HLA-DRB1, HLA-BPB1, CD6, IRF8, TNFRSF1A
und die CBLB Varianten. „Die Wissenschaftler konnten bereits
23 bekannte genetische Assoziationen bestätigen. Gleichzeitig
entdeckten sie 29 neue genetische Varianten, die mit der Entstehung von Multipler Sklerose zusammenhängen." (Masterman T,
2000, Sawcer S, 2011) **K02**

Risikogene bei Amyotropher Lateralsklerose (ALS)

C9orf72 (Chromosom 9 open reading frame 72) (Iacoange-
li A, 2019), Mutation der D-amino acid oxidase, Caveolin-3
(M-Caveolin)-Defekte, Superoxide Dismutase-Gen (SOD1)-
Mutationen (Witan H, 2008) im Zusammenhang mit Katalase
(H_2O_2)- Mutationen in den Genen für TDP-43 und FUS (Hü-
bers A, 2013) **K03.**

Tabelle 1: Virale, mikrobielle und parasitäre Ursachen

VIREN
Coxsackie Virus,
Enteroviren
Epstein Barr Virus
Herpes Virus Arten
Cytomegalie Virus
Hepatitis C Virus
Masernvirus
Poliovirus
Varizellen Zoster Virus
Adenoviren
Parvo B19
Influenza Virus
Rötelnvirus
West Nil Virus
Humane endogene Viren
Phlebi V, Borna V.,
Powasan V…
HIV/AIDS/SIDA Virus
Humane endogene Retroviren

BAKTERIEN
Bartonellen
Chlamydien
Mykoplasmen
Anaplasmen/Ehrlichien
Rickettsien,
Midichloria mitochondrii
Streptokokken, Aktinomycetales
Atypische Mykobakterien (MOTT)

Listerien
Haemophilus influenzae
Franzisellen,
Tropheryma whippelii
Shigellen, Brucellen
Meningokokken
Coxiellen, Yersinien

SPIROCHÄTEN
Borrelien
Leptospiren
Treponemen

PROTOZOEN, APICOMPLEXA
Babesien
Toxoplasmen, Leishmanien
Sporozoa; Plasmodien (Malaria)

SPROSSPILZE
Candida, Cryptokokken,
Schimmelpilze, Schlauchpilze

HYPHENPILZE
Kokzidien
Histoplasmen

PRIONE
Variant Creutzfeldt–Jakob

NEMATODEN
UND TREMATODEN
Mikrofilarien
Dirofilarien
Taenien

Tabelle 1: Viren, Mikroben und Parasiten bei Demenz, Alzheimer, Parkinson, Multipler Sklerose und Amyotropher Lateralsklerose (Frahm C, 2019). K04

Krankheitserreger und Toxine
bei Demenz/Alzheimer, Parkinson

Viren, das Virom, das Phageom, eine erhöhte Reverse Transkriptase (RT)-Aktivität (Temin H, 1972, Ghose Ch, 2019, Mikovits J, 2020), Bakterien, Pilze, Protozoen, Dirofilarien/Mikrofilarien (Innes JR, 1952, 1953, Fleming JO, 2006, Correale J, 2007, 2008, 2009, Beaver PC, 1984, 1987, Potio E, 2007, McDonald A, 2013, 2016, Kumar D, 2016, Adams JU, 2017, Zhuang ZQ, 2018, Frahm C, 2019, Iqbal UH, 2020), Feinstaub, Toxine (Hill H-U, 2014) und bakterielle L-Form Varianten[3]. Man findet sie bei Amyloid-, Tau-Proteinen und als abgelagerte „Körperchen"[4] (Itzhaki R, 2016, Editorial Alzheimer's Disease, 2016, Haas JG, 2018, Fülöp T, 2018, Franceschi F, 2019). **K05**

Bei den Ursachen von Parkinson standen früher die Umweltgifte im Vordergrund, wie Paraquat, Rotenon, Lindan, Trichloraethylen, Perchloraethylen, Octenol oder Annonacin. Heute werden eher Mikroben (Sampson TR, 2016) oder der Zustand nach Schädel-Hirn-Trauma, Eisenstoffwechselstörungen und Infektionen durch Viren, die den Vagusnerv betreffen, genannt, oder eine Ablagerung von „Lewi-Körperchen"[5]. **K06**

---

3 Synonyma für bakterielle L-Form Varianten, V.B.N.C. (Viable But Non Cultivatable) Formen, d. h. Zellwand defekte Bakterienvarianten (CWDs), die größer sind als 250 Nanometer: Round bodies, Granular forms, Cysts, Blebs, Lysosomals, Dormants, Bacterial stress variants, Persisters, Slowly growing bacterial populations, Bacterial Yin-Yang Variants, Atypical bacterial variants.

4 Synonyma für bakterielle L-Form Varianten, V.B.N.C. (Viable But Non Cultivatable) Formen, d. h. Zellwand defekte Bakterienvarianten (CWDs), die kleiner sind als 250 Nanometer: "filterable microbes", bacterial L-formes (L = little, large, lipoidal, lithe, Lister), L1-Forms, L-Phase Variants, Bacterial Yin-Yang variants, Atypical bacterial variants, Nanobacteria/Nanobes (Kajander EO, 1996- 1998). http://www.erlebnishaft.de/stressvar1.pdf

5 „Lewy-Körperchen (englisch: Lewy bodies) sind charakteristische Strukturen, die im Gehirngewebe von Patienten, die zu Lebzeiten an Parkinson-Krankheit oder einer Demenz gelitten haben, nachweisbar sind. Es sind runde zytoplasmatische Einschlusskörperchen der Nervenzellen". https://de.wikipedia.org/wiki/Lewy-K%C3%B6rperchen

Krankheitserreger und Toxine bei Multipler Sklerose (MS)
Bei der multiplen Sklerose ist eine Reaktivierung und Produktion von normalerweise inaktivierten, „schlafenden" endogenen Retroviren bekannt (Temin H, 1972, Mikovits J, 2020) und ein Verlust der Vielfalt (Diversität) im enteralen Mikrobiom (Merril CR, 1971, Bassler BL, 1999, Christensen T, 2001, 2005, Perron H, 2000, 2009, Firouzi R, 2003, Mameli G, 2013, 2014, Garcia-Montojo M, 2013, Kriesel JD, 2019, Bottero V, 2019), sowie der Nachweis von zahlreichen anderen aktivierten Viren (Epstein Barr, Herpes, Polyoma (JCV), Hepatitis B, HPV) und von Bakterien, Protozoen, Dirofilarien/Mikrofilarien und von Toxinen. **K07**

**Krankheitserreger und Toxine
bei Amyotropher Lateralsklerose (ALS)**
Als Krankheitserreger finden sich Retroviren (Douville R, 2011), Bakterien (Freerksen E, 1975, Schadewaldt H, 1998), Pilze, Metalle (Peters TL, 2016) und Toxine. **K08**

Glossar K01 K02 K03 K04 K05 K06 K07 K08

K01 Autoren zu genetischen Risikofaktoren bei Demenz, Alzheimer

ApolipoproteinE4

Corder EH (1993), Craft S (1998), Marques AR (2001), Itzhaki RF (2009), Blu G (2009), Mahley RW (2009), Carter CA (2010, 2011), Reitz Chr (2010), Yu JT (2014), Mormino EC (2014), Bredesen DE (2016), Agosta F (2018)

Lösliches CD14 Glycoprotein (cCD14)

Sahay B (2011), Wang Y (2018). Pase MP (2019)

ABCC1

Pahnke J (2014)

Antikörperkonglomerate

Pedersen NL (2004), Finckh U (2006), Abramov E (2009), Turcel C (2009), Iqbal K (2005), Zempel H (2010), Abbot (2016) DiBiagio JR (2016), Haas C (2016), Kumar (2016), Girolamo F (2017), Bredesen DE (2017), Vojdani A (2018), Moir (2016, 2018) Späni C (2015), Jucker M (2015, 2017)

Neuroglia, Microglia

Hoeijmakers L (2016), Soreq L (2017)

Autoren zu genetischen Risikofaktoren bei Parkinson

Fuchs J (2009), Brockmann K (2016)

K02 Autoren zu genetischen Risikofaktoren bei Multipler Sklerose (MS)

Masterman T (2000), Dyment DA (2005), Barcellos LF (2006), The International Multiple Sclerosis Genetics Consortium (IMSGC) (2007), Brynedal B (2007), Hemminki K (2009), De Jager PL (2009), Sanna S (2010), Pierrot-Deseilligny C (2010), Field J (2010), Sawcer S (2011)

**K03 Autoren zu genetischen Risikofaktoren
      Amyotrophe Lateralsklerose**

Cruts M (1993), Cashman (1985), Jeong SY (2009), Mitchell J (2010), Deng HX (2011), DeJesus-Hermandez M (2011), Renton AE (2011), Herdewyn S (2012), Friedland RP (2012), Boeve BF (2012)

K04 Bei Alzheimer und Multipler Sklerose traten unter den Bakterien die Spirochäten, darunter Borrelien als Krankheitsursache besonders hervor.

**Autoren zu Borrelien, oral treponemata
bei Demenz/Alzheimer**

Schaudinn RF (2x1905), MacDonald AB (1986, 1987, 1988, 4 x 2006, 2007, 2008, 2016), Pappolla MA (1989), Miklossy J (1990, 1993, 1994, 1998, 2004, 3 x 2006, 3 x 2008, 2011, 2012, 2013, 2014, 2015, 2016), Riviere GR (1991), Waniek C (1995), Balin (1998), Riviere GR (2002), Green DA (2005), Meer-Scherrer L (2006), Blanc F (2014), Maheshwari P (2014), Fischer O (2015), Allen HB (2016, 2x2018, 2x2019), Zahn (2016), Ide (2016), Chen CK (2016), Bastian (2017), Alonso R (2018)

Autoren zu Spirochaeten bei Multipler Sklerose

Buzzard EF (1911), Bullock WE (now Gye) (1913), Steiner G (1917, 1918, 2019, 1927, 1928, 1952, 2x1954) Simmering (1918), Gye F (1921), Kaberlah (1922), Sicard (1922), Stepanopoulo (1922), Schlossman (1923), Blacklock (1924), Wilson (1927), Rogers, Helen J. (1932), Simons (1933), Hassin (1939), Adams (1948), Ichelson R (1957), Gay D (1986), Kurtz SK (1986), Marshall V (1988), Liegner KB (1990, 1992), Treib J (1999), Smielewska-Badora J (2000), Rostasy K, (2003), Fritzsche M (2004) Cossu D. (2012), Chen J (2016), Jangi S (2016), Barazin SE (2017, 2018), Tankou SK (2018), Kriesel JD (2019)

K05 Autoren zu Krankheitserregern und Toxinen bei Demenz/Alzheimer

Viren

Itzahaki R, Literature (1960–2016)

Herpes simplex virus Type 1 (HSV1)

Wisniewsky HM (1978), Lord MA (1980), Saldanha J (1986, 2012), Smith TA (1989), Jamieson GA (1991) Stanley LC (1994), Izaki (1997), Beffert U (1998) Itzhaki RF (1997, 2008, 2014, 2016, 2018) Hemling N (2003) Wozniak MA (2007, 2009, 2011) Zambrano A (2008), Letenneur L (2008) De Chiara G (2010) Cheng SB (2011), Lerchundi R (2011) Bearer EL (2013), Carter CJ (2013), Ball MJ (2013) Lövheim H (2014), Mancuso R (2014), Martin C0 (2014) Bourgade K (2015, 2016), Civitelli L (2015), Gillet L (2015), Piacentini R (2015), Lövheim H (2 x 2015, 2016), Harris SA (2015), Nian-Sheng Tzeng (2018), Readhead B (2018)

HIV Virus

Esiri MM (1998) Smith DB (2014)

Bakterien und fehlgefaltete Proteine

Borrelia, oral treponemata

Schaudinn RF (2x1905), MacDonald AB (1986, 1987, 1988, 4 x 2006, 2007, 2008, 2016), Pappolla MA (1989), Miklossy J (1990, 1993, 1994, 1998, 2004, 3 x 2006, 3 x 2008, 2011, 2012, 2013, 2014, 2015, 2016), Riviere GR (1991), Waniek C (1995), Balin (1998), Riviere GR (2002), Green DA (2005), Meer-Scherrer L (2006), Blanc F (2014), Maheshwari P (2014), Fischer O (2015), Zahn (2016), Ide (2016), Chen CK (2016), Bastian (2017), Alonso R (2018), Allen HB (2016, 2x2018, 2x2019)

Chlamydia pneumoniae

Balin BJ (1998, 2008) Little CS (2004) Boelen E (2007) Maheshwari P, (2014, 2015), Sapi E (2019)

Proprioni bacterium acnes

Kornhuber HH (1996)

Helicobacter pylori

Kountouras J (2006)

Porphyromonas gingivalis

Dominy SS (2019), MacKenzie D (2019)

Pilze, fungi
Pisa D (2013, 2015, 2017) Alonso R (2 x 2014, 2017, 2018), Alz-
Forum (2015)
Protozoen
Tooran NC (2019)
Fadenwürmer
McDonald A (2016), Kumar D (2016)
Feinstaub, Nanopartickel
Kirschvink JL (1992) Pankhurst Q (2008) Moulton PV (2012)
Teller S (2015) Chau-Ren Jung (2015)
Toxine
Hill H-U (2014), Portelius E (2016), Killin LOJ (2016), Preto-
rius (2016), Mirza A (2017), Klotz (2017)

K06 Autoren zu Krankheitserregern bei Parkinson
Viren
Hemling N (2003), Singh NK (2014), BU XL (2015), Tetz G
(2018, 2020)
Bakterien
BU XL (2015), Pisché G (2017)
Protozoen
Fallahi S (2017)

K07 Autoren zu Krankheitserregern und Toxinen
bei Multipler Sklerose
Viren
Perron H (2000, 2009), Firouzi R (2003), Christensen T (2001,
2005), Levin LI (2005), Cossu D (2012), Djelilovic-Vranic J (2012),
Tselis A (2012), Olival GS (2013), Mameli G (2013, 2014), An-
gelini DF (2013), Garcia-Montojo M (2013), Mancuso R, Saresella M (2013), García-Montojo M (2014), Sutherland S (2014),
Lossius A (2014), Mechelli R (2015), Campbell A (2017), Hassani A (2018), Pender MP (2018)

Bakterien
Spirochaeten, spirochaeta und diverse Bakterienarten
Buzzard EF (1911), Bullock WE (now Gye) (1913), Steiner G (1917, 1918, 2019, 1927, 1928, 1952, 2x1954) Simmering (1918), Gye F (1921), Kaberlah (1922), Sicard (1922), Stepanopoulo (1922), Schlossman (1923), Blacklock (1924), Wilson (1927), Rogers, Helen J. (1932), Simons (1933), Hassin (1939), Adams (1948), Ichelson R (1957), Gay D (1986), Kurtz SK (1986), Marshall V (1988), Liegner KB (1990, 1992), Treib J (1999), Smielewska-Ba-dora J (2000), Rostasy K, (2003), Fritzsche M (2004) Cossu D. (2012), Chen J (2016), Jangi S (2016), Barazin SE (2017, 2018), Tankou SK (2018), Kriesel JD (2019)

Protozoen
Kissler H (2001)

Fadenwürmer, Dirofilarien/Mikrofilarien
Innes JR (1952, 1953), Fleming JO (2006), Correale J (2007, 2008, 2009), MacDonald A (2016), Kumar D (2016)

K08 Autoren zu Krankheitserregern und Toxinen bei ALS

Viren
Freerksen (1975), Douville R (2011)

Bakterien
Waisbren BA (1987), Fredrikson S (1988), ElAlaouli F (1990), Halperin JJ (1990), Hänsel Y (1946, 1995), LI YR (2013), Miller Al (2017)

Pilze, fungi
Alonso R (2017)

Toxine
Watts DL (1988), Dextro DT (1991), Yasui M (1993), Zecca L (2004), Mastroberadino PG (2009), Wang Q (2011), Rouault TA (2013), Veyrat-Durebex C (2014)), Peters TL (2016)

Literatur Begriffserklärungen

Huismans BD Differential – Diagnosen, Cavete Diagnosen (v.Bergmann) http://www.xerlebnishaft.de/cavete_diagnosen.pdf

Huismans BD Diagnostik /Therapie und biologische Grundlagen zu Cavete Diagnosen bei Multisystemkrankheiten durch Krankheitserreger. Literatursammlung und Kommentar. Grin Verlag https://www.grin.com/document/432181

Huismans BD http://www.wwwarchiv.de/wwwarchiv/anfang/huis/seite01.htm Alzheimer, Demenz, Parkinson, Hirnatrophie durch Spirochaeten und andere Erreger von Infektionskrankheiten. http://www.erlebnishaft.de/alzheimerspirochaetosis.pdf

Huismans BD Diät. http://www.xerlebnishaft.de/diaet.pdf

Huismans BD Salutogenese und Resilienz. http://www.xerlebnishaft.de/salutogenese.pdf

Huismans BD Acitomycetales, Aktinomykose, Nocardiose http://www.xerlebnishaft.de/aktinomykose.pdf

Von Bergmann G (1932) Funktionelle Pathologie. Eine klinische Sammlung von Ergebnissen und Anschauungen einer Arbeitsrichtung Springer Verlag. Berlin Heidelberg. Zu Cavete Diagnosen auf den Seiten 355–369

https://books.google.de/books?id=kTCEBwAAQBAJ&pg=PA365&lpg=PA365&dq=Gustav+von+Bergmann+cavete+diagnosen&source=bl&ots=uaqfEaZte&sig=ACfU3U09qdDLDCwiYHwY_tbtAttg3_KL5w&hl=de&sa=X&ved=2ahUKEwi7l5nftaPnAhW0ycQBH-XpgDAQQ6AEwA3oECAkQAQ#v=onepage&q=Gustav%20von%20Bergmann%20cavete%20diagnosen&f=false

Gross R (1969 / 2013) Heidelberger Taschenbücher Springer pp. 168–169 Medizinische Diagnostik – Grundlagen und Praxis. Cavete = lat.: https://www.latein.me/latein/cavete

d. h. in Deutsch: Hütet Euch vor diesen Diagnosen.

Stein E, Schaal KP (1987) Die Aktinomykosen Das Krankheitsbild aus heutiger Sicht. In: Hornstein OP, Hundeiker M, Schönfeld J (eds) Neue Entwicklungen in der Dermatologie. Springer, Berlin, Heidelberg. https://doi.org/10.1007/978-3-642-72828-0-14

https://link.springer.com/chapter/10.1007/978-3-642-72828-0_14
[s.a.Nocardiose, Biofilme]

Albert A (1987) Xenobiosis. Food, drugs and poisons in the human body. Chapman and Hall [Xenobiotica]

Craft S et al. (1998) Cerebrospinal fluid and plasma insulin levels in Alzheimer's disease: relationship to severity of dementia and apolipoprotein E genotype, Neurology, (PDF) https://www.ncbi.nlm.nih.gov/pubmed/9443474

Schadewaldt H (1998) Die Rückkehr der Seuchen. VGS ISBN-13: 9783802512766

ISBN-10: 3802512766

Mascitelli L et al. (2011) Nutrition and Alzheimer's disease: The detrimental role of a high carbohydrate diet, European Journal of Internal Medicine, (PDF) https://www.ncbi.nlm.nih.gov/pubmed/21402242

Valent P (2013) Mast Cell Activation Syndromes: Definition and Classification. Allergy 68(4), 417–424, doi:10.1111/all.12126, PMID 23409940. [MCAS]

Bayer TA (2015) Proteinopathies, a core concept for understanding and ultimately treating degenerative disorders? European Neuropsychopharmacology 25,13–724

Wendt T (2016) Quantifizierung von Tau, Phospho-Tau und β-Amyloidfragmenten zur Diagnostik von Demenzerkrankungen. Dissertation, Universität zu Lübeck

https://www.zhb.uni-luebeck.de/epubs/ediss1914.pdf

Jack CR Jr, Bennett DA, Blennow K, Carillo MC, Dunn B, Haeberlein SB et al. (2018) NIA-AA Research Framework: Toward a biological definition of Alzheimer's disease. Alzheimer's & Dementia 14, 535–562. https://www.ncbi.nlm.nih.gov/pubmed/29653606

Schleimer E, Pearce J, Barnecut et al. (2019) The Open MS BioScreen: applying human-centered design to develop a precision medicine tool for patients with multiple sclerosis. Journal of Medical Internet Researchon [Präzisionsmedizin] https://

www.researchgate.net/publication/339045443_The_Open_MS_BioScreen_applying_human-centered_design_to_develop_a_precision_medicine_tool_for_patients_with_multiple_sclerosis_Preprint

„After engaging intended users into iterative human-centered design of the Open MS BioScreen, we will now monitor adoption and dissemination of the tool as we expand its functionality and reach. The insights generated from this approach can be applied to the development of a number of self-tracking, self-management and engagement tools for patients with chronic conditions."

Literatur Risikogene, Stoffwechselvarianten, Risikofaktoren

Literatur Risikogene des Wirtsorganismus bei Demenz, Alzheimer

Huismans BD Genetische Faktoren http://www.xerlebnishaft.de/genetische_faktoren.pdf

Huismans BD Alzheimer, Demenz, Parkinson, Hirnatrophie durch Spirochaeten und andere Erreger von Infektionskrankheiten. http://www.erlebnishaft.de/alzheimerspirochaetosis.pdf

Huismans BD P53 http://www.erlebnishaft.de/p53.pdf

Huismans BD RNA-Welt, DNA-Welt, XNA-Welt http://www.xerlebnishaft.de/rna.pdf [miRNA]

Lill CM, Rengmark A, Pihlstrøm L et al. (2015) The role of TREM2 R47H as a risk factor for Alzheimer's disease, frontotemporal lobar degeneration, amyotrophic lateral sclerosis, and Parkinson's disease. Alzheimers Dement. 11(12), 1407–1416. doi: 10.1016/j.jalz.2014.12.009 https://pubmed.ncbi.nlm.nih.gov/25936935/

National Library of Medicine (2021) Alzheimer Disease. https://pubmed.ncbi.nlm.nih.gov/?term=%22Alzheimer%20Disease%22%5BMAJR%5D

National Library of Medicine (2021) Parkinson https://www.ncbi.nlm.nih.gov/nlmcatalog/?term=parkinson

National Library of Medicine (2021) Multiple sclerosis, Encephalomyelitis https://www.ncbi.nlm.nih.gov/nlmcatalog/?term=multiple+sclerosis

https://www.ncbi.nlm.nih.gov/nlmcatalog/?term=encephalomyelitis

National Library of Medicine (2021) Amyotrophic Lateralsclerosis https://www.ncbi.nlm.nih.gov/nlmcatalog/?term=amyotrophic+lateralsclerosis

Allgemeine Risikofaktoren bei Demenz

Fisher DW, Bennett D, Dong H (2018) Sexual dimorphism in predisposition to Alzheimer's disease. Neurobiol Aging. 70, 308–324. doi: 10.1016/j.neurobiolaging.2018.04.004 PMCID: PMC6368179 NIHMSID: NIHMS1003370 PMID: 29754747

Risk Reduction of Cognitive Decline and Dementia. WHO Guidelines. Geneva: World Health Organization; 2019. Licence: CC BY-NC-SA 3.0 IGO.

https://click.de.email-univadis.com/?qs=88df8f96fb0e82a2767d-1f82ca1b366cc10ff49ffd310ef2a297df5acef30e50cadac3a6efe6b2fdedd80d135efc254ce91ec4abfe775043

Livingston G, Huntley J, Sommerlad A et al. (2020) Dementia prevention, intervention, and care: 2020 report of the Lancet Commission. Lancet. S0140-6736(20)30367-6. doi:10.1016/S0140-6736(20)30367-6. https://www.thelancet.com/action/showPdf?pii=S0140-6736%2820%2930367-6 https://www.thelancet.com/journals/lancet/article/PIIS0140-6736(20)30367-6/fulltext

Spezielle genetische Risikofaktoren bei Demenz, Alzheimer

Pedersen NL, Gatz M, Berg S Johansson B (2004) How heritable is Alzheimer's disease late in life? Findings from Swedish twins. Ann Neurol 55(2), 180-5. MEDLINE https://www.ncbi.nlm.nih.gov/pubmed/14755721

Finckh U (2006) Genetische Faktoren bei Alzheimer-Demenz. The role of genetics in Alzheimer disease. Dtsch Arztebl 2006; 103(15): A-1010 / B-856 / C-826
https://www.aerzteblatt.de/archiv/51035/Genetische-Faktoren-bei-Alzheimer-Demenz

Deutsche Alzheimer Gesellschaft Selbsthilfe Demenz (2016) Die Häufigkeit von Demenzerkrankungen
https://www.google.com/url?sa=t&rct=j&q=&esrc=s&source=web&cd=3&ved=2ahUKEwjln5fj8fDlAhWKZVAK-HasbC7kQFjACegQIAhAC&url=https%3A%2F%2Fwww.deutsche-alzheimer.de%2Ffileadmin%2Falz%2Fpdf%2Ffactsheets%2Finfoblatt1_haeufigkeit_demenzerkrankungen_dalzg.pdf&usg=AOvVaw25jvUGokXV8KJBqL6GtT7J

Alzheimer Forschung Initiative e.V. (2020) https://www.alzheimer-forschung.de/alzheimer/wasistalzheimer/genetische-grundlagen/

ApolipoproteinE4

Corder EH, Saunders AM, Strittmatter WJ (1993) Gene dose of apolipoprotein E type 4 allele and the risk of Alzheimer's disease in late onset families. Science. 261 (5123), 921-923. PMID 8346443

Craft S et al. (1998) Cerebrospinal fluid and plasma insulin levels in Alzheimer's disease: relationship to severity of dementia and apolipoprotein E genotype, Neurology, (PDF) https://www.ncbi.nlm.nih.gov/pubmed/9443474

Marques AR, Straus SE, Fahle G, Weir S, Csako G, Fischer SH (2001) Lack of association between HSV-1 DNA in the brain, Alzheimer's disease and apolipoprotein E4. J Neurovirol 7, 82–83.

Bird TD (2005) Genetic Factors in Alzheimer's Disease. The N Engl J Med 352, 862–864 doi: 10.1056/NEJMp058027

Itzhaki RF, Wozniak MA (2009) Apolipoprotein E: Microbial friend or foe? In Apoprotein Research, Penfield LR, Nelson RT, Eds. Nova Biomedical, New York, pp. 99–112.

Bu G (2009) Apolipoprotein E and its receptors in Alzheimer's disease: pathways, pathogenesis and therapy. Nat. Rev. Neurosci. 10(5) 333–344. PMID 19339974 doi:10.1038/nrn2620

Mahley RW, Weisgraber KH, Huang Y (2009) Apolipoprotein E: Structure determines function, from atherosclerosis to Alzheimer's disease to AIDS. J Lipid Res 50 (Suppl), S183–S188.

Carter CJ (2010) APP, APOE, complement receptor 1, clusterin and PICALM and their involvement in the herpes simplex life cycle. Neurosci Lett 483, 96–100.

Reitz Chr, Tang M-X, Schupf N et al. (2010) A Summary Risk Score for the Prediction of Alzheimer Disease in Elderly Persons. Arch Neurol. 67(7), 835-841. doi: 10.1001/archneurol.2010.136. http://www.ncbi.nlm.nih.gov/pmc/articles/PMC3068839/

„Risk factors contributing to the risk score were age, sex, education, ethnicity, *APOE* ε4 genotype, history of diabetes, hypertension or smoking, high-density lipoprotein levels, and waist to hip ratio. The resulting risk score predicted dementia well."

Carter C. (2011) Alzheimer's Disease: APP, Gamma Secretase, APOE, CLU, CR1, PICALM, ABCA7, BIN1, CD2AP, CD33, EPHA1, and MS4A2, and Their Relationships with Herpes Simplex, C. Pneumoniae, Other Suspect Pathogens, and the Immune System. doi: 10.4061/2011/501862 PMCID: PMC3255168 http://www.ncbi.nlm.nih.gov/pmc/articles/PMC3255168/?tool=pubmed

Yu JT, Tan L, Hardy J (2014) Apolipoprotein E in Alzheimer's disease: An update. Annu Rev Neurosci 37, 79–100.

Mormino EC, Betensky RA, Hedden T, et al. (2014) Amyloid and APOE (epsilon)4 interact to influence short-term decline in preclinical Alzheimer disease. Neurology 82, 1760–7 CrossRef MEDLINE PubMed Central

Bredesen DE, Amos EC, Canick J, Ackerley M, Raji C, Fiala M, Ahdidan J (2016) Reversal of cognitive decline in Alzheimer's disease. Aging (Albany NY) 8, 1250–1258. https://www.ncbi.nlm.nih.gov/pubmed/27294343

„Here we report the results from quantitative MRI and neuropsychological testing in ten patients with cognitive decline, nine ApoE4+ (five homozygous and four heterozygous) and one ApoE4-, who were treated with the MEND protocol for 5-24 months. The magnitude of the improvement is unprecedented, providing additional objective evidence that this programmatic approach to cognitive decline is highly effective. These results have far-reaching implications for the treatment of Alzheimer's disease, MCI, and SCI; for personalized programs that may enhance pharmaceutical efficacy; and for personal identification of ApoE genotype."

Agosta F, Vossel KA, Miller BL (2018) Apolipoprotein E 4 is associated with disease-specific effects on brain atrophy in Alzheimer's disease and frontotemporal dementia. Proc. Natl. Acad. Sci. USA. 106, 2018–2022

Novikova G, Kapoor Met al. (2021) Integration of Alzheimer's disease genetics and myeloid cell genomics identifies novel causal variants, regulatory elements, genes and pathways. BioRxiv doi: https://doi.org/10.1101/694281 https://www.biorxiv.org/content/10.1101/694281v1

Polymorphismus

Skrzypa M, Potocka N, Bartosik-Psujek H, Zawlik I (2019) Genetic risk factors of Alzheimer's disease. Eur J Clin Exp Med. 17(1), 57-66. doi: 10.15584/ejcem.2019.1.10

„APOE, CYP46, APP, PSEN1, PSEN2, UBQLN1, BACE1, PRND, APBB2, TOMM 40. These gene polymorphisms have a significant role in the development of Alzheimer's disease and they have potential to be biomarkers."

Novikova G, Kapoor Met al. (2021) Integration of Alzheimer's disease genetics and myeloid cell genomics identifies novel causal variants, regulatory elements, genes and pathways. BioRxiv doi: https://doi.org/10.1101/694281 https://www.biorxiv.org/content/10.1101/694281v1

CD14

Sahay B, Singh A, Gnanamani A, Patsey RL, Blalock JE, Sellati TJ (2011) CD14 signaling reciprocally controls collagen deposition and turnover to regulate the development of lyme arthritis. Am J Pathol. 178(2), 724-34. doi:10.1016/j.ajpath.2010.10.025

Wang Y, Wu X, Deng X (2018) Association of CD14-260 (-159) C/T and Alzheimer's disease: systematic review and trial sequential analyses. J Neural Transm (Vienna). 125(9), 1313–1318. doi: 10.1007/s00702-018-1896-y. https://www.ncbi.nlm.nih.gov/pubmed/29926267

Pase MP, Himali JJ, Beiser AS et al. (2019) Association of CD14 with incident dementia and markers of brain aging and injury. Neurology. DOI: https://doi.org/10.1212/WNL.0000000000008682 https://n.neurology.org/content/early/2019/12/08/WNL.0000000000008682

ABCC1

Pahnke J, Langer O, Krohn M (2014) Alzheimer's and ABC Transporters--New Opportunities for Diagnostics and Treatment. Neurobiol Dis. 72 Pt A, 54-60. DOI: 10.1016/j.nbd.2014.04.001. Epub 2014 Apr 16. PMID: 24746857 PMCID: PMC4199932 https://pubmed.ncbi.nlm.nih.gov/24746857/ [ABCC1]

Spezielle genetische Risikofaktoren bei Parkinson

Forster E, Lewy FH (1912) Paralysis agitans. In: M. Lewandowsky (Hrsg.): Pathologische Anatomie. Handbuch der Neurologie. Springer Verlag, Berlin S. 920–933.

Fuchs J, Mueller JC, Lichtner P et al. (2009) The trans-cription factor PITX3 is associated with sporadic Parkinson's disease. Neurobiol Aging 30, 731–738

Brockmann K, Gassert T (2016) Genetische Hintergründe der Parkinsonerkrankung. Biospektrum 03, 16. Jahrgang https://www.biospektrum.de/blatt/d_bs_pdf&_id=1030375

Spezielle Risikogene bei Multipler Sklerose

Huismans BD Multiple Sklerose (MS) und Neuroborreliose. http://www.erlebnishaft.de/multipleskleroseborreliose.pdf

Huismans BD Genetische Faktoren, HLAB27, HLA-DR, HLA-System (humanes Leukozytenantigen-System) http://www.xerlebnishaft.de/genetische_faktoren.pdf

Huismans BD Methylieung http://www.xerlebnishaft.de/bild-methyl-arginin.pdf
http://www.erlebnishaft.de/methylierung.pdf

Masterman T et al. (2000) HLA-DR15 is associated with lower age at onset in multiple sclerosis. Ann Neurol. 48, 211–219. [PubMed] [Google Scholar]

Dyment DA et al. (2005) Complex interactions among MHC haplotypes in multiple sclerosis: susceptibility and resistance. Hum Mol Genet. 14, 2019–2026. [PubMed] [Google Scholar]

Barcellos LF et al. (2006) Heterogeneity at the HLA-DRB1 locus and risk for multiple sclerosis. Hum Mol Genet. 15, 2813–2824. [PubMed] [Google Scholar]

The International Multiple Sclerosis Genetics Consortium (IMSGC) (2007) Risk Alleles for Multiple Sclerosis Identified by a Genomewide Study. N Engl J Med. 357, 851-862. [PubMed] [Google Scholar]

Brynedal B et al. (2007) HLA-A confers an HLA-DRB1 independent influence on the risk of multiple sclerosis. PLoS One. 2, e664. [PMC free article] [PubMed] [Google Scholar]

Witan H et al. (2008) Heterodimer formation of wild-type and amyotrophic lateral sclerosis-causing mutant Cu/Zn-superoxide dismutase induces toxicity independent of protein aggregation, Human Molecular Genetics, 17,10, 1373–1385, doi: 10.1093/hmg/ddn025

Hemminki K, Li X, Sundquist J, et al. (2009) Risk for multiple sclerosis in relatives and spouses of patients diagnosed with autoimmune and related conditions. Neurogenetics. 10, 5–11. [PubMed] [Google Scholar]

De Jager PL et al. (2009) Meta-analysis of genome scans and replication identify CD6, IRF8 and TNFRSF1A as new multiple sclerosis susceptibility loci. Nat Genet. 41, 776–782. [PMC free article] [PubMed] [Google Scholar]

Sanna S, et al. (2010) Variants within the immunoregulatory CBLB gene are associated with multiple sclerosis. Nat Genet. 42, 495–497. [PMC free article] [PubMed] [Google Scholar]

Pierrot-Deseilligny C, Souberbielle JC (2010) Is hypovitaminosis D one of the environmental risk factors for multiple sclerosis? Brain. 133, 1869–1888. [PubMed] [Google Scholar]

Field J et al. (2010) A polymorphism in the HLA-DPB1 gene is associated with susceptibility to multiple sclerosis. PLoS One. 5, e13454. [PMC free article] [PubMed] [Google Scholar]

Sawcer S, Hellenthal G, Pirinen M et al. (2011) Genetic risk and a primary role for cell-mediated immune mechanisms in multiple sclerosis. Nature. 2011 Aug 10; 476(7359): 214–219. doi: 10.1038/nature10251 PMCID: PMC3182531 EMSID: UKMS36028

http://www.ncbi.nlm.nih.gov/pmc/articles/PMC3182531/

29 neue Genauslöser der Multiplen Sklerose identifiziert. Krankmachende Veränderungen betreffen vor allem Gene des Immunsystems (2011) Cinexx Das Wissensmagazin

https://www.scinexx.de/news/biowissen/29-neue-genausloeser-der-multiplen-sklerose-identifiziert/

Spezielle Risikogene bei Amyotropher Lateralsklerose (ALS)

Huismans BD ALS, Amyotrophe Lateralsklerose, amyotrophic lateral sclerosis, Myatrophische Lateralsklerose, Lou-Gehring Syndrom, Motor neuron disease,Charcot Krankheit. http://www.xerlebnishaft.de/als.pdf

Iacoangeli A, Khleifat AA, Jones AR et al. (2019) C9orf72 intermediate expansions of 24-30 repeats are associated with ALS. Acta Neuropathologica Communications 7(115)

https://actaneurocomms.biomedcentral.com/articles/10.1186/s40478-019-0724-4

Hübers A, Weishaupt J, Ludolph A (2013) Genetik der amyotrophen Lateralsklerose. Nervenarzt 84, 1213–1219 https://doi.org/10.1007/s00115-013-3898-1

https://link.springer.com/article/10.1007%2Fs00115-013-3898-1

Literatur Das mikrobielle Infekt – Ursachenspektrum

Allgemeines Infekt – Ursachenspektrum

Huismans BD Das Infekt-Ursachenspektrum http://www.xerlebnishaft.de/infektursachenspektrum.pdf

Huismans BD Coxsackie Virus Immunsuppressive Virusarten, Bakterien und Protozoen http://www.erlebnishaft.de/immunsubpressvirus.pdf

Huismans BD Epstein Barr Virus http://www.erlebnishaft.de/immunsubpressvirus.pdf

Huismans BD Herpes Virus Arten http://www.erlebnishaft.de/immunsubpressvirus.pdf

Huismans BD Parvo B19 http://www.erlebnishaft.de/immunsubpressvirus.pdf

Huismans BD Phlebi V, Borna V., Powasan V… http://www.erlebnishaft.de/immunsubpressvirus.pdf

Phlebi V, Borna V., Powasan V… http://www.erlebnishaft.de/immunsubpressvirus.pdf

Huismans BD Humane endogene Retroviren Krebs-, Stammzell-, Bakterien-Persister-Therapie http://www.xerlebnishaft.de/krebsstammzelltherapie.pdf

Huismans BD Bartonellen http://www.kabilahsystems.de/bartonellen.pdf

Huismans BD Chlamydien, Chlamydia http://www.kabilahsystems.de/chlamydia_pneumoniae.pdf

Huismans BD Mykoplasmen http://www.kabilahsystems.de/mycoplasma.pdf

Huismans BD Anaplasmen/Ehrlichien, Anaplasma, Ehrlichia http://www.kabilahsystems.de/anaplasmaphagocytophilum.pdf

Huismans BD Rickettsien, Midichloria mitochondrii http://www.xerlebnishaft.de/mitochondrien.pdf

Huismans BD Yersinien, Yersinia enterocolitica http://www.kabilahsystems.de/yersiniaenterocolitica.pdf

Huismans BD Borrelien http://www.xerlebnishaft.de/trotzan-tibiosepat.pdf

Huismans BD Apicomplexa, Toxoplasmen, Toxoplasma http://www.kabilahsystems.de/toxoplasmen.pdf

Huismans BD Prione, Prions, Variant Creutzfeldt-Jakob http://www.erlebnishaft.de/prione.pdf

Huismans BD Mikrofilarien http://www.xerlebnishaft.de/mikrofilarien.pdf

Huismans BD, 2020 Das ENDOMIKROBIOM http://www.kabilahsystems.de/endomikrobiomNEU067.pdf

http://www.kabilahsystems.de/endomikrobiomNEU067 – 2020-10-04.pd

Huismans BD Dirofilarien http://www.xerlebnishaft.de/mikrofilarien.pdf

Huismans BD Atypical mycobacteria, atypische Mykobakterien, MOTT Mycobacteria other than Tubercle Bacilli, non - tuberculous mycobacteria, NTM nichtuberkulöse

Mykobakterien. http://www.kabilahsystems.de/atypical_mycobacteria.pdf

Huismans L (1910) Über Mitbewegungen. Deutsche Zeitschrift f. Nervenheilkunde 40, 221–234 https://doi.org/10.1007/BF01629592 https://link.springer.com/article/10.1007/BF01629592

Freerksen E (1973) Neue Befunde zur Lepraforschung: Epidemiologie, Chemotherapie, Tierversuch, Immunologie; Aus d. Vorträgen zum Generalthema: Mykobakterien u. Mykobakteriosen; Geh. anläßl. d. 25. Tagg d. Dt. Ges. f. Tuberkulose u. Lungenkrankheiten in Hamburg 1972/Hrsg.: E. Freerksen; J. H. Thumim Thieme. Zeitschrift für Tropenmedizin und Parasitologie; Sonderh. 1

Freerksen E (1975) The chemotherapy of leprosy today and tomorrow Second International Leprosy Colloquium, held at the Forschungsinstitut Borstel, October 15 and 16, 1974. [London] Acad. Press 1975

Schlossberg D (2006) Tuberculosis & Nontuberculous Mycobacterial Infections. 5. Auflage. McGraw-Hill Publishing Company, ISBN 0-07-143913-7. [MOTT]

Angelakis E, Raoult D (2014) Methods for the discovery of emerging pathogens, Microbial Pathogenesis, http://dx.doi.org/10.1016/j.micpath.2014.06.007

Mediannikov O, Fenollar F (2014) Looking in ticks for human bacterial pathogens, Microbial Pathogenesis http://dx.doi.org/10.1016/j.micpath.2014.09.008 http://www.bioportfolio.com/resources/pmarticle/1073513/Looking-in-ticks-for-human-bacterial-pathogens.html

WHO SAGE BCG Working Group (2017) Report on BCG vaccine use for protection against mycobacterial infections including tuberculosis, leprosy, and other nontuberculous mycobacteria (NTM) infections. SAGE, 22. [MOTT]

Enck P et al.(2017) Darm an Hirn! Der geheime Dialog unserer beiden Nervensysteme und sein Einfluss auf unser Leben. Herder Verlag, Freiburg im Breisgau

Tetz G, & Tetz V (2018) Bacteriophages as New Human Viral Pathogens. Microorganisms, 6(2), 54. https://doi.org/10.3390/microorganisms6020054

Frahm C, Witte OW (2019) Mikrobiom und neurodegenerative Erkrankungen. Gastroenterologe 14, 166–171 (2019). https://doi.org/10.1007/s11377-019-0345-2 https://link.springer.com/article/10.1007/s11377-019-0345-2#citeas

„Neurodegenerative Erkrankungen sind mit einer gut charakterisierten intestinalen Dysbiose assoziiert, wobei das Ausmaß oft mit dem Grad der Erkrankung korreliert."

Hasler G (2019) Die Darm-Hirn-Connection - Revolutionäres Wissen für unsere psychische und körperliche Gesundheit. J. G. Cotta'sche Buchhandkung Nachfolger GmbH, Stuttgart.

Mitteilungen des Arbeitskreises Blut des Bundesministeriums für Gesundheit Bornavirus Stellungnahmen des Arbeitskreises Blut des Bundesministeriums für Gesundheit. Bundesgesundheitsblatt https://doi.org/10.1007/s00103-019-02904-2 © Springer-Verlag GmbH Deutschland, ein Teil von Springer Nature 2019

Kaelberer MM, Buchanan KL, Klein M et al. (2018). A gut-brain neural circuit for nutrient sensory transduction. Science, 361, doi:10.1126/science.aat5236. http://www.clinicum.at/dyna-site.cfm? dsmid=60016&dspaid=420065 (10-01-21)

Stangl W (2020) Das Bauchhirn - das kleine Gehirn. [werner stangls arbeitsblätter]. https://arbeitsblaetter.stangl-taller.at/GEHIRN/Bauchhirn.shtml (2020-09-23).

Robert Koch Institut (20219 Bornavirus https://www.rki.de/DE/Content/InfAZ/B/Bornavirus/Bornavirus.html

Spezielles Infekt-Ursachenspektrum Demenz und Alzheimer

Huismans BD Demenz, Alzheimer http://www.erlebnishaft.de/alzheimerspirochaetosis.pdf

Schaudinn FR, Hoffmann E (1905) Vorläufiger Bericht über das Vorkommen von Spirochaeten in syphilitischen Krankheitspro-dukten und bei Papillomen. Arb. Gesundh.-Amt 22, 527–534

Schaudinn FR, Hoffmann E (1905) Über Spirochaeta pallida bei Syphilis u. d. Unterschiede dieser Form gegenüber anderen Arten dieser Gattung. Berliner Klin. Wschr. 42, 673. https://www.karger.com/Article/Pdf/404310

Alzheimer A (1906) Über eine eigenartige Erkrankung der Hirn-rinde. Vortrag in der Versammlung Südwestdeutscher Irrenärz-te in Tübingen am 3. November 1906. Allgemeine Zeitschrift für Psychiatrie und psychisch-gerichtliche Medizin 64, 146–8

Fischer O (1907) Miliare Nekrosen mit drusigen Wucherun-gen der Neurofibrillen, eien regelmässige Veränderung der Hirnrinde bei seniler Demenz. Monatsschr Psychiat Neru-ol 22, 361–72

Fischer O (1910) Die presbyophrene Demenz, deren anatomi-sche Grundlage und klinische Abgrenzung. Z Gesamte Neu-rol Psychiatr 3, 371–471.

Alzheimer A. (1911) Über eigenartige Krankheitsfälle des späteren Alters. Zeitschr f die ges Psychiatr u Neurol 4, 356–385

Bannwarth, A. (1944) Zur Klinik und Pathogenese der chronischen lymphocytären Meningitis. Arch. Psychiatr.Nervenkr. 117, 161–185.

Wisniewsky HM (1978) Possible viral etiology of neurofibrillary changes and neuritic plaques. In Alzheimer's Disease: Senile Dementia and Related Disorders (Aging, Vol 7), Katzman R, Terry RD, Bick KL, eds. Raven Press, New York, pp. 555–557.

Lord MA, Itzhaki RF, Sutton RN (1980) Detection of virus genome in human tissues. The Lancet. 2(8185), 92

Burgdorfer W (1984) Discovery of the Lyme disease spirochete and its relation to tick vectors. Yale J Biol Med. 57(4), 515-20. https://www.ncbi.nlm.nih.gov/pubmed/6516454

Khachaturian ZS (1985) Diagnosis of Alzheimer's disease. Arch Neurol 42, 1097–1105.

MacDonald, A. B. (1986) Borrelia in the brains of patients dying with dementia. J. Am. Med. Assoc. 256, 2195–2196.

Saldanha J, Sutton RN, Ganncliffe A et al. (1986) Detection of HSV1 DNA by in situ hybridisation in human brain after immunosuppression. J Neurol Neurosurg Psychiatry 49, 613–619.

MacDonald AB, Miranda JM (1987) Concurrent neocortical borreliosis and Alzheimer's disease. Hum Pathol 18(7), 759–61. Abstract

MacDonald AB (1988) Concurrent Neocortical Borreliosis and Alzheimer's Disease: Demonstration of a Spirochetal Cyst Form . Annals of the New York Academy of Sciences, Lyme Disease and Related Disorders. 539, 468–470

Pappolla MA, Omar R, Saran B, et al. (1989) Concurrent neuroborreliosis and Alzheimer's disease: analysis of the evidence. Hum Pathol 20(8), 753–7. Abstract

Smith TA, Vallis Y, Neary D, Itzhaki RF (1989) Characteristics of lymphocyte chromatin from Alzheimer's disease patients and from young and old normal individuals. Gerontology. 35, 5–6

Logigian EL, Kaplan RF, Steere AC (1990) Chronic Neurologic Manifestations of Lyme Disease. N Engl J Med 1990; 323:1438-1444 doi: 10.1056/NEJM199011223232102

Miklossy J, Kuntzer T, Bogousslavsky J, Regli F, Janzer RC. (1990) Meningovascular form of neuroborreliosis: Similarities between neuropathological findings in a case of Lyme disease and those occurring in tertiary neurosyphilis. Acta Neuropathol 80. 568–572.

Jamieson GA, Maitland NJ, Wilcock GK, Craske J, Itzhaki RF (1991) Latent herpes simplex virus type 1 in normal and Alzheimer's disease brains. J Med Virol 33, 224-227.

Braak H, Braak E (1991) Neuropathological staging of Alzheimer-related changes. Acta Neuropathol (Berl) 82, 239–259.

Riviere GR, Weisz SK, Adams DF, Thomas DD (1991) Pathogen-related oral spirochetes from dental plaque are invasive. Infect Immun 59, 3377-3380

Miklossy J, Van der Loos H. (1991) The long distance effects of brain lesions: A study of myelinated pathways in the human brain using polarizing and fluorescence microscopy. J Neuropathol Exp Neurol 50, 1–15.

Mirra SS, Heyman A, McKeel D et al (1991) The Consortium to Establish a Registry for Alzheimer's Disease (CERAD). II. Standardization of the neuropathologic assessment of Alzheimer's disease. Neurology 41, 479-86. Abstract/FREE Full Text

Kirschvink JL, Kobayashi-Kirschvink A, Woodford BJ (1992) Magnetite biomineralization in the human brain. Proceedings of the National Academy of Sciences of the United States of America, 89 (16). pp. 7683-7687. ISSN 0027-8424. http://web.gps.caltech.edu/~jkirschvink/pdfs/PNASbrainMagnetite.pdf

Braak H, Braak E (1993) Staging of Alzheimer-related cortical destruction. Eur Neurol 33, 403–440.

Mirra SS, Hart MN, Terry RD (1993) Making the diagnosis of Alzheimer's disease. Arch Pathol Lab Med 113, 132–144.

Miklossy J (1993) Alzheimer's disease - A spirochetosis? Neuroreport 4(7), 841–8.

Miklossy J (1993) Alzheimer's disease--a spirochetosis? Neuroreport 4(9), 1069. Full Citation

Braak H, Braak E, Bohl J (1993) Staging of Alzheimer-related cortical destruction. Eur Neurol 33, 403–408.

Corder EH, Saunders AM, Strittmatter WJ (1993) Gene dose of apolipoprotein E type 4 allele and the risk of Alzheimer's disease in late onset families. Science. 261: 921–923

Miklossy J, Kasas S, Janzer RC, et al. (1994) Further ultrastructural evidence that spirochaetes may play a role in the aetiology of Alzheimer's disease. Neuroreport 5(10), 1201–4. Abstract

Miklossy J. (1994) Alzheimer Disease – A Spirochetosis? In: Giacobini E., Becker R.E. (eds) Alzheimer Disease. Advances in Alzheimer Disease Therapy. Birkhäuser Boston.

http://link.springer.com/chapter/10.1007/978-1-4615-8149-9_7

Baker HF, Ridley RM, Duchen LW, Crow TJ, Bruton CJ (1994) Induction of beta (A4)-amyloid in primates by injection of Alzheimer's disease brain homogenate. Comparison with transmission of spongiform encephalopathy. Mol Neurobiol 8, 25–39.

Waniek C, Prohovnik I, Kaufman MA, Dwork AJ. (1995) Rapidly progressive frontal-type dementia associated with Lyme disease. J Neuropsychiatry Clin Neurosci. 7(3), 345–7.

Halperin JJ, Logigian EL, Finkel MF, Pearl RA (1996) Practice parameters for the diagnosis of patients with nervous system Lyme borreliosis (Lyme disease)

doi: https://doi.org/10.1212/WNL.46.3.619

Itzhaki RF, Lin WR, Shang D, Wilcock GK, Faragher B, Jamieson GA (1997) Herpes simplex virus type 1 in brain and risk of Alzheimer's disease. Lancet 349, 241–244.

Kornhuber HH (1995) Chronic anaerobic cortical infection in Alzheimer's disease: Propionibacterium acnes. Neurol Psych Brain Res 3, 177–182.

Kornhuber HH (1996) Propionibacterium acnes in the cortex of patients with Alzheimer's disease. Eur Arch Psychiatry Clin Neurosci 246, 108–109.

Balin BJ, Gérard HC, Arking EJ et al. (1998) Identification and localization of Chlamydia pneumoniae in the Alzheimer's

brain. Med Microbiol Immunol 187, 23–42 http://www.ncbi.
nlm.nih.gov/pubmed/9749980

Gutacker M, Valsangiacomo C, Balmelli T, et al (1998) Arguments
against the involvement of Borrelia burgdorferi sensu lato in
Alzheimer's disease. Res Microbiol 149, 31–7.Medl. Abstract

Esiri MM, Biddolph SC, Morris CS (1998) Prevalence of Alzheimer
plaques in AIDS. J Neurol Neurosurg Psychiatry 65, 29–33.

Beffert U, Bertrand P, Champagne D, Gauthier S, Poirier J (1998)
HSV-1 in brain and risk of Alzheimer's disease. Lancet 351,
1330-1331.

Berchtold NC, Cotman CW (1998) Evolution in the Concep-
tualization of Dementia and Alzheimer's Disease: Greco-Ro-
man Period to the 1960s (PDF). Neurobiology of Aging. 19
(3), 173–189. doi: 10.1016/S0197-4580(98)00052-9. PMID
9661992. Retrieved 4 September 2012.

Miklossy J (1998) Chronic inflammation and amyloidogenesis
in Alzheimer's disease: Putative role of bacterial peptidoglycan, a potent inflammatory and amyloidogenic factor. Alzheimers Rev 3, 45–51.

Craft S et al. (1998) Cerebrospinal fluid and plasma insulin levels in Alzheimer's disease: relationship to severity of dementia
and apolipoprotein E genotype, Neurology, (PDF) https://
www.ncbi.nlm.nih.gov/pubmed/9443474 Miklossy J, Tad-
dei K, Martins R et al. (1999) Alzheimer disease: curly fibers
and tangles in organs other than brain. J Neuropathol Exp
Neurol. 58, 803–814.

McLaughlin R, Kin NM, Chen MF, et al. (1999) Alzheimer's
disease may not be a spirochetosis. Neuroreport 10(7), 1489-
91. Abstract

Lue LF, Kuo YM, Roher AE, Brachova L, Shen Y, Sue L, Beach
T, Kurth JH, Rydel RE, Rogers J (1999) Soluble amyloid
beta peptide concentration as a predictor of synaptic change
in Alzheimer's disease. Am J Pathol 155, 853–862

Schenk D et al, (1999) Immunization with amyloid-b attenua-
tes Alzheimer-disease-like pathology in the PDAPP mouse.
Nature, 400, 173–7.

Marques AR, Weir SC, Fahle GA, et al. (2000) Lack of evidence of Borrelia involvement in Alzheimer's disease. J Infect Dis 182(3), 1006–7. Full Citation
Decoding darkness: The search for the genetic causes of Alzheimer's disease (Book, 2000).

Kane MD, Lipinski WJ, Callahan MJ et al. (2000) Evidence for seeding of beta-amyloid by intracerebral infusion of Alzheimer brain extracts in beta-amyloid precursor protein-transgenic mice. J Neurosci 20, 3606–3611.

Weiner HL et al. (2000) Nasal administration of amyloid-b peptide decreases cerebral amyloid burden in a mouse model of Alzheimer's disease. Annals of Neurology, 48, 567–79

Janus C et al. (2000) Ab peptide immunization reduces behavioural impairment and plaques in a model of Alzheimer's disease. Nature, 408, 979–82.

Morgan D et al. (2000) Ab peptide vaccination prevents memory loss in an animal model of Alzheimer's disease. Nature, 408, 982–5

Sigurdsson EM et al. (2001) Immunization with a nontoxic/non-fibrillar amyloid-b homologous peptide reduces Alzheimer's disease-associated pathology in transgenic mice, American Journal of Pathology, 159[2], 439–47.

Morgan D et al. (2001) Short-term Ab vaccinations do not improve cognitive performance in aged, cognitively-impaired APP+PS1 transgenic mice. slide presentation #687.11 SFN meeting.

Marques AR, Straus SE, Fahle G, Weir S, Csako G, Fischer SH (2001) Lack of association between HSV-1 DNA in the brain, Alzheimer's disease and apolipoprotein E4. J Neurovirol 7, 82–83.

Zajkowska JM, Hermanowska-Szpakowicz T (2002) New aspects of the pathogenesis of lyme disease. Przegl Epidemiol 57-67. Abstract

Suter O-C, Sunthorn T, Kraftsik R, Straubel J, Darekar P, Khalili K, Miklossy J (2002) Cerebral Hypoperfusion Generates Cortical Watershed Microinfarcts in Alzheimer Disease. Stroke 33, 1986–1992

Riviere GR, Riviere KH, Smith KS (2002) Molecular and immunological evidence of oral Treponema in the human brain and their association with Alzheimer's disease. Oral Microbiol Immunol 17, 113–118.

Hardy J, Selkoe DJ (2002) The amyloid hypothesis of Alzheimer's disease: progress and problems on the road to therapeutics. Science 297, 353–6

Hemling N, Roytta M, Rinne J, Pollanen P, Broberg E, Tapio V, Vahlberg T, Hukkanen V (2003) Herpesviruses in brains in Alzheimer's and Parkinson's diseases. Ann Neurol 54, 267–271.

Sunderland T, Linker G, Mirza N, et al. (2003) Decreased beta-amyloid1-42 and increased tau levels in cerebrospinal fluid of patients with Alzheimer disease. JAMA 289, 2094-103 CrossRef MEDLINE

Fallon BA, Keilp J, Prohovnik I et al. (2003) Regional Cerebral Blood Flow and Cognitive Deficits in Chronic Lyme Disease. Neuropsychiatry 15(3), 326–332

Miklossy J, Khalili K, Gern L, Ericson RL, Darekar P, Bolle L, Hurlimann J, Paster BJ. (2004) Borrelia burgdorferi persists in the brain in chronic Lyme neuroborreliosis and may be associated with Alzheimer disease. J Alzheimers Dissease 6(6), 1–11.
http://www.miklossy.ch/media/Bb_AlzheimerJAD.pdf
https://www.ncbi.nlm.nih.gov/pubmed/15665404?fbclid=IwAR1BC4F6oBdECN2My6D-F9l9q8a0JO7J3NtfWRWQtZtyekkbO3O2U7vIlmJ0

Miklossy J, Khalili K, Gern L, et al. (2004) Borrelia burgdorferi persists in the brain in chronic lyme neuroborreliosis and may be associated with Alzheimer disease. J Alzheimers Dis 6(6), 639-49; discussion 673-681. Abstract

Little CS, Hammond CJ, MacIntyre A et al. (2004) Chlamydia pneumoniae induces Alzheimer-like amyloid plaques in brains of BALB/c mice. Neurobiol Aging 25, 419–429.

Verdile G, Gnjec A, Miklossy J, Fonte J, Veurink G, Bates K, Kakulas B, Mehta PD, Milward EA, Tan N, Lareu R, Lim D, Dharmarajan A, Martins RN (2004) Protein markers for

Alzheimer disease in the frontal cortex and cerebellum. Neurology. 63(8), 1385–92.

Ruitenberg A, den Heijer T, Bakker SL, van Swieten JC, Koudstaal PJ, Hofman A, Breteler MM (2005) Cerebral hypoperfusion and clinical onset of dementia: the Rotterdam study. Ann Neurol 57, 789–94

Little CS, Bowe A, Lin R, Litsky J, Fogel RM, Balin BJ, Fresa-Dillon KL (2005) Age alterations in extent and severity of experimental intranasal infection with Chlamydophila pneumoniae in BALB/c mice. Infect Immun 73, 1723–1734.

Papassotiropoulos A, Lambert JC, Wavrant-De Vrieze F et al. (2005) Cholesterol 25-hydroxylase on chromosome 10q is a susceptibility gene for sporadic Alzheimer's disease. Neurodegener Dis 2, 233–241.

Almeida OP, Lautenschlager NT (2005) Dementia associated with infectious diseases. International Psychogeriatrics 17, Supp., S65–S77.

Mori I, Nishiyama Y, Yokochi T, Kimura Y (2005) Olfactory transmission of neurotropic viruses. J Neurovirol 11, 129–137.

Green DA, Masliah E, Vinters HV, Beizai P, Moore DJ, Achim CL (2005) Brain deposition of beta-amyloid is a common pathologic feature in HIV positive patients. AIDS 19, 407–411.

Iqbal K, Alonso AC, Chen S et al. (2005) Tau pathology in Alzheimer disease and other tauopathies. Biochim Biophys Acta. 1739, 198–210

Bentahir M et al. (2006) Presenilin clinical mutations can affect γ-secretase activity by different mechanisms. Journal of Neurochemistry 96, 732-742 http://www.ncbi.nlm.nih.gov/pubmed/16405513

Spasic D et al. (2006) Presenilin-1 maintains a nine transmembrane topology throughout the secretary pathway. J. Biol. Chem. 281(36), 26569–26577,
http://www.ncbi.nlm.nih.gov/pubmed/16846981

Miklossy J, Kis A, Radenovic A, Miller L et al. (2006) Beta-amyloid deposition and Alzheimer's type changes induced by Borrelia spirochetes. Neurobiol Aging 27, 228–236.

Kountouras J, Tsolaki M, Gavalas Eet al. (2006) Relationship between Helicobacter pylori infection and Alzheimer disease. Neurology 66, 938–940.

Guo JP, Arai T, Miklossy J, McGeer PL (2006) Aβ and tau form soluble complexes that may promote self aggregation of both into the insoluble forms observed in Alzheimer's disease. PNAS 103(6) http://www.pnas.org/content/103/6/1953.long#

Meyer-Luehmann M, Coomaraswamy J et al. (2006) Exogenous induction of cerebral beta-amyloidogenesis is governed by agent and host. Science 313, 1781–1784.

Ridley RM, Baker HF, Windle CP, Cummings RM (2006) Very long term studies of the seeding of beta-amyloidosis in primates. J Neural Transm 113, 1243–1251.

Meer-Scherrer L, Chang Loa C, Adelson ME, et al. (2006) Lyme disease associated with Alzheimer's disease. Curr Microbiol 52(4), 330-2. Abstract https://link.springer.com/article/10.1007/s00284-005-0454-7?fbclid=IwAR3UxF--LrR_hRBSQ289ULY5TrjdPOFKm4F2pOEt2ifeLwnPuzUlilbOSL0

MacDonad AB (2006) In situ DNA hybridization study of granulovacuolar degeneration in human Alzheimer autopsy neurons for flagellin b transcriptomes of Borrelia burgdorferi. Alzheimer's Dis Dementia 2 (Suppl. 1), 207.

MacDonald AB (2006) Plaques of Alzheimer's disease originate from cysts of Borrelia burgdorferi, the Lyme disease spirochete, Medical Hypothesis, 67(3), 592–60
https://www.sciencedirect.com/science/article/abs/pii/S0306987706001551?fbclid=IwAR3u28KfqDI2JdPGS-q2cP1ICXr8CuN7gRLQNMLuV7SUE4FBbc2utEbBycjg

MacDonald AB (2006) Alzheimer's neuroborreliosis with trans-synaptic spread of infection and neurofibrillary tangles derived from intraneuronal spirochetes. Med Hypotheses 68(4), 822–5. Abstract

MacDonald AB (2006) Cystic borrelia in Alzheimer's disease and in non-dementia neuroborreliosis. Alzheimer's & Dementia: The Journal of the Alzheimer's Association, 2 (3), Supplement, Page S207, S275, S433

MacDonald AB (2006) Transfection „Junk" DNA – a link to the pathogenesis of Alzheimer's disease? Med Hypotheses. 66(6), 1140–1

MacDonald AB (2006) Alzheimer's & Dementia: The Journal of the Alzheimer's Association, 2 (3), Supplement, S207, S275, S433.

Riek R (2006) Cell biology: Infectious Alzheimer's disease? Nature 444, 429–431

Miklossy J, Rosemberg S, McGeer PL (2006) Beta amyloid deposition in the atrophic form of general paresis in Alzheimer's Disease. New advances. Proceedings of the 10th International Congress on Alzheimer's Disease (ICAD). Iqbal K, Winblad B, Avila J, eds. Medimond, International Proceedings, pp. 429–433.

Miklossy J, Kis A, Radenovic A, Miller L, Forro L, Martins R, Reiss K, Darbinian N, Darekar P, Mihaly L, Khalili K (2006) Beta-amyloid deposition and Alzheimer's type changes induced by Borrelia spirochetes. Neurobiol Aging 27, 228–236. https://www.ncbi.nlm.nih.gov/pubmed/15894409?fbclid=IwAR27I0GLzT_WN8ogcMtB0zYgwE8Cd9FXbBgZFX9_xBktd3bBVCDA-QmCBXo

Boelen E, Stassen FR, van der Ven AJ et al. (2007) Detection of amyloid beta aggregates in the brain of BALB/c mice after Chlamydia pneumoniae infection. Acta Neuropathol 114, 255–261.

Wiltfang J, Esselmann H, Bibl M, et al. (2007) Amyloid beta peptide ratio 42/40 but not A beta 42 correlates with phospho-Tau in patients with low and high-CSF A beta 40 load. J Neurochem 101, 1053-9 CrossRef MEDLINE

MacDonald AB (2007) Alzheimer's disease Braak Stage progressions: reexamined and redefined as Borrelia infection transmission through neural circuits. Med Hypotheses. 68(5), 1059–64

MacDonald AB (2007) Alzheimer's neuroborreliosis with trans-synaptic spread of infection and neurofibrillary tangles derived from intraneuronal spirochetes. Med Hypotheses. 68(4), 822–5.

Haass C, Selkoe DJ (2007) Soluble protein oligomers in neurodegeneration: lessons from the Alzheimer's amyloid beta-peptide. Nat Rev Mol Cell Biol 8, 101–12

Wozniak MA, Itzhaki RF, Shipley SJ, Dobson CB (2007) Herpes simplex virus infection causes cellular beta-amyloid accumulation and secretase upregulation. Neurosci Lett 429, 95-100.

Pankhurst Q, Hautot D, Khan N, Dobson J (2008) Increased levels of magnetic iron compounds in Alzheimer's disease. J Alzheimers Dis. 13(1), 49-52. http://www.ncbi.nlm.nih.gov/pubmed/18334756

MacDonald, A. B. (2008) (on-line manuscript). Plaques of Alzheimers disease originate from cysts of Borrelia burgdorferi, the Lyme disease spirochete. Manuscript no. YMEHY-D-06-00134R1. Elsevier Editorial System™ for Medical Hypotheses. 5 pp.

Zambrano A, Solis L, Salvadores N, Cortes M, Lerchundi R, Otth C (2008) Neuronal cytoskeletal dynamic modification and neurodegeneration induced by infection with herpes simplex virus type 1. J Alzheimers Dis 14, 259–269.

Miklossy J, Steele JC, Yu Sch et al. (2008) Enduring involvement of tau, b-amyloid, a-synuclein, ubiquitin and TDP-43 pathology in the amyotrophic lateral sclerosis/parkinsonism-dementia complex of Guam (ALS/PDC). Acta Neuropathol doi: 10.1007/s00401-008-0439-2 http://www.ncbi.nlm.nih.gov/pubmed/18843496

Miklossy J. (2008) Chronic inflammation and amyloidogenesis in Alzheimer's disease - role of spirochetes. J. Alzheimer's Dis. 13(4), 381–391

http://www.j-alz.com/issues/13/vol13-4.html Abstract https://www.ncbi.nlm.nih.gov/pubmed/18487847?fbclid=IwAR-0p4UPnr8RwGN-j6iY9XvoMFqz5ZAN_klYcvaFJKZ-4fDdJCcEU0qNkkLmU

Miklossy J. (2008) Biology and neuropathology of dementia in syphilis and Lyme disease. In Handbook of Clinical Neurology, 89 (3rd series) C Duyckaerts, I Litvan, Editors, 2008, Elsevier B.V. Chapter of Handbook of Neurology Handbook of Clinical Neurology,89, 825–44

http://www.miklossy.ch/media/ChapterHandbookClinNeurolFinalPdf.pdf

Miklossy J, Kasas S, Zurn AD, McCall S, Yu S, McGeer PL, (2008) Persisting atypical and cystic forms of Borrelia burgdorferi and local inflammation in Lyme neuroborreliosis. J. Neuroinflammation. 5, 40 doi: 10.1186/1742-2094-5-40.

de la Monte SM, Wands JR (2008) Alzheimer's disease is type 3 diabetes-evidence renviewed. J Diabetes Sci Technol 2(6), 1101-1113 http://www.ncbi.nlm.nih.gov/pmc/articles/PMC2769828/

Galbussera A, Tremolizzo L, Isella V, et al. (2008) Lack of evidence for Borrelia burgdorferi seropositivity in Alzheimer disease. Alzheimer Dis Assoc Disord 22(3), 308. Full Citation

Vorträge zum NAR-Kongress „Training bei Demenz" vom 08.12.2008 (Videofiles)

Letenneur L, Peres K, Fleury H et al. (2008) Seropositivity to herpes simplex virus antibodies and risk of Alzheimer's disease: A population-based cohort study. PLoS One 3, e3637.

Balin BJ, Little CS, Hammond CJ, Appelt DM, Whittum-Hudson JA, Gérard HC, Hudson AP (2008) Chlamydophila pneumoniae and the etiology of late-onset Alzheimer's disease. J Alzheimers Dis 13, 371–380.

http://stephanie-on-health.blogspot.com/2009/12/10-evidence-that-infection-is.html.

Izhaki RF Wozniak MA (2008) Herpes simplex virus type 1 in Alzheimer's disease : The enemy within. J Alzheimers Dis 13, 393–405

Goedert M (2009) Oskar Fischer and the study of dementia. Brain. 132(Pt 4), 1102-11 doi: 10.1093/brain/awn256. Epub 2008 Oct 24. PMID: 18952676

https://www.ncbi.nlm.nih.gov/pmc/articles/PMC2668940/

Vorträge zum NAR-Seminar „Demenz" vom 19.02.2009 (Videofiles)

Itzhaki RF, Wozniak MA (2009) Apolipoprotein E: Microbial friend or foe? In Apoprotein Research, Penfield LR, Nelson RT, Eds. Nova Biomedical, New York, pp. 99–112.

Holmes C, Cotterell D (2009) Role of infection in the pathogenesis of Alzheimer's disease: implications for treatment. CNS Drugs 23(12), 993–1002. Abstract https://link.springer.com/article/10.2165/11310910-000000000-00000?fbclid=IwA-

R2ep26jlMw2-i-2GpUwMSU0Nebd5HUj2ZviYVKs68Rp-7tQ7gGgtfsLO7dk

Holmes C, Cunningham C, Zotova E, Woolford J, Dean C, Kerr S, Culliford D, Perry VH (2009) Systemic inflammation and disease progression in Alzheimer disease. Neurology. 73(10), 768–74. PubMed.

Duyckaerts C, Delatour B, Potier MC (2009) Classification and basic pathology of Alzheimer disease. Acta Neuropathol 118, 5–36

Sorensen AA (2009) Alzheimer's Disease Research: Scientific Productivity and Impact of the Top 100 Investigators in the Field. Journal of Alzheimer's Disease, 16, 451-465 (pdf-Datei)

Aboul-Enein F, Kristoferitsch W (2009) Normal pressure hydrocephalus or neuroborreliosis? Wien Med Wochenschr. 159(1-2), 58-61.

Honjo K, van Reekum R, Rand Nicolaas, VerhoeffNPLG (2009) Alzheimer's disease and infection: Do infectious agents contribute to progression of Alzheimer's disease? Alzheimer's and Dementia. 5(4), 348–360 https://www.sciencedirect.com/science/article/abs/pii/S155252600802983X?fbclid=IwAR3TPnbngR80yI-yUbYiQCLVZdsW83ysuav638WZUNxJR58eamSIn0v-yKGg

Wozniak MA, Mee AP, Itzhaki RF (2009) Herpes simplex virus type 1 DNA is located within Alzheimer's disease amyloid plaques. J Pathol 217, 131–138.

Mahley RW, Weisgraber KH, Huang Y (2009) Apolipoprotein E: Structure determines function, from atherosclerosis to Alzheimer's disease to AIDS. J Lipid Res 50 (Suppl), S183–S188.

Lambert JC, Heath S, Even G et al. (2009) Genome-wide association study identifies variants at CLU and CR1 associated with Alzheimer's disease. Nat Genet 41:, 1094–1099.

Wozniak MA, Frost AL, Itzhaki RF (2009) Alzheimer's disease-specific tau phosphorylation is induced by herpes simplex virus type 1. J Alzheimers Dis 16, 341–350.

Savva GM, Wharton SB, Ince PG, Forster G, Matthews FE, Brayne C (2009) Medical Research Council Cognitive Function and Ageing Study. Age, neuropathology, and dementia. N Engl J Med. 360, 2302-9 CrossRef MEDLINE

Abramov E, Dolev I, Fogel H et al. (2009) Amyloid-β as a positive endogenous regulator of release probability at hippocampal synapses. *Nature Neuroscience.* doi: 10.1038/nn.2433 https://www.sciencedaily.com/releases/2009/11/091123114813.htm

American Friends of Tel Aviv University. "Alzheimer's: Destructive amyloid–beta protein may also be essential for normal brain function." ScienceDaily. ScienceDaily, 25 November 2009. www.sciencedaily.com/releases/2009/11/091123114813.htm

Tukel C, Wilson RP, Nishimori M, et al. (2009) Responses to Amyloids of Microbial and Host Origin are mediated through Toll-like Receptor 2. Cell Host Microbe. 6, 45–53.

Goedert, M (2009) Oskar Fischer and the study of dementia. (Occasional Papers). Brain. 132 (4), 1102-1111. doi 10.1093/brain/awn256. PMC 2668940. PMID 18952676. Retrieved 3 September 2012.

Hildenbrand P, Craven DE, Jones R, Nemeskal P (2009) Lyme Neuroborreliosis: Manifestations of a Rapidly Emerging Zoonosis. American Journal of Neuroradiology 30 (6) 1079–1087; doi: https://doi.org/10.3174/ajnr.A1579
http://www.ajnr.org/content/30/6/1079.short?fbclid=IwAR-3JYRlUTqxGt-rOpinERvWCeWQOehDNglPIumwUd-1MJAySl6qcc1OoNRxA

Fonatsch C (2010) The role of chromosome 21 in hematology and oncology. Genes, chromosomes & cancer. 49(6), 497–508, ISSN 1098-2264, doi: 10.1002/gcc.20764, PMID 20232485.

De Chiara G, Marcocci ME, Civitelli L et al. (2010) APP processing induced by herpes simplex virus type 1 (HSV-1) yields several APP fragments in human and rat neuronal cells. PLoS One 5, e13989.

Porcellini E, Carbone I, Ianni M, Licastro F (2010) Alzheimer's disease gene signature says: Beware of brain viral infections. Immun Ageing 7, 16.

Carter CJ (2010) APP, APOE, complement receptor 1, clusterin and PICALM and their involvement in the herpes simplex life cycle. Neurosci Lett 483, 96–100.

Jack CR Jr, Knopman DS, Jagust WJ, Shaw LM, Aisen PS, Weiner MW, Petersen RC, Trojanowski JQ (2010) Hypothetical model of dynamic biomarkers of the Alzheimer's pathological cascade. Lancet Neurol 9, 119–28

Querfurth HW, LaFerla FM (2010) Alzheimer's disease. N Engl J Med 362, 329-44 CrossRef MEDLINE

Soscia SJ, Kirby JE, Washicosky KJ et al. (2010) The Alzheimer's disease-associated amyloid beta-protein is an antimicrobial peptide. PLoS One. 5(3), e9505. doi: 10.1371/journal.pone.0009505. http://www.ncbi.nlm.nih.gov/pubmed/20209079

„Our findings suggest Abeta is a hitherto unrecognized AMP that may normally function in the innate immune system. This finding stands in stark contrast to current models of Abeta-mediated pathology and has important implications for ongoing and future AD treatment strategies".

Zempel H, Thies E, Mandelkow E, et al. (2010) Aβ Oligomers Cause Localized Ca2+ Elevation, Missorting of Endogenous Tau into Dendrites, Tau Phosphorylation, and Destruction of Microtubules and Spines. J Neurosci. 30, 11938–11950.

Nelson TJ (2011) What Causes Alzheimer's Disease? Theories of Alzheimer's disease.

http://www.randombio.com/alz.html

Cheng SB, Ferland P, Webster P, Bearer EL (2011) Herpes simplex virus dances with amyloid precursor protein while exiting the cell. PLoS One 6, e17966.

Wozniak MA, Frost AL, Preston CM, Itzhaki RF (2011) Antivirals reduce the formation of key Alzheimer's disease molecules in cell cultures acutely infected with herpes simplex virus type 1. PLoS One 6, e25152.

Miklossy J (2011) Emerging roles of pathogens in Alzheimer disease. Expert Rev Mol Med 13, e30. Abstract https://www.cambridge.org/core/journals/expert-reviews-in-molecular-medicine/article/emerging-roles-of-pathogens-in-alzheimer-disease/CC3D7D5D8DB9946C761C5F7D9C07F16C

10.4061/2011/501862 PMCID: PMC3255168 https://www.ncbi.nlm.nih.gov/pmc/articles/PMC3255168/

„Pathogen elimination in the ageing population and removal of culpable autoantibodies might reduce the incidence and offer hope for a cure in this affliction."

Miklossy J (2011) Alzheimer's disease - a neurospirochetosis. Analysis of the evidence following Koch's and Hill's criteria. J Neuroinflammation. 8, 90. doi: 10.1186/1742-2094-8-90 PMCID: PMC3171359 PMID: 21816039 https://www.ncbi.nlm.nih.gov/pmc/articles/PMC3171359/?fbclid=IwAR2a-T3kTzFrWmCd8MPi3wdEcIxuc33YY-z4OxDMHmEY2CVpymie1ZGAUnnc

Mascitelli L et al. (2011) Nutrition and Alzheimer's disease: The detrimental role of a high carbohydrate diet, European Journal of Internal Medicine, (PDF) https://www.ncbi.nlm.nih.gov/pubmed/21402242

Neugroschl J, Wang S (2011) Alzheimer's Disease: Diagnosis and Treatment Across the Spectrum of Disease Severity. Mt Sinai J Med. Author manuscript; available in PMC 2012 Mar 29.Published in final edited form as: Mt Sinai J Med. 78(4), 596-612. doi: 10.1002/msj.20279

Zlokovic BV (2011) Neurovascular pathways to neurodegeneration in Alzheimer's disease and other disorders. Nat Rev Neurosci 12, 723–38

Moulton PV, Yang W (2012) Air Pollution, Oxidative Stress, and Alzheimer's Disease. Review Article. Journal of Environmental and Public Health. Volume 2012 (2012), Article ID 472751, 9 pages http://dx.doi.org/10.1155/2012/472751 https://www.hindawi.com/journals/jeph/2012/472751/citations/

Wagner M, Wolf S, Reischies FM, et al. (2012) Biomarker validation of a cued recall memory deficit in prodromal Alzheimer disease. Neurology 78, 379–86 CrossRef MEDLINE

Bond M, Rogers G, Peters J, et al. (2012) The effectiveness and cost-effectiveness of donepezil, galantamine, rivastigmine and memantine for the treatment of Alzheimer's disease (review of Technology Appraisal No. 111): a systematic review and economic model. Health Technol Assess. 16, 1-470 CrossRef MEDLINE PubMed Central

Santana S, Recuero M, Bullido MJ, Valdivieso F, Aldudo J (2012) Herpes simplex virus type I induces the accumulation of intracellular beta-amyloid in autophagic compartments and the inhibition of the non-amyloidogenic pathway in human neuroblastoma cells. Neurobiol Aging 33, 430-433.

Kantarci K, Lowe VJ, Boeve BF, Weigand SD, Senjem ML, Przybelski SA, Dickson DW, Parisi JE, Knopman DS, Smith GE et al. (2012) Multimodality imaging characteristics of dementia with Lewy bodies. Neurobiology of aging 33, 2091–105.

Mattsson N, Rosén E, Hansson O, et al. (2012) Age and diagnostic performance of Alzheimer disease CSF biomarkers. Neurology 2012; 78: 468-76 CrossRef MEDLINE PubMed Central

Beach TG, Monsell SE, Phillips LE, Kukull W (2012) Accuracy of the clinical diagnosis of Alzheimer disease at National Institute on Aging Alzheimer Disease Centers, 2005-2010. J Neuropathol Exp Neurol 71, 266-73 CrossRef MEDLINE PubMed Central

Selkoe DJ (2012) Preventing Alzheimer's disease. Science 337, 1488–92.

Miklossy J, Donta SE, Mueller K, Nolte O, Perry G (2012) Editorial: Chronic or Late Lyme Neuroborreliosis: Present and Future. The Open Neurology Journal, 6, (Suppl 1-M1) 78 http://benthamscience.com/open/toneuj/articles/V006/SI-0078TONEUJ/78TONEUJ.pdf

Miklossy J. (2012) Chronic or late lyme neuroborreliosis: analysis of evidence compared to chronic or late neurosyphilis. Open Neurol J. 6, 146-57 http://www.ncbi.nlm.nih.gov/pubmed/23346260

De Chiara G, Marcocci ME, Sgarbanti R et al. (2012) Infectious agents and neurodegeneration. Mol Neurobiol 46, 614–638.

Hyman BT, Phelps CH, Beach TG et al. (2012) National Institute on Aging-Alzheimer's Association guidelines for the neuropathologic assessment of Alzheimer's disease. Alzheimers Dement 8, 1–13 CrossRef MEDLINE PubMed Central

Wyss-Coray T, Rogers J (2012) Inflammation in Alzheimer disease -a brief review of the basic science and clinical literature. Cold Spring Harb Perspect Med 2, a006346.

Crutch SJ, Lehmann M, Schott JM, Rabinovici GD, Rossor MN, Fox NC (2012) Posterior cortical atrophy. Lancet Neurol 11, 170-8 CrossRef

McDonald A (2013) NonSpiral Borrelia Part 1 Explanation of Shape shifting and Form Metamorphosis of Spirochetes. https://www.youtube.com/watch?v=pqKaM_J7KDI&trk=public_post-content_share-embed-video_share-article_title

Bearer EL, Woltjer R, Donahue JE, Kilpatrick K (2013) Herpes encephalitis and Abeta plaques. FASEB J 27, 873.16.

Mori K et al. (2013) The C9orf72 GGGGCC Repeat Is Translated into Aggregating Dipeptide-Repeat Proteins in FTLD/ALS. Science, doi 10.1126/science.1232927.

[FTLD = frontotemporale Lobärdegeneration, ALS = Amyotrophe Lateralsklerose] http://www.sciencemag.org/content/early/2013/02/07/science.1232927

Nilsson P et al. (2013) Aβ secretion and plaque formation depend on autophagy. Cell Reports 5(1), 61-69 http://www.cell.com/cell-reports/abstract/S2211-1247%2813%2900502-0

Williams WM, Torres S, Siedlak SL, Castellani RJ, Perry G, Smith MA, Zhu X. (2013)

Antimicrobial peptide beta-defensin-1 expression is upregulated in Alzheimer's brain.

J Neuroinflammation. 10(1), 127. http://www.ncbi.nlm.nih.gov/pubmed/24139179

„The human beta-defensins (hBDs) are a highly conserved family of cationic antimicrobial and immunomodulatory peptides expressed primarily by epithelial cells in response to invasion by bacteria, fungi and some viruses … Our findings suggest interplay between hBD-1 and neuroimmunological responses in AD, marked by microglial and astrocytic activation, and increased expression of the peptide within the choroid plexus and accumulation within GVD. As a constitutively expressed component of the innate immune system, we propose that hBD-1 may be of considerable importance early in the disease process.“

Carter CJ (2013) Susceptibility genes are enriched in those of the herpes simplex virus 1/host interactome in psychiatric and neurological disorders. Pathog Dis 69, 240–261.

Ball MJ, Lukiw WJ, Kammerman EM, Hill JM (2013) Intracerebral propagation of Alzheimer's disease: Strengthening evidence of a herpes simplex virus etiology. Alzheimers Dement 9, 169–175.

Miklossy J. (2013) Lyme Neuroborreliosis, Lyme Dementia and Alzheimer's Disease
http://www.youtube.com/watch?v=RftuNfcFxB4&list=PLbSMktQUOGfVVSaMBLyTNPW59MrR2EKvg

Khan UA, Liu L, Provenzano FA et al. (2013) Molecular drivers and cortical spread of lateral entorhinal cortex dysfunction in preclinical Alzheimer's disease. Nature Neuroscience, doi: 10.1038/nn.3606

O'Day D (2013) The Alzheimer's Epidemic.
http://www.amazon.com/The-Alzheimers-Epidemic-Danton-ODay/dp/1456616412/

Blanc M, Hsieh WY, Robertson KA et al. (2013) The transcription factor STAT-1 couples macrophage synthesis of 25-hydroxycholesterol to the interferon antiviral response. Immunity 38, 106–118.

Vellas B, Carrillo MC, Sampaio C, et al. (2013) Designing drug trials for Alzheimer's disease: what we have learned from the release of the phase III antibody trials: a report from the EU/US/CTAD Task Force. Alzheimers Dement 9, 438-44 CrossRef MEDLINE

Pisa D, Alonso R, Juarranz A, Rábano A, Carrasco L (2013) Direct Visualization of Fungal Infection in Brains from Patients with Alzheimer's Disease. J Alzheimers Dis. [Epub ahead of print] http://www.ncbi.nlm.nih.gov/pubmed/25125470
„Our findings provide an explanation for the hitherto elusive detection of fungi in AD brains, and are consistent with the idea that fungal cells are internalized inside neurons."

Liu SY, Aliyari R, Chikere K et al. (2013) Interferon-inducible cholesterol-25-hydroxylase broadly inhibits viral entry by production of 25-hydroxycholesterol. Immunity 38, 92–105.

Williams WM, Torres S, Siedlak SL et al. (2013) Antimicrobial peptide beta-defensin-1 expression is upregulated in Alzheimer's brain. J Neuroinflammation 10, 127.

Knopman DS, Jack CR Jr, Wiste HJ, et al. (2013) Brain injury biomarkers are not dependent on (β)-amyloid in normal elderly. Ann Neurol 73, 472-80 CrossRef MEDLINE PubMed Central

Poole S, Singhrao SK, Kesavalu L, Curtis MA, Crean S (2013) Determining the presence of periodontopathic virulence factors in short-term postmortem Alzheimer's disease brain tissue. J Alzheimers Dis 36, 665–677

Bhattacharjee S1, Lukiw WJ (2013) Alzheimer's disease and the microbiome. Front Cell Neurosci. 7, 153.

Crary JF, Trojanowski JQ, Schneider JA, et al. (2014) Primary age-related tauopathy (PART): a common pathology associated with human aging. Acta Neuropathol 128, 755–66 CrossRef MEDLINE PubMed Central

Brenowitz WD, Monsell SE, Schmitt FA, Kukull WA, Nelson PT (2014) Hippocampal sclerosis of aging is a key Alzheimer's disease mimic: clinical-pathologiccorrelations and comparisons with both alzheimer's disease and non-tauopathic frontotemporal lobar degeneration. J Alzheimers Dis 39, 691-702 MEDLINE PubMed Central

Salloway S, Sperling R, Fox NC, et al. (2014) Two phase 3 trials of bapineuzumab in mild-to-moderate Alzheimer's disease. N Engl J Med 370, 322-33 CrossRef MEDLINE PubMed Central

Lathe R, Sapronova S, Kotelevtsev Y (2014) Atherosclerosis and Alzheimer - diseases with a common cause? Inflammation, oxysterols, vasculature. BMC Geriatrics 14, 36.

Alonso R, Pisa D, Rábano A, Carrasco L (2014) Alzheimer's disease and disseminated mycoses. European Journal of Clinical Microbiology & Infectious Diseases http://link.springer.com/article/10.1007/s10096-013-2045-z

Yu JT, Tan L, Hardy J (2014) Apolipoprotein E in Alzheimer's disease: An update. Annu Rev Neurosci 37, 79–100.

Cummings JL, Morstorf T, Zhong K (2014) Alzheimer's disease drug-development pipeline: Few candidates, frequent failures. Alzheimers Res Ther 6, 37.

Roos KL (2014) Encephalitis. Handb Clin Neurol 121, 1377–1381.

Bastian FO (2014) Cross-Roads in Research on Neurodegenerative Diseases. J Alzheimer Dis Parkinsonism 4, 141 http://scholar.google.de/scholar?q=Cross-Roads+in+Research+on+Neurodegenerative+Diseases&hl=de&as_sdt=0&as_vis=1&oi=scholart&sa=X&ei=1yk1U7frCYbesgaXy4HYCw&ved=0CDkQgQMwAA

Bu XL, Yao XQ, Jiao SS, Zeng F, Liu YH, Xiang Y, Liang CR, Wang QH, Wang X, Cao HY, Yi X, Deng B, Liu CH, Xu J, Zhang LL, Gao CY, Xu ZQ, Zhang M, Wang L, Tan XL, Xu X, Zhou HD, Wang YJ. (2014) A study on the association between infectious burden and Alzheimer's disease. Eur J Neurol. doi: 10.1111/ene.12477. [Epub ahead of print] http://www.ncbi.nlm.nih.gov/pubmed/24910016

„CONCLUSIONS: IB consisting of CMV, HSV-1, B. burgdorferi, C. pneumoniae and H. pylori is associated with AD. This study supports the role of infection/inflammation in the etiopathogenesis of AD."

Hill JM, Clement C, Pogue AI, et al. (2014) Pathogenic microbes, the microbiome, and Alzheimer's disease (AD). Front. Aging Neurosci. doi: 10.3389/fnagi.2014.00127 http://journal.frontiersin.org/Journal/10.3389/fnagi.2014.00127/full?utm_source=newsletter&utm_medium=email&utm_campaign=Neuroscience-w27-2014

Blanc F, Philippi N, Cretin B, Kleitz C, Berly L, Jung B, Kremer S, Namer IJ, Sellal F, Jaulhac B, de Seze J. (2014) Lyme Neuroborreliosis and Dementia. J Alzheimers Dis. 41(4), 1087–93. doi: 10.3233/JAD-130446. PMID: 24762944 https://www.ncbi.nlm.nih.gov/pubmed/24762944?fbclid=IwAR0UolnfrR-8G55Vsy1Ykj_06YKEY3NnKZ2lb2tjDLtvzc6x_Ipf9o9hOKkM

Smith DB, Simmonds P, Bell JE (2014) Brain viral burden, neuroinflammation and neurodegeneration in HAART-treated HIV positive injecting drug users. J Neurovirol 20, 28–38.

O'Daya DH, Catalanoc A (2014) A Lack of Correlation between the Incidence of Lyme Disease and Deaths due to Alzheimer's Disease. Journal of Alzheimer's Disease xx (20xx) x-xx doi: 10.3233/JAD-140552 IOS Press. http://www.ncbi.nlm.nih.gov/pubmed/24840565

„Here we show there is no statistically significant correlation between the incidence of LD and deaths due to AD in the US. Furthermore, the 13 states with the highest deaths due to AD were statistically different ($p < 0.0001$) from those with high LD incidence."

Miklossy Y (2014) Letter to the editor. The lack of correlation between the incidence of Lyme disease and deaths due to Alzheimer's disease cannot reflect the lack of involvement of Borrelia burgdorferi in Alzheimer's dementia.

http://j-alz.com/node/384

Lövheim H, Gilthorpe J, Adolfsson R, Nilsson LG, Elgh F (2014) Reactivated herpes simplex infection increases the risk of Alzheimer's disease. Alzheimers Dement. pii: S1552-5260(14)02421-2. doi: 10.1016/j.jalz.2014.04.522. [Epub ahead of print] http://www.ncbi.nlm.nih.gov/pubmed/?term=25043910

„Positivity for anti-HSV IgM, a sign of reactivated infection, was found to almost double the risk for AD, whereas the presence of anti-HSV IgG antibodies did not affect the risk."

Little CS, Joyce TA, Hammond CJ et al. (2014) Detection of bacterial abtigens and Alzheimer's disease-like pathology in the central nervous system of BALB/c mice following intranasal infection with a laboratory isolate of Chlamydia pneumoniae. Front Aging Neurosci 5(6), 304 http://journal.frontiersin.org/Journal/10.3389/fnagi.2014.00304/abstract

http://www.ncbi.nlm.nih.gov/pubmed/?term=25538615

Mancuso R, Baglio F, Cabinio M, Calabrese E, Hernis A, Nemni R, Clerici M. (2014)

Titers of herpes simplex virus type 1 antibodies positively correlate with grey matter volumes in Alzheimer's disease. J Alzheimers Dis. 38(4), 741-5. doi: 10.3233/JAD-130977.

http://www.ncbi.nlm.nih.gov/pubmed/24072067

De Jager PD, Srivastava G, Lunnon et al. (2014) Alzheimer's disease: early alterations in brain DNA methylation at ANK1, BIN1, RHBDF2 and other loci. Nature Neuroscience. doi: 10.1038/nn.3786 http://www.nature.com/neuro/journal/vaop/ncurrent/full/nn.3786.html

Hall H, Reyes S, Landeck N, et al. (2014) Hippocampal Lewy pathology and cholinergic dysfunction are associated with dementia in Parkinson's disease. Brain 137, 2493–508 CrossRef MEDLINE

Maheshwari P, Eslick GD. (2014) Bacterial Infection and Alzheimer's Disease: A Meta-Analysis. J Alzheimers Dis. http://www.ncbi.nlm.nih.gov/pubmed/25182736

„We found over a ten-fold increased occurrence of AD when there is detectable evidence of spirochetal infection (OR: 10.61; 95% CI: 3.38-33.29) and over a four-fold increased occurrence of AD in a conservative risk estimate (OR 4.45; 95% CI: 2.33-8.52). We found over a five-fold increased occurrence of AD with Cpn infection (OR 5.66; 95% CI: 1.83-17.51). This study shows a strongly positive association between bacterial infection and AD."

Bourgade K, Garneau H, Giroux G, et al. (2014) β-Amyloid peptides display protective activity against the human Alzheimer's disease-associated herpes simplex virus–1. Biogerontology http://link.springer.com/article/10.1007%2Fs10522-014-9538-8#page-1

Blanc F, Philippi N, Cretin B et al. (2014) Lyme neuroborreliosis and dementia. J Alzheimers Dis. 41(4), 1087-93. doi: 10.3233/JAD-130446. http://www.ncbi.nlm.nih.gov/pubmed/24762944

„Pure Lyme dementia exists and has a good outcome after antibiotics. It is advisable to do Lyme serology in demented patients, and if serology is positive, to do CSF analysis with AI. Neurodegenerative dementia associated with positive AI also exists, which may have been revealed by the involvement of Borrelia in the CNS."

Amos LA. (2014) Why do brains need tau (MAPT) ? FEBS J. doi: 10.1111/febs.13094. [Epub ahead of print] http://www.ncbi.nlm.nih.gov/pubmed/25291013

Zhang Z et al. (2014) Cleavage of tau by asparagine endopeptidase mediates the neurofibrillary pathology in Alzheimer's disease. *Nature Medicine*, 20, 254–62, 2014. http://www.ncbi.nlm.nih.gov/pubmed/25326800

(2014) Alzheimer's Association Alzheimer's Disease Facts and Figures.
http://www.alz.org/alzheimers_disease_facts_and_figures.asp

Itzhaki RF (2014) Herpes simplex virus type 1 and Alzheimer's disease: Increasing evidence for a major role of the virus. Front Aging Neurosci 6,202.

Alonso R, Pisa D, Marina AI et al. (2014) Fungal infection in patients with Alzheimer's disease. J Alzheimers Dis 41, 301–311.

Balin BJ Hudson AP (2014) Etiology and pathogenesis of late-onset Alzheimer's disease. Curr Allergy Asthma Rep 14, 417.

Martin C, Aguila B, Araya P et al. (2014) Inflammatory and neurodegeneration markers during asymptomatic HSV-1 reactivation. J Alzheimers Dis 39, 849–859.

White MR, Kandel R, Tripathi S, Condon D, Qi L, Taubenberger J, Hartshorn KL (2014) Alzheimer's associated beta–amyloid protein inhibits influenza A virus and modulates viral interactions with phagocytes. PLoS One 9, e101364.

Mesulam MM, Rogalski EJ, Wieneke C, et al. (2014) Primary progressive aphasia and the evolving neurology of the language network. Nat Rev Neurol 10, 554-69 CrossRef MEDLINE PubMed Central

Jessen F, Amariglio RE, van Boxtel M, et al. (2014) A conceptual framework for research on subjective cognitive decline in preclinical Alzheimer's disease. Alzheimers Dement 10, 844–52 CrossRef MEDLINE PubMed Central

Jack CR Jr, Wiste HJ, Weigand SD, et al. (2014) Age-specific population frequencies of cerebral (ε)-amyloidosis and neurodegeneration among people with normal cognitive function aged 50-89 years: a cross-sectional study. Lancet Neurol 13, 997-1005 CrossRef

Mormino EC, Betensky RA, Hedden T, et al. (2014) Amyloid and APOE (epsilon)4 interact to influence short-term decline in preclinical Alzheimer disease. Neurology 82, 1760-7 CrossRef MEDLINE PubMed Central

Morales I et al. (2014) Neuroinflammation in the pathogenesis of Alzheimer's disease: A rational framework for the search of novel therapeutic approaches. Front Cell Neurosci. 22, 8–112.

Kountouras J, Gavalas E, Polyzos SA, Deretzi G, Kouklakis G, Grigoriadis S, Grigoriadis N, Boziki M, Zavos C, Tzilves D, Katsinelos P (2014) Association between Helicobacter pylori burden and Alzheimer's disease. Eur J Neurol 21, e100.

Teller S, Tahirbegi IB, Mir M et al. (2015) Magnetite-Amyloid-β deteriorates activity and functional organization in an in vitro model for Alzheimer's disease. Scientific Reports 2015, 5, 17261

https://www.readbyqxmd.com/read/26608215/magnetite-amyloid-%C3%AE-deteriorates-activity-and-functional-organization-in-an-in-vitro-model-for-alzheimer-s-disease

Chau-Ren Jung, Yu-Ting Lin, Bing-Fang Hwang (2015) Ozone, Particulate Matter, and Newly Diagnosed Alzheimer's Disease: A Population-Based Cohort Study in Taiwan. J.Alzheimer Dis. 44(2), 573-84 http://www.pubfacts.com/detail/25310992/Ozone-particulate-matter-and-newly-diagnosed-Alzheimers-disease-a-population-based-cohort-study-in-T

Vos SJ, Verhey F, Frölich L, et al. (2015) Prevalence and prognosis of Alzheimer's disease at the mild cognitive impairment stage. Brain 138, 1327-38 CrossRef MEDLINE

Pisa D, Alonso R, Juarranz A, Rábano A, Carrasco L (2015) Direct visualization of fungal infection in brains from patients with Alzheimer's disease. J Alzheimers Dis 43, 613–624

Bourgade K, Garneau H, Giroux G et al. (2015) Beta-amyloid peptides display protective activity against the human Alzheimer's disease-associated herpes simplex virus-1. Biogerontology 16, 85–98.

Jansen WJ, Ossenkoppele R, Knol DL, et al. (2015) Prevalence of cerebral amyloid pathology in persons without dementia: a meta-analysis. JAMA (19), 1924-38 CrossRef MEDLINE PubMed Central

Teipel S, Drzezga A, Grothe MJ, et al. (2015) Multimodal imaging in Alzheimer's disease: validity and usefulness for early detection. Lancet Neurol. 14, 1037-53 CrossRef
http://www.thelancet.com/journals/laneur/article/PIIS1474-4422(15)00093-9/abstract

Ossenkoppele R, Pijnenburg YA, Perry DC, et al. (2015) The behavioural/dysexecutive variant of Alzheimer's disease: clinical, neuroimaging and pathological features. Brain pii: awv191. [Epub ahead of print] CrossRef MEDLINE

Civitelli L, Marcocci ME, Celestino I et al. (2015) Herpes simplex virus type 1 infection in neurons leads to production and nuclear localization of APP intracellular domain (AICD): Implications for Alzheimer's disease pathogenesis. J Neurovirol 21, 480–490.

Gillet L, Frederico B, Stevenson PG (2015) Host entry by gamma-herpesviruses - lessons from animal viruses? Curr Opin Virol 15, 34–40.

Piacentini R, Li Puma DD, Ripoli C et al. (2015) Herpes simplex virus type-1 infection induces synaptic dysfunction in cultured cortical neurons via GSK-3 activation and intraneuronal amyloid-beta protein accumulation. Sci Rep 5, 15444.

Lövheim H, Gilthorpe J, Johansson A, Eriksson S, Hallmans G, Elgh F (2015) Herpes simplex infection and the risk of Alzheimer's disease: A nested case-control study. Alzheimers Dement. 11(6), 587-92. doi: 10.1016/j.jalz.2014.07.157. Epub 2014 Oct 7.
https://www.ncbi.nlm.nih.gov/pubmed/25304990

Lövheim H, Gilthorpe J, Adolfsson R, Nilsson LG, Elgh F (2015) Reactivated herpes simplex infection increases the risk of Alzheimer's disease. Alzheimers Dement. 11(6), 593–9. doi: 10.1016/j.jalz.2014.04.522. Epub 2014 Jul 17.
https://www.ncbi.nlm.nih.gov/pubmed/25043910

AlzForum (2015) Dementia à la Mold? Fungi May Lurk in Alzheimer's Brains
https://groups.google.com/forum/m/#!topic/alt.health/Ddh23yeO4E4

Pisa D, Alonso R, Rabano A, Rodal I, Carrasco L (2015) Different brain regions are infected with fungi in Alzheimer's disease. Sci Rep 5, 15015.

Potgieter M, Bester J, Kell DB, Pretorius E (2015) The dormant blood microbiome in chronic, inflammatory diseases. FEMS Microbiol Rev 39, 567–591.

Maheshwari P, Estlick GD (2015) Bacterial infection and Alzheimer's disease: a meta-analysis. J Alzheimer Dis 43(3) 957-66 http://www.ncbi.nlm.nih.gov/pubmed/?term=25182736
https://www.ncbi.nlm.nih.gov/pubmed/25182736?fbclid=IwAR1DdKdeveolcE6jznrpMOharAvpuwIrfFKhzhIIXBNw283CeXKOkf37dRU
„We found over a five-fold increased occurrence of AD with Cpn infection (OR: 5.66; 95% CI: 1.83-17.51). This study shows a strongly positive association between bacterial infection and AD."

Miklossy J (2015) Historic evidence to support a causal relationship between spirochetal infections and Alzheimer's disease. Frontiers in Aging Neuroscience. 7(46), 1-12. 1- doi: 10.3389/fnagi.2015.00046
http://journal.frontiersin.org/article/10.3389/fnagi.2015.00046/full
http://journal.frontiersin.org/article/10.3389/fnagi.2015.00046/abstract

Viticchi G, Falsetti L, Buratti L et al. (2015) Framingham risk score can predict cognitive decline progression in Alzheimer's disease. Neurobiol Aging. 36(11), 2940–5. doi: 10.1016/j.neurobiolaging.2015.07.023. http://www.ncbi.nlm.nih.gov/pubmed/26279114

Allen HB, Hannaway M, Joshi S (2015) Tertiary Treponematosis. J Clin Exp Dermatol Res 6: 288. doi: 10.4172/2155-9554.10000288

Velayudhan L, Gasper A, Pritchard M, Baillon S, Messer C, Proitsi P (2015) Pattern of smell identification impairment in Alzheimer's disease. J Alzheimers Dis 46, 381–387.

Harris SA Harris EA (2015) Herpes Simplex Virus Type 1 and Other Pathogens are Key Causative Factors in Sporadic Alzheimer's Disease. Journal of Alzheimer's Disease, vol. Preprint, no. Preprint, 1–35. http://content.iospress.com/articles/journal-of-alzheimers-disease/jad142853

Jaunmuktane Z et al. (2015) Evidence for human transmission of amyloid-β pathology and cerebral amyloid angiopathy. Nature, doi: 10.1038/nature15369. http://www.nature.com/nature/journal/v525/n7568/full/nature15369.html

Olsen I, Singhrao SK (2015) Can oral infection be a risk factor for Alzheimer's disease? Journal of Oral Microbiology 7, 29143 - http://dx.doi.org/10.3402/jom.v7.29143

http://www.journaloforalmicrobiology.net/index.php/jom/article/view/29143

Bastian FO (2015) Is Alzheimer's Disease Infectious? Relative to the CJD Bacterial Infection Model of Neurodegeneration. AIMS Neuroscience, Volume 2 (4): 240-258. doi: 10.3934/Neuroscience.2015.4.240

http://www.aimspress.com/fileOther/PDF/neuroscience/201504240.pdf

Späni C, Suter T, Derungs R et al. (2015) Reduced β-amyloid pathology in an APP transgenic mouse model of Alzheimer's disease lacking functional B and T cells. Acta Neuropathol Commun. 3, 71. Published online 2015 Nov 11. doi: 10.1186/s40478-015-0251-x PMCID: PMC4642668 https://www.ncbi.nlm.nih.gov/pmc/articles/PMC4642668/

„The results of this study demonstrate an impact of the adaptive immunity on cerebral β-amyloid pathology in vivo and suggest an influence on microglia-mediated amyloid β-peptide clearance as a possible underlying mechanism."

Garrett MD (2015) Politics of Anguish: How Alzheimer's disease became the malady of the 21st century. Createspace. USA.

Bu XL, Yao XQ, Jiao SS, Zeng F (2015) A study on the association between infectious burden and Alzheimer's disease. Eur J Neurol. 22(12), 1519-25. doi: 10.1111/ene.12477. Epub 2014 Jun 9. https://www.ncbi.nlm.nih.gov/pubmed/24910016?fbclid=IwAR1aO8uRInkLiv9Fuz3rFkEsDgIdBtfT1UAkZrJYjln34T63b3LM5PMcmM4

Miklossy J, McGeer PL (2016) Common mechanisms involved in Alzheimer's disease and type 2 diabetes: a key role of chronic bacterial infection and inflammation. Aging (Albany NY). 8(4), 575–88. doi: 10.18632/aging.100921. https://www.ncbi.nlm.nih.gov/pubmed/26961231

„This article reviews the evidence for the presence of local inflammation and bacteria in type 2 diabetes and discusses host pathogen interactions in chronic inflammatory disorders. Chlamydophyla pneumoniae, Helicobacter pylori and spirochetes are demonstrated in association with dementia and brain lesions in AD and islet lesions in type 2 diabetes.“

Zhan X, Stamova B, Jin LW et al. (2016) Gram-negative bacterial molecules associate with Alzheimer disease pathology. Neurology. pii: 10.1212/WNL.0000000000003391. [Epub ahead of print] https://www.ncbi.nlm.nih.gov/pubmed/?term=27784770

„E coli K99 and LPS levels were greater in AD compared to control brains. LPS colocalized with $A\beta_{1-40/42}$ in amyloid plaques and around vessels in AD brain. The data show that Gram-negative bacterial molecules are associated with AD neuropathology. They are consistent with our LPS-ischemia-hypoxia rat model that produces myelin aggregates that colocalize with $A\beta$ and resemble amyloid-like plaques.“

Maher B et al. (2016) Magnetite pollution nanoparticles in the human brain. PNAS, doi: 10.1073/pnas.1605941113 http://www.pnas.org/content/early/2016/08/31/1605941113

Itzhaki RF et al. Editorial (2016) Microbes and Alzheimer's Disease. Journal of Alzheimer's Disease, vol. 51, no. 4, pp. 979-984, doi: 10.3233/JAD-160152

http://content.iospress.com/articles/journal-of-alzheimers-disease/jad160152

Allen HB, Morales D, Jones K, Joshi S (2016) Alzheimer's Disease: A Novel Hypothesis Integrating Spirochetes, Biofilm, and the Immune System. J Neuroinfect Dis 7, 200. doi: 10.4172/2314-7326.1000200

http://www.omicsonline.com/open-access/alzheimers-disease-a-novel-hypothesis-integrating-spirochetes-biofilm-and-the-immune-system-2314-7326-1000200.pdf
https://spirodementia.wordpress.com/drexel-university-team-duplicate-dr-alan-macdonalds-findings-of-bacterial-biofilms-in-alzheimers-plaques/

Batarseh YS, Duong QV, Mousa YM et al. (2016) Amyloid-β and Astrocytes Interplay in Amyloid-β Related Disorders. Int J Mol Sci. 17(3), 338. doi: 10.3390/ijms17030338.
http://www.ncbi.nlm.nih.gov/pubmed/26959008

Levin J, Kurz A, Arzberger T et al. (2016) Differenzialdiagnose und Therapie der atypischen Parkinson-Syndrome. Deutsches Ärzteblatt 113(5), 61–69
http://www.aerzteblatt.de/pdf/113/5/m61.pdf?ts=28.01.2016+17%3A09%3A38

Bourgade K, Le PA, Bocti C, Witkowski JM, Dupuis G, Frost EH, Fulop T Jr (2016) Protective effect of amyloid-beta peptides against herpes simplex virus-1 infection in a neuronal cell culture model. J Alzheimers Dis, doi: 10.3233/JAD-150652.

Ide M, Harris M, Stevens A et al. (2016) Periodontitis and Cognitive Decline in Alzheimer's Disease. PLoS One. 11(3), e0151081. doi: 10.1371/journal.pone.0151081. eCollection 2016. http://www.ncbi.nlm.nih.gov/pubmed/26963387 http://journals.plos.org/plosone/article?id=10.1371/journal.pone.0151081

„Our data showed that periodontitis is associated with an increase in cognitive decline in Alzheimer's Disease, independent to baseline cognitive state, which may be mediated through effects on systemic inflammation."

Weuve J, McQueen MB, Blacker D. (2016) The AlzRisk Database. Alzheimer Research Forum. Available at: http://www.alzforum.org. Accessed [date of access]*. http://www.alzrisk.org/

(2016) Myths and realities about Alzheimer's disease. Alzheimer Society British Columbia http://www.alzheimer.ca/en/bc/About-dementia/Alzheimer-s-disease/Myth-and-reality-about-Alzheimer-s-disease#DynamicId_6
http://www.alzheimernb.ca/site/alzheimer_disease_myths

Tabet N (2016) The realities of treating Alzheimer's disease. Current challenges, future promise! http://www.kssahsn. net/what-we-do/our-news/events/Documents/The%20 realities%20of%20treating%20alzheimers%20disease%20 N%20Tabet.pdf

Miklossy J (2016) Bacterial Amyloid and DNA are Important Constituents of Senile Plaques: Further Evidence of the Spirochetal and Biofilm Nature of Senile Plaques. J Alzheimers Dis. [Epub ahead of print] http://www.ncbi.nlm.nih.gov/ pubmed/27314530

http://content.iospress.com/articles/journal-of-alzheimers-disease/jad160451

„Spirochetes evade host defenses, locate intracellularly, form more resistant atypical forms and notably biofilms, which contribute to sustain chronic infection and inflammation and explain the slowly progressive course of dementia in AD. To consider co-infecting microorganisms is equally important, as multi-species biofilms result in a higher resistance to treatments and a more severe dementia."

Hakobyan S, Harding K, Aiyaz M et al. (2016) Complement Biomarkers as Predictors of Disease Progression in Alzheimer's Disease. J Alzheimers Dis. [Epub ahead of print]

http://www.ncbi.nlm.nih.gov/pubmed/27567854

„Three analytes (clusterin, factor I, terminal complement complex) were significantly different between MCI individuals who had converted to dementia one year later compared to non-converters; a model combining these three analytes with informative co-variables was highly predictive of conversion. The data confirm the relevance of complement biomarkers in MCI and AD and build the case for using multi-parameter models for disease prediction and stratification."

Spitzer P, Condic M, Herrmann et al. (2016) Amyloidogenic amyloid-β-peptide variants induce microbial agglutination and exert antimicrobial activity. Sci Rep. 6, 32228. doi: 10.1038/ srep32228. http://www.nature.com/articles/srep32228

http://www.ncbi.nlm.nih.gov/pubmed/27624303

„These data demonstrate that the amyloidogenic Aβx-42 variants have antimicrobial activity and may therefore act as antimicrobial peptides in the immune system.“

Portelius E, Durieu E, Bodin M et al. (2016) Specific Triazine Herbicides Induce Amyloid-β42 Production. J Alzheimers Dis. http://www.ncbi.nlm.nih.gov/pubmed/27589520

„In conclusion, several widely used triazines enhance the production of toxic, aggregation prone Aβ42/Aβ43 amyloids, suggesting the possible existence of environmental "Alzheimerogens" which may contribute to the initiation and propagation of the amyloidogenic process in late-onset AD.“

Killin LOJ, Starr JM, Shiue IJ, Russ TC (2016) Environmental risk factors for dementia: a systematic review BMC GeriatricsBMC series - open, inclusive and trusted 201616, 175 doi: 10.1186/s12877-016-0342-y http://bmcgeriatr.biomedcentral.com/articles/10.1186/s12877-016-0342-y

„There is at least moderate evidence implicating the following risk factors: air pollution; aluminium; silicon; selenium; pesticides; vitamin D deficiency; and electric and magnetic fields.“

Kennedy M et al. (2016) The BACE1 inhibitor verubecestat (MK-8931) reduces CNS β-amyloid in animal models and in Alzheimer's disease patients. Science Translational Medicine. doi: 10.1126/scitranslmed.aad9704. http://stm.sciencemag.org/content/8/363/363ra150

MacDonald A, Grier TM, Pierce PK (2016) Diffuse cortical Lewy body dementia - two cases - linked by FISH studies of DNA hybridization and immunohistochemtry to tertiary Borrelia burgdorferi brain infection. https://f1000research.com/%20posters/5-127

MacDonald AB, Duray PH (2016) DIFFUSE CORTICAL LEWY BODY DEMENTIA –TWO CASES –LINKED BY FISH STUDIES OF DNA HYBRIDIZATION AND Immunohistochemtry to Tertiary Borrelia Burgdorferi brain infection. https://d1hiluowqo0t4b.cloudfront.net/posters/docs/f1000research-113153.pdf

Purandare N, Burns A, Kevin J Daly KJ et al. (2016) Cerebral emboli as a potential cause of Alzheimer's disease and vascular dementia: case-control study. BMJ. 332(7550), 1119-1124. doi: 10.1136/bmj.38814.696493.AE PMCID: PMC1459546 https://www.ncbi.nlm.nih.gov/pmc/articles/PMC1459546/
„Spontaneous cerebral emboli were significantly associated with both Alzheimer's disease and vascular dementia. They may represent a potentially preventable or treatable cause of dementia."

Bredesen DE, Amos EC, Canick J, Ackerley M, Raji C, Fiala M, Ahdidan J (2016) Reversal of cognitive decline in Alzheimer's disease. Aging (Albany NY) 8, 1250–1258. https://www.ncbi.nlm.nih.gov/pubmed/27294343
„Here we report the results from quantitative MRI and neuropsychological testing in ten patients with cognitive decline, nine ApoE4+ (five homozygous and four heterozygous) and one ApoE4-, who were treated with the MEND protocol for 5–24 months. The magnitude of the improvement is unprecedented, providing additional objective evidence that this programmatic approach to cognitive decline is highly effective. These results have far-reaching implications for the treatment of Alzheimer's disease, MCI, and SCI; for personalized programs that may enhance pharmaceutical efficacy; and for personal identification of ApoE genotype."

Itzhaki R, Lathe R, Balin BJ et al. (2016) Microbes and Alzheimer's Disease. Journal of Alzheimer's Disease. 51(4), 979 984 p. doi: 10.3233/JAD-160152

Haass C, Neumann M (2016) Frontotemporal dementia: from molecular mechanisms to therapy. J Neurochem. 138 Suppl 1, 3-5. doi: 10.1111/jnc.13619.

McDonald A (2016) Parasitic Nematode Worms and Borrelia in Alzheimer's: https://spirodementia.wordpress.com/parasitic-nematode-worms-and-borrelia-in-alzheimers-poster-june-2016/

Allen HB (2016) Alzheimer's disease: Assessing the Role of Spirochetes, Biofilms, the Immune System, and Beta Amyloid with regard to potential Treatment and Prevention. J Alz Dis. 53, 1271–1276

DiBiagio JR, Joshi SG, Allen HB (2016) Alzheimer's disease: A Commentary on Biofilms, Beta Amyloid and their Locations. J Infect Dis Preve Med. 4, 140.

Pretorius E, Bester J, Kell DB (2016) A Bacterial Component to Alzheimer's-Type Dementia Seen via a Systems Biology Approach that Links Iron Dysregulation and Inflammagen Shedding to Disease. J Alzheimers Dis. 53(4), 1237-56. doi: 10.3233/JAD-160318. https://www.ncbi.nlm.nih.gov/pmc/articles/PMC5325058/
https://www.ncbi.nlm.nih.gov/pubmed/27340854
https://www.researchgate.net/publication/319664120_A_bacterial_component_to_Alzheimer%27s-type_dementia_seen_via_a_systems_biology_approach_that_links_iron_dysregulation_and_inflammagen_shedding_to_disease

„We review the evidence that iron dysregulation is one of the central causative pathway elements here, as this can cause each of the above effects. In addition, we review the evidence that dormant, non-growing bacteria are a crucial feature of AD, that their growth in vivo is normally limited by a lack of free iron, and that it is this iron dysregulation that is an important factor in their resuscitation. Indeed, bacterial cells can be observed by ultrastructural microscopy in the blood of AD patients."

Abbott A (2016) The red-hot debate about transmissible Alzheimer's. Nature. 531(7594), 294-7. doi: 10.1038/53129 https://www.ncbi.nlm.nih.gov/pubmed/269835224a. https://www.nature.com/news/the-red-hot-debate-about-transmissible-alzheimer-s-1.19554

Hoeijmakers L, Heinen Y, van Dam A-M et al. (2016) Microglial Priming and Alzheimer's Disease: A Possible Role for (Early) Immune Challenges and Epigenetics? Front Hum Neurosci. 10, 398. Published online 2016 Aug 9. doi: 10.3389/fnhum.2016.00398 PMCID: PMC4977314 PMID: 27555812 https://www.ncbi.nlm.nih.gov/pmc/articles/PMC4977314/#__ffn_sectitle

Soreq L et al. (2017) Major shifts in glial regional identity are a transcriptional hallmark of human brain aging. Cell Reports. 18(2), p557-570, doi: 10.1016/j.celrep.2016.12.011

http://www.cell.com/cell-reports/abstract/S2211-1247(16)31684-9
http://www.cell.com/cell-reports/pdf/S2211-1247(16)31684-9.pdf

Livingston G et al. (2017) Dementia prevention, intervention, and care. Lancet. doi: 10.1016/ S0140-6736(17)31363-6.

Mirza A, King A, Troakes C, Exley C (2017) Aluminium in brain tissue in familial Alzheimer's disease. Journal of Trace Elements in Medicine and Biology 40, 30–36

„The unique quantitative data and the stunning images of aluminium in familial Alzheimer's disease brain tissue raise the spectre of aluminium's role in this devastating disease."

Miklossy J (2017) Handbook of Infection and Alzheimer's Disease ISBN print 978-1-61499-705-4 ISBN online 978-1-61499-706-1 Share

http://www.iospress.nl/book/handbook-of-infection-and-alzheimers-disease/

Onyango IG et al. (2017) Mitochondria in the pathophysiology of Alzheimer's and Parkinson's diseases. Front Biosci (Landmark Ed). 22, 854–872.

Bastian FO (2017) Combined Creutzfeldt-Jakob/ Alzheimer's Disease Cases are Important in Search for Microbes in Alzheimer's Disease. J Alzheimers Dis. 56(3), 867–873. doi: 10.3233/JAD-160999. https://www.ncbi.nlm.nih.gov/pubmed/28059790

Alonso R, Pisa D, Aguado B, Carrasco L (2017) Identification of Fungal Species in Brain Tissue from Alzheimer's Disease by Next-Generation Sequencing. J Alzheimers Dis. doi: 10.3233/ JAD-170058. [Epub ahead of print] https://www.ncbi.nlm.nih.gov/pubmed/28387676

„Five genera were common to all nine patients: Alternaria, Botrytis, Candida, Cladosporium, and Malassezia. These observations could be used to guide targeted antifungal therapy for AD patients. Moreover, the differences found between the fungal species in each patient may constitute a basis to understand the evolution and severity of clinical symptoms in AD."

Maheshwari P, Eslick GD (2017) Bacterial infection increases the risk of Alzheimer's disease: An evidence-based assessment. In

Handbook of Infection and Alzheimer's Disease, Miklossy J, ed. IOS Press, Amsterdam, in press.

Barron AE, Itzhaki RF, Miklossy J (2017) ROLE OF MICRO-BES IN THE DEVELOPMENT OF ALZHEIMER'S DISEASE: STATE OF THE ART.

„Chair:, AE Barron, R Itzhaki, Discussant-Innovation in 2017 academic.oup.com

Abstract Alzheimer disease (AD) is one of the most devastating diseases and aging is one of the most important risk factors. For many years huge efforts have been made to better understand the etiopathogenesis of AD. Also, many treatment trials have been performed. At present, we do not what is the exact cause of AD nor how to treat it but we know that neuroinflammation plays an important role, the latter occurring even some 20 years before."

Cascella M, Bimonte S, Muzio MR, Schiavone V, Cuomo A (2017) The efficacy of Epigallocatechin-3-gallate (green tea) in the treatment of Alzheimer's disease: an overview of pre-clinical studies and translational perspectives in clinical practice. Infect Agent Cancer. 12, 36. doi: 10.1186/s13027-017-0145-6. eCollection 2017.

https://www.researchgate.net/publication/317698412_The_efficacy_of_Epigallocatechin-3-gallate_green_tea_in_the_treatment_of_Alzheimer%27s_disease_An_overview_of_pre-clinical_studies_and_translational_perspectives_in_clinical_practice

https://www.ncbi.nlm.nih.gov/pubmed/28642806

„The purpose of this review is to summarize the in vitro and in vivo pre-clinical studies on the use of EGCG in the prevention and the treatment of AD as well as to offer new insights for translational perspectives into clinical practice."

https://www.ncbi.nlm.nih.gov/pubmed?linkname=pubmed_pubmed&from_uid=28642806

Pisa D, Alonso R, Fernández-Fernández AM et al. (2017) Polymicrobial Infections In Brain Tissue From Alzheimer's Disease Patients. Sci Rep. 7(1), 5559. doi: 10.1038/s41598-017-05903-y. https://www.ncbi.nlm.nih.gov/pubmed/28717130

„Finally, several structures that could belong to fungi or prokaryotes were detected using peptidoglycan and Clostridium antibodies, and PCR analysis revealed the presence of several bacteria in frozen brain tissue from AD patients. Thus, our results show that polymicrobial infections consisting of fungi and bacteria can be revealed in brain tissue from AD patients.“

Girolamo F, Coppola C, Ribatti D (2017) Immunoregulatory effect of mast cells influenced by microbes in neurodegenerative diseases. Brain Behav Immun. 65, 68-89. doi: 10.1016/j. bbi.2017.06.017. Epub 2017 Jul 1. https://www.ncbi.nlm.nih. gov/pubmed/28676349

Adams JU (2017) Do Microbes Trigger Alzheimer's Disease? The once fringe idea is gaining traction among the scientific community.

http://mobile.the-scientist.com/article/50208/do-microbes-trigger-alzheimer-s-disease

Carter, Chris J (2017) Genetic, Transcriptome, Proteomic, and Epidemiological Evidence for Blood-Brain Barrier Disruption and Polymicrobial Brain Invasion as Determinant Factors in Alzheimer's Disease. doi: 10.3233/ADR-170017 Journal of Alzheimer's Disease Reports, 1(1) 125-157 http://content.iospress.com/articles/journal-of-alzheimers-disease-reports/adr170017

„AD serum amyloid-β autoantibodies may attenuate its antimicrobial effects favoring microbial survival and cerebral invasion leading to activation of neurodestructive immune/inflammatory processes, which may also be augmented by age-related immunosenescence. AD may thus respond to antibiotic, antifungal, or antiviral therapy.“

Klotz K, Weistenhöfer W, Neff F, Hartwig A, van Thriel C, Drexler H (2017) The health effects of aluminum exposure. Arztebl Int 114, 653-9. doi: 10.3238/arztebl.2017.0653 https://www.aerzteblatt.de/archiv/193510/Gesundheitliche-Auswirkungen-einer-Aluminiumexposition www.aerzteblatt-international.de

Chen CK, Wu YT, Chang YC (2017) Association between chronic periodontitis and the risk of Alzheimer's disease: a retrospective, population-based, mactched-cohort study. Alzheimers Res Ther. 9, 56.

Donohue MC, Sperling RA, Petersen R, et al. (2017) Association Between Elevated Brain Amyloid and Subsequent Cognitive Decline Among Cognitively Normal Persons. JAMA 2017; 317 (22): 2305–16 CrossRef MEDLINE PubMed Central

Groveman BR, Orrù ChrD, Hughson AG et al (2018) Rapid and ultra-sensitive quantitation of disease-associated α-synuclein seeds in brain and cerebrospinal fluid by αSyn RT-QuIC. Acta Neuropathologica CommunicationsNeuroscience of Disease 20186:7 https://doi.org/10.1186/s40478-018-0508-2 https://actaneurocomms.biomedcentral.com/articles/10.1186/s40478-018-0508-2

„The test was 93 percent accurate at diagnosing Parkinson's and Lewy body dementia, correctly excluded all of the control samples, and turned up test results in two days.“

Nian-Sheng Tzeng, Chi-Hsiang Chung, Fu-Huang Lin et al. (2018) Anti-herpetic Medications and Reduced Risk of Dementia in Patients with Herpes Simplex Virus Infections – a Nationwide, Population-Based Cohort Study in Taiwan. Neurotherapeutics pp 1–13 | Cite as DOI https://doi.org/10.1007/s13311-018-0611-x https://link.springer.com/article/10.1007/s13311-018-0611-x#citeas

„The usage of anti-herpetic medications in the treatment of HSV infections was associated with a decreased risk of dementia. These findings could be a signal to clinicians caring for patients with HSV infections.“

Calderón-Garcidueñas L, Gónzalez-Maciel A, RafaelReynoso-Robles, R, et al. (2018)

Hallmarks of Alzheimer disease are evolving relentlessly in Metropolitan Mexico City infants, children and young adults. APOE4 carriers have higher suicide risk and higher odds of reaching NFT stage V at ≤ 40 years of age. https://doi.org/10.1016/j.envres.2018.03.023

https://www.sciencedirect.com/science/article/pii/
S0013935118301439?via%3Dihub

„We recommend the concept of preclinical AD be revised and
emphasize the need to define paediatric environmental, nutritional, metabolic and genetic risk factor interactions of
paramount importance to prevent AD. AD evolving from
childhood is threating the wellbeing of our children and future generations.“

Nakamura A, Kaneko N, Villemagne VL et al. (2018) High performance plasma amyloid-β biomarkers for Alzheimer's disease. Nature 554, 249–254 https://doi.org/10.1038/nature25456

„These plasma biomarkers also have cost-benefit and scalabili-
ty advantages over current techniques, potentially enabling
broader clinical access and efficient population screening.“

Carillo M (2018) Trends in diagnosing and reducing the risk of
Alzheimer's disease. DOI10.13140/RG.2.2.27207.60327 https://
www.researchgate.net/publication/324485269_Trends_in_dia-
gnosing_and_reducing_the_risk_of_Alzheimer%27s_disease

„A review of two exciting trends in research related to the diagnosis of Alzheimer's are the development of imaging biomarkers that may provide an early and accurate diagnosis, and
blood biomarkers that could yield a simple test for the disease.
And includes recent findings demonstrating that lifestyle mo-
difications can reduce the risk of developing cognitive symptoms in high-risk older adults.“

Projects Revisiting the framework of the National Institute on
Aging-Alzheimer's Association diagnostic criteria Nabers A
et al. (2018) Amyloid blood biomarker detects Alzheimer's
disease. doi : 10.15252/emmm.201708763 EMBO Molecular Medicine (online) 6. April 2018

Vojdani, A, Vojdani, E, Saidara, E, Kharrazian, D (2018) Reaction of Amyloid-β Peptide Antibody with Different Infectious Agents Involved in Alzheimer's Disease. Journal of Alzheimer's Disease, 63(2), 847-860 doi: 10.3233/JAD-170961

Alonso R, Pisa D, Fernández-Fernández AM, Carrasco L (2018)
Infection of Fungi and Bacteria in Brain Tissue From Elderly

Persons and Patients With Alzheimer's Disease. Front. Aging Neurosci., https://doi.org/10.3389/fnagi.2018.00159 https://www.frontiersin.org/articles/10.3389/fnagi.2018.00159/full

Ford E, Greenslade N, Paudyal P, Bremner S, Smith HE, Banerjee S et al. (2018) Predicting dementia from primary care records: A systematic review and meta-analysis. PLoS ONE 13(3), e0194735. https://doi.org/10.1371/journal.pone.0194735

Allen HB, Allawh RM, Gresham K, Donnelly K, Goyal K (2018) Tertiary Lyme Disease. Clin Microbiol 7, 309. doi: 10.4172/2327-5073.1000309

https://www.omicsonline.org/open-access/tertiary-lyme-Disease-2327-5073-1000309.pdf

„We postulate that our patient with dementia had tertiary Lyme disease because Lyme spirochetes have been cultured from Alzheimer's disease brains and because PCR findings have also confirmed the presence of Borrelia burgdorferi. We have shown how the spirochetes are likely responsible for the biofilms in the organs involved; such biofilms are integral to the pathology noted in the disorders in question. We discuss how biofilm dispersers together with bactericidal antibiotics are or are not effective in treatment."

Readhead B, Haure-Mirande J-V, Funk CC et al. (2018) Multiscale Analysis of Independent Alzheimer's Cohorts Finds Disruption of Molecular, Genetic, and Clinical Networks by Human Herpesvirus. PlumXMetrics. doi: https://doi.org/10.1016/j.neuron.2018.05.023 https://www.cell.com/neuron/fulltext/S0896-6273(18)30421-5

„Construct multiscale networks of the late-onset Alzheimer's disease (AD)-associated virome and observe pathogenic regulation of molecular, clinical, and neuropathological networks by several common viruses, particularly human herpesvirus 6A and human herpesvirus 7."

Allen HB, Allawh RM, Goyal K (2018) A Pathway to Alzheimer's disease. Curr Neurobiol 9(1), 29–32 ISSN 0975-9042 http://currentneurobiology.org/neurobiology/a-pathway-to-alzheimers-disease.pdf

„We postulate a pathway to Alzheimer's disease that begins with microbial pathogens, spirochetes, that make biofilms which upregulate the innate immune system. This leads to the destruction of the tissue and the formation of Aβ by known biochemical and microbiological pathways. The spirochetes also form biofilms intracellularly; and, in the process, create Aβ which stimulates the hyperphosphorylation of tau protein. This ultimately leads to the formation of neurofibrillary tangles and dendritic disintegration. All the steps in this pathway have been shown to be present by direct pathological observation or by known microbiological/biochemical pathways. As one proof of concept, things that negatively impact AD, such as diabetes, smoking, and certain drug exposures have been shown to influence one or another component of the pathway."

Itzhaki RF (2018) Corroboration of a Major Role for Herpes Simplex Virus Type 1 in Alzheimer's Disease. Front. Aging Neurosci., https://doi.org/10.3389/fnagi.2018.00324 https://www.frontiersin.org/articles/10.3389/fnagi.2018.00324/full

Agosta F, Vossel KA, Miller BL (2018) Apolipoprotein E ε4 is associated with disease-specific effects on brain atrophy in Alzheimer's disease and frontotemporal dementia. Proc. Natl. Acad. Sci. USA. 106, 2018–2022

Bundesärztekammer: Bekanntmachungen. Stellungnahme zum Umgang mit prädiktiven Tests auf das Risiko für die Alzheimer Krankheit. Deutsches Ärzteblatt 2018. doi: 10.3238/arztebl.2018.sn_alzheimer01

Haas JG, Lathe R (2018) Microbes and Alzheimer's Disease: New Findings Call for a Paradigm Change. Trends Neurosci. 41(9), 570–573. doi: 10.1016/j.tins.2018.07.001. Epub 2018 Jul 19 https://www.ncbi.nlm.nih.gov/pubmed/30033181 https://www.sciencedirect.com/science/article/abs/pii/S0166223618301711

Fülöp T, Itzhaki RF, Balin BJ, Miklossy J, Barron AE (2018) Role of Microbes in the Development of Alzheimer's Disease: State of the Art - An International Symposium Presented at the 2017 IAGG Congress in San Francisco. Front Genet. 9, 362. Published online 2018 Sep 10. doi: 10.3389/

fgene.2018.00362 PMCID : PMC6139345 PMID: 30250480
https://www.ncbi.nlm.nih.gov/pmc/articles/PMC6139345/

Zhuang ZQ, Shen LL, Li WW et al (2018) Gut microbiota is altered in patients with alzheimer's disease. J Alzheimers Dis 63:1337–1346

Franceschi F, Ojetti V, Candelli M et al. (2019) Microbes and Alzheimer's disease: lessons from H. pylori and GUT microbiota. Eur Rev Med Pharmacol Sci. 23(1), 426–430. doi: 10.26355/eurrev_201901_16791. https://www.ncbi.nlm.nih.gov/pubmed/30657587

Dominy SS, Lynch C, Ermini F et al. (2019) Porphyromonas gingivalis in Alzheimer's disease brains: Evidence for disease causation and treatment with small-molecule inhibitors. Science Advances 5(1), eaau3333 doi: 10.1126/sciadv.aau3333 http://advances.sciencemag.org/content/5/1/eaau3333

MacKenzie D (2019) The hidden cause of disease. New Scientist 243(3242), 42–46 https://doi.org/10.1016/S0262-4079(19)31488-5
https://www.sciencedirect.com/science/article/pii/S0262407919314885

Lenzen-Schulte M (2019) Antidementiva scheitern reihenweise. Medizinreport. Dtsch Arztebl 2018; 115 (5): A-200/B-175/C-175 VOLLTEXT

Meyer R (2019) Bluttest kann Morbus Alzheimer vor Ausbruch der Erkrankung erkennen. Deutsches Ärzteblatt News https://www.aerzteblatt.de/ nachrichten/ 105117/ Bluttest-kann-Morbus-Alzheimer-vor-Ausbruch-der-Erkrankung-erkennen

Jessen F (2019) Früherkennung der Alzheimer-Krankheit und Ansätze der Prävention. Bundesgesundheitsblatt 62, 255-60 CrossRef MEDLINE [„mild cognitive impairment"]

Beyer L, Schnabel J, Kazmierczak P et al. (2019) Neuronal injury biomarkers for assessment of the individual cognitive reserve in clinically suspected Alzheimer's disease. Neuroimage Clin 24, 101949 CrossRef MEDLINE PubMed Central

Schindler SE, Bollinger JG, Ovod V, et al. (2019) High-precision plasma β-amyloid 42/40 predicts current and future brain amyloidosis. Neurology. https://n.neurology.org/content/early/ 2019/08/01/WNL.0000000000008081 CrossRef MEDLINE

Tooran NC, Sarvi Sch, Moosazadeh M et al. (2019) Is Toxoplasma gondii a potential risk factor for Alzheimer's disease? A systematic review and meta-analysis. https://doi.org/10.1016/j.micpath.2019.103751

„Results of this meta-analytic study suggested that T. gondii can be considered a risk factor for the development of AD and exacerbation of its symptoms".

Allen HB, Cusack CA, Joshi SG (2019) The Impact of Biofilms in Alzheimer's disease compared to Other Diseases in Which They Play a Role. International Journal of Neurobiology 1(3), 115 Project: Understanding the role of microbes in association to Alzheimer's Disease https://www.researchgate.net/ project/Understanding-the-role-of-microbes-in-association-to-Alzheimers-Disease

Allan HB (2019) The essential role of Biofilms in Alzheimers Disease. Micro biol Infect Dis.3,1–3

https://www.researchgate.net/deref/http%3A%2F%2Fscivision-pub.com%2Fpdfs%2Fthe-essential-role-of-biofilms-in-alzheimers-disease-781.pdf

Sapi E, Gupta K, Wawrzeniak K, Gaur G, Torres JP, Filush KR, et al. (2019) Borrelia and chlamydia can form mixed biofilms in infected human skin tissues. Eur J Micro Biol Immunol. 9, 46–55. doi: 10.1556/1886.2019.00003 PMCID: PMC6563687 PMID: 31223496

https://www.ncbi.nlm.nih.gov/pmc/articles/PMC6563687/

Allen HB, Cusack C, Suresh J (2019) The Impact of Biofilms in Alzheimer's disease compared to Other Diseases in Which They Play a Role. https://www.researchgate.net/publication/338294639_The_Impact_of_Biofilms_in_Alzheimer's_disease_compared_to_Other_Diseases_in_Which_They_Play_a_Role

„Herein we present the findings related to biofilms in Alzheimer's disease and compare them to known findings related to biofilms in other chronic diseases. Similarities include microbes making the biofilms both intra and extracellularly, the interaction of the innate immune system in many instances, the devastating impact of the adaptive immune system, and the devastating impact resulting from the various genes involved. Differences include location, the production of beta amyloid, neurofibrillary tangles, and hyperphosphorylated tau protein. The diseases compared include atopic dermatitis, psoriasis, tinea versicolor, leprosy, gout, rheumatoid arthritis and other arthritides."

Hewel C, Kaiser J, Wierczeiko A, Linke J, Reinhardt C, Endres K, Gerber S (2019) Common miRNA Patterns of Alzheimer's Disease and Parkinson's Disease and Their Putative Impact on Commensal Gut Microbiota. Front Neurosci. 13, 113. doi: 10.3389/fnins.2019.00113.

Brummer T, Müller SA, Pan-Montojo F, Yoshida F, Fellgiebel A, Tomita T, Endres K, Lichtenthaler SF (2019) NrCAM is a marker for substrate-selective activation of ADAM10 in Alzheimer's disease. EMBO Mol Med. 11(4). pii: e9695. doi: 10.15252/emmm.201809695.

Sapi E, Gupta K, Wawrzeniak K, Gaur G, Torres JP, Filush KR, et al.(2019) Borrelia and chlamydia can form mixed biofilms in infected human skin tissues. Eur J Micro Biol Immunol. 9, 46–55. doi: 10.1556/1886.2019.00003 PMCID: PMC6563687 PMID: 31223496
https://www.ncbi.nlm.nih.gov/pmc/articles/PMC6563687/

Bottero V, Potashkin JA (2019) Analysis of Gene Expression Changes in the Blood of Patients with Mild Cognitive Impairmentand Alzheimer's Disease Dementia. International journal of molecular sciences 20(21), 5403

MacDonald AB (2021) Alzheimer Plaques visualized by in situ DNA Hybridization with Molecular Beacons specific for Borrelia – a novel histomorphologic application. Case Report. Medical and clinical research www.medclinres.org 6(2) 330. ISSN: 2577 - 8005

MacDonald,Alan B (2021) Borrelia Invasion of Brain Pyramidal Neurons and Biofilm Borrelia Plaques in Neuroborreliosis Dementia with Alzheimer's Phenotype". Microbiol Infect Dis. 5(1) 1–11.

Antikörperkonglomerate

Haass C, Schlossmacher MG, Hung AY, Vigo-Pelfrey C, Mellon A, Ostaszewski BL, Lieberburg I, Koo EH, Schenk D, Teplow DB, Selkoe DJ (1992) Amyloid beta-peptide is produced by cultured cells during normal metabolism. Nature. 359:322–5. doi: 10.1038/359322a0

Erdile LF, Guy B. (1997) OspA lipoprotein of Borrelia burgdorferi is a mucosal immunogen and adjuvant. Vaccine. 15(9), 988-96. http://www.ncbi.nlm.nih.gov/pubmed/9261945

Ohnishi S1, Koide A, Koide S (2000) Solution conformation and amyloid-like fibril formation of a polar peptide derived from a beta-hairpin in the OspA single-layer beta-sheet. J Mol Biol 301, 477–89. http://www.ncbi.nlm.nih.gov/pubmed/10926522

Ohnishi S1, Koide A, Koide S (2001) The roles of turn formation and cross-strand interactions in fibrillization of peptides derived from the OspA single-layer beta-sheet. Protein Sci 10, 2083–2092. http://www.ncbi.nlm.nih.gov/pubmed/11567099

Fassbender K, Simons M, Bergmann C et al. (2001) Simvastatin strongly reduces levels of Alzheimer's disease beta -amyloid peptides Abeta 42 and Abeta 40 in vitro and in vivo. In: Proc. Natl. Acad. Sci. U.S.A. 98(10), 5856-61. doi: 10.1073/pnas.081620098. PMID 11296263. PMC 33303

Abramov E, Dolev I, Fogel H et al. (2009) Amyloid-β as a positive endogenous regulator of release probability at hippocampal synapses. Nature Neuroscience. doi: 10.1038/nn.2433 https://www.sciencedaily.com/releases/2009/11/091123114813.htm

American Friends of Tel Aviv University. „Alzheimer's: Destructive amyloid-beta protein may also be essential for normal brain function." ScienceDaily. ScienceDaily, 25 November 2009. www.sciencedaily.com/releases/2009/11/091123114813.htm

Morales R, Estrada LD, Diaz-Espinosa R et al. (2010) Molecular cross talk between misfolded proteins in animal models of Alzheime's and prion diseases. J Neurosci 30, 4528-35. CrossRef MEDLINE PubMed Central

Soscia SJ, Kirby JE, Washicosky KJ et al. (2010) The Alzheimer's disease–associated amyloid beta-protein is an antimicrobial peptide. PLoS One. 5(3), e9505. doi: 10.1371/journal.pone.0009505. http://www.ncbi.nlm.nih.gov/pubmed/20209079

„Our findings suggest Abeta is a hitherto unrecognized AMP that may normally function in the innate immune system. This finding stands in stark contrast to current models of Abeta-mediated pathology and has important implications for ongoing and future AD treatment strategies."

Carter C. (2011) Alzheimer's Disease: APP, Gamma Secretase, APOE, CLU, CR1, PICALM, ABCA7, BIN1, CD2AP, CD33, EPHA1, and MS4A2, and Their Relationships with Herpes Simplex, C. Pneumoniae, Other Suspect Pathogens, and the Immune System.

doi: 10.4061/2011/501862 PMCID: PMC3255168 http://www.ncbi.nlm.nih.gov/pmc/articles/PMC3255168/?tool=pubmed

Miyazawa K, Kipkorir T, Tittman S, Manuelidis L. (2012) Continuous production of prions after infectious particles are eliminated: implications for Alzheimer's disease. PLoS One. 7(4), e35471. Epub 2012 Apr 11

Williams WM, Torres S, Siedlak SL, Castellani RJ, Perry G, Smith MA, Zhu X. (2013)

Antimicrobial peptide beta-defensin-1 expression is upregulated in Alzheimer's brain.

J Neuroinflammation. 10(1), 127. http://www.ncbi.nlm.nih.gov/pubmed/24139179

„The human beta-defensins (hBDs) are a highly conserved family of cationic antimicrobial and immunomodulatory peptides expressed primarily by epithelial cells in response to invasion by bacteria, fungi and some viruses. … Our findings suggest interplay between hBD-1 and neuroimmunological responses in AD, marked by microglial and astrocytic activation, and increased expression of the peptide within the choroid plexus and accumulation within GVD. As a constitutively expressed component of the innate immune system, we propose that hBD-1 may be of considerable importance early in the disease process."

White MR, Kandel R, Tripathi S, Condon D, Qi L, Taubenberger J, Hartshorn KL (2014) Alzheimer's associated beta-amyloid protein inhibits influenza A virus and modulates viral interactions with phagocytes. PLoS One 9, e101364.

Liberski PP (2014) Prion, prionoids and infectious amyloid. Parkinsonism Relat Disord. 20S1, 80–84. doi: 10.1016/S1353-8020(13)70021-X. http://www.ncbi.nlm.nih.gov/pubmed/24262195

„,Amyloid' is a generic term and all amyloids, irrespective of amino acid sequence, are formed in a seeded nucleation mechanism in which a small aggregate (oligomers) of a few amyloid moieties (a seed or a nucleus) seed (nucleate) normal amyloid precursor moieties to change conformation to a β-sheet. … There are several protein misfolding disorders – the most widely known include Alzheimer's disease, Parkinson's disease and other α-synucleinopathies, amyotrophic lateral sclerosis (ALS), frontotemporal dementias in which abnormally phosphorylated MAP-τ protein accumulates and finally, polyglutamine expansion diseases such as Huntington's disease and certain spinocerebellar ataxias. The proteins involved differ in each of these disorders but the molecular mechanism is almost exactly the same, a seeding-nucleation mechanism."

Bourgade K, Garneau H, Giroux G et al. (2015) Beta-amyloid peptides display protective activity against the human Alzheimer's disease-associated herpes simplex virus-1. Biogerontology 16, 85-98.

Nisbet RM, Polanco JC, Ittner LM, Götz J (2015) Tau aggregation and its interplay with amyloid-β. Acta Neuropathol. 129, 207-220. Published online 2014 Dec 10. doi: 10.1007/s00401-014-1371-2 http://www.ncbi.nlm.nih.gov/pmc/articles/PMC4305093/

Lee S-H et al. (2016) Antibody-mediated targeting of tau in vivo does not require effector function and microglial engagement.

Cell Reports, doi: 10.1016/j.celrep.2016.06.099 http://www.cell.com/cell-reports/fulltext/S2211-1247(16)30868-3

Bourgade K, Le PA, Bocti C, Witkowski JM, Dupuis G, Frost EH, Fulop T Jr (2016) Protective effect of amyloid-beta peptides against herpes simplex virus-1 infection in a neuronal cell culture model. J Alzheimers Dis, doi: 10.3233/JAD-150652.

Spitzer P, Condic M, Herrmann et al. (2016) Amyloidogenic amyloid-β-peptide variants induce microbial agglutination and exert antimicrobial activity. Sci Rep. 6, 32228. doi: 10.1038/srep32228. http://www.nature.com/articles/srep32228 http://www.ncbi.nlm.nih.gov/pubmed/27624303

„These data demonstrate that the amyloidogenic Aβx-42 variants have antimicrobial activity and may therefore act as antimicrobial peptides in the immune system."

Kumar DK, Eimer WA, Tanzi RE, Moir RD (2016) Alzheimer's disease: the potential therapeutic role of the natural antibiotic amyloid-β peptide. Neurodegener Dis Manag. 6(5), 345-8. doi: 10.2217/nmt-2016-0035. Epub 2016 Sep 7. https://www.ncbi.nlm.nih.gov/pubmed/27599536

Kumar D, Kumar V, Choi SeH et al. (2016) Amyloid-β peptide protects against microbial infection in mouse and worm models of Alzheimer's disease. Science Translational Medicine 8(340), 340ra72 doi: 10.1126/scitranslmed.aaf1059

Allen HB, Allawh R, Touati A, Katsetos C, Joshi SG (2017) Alzheimer's Disease: The Novel Finding of Intracellular Biofilms. J Neuroinfect Dis 8: 247. doi: 10.4172/2314-7326.1000247 https://www.google.de/url?sa=t&rct=j&q=&esrc=s&source=web&cd=7&ved=0ahUKEwjp-P6nn8TaAhUH7xQK-Hbg9Cq0QFghuMAY&url=https%3A%2F%2Fpdfs.semanticscholar.org%2F3a52%2F2b7e9c88d2aaf5d271a-0ed2c95d7e9050068.pdf&usg=AOvVaw3ruOqV-m1Abtqs6HNdhbvJW

Brandscheid C et al. (2017) Altered Gut Microbiome Composition and Tryptic Activity of the 5xFAD Alzheimer's Mouse Model. J Alzheimers Dis. 56(2), 775–788. doi: 10.3233/JAD-160926. https://pubmed.ncbi.nlm.nih.gov/28035935/

Moir RD, Lathe R, Rudolph E.Tanzi RE (2018) The antimicrobial protection hypothesis of Alzheimer's disease. Alzheimer's & Dementia. 14(12), 1602–1614 https://doi.org/10.1016/j.jalz.2018.06.3040 https://www.sciencedirect.com/science/article/pii/S155252601833228X

Schaupp L et al. (2020) Microbiota-induced type I interferons instruct a poised basal state of dendritic cells. Cell. doi: https://doi.org/10.1016/j.cell.2020.04.022

Rostamzadeh A, Stapels J, Genske A, Haidl T, Jünger S, Seves M, Woopen C, Jessen F (2020) Health Literacy in individuals at risk for Alzheimer's dementia: A systematic review. J Prev Alzheimer's Dis. 7(1), 47–55. https://pubmed.ncbi.nlm.nih.gov/32010926/

Spezielles Infekt-Ursachenspektrum Parkinson etc.

Habeck C, Foster NL, Robert Perneczky R, Alexander Kurz A, Perneczky R, Drzezga A, Boecker H, Förstl H, Kurz A, Häussermann P (2008) Cerebral metabolic dysfunction in patients with dementia with Lewy bodies and visual hallucinations. Dement Geriatr Cogn Disord. 25(6), 531–8. doi: 10.1159/000132084. Epub 2008.

Forster E, Lewy FH (1912) Paralysis agitans. In: M. Lewandowsky (Hrsg.): Pathologische Anatomie. Handbuch der Neurologie. Springer Verlag, Berlin 920–933.

Duffy PO, Tennyson VM (1965) Phase and electron microscopic observations of Lewy bodies and melanin granules in the substantia nigra and locus coeruleus in Parkinson's disease. In: J. Neuropathol. Exp. Neurol. 24, 398–414.

Hemling N, Roytta M, Rinne J, Pollanen P, Broberg E, Tapio V, Vahlberg T, Hukkanen V (2003) Herpesviruses in brains in Alzheimer's and Parkinson's diseases. Ann Neurol 54, 267-271.

Escobar-Khondiker M, Höllerhage M, Muriel, Marie-Paule, Champy P et al. (2007) Annonacin, a Natural Mitochondrial Complex I Inhibitor, Causes Tau Pathology in Cultured Neurons. The Journal of neuroscience : the official journal of the Society for Neuroscience. 27. 7827–37. 10.1523/JNEUROSCI.1644-07.2007. https://pubmed.ncbi.nlm.nih.gov/17634376/

Vasant MS et al. (2013) Cellular and molecular mediators of neuroinflammation in the pathogenesis of Parkinson's disease. Hindawi Pub. Corporation. Mediators of Inflammation

Hilton D et al. (2014) Accumulation of α-synuclein in the bowel of patients in the pre-clinical phase of Parkinson's disease. Acta Neuropathol. 127(2), 235–41.

Keshavarzian A, Green SJ, Engen PA et al (2015) Colonic bacterial composition in Parkinson's disease. Mov Disord 30,1351–1360.

Fraser KB, Moehle MS, Alcalay RN, West AB (2016) Urinary LRRK2 phosphorylation predicts parkinsonian phenotypes in G2019SLRRK2carriers. Neurology, 86 (11), 994 doi: 10.1212/WNL.0000000000002436

Fraser KB, Rawlins AB, Clark RG, Alcalay RN, Standaert DG, Liu N, West AB (2016) Ser(P)-1292 LRRK2 in urinary exosomes is elevated in idiopathic Parkinson's disease. Movement Disorders, doi: 10.1002/mds.26686

Schneider Williams S (2016) The terrorist inside my husband's brain.
doi: http://dx.doi.org/10.1212/WNL.0000000000003162 Neurology 87(13), 1308-1311

http://www.neurology.org/content/87/13/1308.full

Sampson TR, Debelius JW, Thron T et al (2016) Gut microbiota regulate motor deficits and neuroinflammation in a model of Parkinson's disease. Cell 167:1469–1480.e12

Fallahi S, Rostami A, Birjandi M et al. (2017) Parkinson's disease and Toxoplasma gondii infection: Sero-molecular assess the possible link among patients. Acta Trop. 173, 97-101. doi: 10.1016/j.actatropica.2017.06.002. [Epub ahead of print]

https://www.ncbi.nlm.nih.gov/pubmed/28602836

„We concluded that T. gondii infection not only could not be a risk factor to PD, but even it could be concluded that patients with PD are in more risk to acquisition of infection.“

Schaffner A, Li X, Gomez-Llorente Y et al. (2019) Vitamin B_{12} modulates Parkinson's disease LRRK2 kinase activity through allosteric regulation and confers neuroprotection. Cell Res 29, 313–329. https://doi.org/10.1038/s41422-019-0153-8

Tan Y, Sgobio C, Arzberger T, Machleid F, Tang Q, Findeis E, Tost J, Chakroun T, Gao P, Höllerhage M, Bötzel K, Herms J, Höglinger G, Koeglsperger T (2019) Loss of fragile X mental retardation protein precedes Lewy pathology in Parkinson's disease. Acta Neuropathologica 1–27. doi: 10.1007/s00401-019-02099-5

Tetz G, Brown SM, Hao Y, Tetz V (2020) Parkinson's disease and bacteriophages as its overlooked contributors [published correction appears in Sci Rep. 10(1), 12078]. Sci Rep. 2018; 8(1), 10812. Published 2018 Jul 17. doi: 10.1038/s41598-018-29173-4 https://pubmed.ncbi.nlm.nih.gov/30018338/

„Our findings add bacteriophages to the list of possible factors associated with the development of PD, suggesting that gut phagobiota composition may serve as a diagnostic tool as well as a target for therapeutic intervention, which should be confirmed in further studies. Our results open a discussion on the role of environmental phages and phagobiota composition in health and disease.“

Spezielles Infekt-Ursachenspektrum Multiple Sklerose (MS)

Marie P (1884) Sclerose en plaque et maladies infectueuses. Prog Med. 12, 287–289

Huismans L (1902) Über Myelitis im Anschluß an einen Fall von Encephalomyelitis disseminata acuta. Z. klin Med. 44, 329

Shahi SK, Freedman SN, Mangalam AK (2017) Gut microbiome in multiple sclerosis: The players involved and the roles they play. Gut Microbes 8:607–615

Spirochaeten, spirochaeta
Quellez.T.: http://owndoc.com/lyme/multiple-sclerosis-is-lyme-disease-anatomy-of-a-cover-up/
Buzzard EF (1911) Spirochetes in M.S. Lancet 11, 98
Bullock WE (now Gye) (1913) MS agent in Rabbits Lancet 1185
Steiner G (1917) Spirochetes The Cause of MS. Med Klin
Simmering (1918) Spirochetes in MS by Darkfield Micro
Steiner G (1918) Guinea Pig Inoculation with MS infectious agent from Human
Steiner G (1919) MS Agent Inoculation into Monkeys
Gye F (1921) MS Agent In Rabbits Brain 14, 213
Kaberlah (1922) MS Agent In Rabbits. Deutch Med Works
Sicard (1922) MS Spirochetes in Animal Model. Rev Neurol
Stepanopoulo (1922) Spirochetes in the CSF of MS Patients
Schlossman (1923) MS Agent in Animal Model. Rev Neuro
Blacklock (1924) MS Agent in Animals. Journal of Path and Bac
Wilson (1927) The Rat as A Carrier of MS. British Med Journal
Steiner G (1927) Understanding the Pathogenesis of MS
Steiner G (1928) Spirochetes in the Human Brain of MS Patients
Steiner G. (1931) KRANKHEITSERREGER UND GEWEBSBEFUND BEI MULTIPLER SKLEROSE. Springer. https://link.springer.com/content/pdf/bfm%3A978-3-662-28529-9%2F1.pdf
Rogers, Helen J. (1932) The question of silver cells as proof of the spirochetal theory of disseminated sclerosis. J. Neurol. and Psychopathol. 13, 50
Simons (1933) Spirochetes in the CSF of MS Patients
Hassin (1939) Spirochete-like formations in MS
Adams (1948) Spirochetes within the Ventricle Fluid of Monkeys Inoculated from Human MS
Steiner G (1952) Acute plaques in MS, their pathogenetic significance and the role of spirochetes as the etiological factor. J. Neuropath. Exp. Neur. 11(4), 343–372

Steiner G (1954) Morphology of Spirocheta Myelophtora in MS. J. Neuropath. Exp. Neur. 13, 221–29

Steiner G (1954) Acute plaques in M.S., their pathogenetic significance and the role of spirochetes as the etiological factor. J. Neuropath. and Exp. Neur. 11:no 4:343, 1954

Ichelson R. (1957) Cultivation of Spirochetes from Spinal Fluids of MS Cases with Negative Controls. Procl. Soc. Exp. Biol Med 70, 411

Simons von HCR (1958) Is Multiple sclerosis a spirochaetosis? Dt. Med. Wschr. 83, 1196–1200

Martin A, Younge EL, Kost PF (1959) The occurrence of Spirocheta Myelophtora in cerebrospinal fluid. Proc. Penn. Acad. Sci. 33, 55–93

Ustimenko T (1965) L-Forms of Treponema pertenue. Vestn. Akad. Med. Nauk.SSSR,20, 46–50

Kurtzke JF, Hyllested K (1979) Multiple sclerosis in the Faroe Islands: I. Clinical and epidemiological features. Annals of neurology. 5(1), 6-21, doi: 10.1002/ana.410050104. PMID 371519. http://www.ncbi.nlm.nih.gov/pubmed/371519

„We conclude that there was an epidemic of MS on the Faroes and that the disease was probably introduced by the British troops (or their baggage). If so, then MS on the Faroes is a transmissible disease, most likely infectious; but only about 1 in 500 of the exposed individuals were clinically affected."

Gay D, Dick G (1986) Is multiple sclerosis caused by an oral spirochaete? Lancet (1986 Jul 12) 2(8498), 75-7 http://www.ncbi.nlm.nih.gov/pubmed/2873382

Gay D, Dick G (1986) Spirochetes, Lyme disease and multiple sclerosis. Lancet. 685

Ibrahim MZM (1986) On the etiology of MS, new observations? Abst Anat. Rec. 214A, 58

Kurtz SK (1986) Relapsing fever/Lyme disease - Multiple sclerosis. Medical Hypotheses, volume 21, issue 3, pages 335–343 http://www.unboundmedicine.com/medline/citation/3642202/Relapsing_fever/Lyme_disease__Multiple_sclerosis_

Dick G., Gay D (1988) Multiple sclerosis - autoimmune or microbial? A critical review with additional observations. J. Infect. 16, 25–35

Marshall V (1988) Multiple sclerosis is a chronic central nervous system infection by a spirochetal agent. Med Hypotheses (1988 Feb) 25(2), 89-92 http://www.ncbi.nlm.nih.gov/pubmed/3357458

Stechenberg BW (1988) Lyme disease: the latest great imitator. Pediatr Infect Dis J 7, 402

Pachner AR (1989) Neurologic manifestations of Lyme disease, the new „great imitator". Rev Infect Dis S1482-6. Abstract

Ellison GW (1989) Multiple Sclerosis: why? Biomed & Pharmacother 43, 327-333.

Halperin JJ, Luft BJ, Anand AK, et al. (1989) Lyme neuroborreliosis: central nervous system manifestations. Neurology 39(6), 753-9. Abstract

Liegner KB. (1990) Evidence for a borrelial etiology and pathogenesis in a series of patients carrying a diagnosis of multiple sclerosis. (abstract). International Northwestern Conference on Diseases in Nature Communicable to Man. Hamilton, MT.

Heller J, Holzer G, Schimrigk K (1990) Immunological differentiation between neuroborreliosis and multiple sclerosis. J Neurol 237(8), 465–70. Abstract

Heller J, Holzer G, Schimrigk K (1990) ELISA for specifying oligoclonal bands of isoelectric focusing of cerebrospinal fluid in patients with neuroborreliosis and multiple sclerosis. Nervenarzt 61(4), 248–9. Full Citation

Halperin JJ, Kaplan GP, Brazinsky S et al. (1990) Immunological reactivity against B. burgdorferi in patients with motor neuron disease. Arch Neurol. 47, 568–594 http://www.ncbi.nlm.nih.gov/pubmed/2334308

Liegner (1990, 1992) Lyme encephalomyelitis and MS

Halperin JJ, Volkman DJ, Wu P (1991) Central nervous system abnormalities in Lyme neuroborreliosis. Neurology 41(10), 1571–82. Abstract

Felgenhauer K, Reiber HO (1991) Die MS-charakteristischen Liquor-veränderungen als diagnostische Hilfe bei der enzephalitischen Form der multiplen Sklerose. <u>Multiple Sklerose Neuroonkologie Konstitutionelle Dyslexie</u> Volume 6 of the series <u>Verhandlungen der Deutschen Gesellschaft für Neurologie</u> pp 155–156

Murray R, Morawetz R, Kepes J, et al. (1992) Lyme neuroborreliosis manifesting as an intracranial mass lesion. Neurosurgery 30(5), 769–73. <u>Abstract</u>

Liegner KB (1992) Evidence for borrelial etiology and pathogenesis in a series of patients carrying a diagnosis of multiple sclerosis [abstract]. 45th International Northwestern Conference on Diseases in Nature Communicable to Man. Vancover, British Columbia.

Liegner KB (1992) Difficulty of distinction between borrelial (Lyme) encephalomyelitis and multiple sclerosis [abstract]. 45th International Northwestern Conference on Diseases in Nature Communicable to Man. Vancover, British Columbia.

KurtzkeJF et al. (1993) Multiple sclerosis in the Faroe Islands. 5. The occurrence of the fourth epidemic as validation of transmission. Acta neurologica Scandinavica. 88(3), 161–173, <u>PMID 8256551</u>. <u>http://www.ncbi.nlm.nih.gov/pubmed/8256551</u>

„The existence of epidemic IV within the F4 cohort of Faroese may be taken as validation of our transmission models and of our theses as to the nature of multiple sclerosis."

Kurtzke JF (1993) Epidemiologic evidence for multiple sclerosis as an infection. Clin Microbiol Rev. 6, 382-427. [<u>PMC free article</u>] [<u>PubMed</u>]

Coyle PK, Krupp LB et al. (1993) Significance of reactive Lyme serologv in multiple sclerosis. Ann. Neurol. 34 (5), 745–747.

Haegert DG Marrosu MG (1994) Genetic susceptibility to multiple sclerosis. Ann Neurol., Suppl 2, 36, 204–210

Lana-Peixoto MA (1994) Multiple sclerosis and positive Lyme serology. Arq Neuropsiquiatr 52(4), 566–71. <u>Abstract</u>

Poser CM (1994) The epidemiology of multiple sclerosis: a general overview. Ann Neurol. 36, 180–189. [<u>PubMed</u>]

Puccioni-Sohler M, Kitze B, Felgenhauer K, Graef IT, Lange P, Novis S et al. (1995) The value of CSF analysis for the differential diagnosis of HTLV-1 associated myelopathy and multiple sclerosis. Arq Neuropsychiatr. 53(4), 760-5. doi: 10.1590/S0004-282X1995000500008

Gale CR, Martyn CN (1995) Migrant studies in multiple sclerosis. Progress in neurobiology. 47(4-5), 425-448, PMID 8966212. (Übersichtsarbeit). http://www.ncbi.nlm.nih.gov/pubmed/8966212

„Migrant studies add little to our understanding of the genetics of multiple sclerosis but they emphasise the importance of environmental factors. We discuss several possible interpretations of the patterns seen in migrant studies, including the hypothesis that multiple sclerosis is a sequel to delayed exposure to a common infectious agent. One candidate for such an infectious agent is Epstein-Barr virus.“

Curless RG, Schatz NJ, Bowen BC, et al. (1996) Lyme neuroborreliosis masquerading as a brainstem tumor in a 15-year-old. Pediatr Neurol 15(3), 258–60. Abstract

Reiber H, Ungefehr St, Jacobi Chr. (1998) The intrathecal, polyspecific and oligoclonal immune response in multiple sclerosis. Mult Scler. 4(3), 111–7. doi: 10.1177/135245859800400304

Treib J, Haaß, A (1999) Infektionskrankheiten des Nervensystems: Mögliche Auslöser der multiplen Sklerose. [Krankheitserreger] Dtsch Arztebl 96(45), A-2906 / B-2468 / C-2312 https://www.aerzteblatt.de/archiv/19913/Infektionskrankheiten-des-Nervensystems-Moegliche-Ausloeser-der-multiplen-Sklerose

Chmielewska-Badora J, Cisak E, Dutkiewicz J. (2000) Lyme borreliosis and Multiple sclerosis: Any Connection? A Seroepidemic study. Ann Agric Environ Med. issue 7, 141–143 http://www.ncbi.nlm.nih.gov/pubmed/11153045

Perron H, Perin JP, Rieger F, Alliel PM (2000) Particle-associated retroviral RNA and tandem RGH/HERV-W copies on human chromosome 7q: possible components of a ‚chain-reaction‘ triggered by infectious agents in multiple sclerosis? J Neurovirol. 6 Suppl 2, S67–75.

Christensen T, Sørensen PD, Hansen HJ, Møller-Larsen A. (2001) Endogenous retroviruses in multiple sclerosis. Ugeskr Laeger. 163(3), 297–301.

Brorson O, Brorson SH, Henriksen TH, Skogen PR, Schøyen R. (2001) Association between Multiple sclerosis and Cystic Structures in Cerebrospinal Fluid. Infection 29(6), 315–319 http://www.ncbi.nlm.nih.gov/pubmed/11787831

Kissler H. (2001) Is Multiple Sclerosis caused by a silent infection with malarial parasites? Med Hypotheses 57, 292–301

Schmutzhard E (2002) Multiple sclerosis and Lyme borreliosis. Wien Klin Wochenschr 114 (13–14), 539–43. Abstract http://emerge.org.au/wp-content/uploads/2015/11/Schmutz-hard-E.-Multiple-sclerosis-and-Lyme-borreliosis.-Wien.-Klin.-Wochenschr.-2002-11413-14-539-543.pdf

Neidigh JW, Fesinmeyer RM, Andersen NH (2002) Designing a 20-residue protein. Nat. Struct. Biol. 9, 425–430. [CrossRef] [PubMed]

Markus Fritzsch (2002) Geographical and seasonal correlation of multiple sclerosis to sporadic schizophrenia. Int J Health Geogr. 1, 5. doi: 10.1186/1476-072X-1-5 PMCID: PMC149400 https://www.ncbi.nlm.nih.gov/pmc/articles/PMC149400/

Hawkes CH (2002) Is multiple sclerosis a sexually transmitted infection? J Neurol Neurosurg Psychiatry. 73, 439–443. [PMC free article] [PubMed]

Firouzi R, Rolland A, Michel M, (2003) Multiple sclerosis-associated retrovirus particles cause T lymphocyte-dependent death with brain hemorrhage in humanized SCID mice model. J Neurovirol. 9(1), 79-93 http://www.ncbi.nlm.nih.gov/pubmed/12587071

Rostasy K, Reiber H, Pohl D et al. (2003) Chlamydia pneumoniae in children with MS: Frequency and quantity of intrathecal antibodies. Neurology 61, 125–128 http://www.ncbi.nlm.nih.gov/pubmed/12847174

Metz LM, Zhang Y, Yeung M et al. (2004) Minocycline Reduces Gadolinium-Enhancing

Magnetic Resonance Imaging Lesions in Multiple Sclerosis. American Neurological Association. Published by Wiley-Liss, Inc., through Wiley Subscription Services. [Metalloprotease] http://owndoc.com/pdf/MS-lesions-minocycline.pdf

Fritzsche M (2005) Chronic Lyme borreliosis at the root of multiple sclerosis – is a cure with antibiotics attainable? Med Hypotheses. 64(3), 438–48 http://www.ncbi.nlm.nih.gov/pubmed/15617845 http://www.lymepa.org/Chronic_Lyme_borreliosis_at_the_root_of_Multiple_Sclerosis_and_a_possible_cure_with_antibiotics.pdf

Bednárová J, Stourac P, Adam P (2005) Relevance of immunological variables in neuroborreliosis and multiple sclerosis. Acta Neurol Scand 112(2), 97-102. Abstract

Christensen T. (2005) Association of human endogenous retroviruses with multiple sclerosis and possible interactions with herpes viruses. Rev Med Virol. 15(3), 179–211.

Levin LI et. al. (2005) Temporal Relationship Between Elevation of Epstein-Barr Virus Titers and Initial Onset of Neurologic Symptoms in Multiple Sclerosis. JAMA 293, 2496–2500.

Fleming JO, Cook TD (2006) Multiple sclerosis and the hygiene hypothesis. Neurology. 67, 2085–2086. Crossref PubMed | Scopus (86)

Drozdowski W (2006) Multifocal central nervous system lesions -- multiple sclerosis or neuroborreliosis? Przegl Epidemiol 39–45. Abstract

Adam P, Sobeka O, Scott CS (2007) Analysis of cerebrospinal fluid cell populations with monoclonal antibodies. Folia Microbiol (Praha) 52(5), 529–34. Abstract

Fadil H, Kelley RE, Gonzalez-Toledo E (2007) Differential diagnosis of multiple sclerosis. Int Rev Neurobiol 393-422. Abstract

Perczel A, Hudáky P, Pálfi, VK (2007) Dead-end street of protein folding: Thermodynamic rationale of amyloid fibril formation. J. Am. Chem. Soc. 129, 14959-14965. [CrossRef] [PubMed]

Batinac T, Petranovic D, Zamolo G, et al. (2007) Lyme borreliosis and multiple sclerosis are associated with primary effusion lymphoma. Med Hypotheses 69(1), 117–9. Abstract

Correale J, Farez M (2007) Association between parasite infection and immune responses in multiple sclerosis. Ann Neurol. 61, 97-108. Crossref | PubMed | Scopus (235)

Correale J, Farez M, Razzitte G (2008) Helminth infections associated with multiple sclerosis induce regulatory B cells. Ann Neurol. 64, 187–199.

Miller DH, Weinshenker BG, Filippi M, Banwell BL, Cohen JA, Freedman MS, Galetta SL, Hutchinson M, Johnson RT, Kappos L, Kira J, Lublin FD, McFarland HF, Montalban X, Panitch H, Richert JR, Reingold SC, Polman CH (2008) Differential diagnosis of suspected multiple sclerosis: a consensus approach. Mult Scler. 14(9), 1157-1174 http://www.ncbi.nlm.nih.gov/pmc/articles/PMC2850590/

Somers V, Govarts C, Somers K et al. (2008) Autoantibody Profiling in Multiple Sclerosis Reveals Novel Antigenic Candidates. The Journal of Immunology. 180, 3957–3963 http://www.jimmunol.org/content/180/6/3957.full.html

Correale J, Farez M (2009) Helminth antigens modulate immune responses in cells from multiple sclerosis patients through TLR2-dependent mechanisms. J Immunol. 83, 5999-6012. Crossref | PubMed | Scopus (66) [Dirofilarien/Mikrofilarien]

Berghoff W (2009) Differentialdiagnose Multiple Sklerose (MS)/ Lyme-Neuroborreliose (LNB) http://www.praxis-berghoff.de/dokumente/Differentialdiagnose_MS_LNB.pdf

Reiber H, Teut M, Pohl D, Rostasy KM, Hanefeld F. (2009) Paediatric and adult multiple sclerosis: age related differences and time course of the neuroimmunological response in cerebrospinal fluid. Multiple Scler. 15(12), 1466–80. doi: 10.1177/1352458509348418

Liegner KB (2009) Lyme Neuroborreliosis(LNB) vs. multiple sclerosis(MS): problematic differentiation ILADS BREAK-OUT SESSION GAYLORD NATIONAL CONVENTION CENTER NATIONAL HARBOR, MARYLAND October 24–25, 2009 https://groups.yahoo.com/neo/groups/ILADS/attachments/855121410;_ylc=X3oDMTJxNHIzN3BzBF9TAz-

k3MzU5NzE0BGdycElkAzI5MjM5NzkEZ3Jwc3BJZAMxNz-
A1MDgzMDk4BHNlYwNhdHRhY2htZW50BHNsaw-
N2aWV3T25XZWIEc3RpbWUDMTQ2OTM1NzU3OA--

Radulescu A, Tatulescu D, Perju-Dombrava L et al. (2009) Con-
troversies in late Neuroborreliosis and Multiple sclerosis - case
series. Therapeutics, Pharmacology and Clinical Toxicology.
XIII(1), 57–62

http://pdf5.net/c/controversies-in-late-neuroborreliosis-and-
multiple-sclerosis-case-w6497-pdf.pdf

https://www.google.de/url?sa=t&rct=j&q=&esrc=s&sour-
ce=web&cd=1&cad=rja&uact=8&ved=0ahUKEwjUx-
aihpvzVAhXLVxQKHXpOAm0QFgg-
tMAA&url=http%3A%2F%2Fwww.mms-seminar.
com%2Fwp-content%2Fuploads%2F2015%2F08%2F2009-
romanian-study-ms-is-lyme.pdf&usg=AFQjCNGW4fKsiu5U-
ZiwtGHQLDPiA_ozQUQ

„The diagnosis of MS and NB are difficult because of remarka-
bly similar clinical and neuroimaging features. The infectious etiology of MS remains probable and in patients diagnosed with possible MS it is reasonable to evaluate B.burgdorferi
infection in order to ensure etiologic treatment.“

Perron H, Bernard C, Bertrand JB et al. (2009) Endogenous retroviral genes, Herpesviruses and gender in Multiple Sclerosis. J Neurol Sci. 286(1–2), 65–72.

Blanc F, Ballonzoli L, Marcel C et al. (2010) Lyme optic neuri-
tis.J Neurol Sci 295(1-2), 117–9 Abstract

Carulla N, Zhou M, Giralt E et al. (2010) Structure and inter-
molecular dynamics of aggregates populated during amyloid
fibril formation studied by hydrogen/deuterium exchange.
Acc. Chem. Res. 43, 1072–1079. [CrossRef] [PubMed]

Lauer K (2010) Environmental risk factors in multiple sclerosis.
Expert Rev Neurother. 10(3), 421–40. doi: 10.1586/ern.10.7.
http://www.ncbi.nlm.nih.gov/pubmed/20187864

Mattsson N, Bremell D, Anckarsäter R, et al. (2010) Neuroinflammation in Lyme neuroborreliosis affects amyloid metabolism. BMC Neurol 51. Abstract

Brinar VV, Habek M. (2010) Rare infections mimicking MS. Clin Neurol Neurosurg. 112(7), 625-8. doi: 10.1016/j.clineuro.2010.04.011. Epub 2010 May 2.http://www.ncbi.nlm.nih.gov/pubmed/20439131

Nørgaard M, Nielsen RB, Jacobsen JB, Gradus JL, Stenager E, Koch-Henriksen N, Lash TL, Sørensen HAT (2011) Use of penicillin and other antibiotics and risk of multiple sclerosis: a population-based case-control study. Am J Epidemiol. 174(8), 5–8. doi: 10.1093/aje/kwr201. Epub http://aje.oxfordjournals.org/content/174/8/945

Spirin NN, Baranova NS, Fadeeva OA, et al. (2011) Differential aspects of multiple sclerosis and chronic borrelial encephalomyelitis. Zh Nevrol Psikhiatr Im S S Korsakova 111(7), 8-12. Abstract

Krumbholz M, Derfuss T, Hohlfeld R, Meinl E (2012) B cells and antibodies in multiple sclerosis pathogenesis and therapy. Nat. Rev. Neurol. 8, 613–623 http://www.ncbi.nlm.nih.gov/pubmed/23045237

Cossu D, Masala S, Cocco E et al. (2012) Are Mycobacterium avium subsp. paratuberculosis and Epstein-Barr virus triggers of multiple sclerosis in Sardinia? Mult Scler. 18(8), 1181-4. doi: 10.1177/1352458511433430. Epub 2012 Jan 19. http://www.ncbi.nlm.nih.gov/pubmed/22261119

Djelilovic-Vranic J, Alajbegovic A. (2012) Role of early viral infections in development of multiple sclerosis. Med Arh. 66(3 Suppl 1), 37–40.

Comabella M, Khoury SJ (2012) Immunopathogenesis of multiple sclerosis.

Clinical immunology (Orlando, Fla.)

Tselis A (2012) Epstein-Barr virus cause of multiple sclerosis. Curr Opin Rheumatol. 24(4), 424–8. doi: 10.1097/BOR.0b013e3283542cf8. https://www.ncbi.nlm.nih.gov/pubmed/22617821

Olival GS, Lima BM, Sumita LM, Serafim V, Fink MC, Nali LH et al. (2013) Multiple sclerosis and herpes virus interaction. Arq Neuropsiquiatr. 71(9B), 727-30. doi: 10.1590/0004-282X20130160

Zajicek J (2013) <u>Multiple sclerosis.</u> Handbook of clinical neurology 2013

Rocha AJ, Littig IA, Nunes RH, Tilbery CP. (2013) Central nervous system infectious diseases mimicking multiple sclerosis, recognizing distinguishable features using MRI. Arq Neuropsiquiatr. 71(9B), 738–46. doi: 10.1590/0004-282X20130162 <u>https://www.ncbi.nlm.nih.gov/pubmed/24141516</u>
<u>http://www.scielo.br/pdf/anp/v71n9B/0004-282X-anp-71-09b-738.pdf</u>

<u>Mameli G</u>, <u>Madeddu G</u>, <u>Mei A</u> et al. (2013) Activation of MSRV-Type Endogenous Retroviruses during Infectious Mononucleosis and Epstein-Barr Virus Latency: The Missing Link with Multiple Sclerosis? PLoS One. 8(11), e78474. doi: 10.1371/journal.pone.0078474. <u>http://www.ncbi.nlm.nih.gov/pubmed/24236019</u>

„Thus, the data indicate that the two main links between EBV and MS (IM and high anti-EBNA-1-IgG titers) are paralleled by activation of the potentially neuropathogenic HERV-W/MSRV. These novel findings suggest HERV-W/MSRV activation as the missing link between EBV and MS, and may open new avenues of intervention.“

<u>Angelini DF</u>, <u>Serafini B</u>, <u>Piras E</u>, <u>Severa M</u>, <u>Coccia EM</u>, <u>Rosicarelli B</u>, <u>Ruggieri S</u>, <u>Gasperini C</u>, <u>Buttari F</u>, <u>Centonze D</u>, <u>Mechelli R</u>, <u>Salvetti M</u>, <u>Borsellino G</u>, <u>Aloisi F</u>, <u>Battistini L</u> (2013) Increased CD8+ T cell response to Epstein-Barr virus lytic antigens in the active phase of multiple sclerosis. <u>PLoS Pathog.</u> 9(4), e1003220. doi: 10.1371/journal.ppat.1003220. <u>http://www.ncbi.nlm.nih.gov/pubmed/23592979</u>

<u>Garcia-Montojo M</u>, <u>Dominguez-Mozo M</u>, <u>Arias-Leal A</u> et al. (2013) The DNA copy number of human endogenous retrovirus-W (MSRV-type) is increased in multiple sclerosis patients and is influenced by gender and disease severity. PLoS One. 8(1), e53623. doi: 10.1371/journal.pone.0053623. <u>http://www.ncbi.nlm.nih.gov/pubmed/23308264</u>

„MSRV increases its copy number in PBMC of MS patients and particularly in women with high clinical scores. This may explain causes underlying the higher prevalence of MS in women. The association with the clinical severity calls for further investigations on MSRV load in PBMCs as a biomarker for MS."

Mancuso R, Saresella M, Hernis A, Agostini S, Piancone F, Caputo D, Maggi F, Clerici M. (2013) Torque teno virus (TTV) in multiple sclerosis patients with different patterns of disease. J Med Virol. 85(12), 2176-83. doi: 10.1002/jmv.23707. Epub 2013 Aug 19.

Ascherio A (2013) Environmental factors in multiple sclerosis: Expert review of neurotherapeutics. 13(12) Suppl, 3-9, doi: 10.1586/14737175.2013.865866. PMID 24289836. (Review). http://www.tandfonline.com/doi/abs/10.1586/14737175.2013.865866#.V5RpYY9OKM8

García-Montojo M, de la Hera B, Varadé J, et al. (2014) HERV-W polymorphism in chromosome X is associated with multiple sclerosis risk and with differential expression of MSRV. Retrovirology. 11(1), 2. http://www.ncbi.nlm.nih.gov/pubmed/24405691

Sutherland S (2014) Remyelination: Are Exosomes Containing microRNA the Answer?

Naturally produced exosomes with miRNA led to increased myelination in vitro and in vivo. New Findings | 13 Feb 2014 http://www.msdiscovery.org/news/new_findings/9751-remyelination-are-exosomes-containing-microrna-answer

Mameli G, Cossu D, Cocco E et al. (2014) Epstein-Barr virus and Mycobacterium avium subsp. paratuberculosis peptides are cross recognized by anti-myelin basic protein antibodies in multiple sclerosis patients. J Neuroimmunol. pii: S0165-5728(14)00063-0. doi: 10.1016/j.jneuroim.2014.02.013. http://www.ncbi.nlm.nih.gov/pubmed/24642384

Shimizu F, Tasaki A, Sano Y, Ju M, Nishihara H, Oishi M, Koga M, Kawai M, Kanda T (2014)

Sera from remitting and secondary progressive multiple sclerosis patients disrupt the blood-brain barrier. PLoS One. 9(3), e92872. Epub 2014 Mar 31. PMID: 24686948. Abstract

Berghoff W (2014) Differentialdiagnose Multiple Sklerose (MS) /Lyme-Neuroborreliose (LNB). http://www.praxis-berghoff. de/dokumente/berghoff150714/Kapitel_14_Differentialdiagnose_MS_LNB.pdf

Beltrán E, Obermeier B, Moser M et al. (2014) Intrathecal somatic hypermutation of IgM in multiple sclerosis and neuroinflammation. Brain: a journal of neurology 07/2014; doi: 10.1093/brain/awu205 Source: PubMed http://www.ncbi.nlm.nih.gov/pubmed/25060097

„Our data suggest that the intrathecal milieu sustains a germinal centre-like reaction with clonal expansion and extensive accumulation of somatic hypermutation in IgM-producing B cells.

Unsere Daten deuten darauf hin, dass das intrathekale Milieu eine Keimzentrums-ähnliche Reaktion enthält mit klonaler Expansion und umfangreicher Hypermutation in IgM-produzierenden B-Zellen.“

Lossius A, Johansen JN, Vartdal F, Robins H, Benth JS, Holmøy T, Olweus J. (2014) High-throughput sequencing of TCR repertoires in multiple sclerosis reveals intrathecal enrichment of EBV-reactive CD8+ T cells. Eur J Immunol. doi: 10.1002/eji.201444662. http://www.ncbi.nlm.nih.gov/pubmed/25103993

Villar LM, Picón C, Costa-Frossard L et al. (2014) Cerebrospinal fluid immunological biomarkers associated with axonal damage in multiple sclerosis. doi: 10.1111/ene.12579

European Journal of Neurology http://onlinelibrary.wiley.com/doi/10.1111/ene.12579/abstract

Multiple Sclerosis and Lyme Pathology Research Fund (2014) http://www.lyme-ms-pathology.com/

De Bock L, Somers K, Fraussen J et al. (2014) Sperm-Associated Antigen 16 Is a Novel Target of the Humoral Autoimmune Response in Multiple Sclerosis. The Journal of Immunology 193, 2147–2156

http://www.researchgate.net/publication/264430600_Sperm-Associated_Antigen_16_Is_a_Novel_Target_of_the_Humoral_Autoimmune_Response_in_Multiple_Sclerosis

Le Houézec D (2014) Evolution of multiple sclerosis in France since the beginning of hepatitis B vaccination. Immunol Res. 60(2-3), 219-25. doi: 10.1007/s12026-014-8574-4. http://www.ncbi.nlm.nih.gov/pubmed/25395338 http://link.springer.com/article/10.1007%2Fs12026-014-8574-4#page-1 http://healthimpactnews.com/2014/new-study-hepatitis-b-vaccination-in-france-sparked-a-wave-of-new-cases-of-ms/

„The application of the Hill's criteria to these data indicates that the correlation between hepatitis B vaccine and multiple sclerosis may be causal."

Mechelli R, Manzari C, Policano C (2015) Epstein-Barr virus genetic variants are associated with multiple sclerosis. Neurology. pii: 10.1212/WNL.0000000000001420. [Epub ahead of print] http://www.ncbi.nlm.nih.gov/pubmed/25740864

„Our study unveils a strong association between Epstein-Barr virus genomic variants and MS, reinforcing the idea that Epstein-Barr virus contributes to disease development."

Márquez AC, Horwitz MS (2015) The Role of Latently Infected B Cells in CNS Autoimmunity. Front Immunol. 6, 544. doi: 10.3389/fimmu.2015.00544. eCollection 2015. http://www.ncbi.nlm.nih.gov/pubmed/26579121

Álvarez-Cermeño JC, Villar LM (2015) Genetic variability affects CNS IgG production in MS. nature reviews | Neurology. doi: 10.1038/nrneurol.2015.55 Published online XX Month 2015 http://www.researchgate.net/publication/274966753_Multiple_sclerosis_Genetic_variability_affects_CNS_IgG_production_in_MS

Rodríguez-Martín E, Picón C, Costa-Frossard L, Alenda R et al (2015) Natural killer cell subsets in cerebrospinal fluid of patients with multiple sclerosis. Clin Exp Immunol. 180(2), 243–9. doi: 10.1111/cei.12580. http://www.ncbi.nlm.nih.gov/pubmed/25565222

Ziemssen T, Derfuss T, de Stefano N et al. (2015) Optimizing treatment success in multiple sclerosis. J Neurol. [Epub ahead of print] http://www.ncbi.nlm.nih.gov/pubmed/26705122

Multiple Sclerosis Risk (2015) Environmental risk factors and medical conditions associated with Multiple Sclerosis http://www.polygenicpathways.co.uk/msrisk.htm

Wekerle H (2015) Nature plus nurture: the triggering of multiple sclerosis. Swiss Med Wkly. 145, w14189. doi: 10.4414/smw.2015.14189.
http://www.ncbi.nlm.nih.gov/pubmed/26430854

„New experimental data indicate that the actual trigger of this attack is however provided by an interaction of brain-specific immune cells with components of the regular commensal gut flora, the intestinal microbiota. This concept opens the way for new therapeutic approaches involving modulation of the microbiota by dietary or antibiotic regimens.“

Reiber H, Kruse-Sauter H, Quentin C (2015) Antibody patterns vary arbitrarily between cerebrospinal fluid and aqueous humor of the individual multiple sclerosis patient: specificity-independent pathological B cell function. J Neuroimmunol. 278, 247-54. doi: 10.1016/j.jneuroim.2014.11.013

Claes N, Fraussen J, Stinissen P et al. (2015) B Cells Are Multifunctional Players in Multiple Sclerosis Pathogenesis: Insights from Therapeutic Interventions. Front Immunol. 6, 642. Published online doi: 10.3389/fimmu.2015.00642 PMCID: PMC4685142
http://www.ncbi.nlm.nih.gov/pmc/articles/PMC4685142/

Tremlett H, Fadrosh DW, Faruqi AA et al. (2016) Gut microbiota in early pediatric multiple sclerosis: a case–control study. Eur J Neurol. doi: 10.1111/ene.13026. [Epub ahead of print]
http://www.ncbi.nlm.nih.gov/pubmed/27176462

„In recent onset pediatric MS, perturbations in the gut microbiome composition were observed, in parallel with predicted enrichment of metabolic pathways associated with neurodegeneration. Findings were suggestive of a pro–inflammatory milieu.“ http://www.kabilahsystems.de/probiotika.pdf

MacDonald A (2016) London Lecture May 15 2016 https://vimeo.com/166688480

„Nultiple Sclerosis is a Neural Larval Migrans Illness. ... Spirochetes Reside INSIDE of the Worms [Endisymbiont Borrelia] ...

DNA transfer between Borrelia and the worm. The endosymbiont RELEASE From The Worm when the Worm dies."

MacDonald A (2016) Nematode filarial Worms in cerebrospinal fluid of a Multiple Sclerosis patient at autopsy [version 1; not peer reviewed]. F1000Research 79 (poster) doi: 10.7490/f1000research.1111264.1

Havla J, Warnke C, Derfuss T et al. (2016) Interdisziplinäres Risikomanagement in der Therapie der multiplen Sklerose. Deutsch Arztebl Int 113, 879-86 doi: 10.3238/arztebl.2016.0879

„Die verbesserte Wirksamkeit der MS-Therapie geht mit erhöhten Risiken der unerwünschten Arzneimittelwirkungen (UAW), die ein interdisziplinäres Risikomanagement erfordern, einher."

Chen J et al. (2016) Multiple sclerosis patients have a distinct gut microbiota compared to healthy controls. Sci Rep 6, 28484. https://www.researchgate.net/publication/304535968_Multiple_sclerosis_patients_have_a_distinct_gut_microbiota_compared_to_healthy_controls

Jangi S et al. (2016) Alterations of the human gut microbiome in multiple sclerosis. Nat Commun 7, 12015. https://www.researchgate.net/publication/304539080_ARTICLE_Alterations_of_the_human_gut_microbiome_in_multiple_sclerosis

Barazin SE et al. (2017) The MS-Associated Gut Microbiome. https://www.researchgate.net/publication/316237673_The_MS-Associated_Gut_Microbiome

Beridze M, Khizanishvili N, Mdivani M et al. (2017) UNUSUAL MANIFESTATION OF NEUROBORELIOSIS (CASE REPORT). Georgian Med News. (264), 72-75. https://www.ncbi.nlm.nih.gov/pubmed/28480854

„MS and even Parkinsonism in suspicious cases should thoroughly be investigated for differentiation from chronic Neuroboreliosis."

Campbell A, Hogestyn JM, Folts ChrJ et al. (2017) Expression of the Human Herpesvirus 6A Latency-Associated Transcript U94A Disrupts Human Oligodendrocyte Progenitor Migration. Scientific Reports, 7 (1) doi: 10.1038/s41598-017-04432-y

Hänninen A (2017) Infections in MS: An innate immunity perspective. Acta Neurol Scand. 136 Suppl 201, 10-14. doi: 10.1111/ane.12838. https://www.ncbi.nlm.nih.gov/pubmed/29068495

„Recent advances in our understanding of lymphatic drainage of CNS, its immune surveillance and effects of gut microbiota and obesity on systemic endotoxin levels and T-cell priming may open new perspectives to understanding the roles that infectious agents and microbes may have in MS."

Tankou SK et al. (2018) Investigation of probiotics in multiple sclerosis. Mult Scler 24, 58–63. https://www.researchgate.net/publication/322333353_Investigation_of_probiotics_in_multiple_sclerosis

Hassani A, Corboy JR, Al-Salam S, Khan G (2018) Epstein-Barr virus is present in the brain of most cases of multiple sclerosis and may engage more than just B cells. PLoS One. 13(2), e0192109. doi: 10.1371/journal.pone.0192109. eCollection 2018. https://www.ncbi.nlm.nih.gov/pubmed/29394264

„To the best of our knowledge, this is the most comprehensive study demonstrating that EBV is present and transcriptionally active in the brain of most cases of MS and supports a role for the virus in MS pathogenesis."

Barazani S (2018) Looking for a trigger in multiple sclerosis: Is it in the gut? doi: 10.13140/RG.2.2.16127.92323. Projects Microbiome in multiple sclerosis
https://www.researchgate.net/publication/323129479_Looking_for_a_trigger_in_multiple_sclerosis_Is_it_in_the_gut

Planas R, Santos R, Tomas-Ojer P et al. (2018) GDP-l-fucose synthase is a CD4$^+$ T cell-specific autoantigen in DRB3*02:02 patients with multiple sclerosis. Sci Transl Med. 10(462). pii: eaat4301. doi: 10.1126/scitranslmed.aat4301. https://www.ncbi.nlm.nih.gov/pubmed/30305453

„By using a brain-infiltrating CD4$^+$ T cell clone that is clonally expanded in multiple sclerosis brain lesions and a systematic approach for the identification of its target antigens, positional scanning peptide libraries in combination with biometrical analysis, we have identified guanosine diphosphate (GDP)-l-fucose synthase as an autoantigen that is recognized by cerebrospinal fluid-infiltrating CD4$^+$ T cells from HLA-DRB3*-positive patients. Significant associations were found between reactivity to GDP-l-fucose synthase peptides and DRB3*02:02 expression, along with reactivity against an immunodominant myelin basic protein peptide. These results, coupled with the cross-recognition of homologous peptides from gut microbiota, suggest a possible role of this antigen as an inducer or driver of pathogenic autoimmune responses in multiple sclerosis."

Pender MP, Csurhes PA, Smith C et al. (2018) Epstein-Barr virus-specific T cell therapy for progressive multiple sclerosis. JCI Insight. 3(22). pii: 124714. doi: 10.1172/jci.insight.124714. [Epub ahead of print] https://www.ncbi.nlm.nih.gov/pubmed/30429369

„Further clinical trials are warranted to determine the efficacy of EBV-specific T cell therapy in MS."

Kriesel JD, Bhetariya P, Wang ZM, Renner D, Palmer C, Fischer KF (2019) Spectrum of Microbial Sequences and a Bacterial Cell Wall Antigen in Primary Demyelination Brain Specimens Obtained from Living Patients. Sci Rep. 9(1), 1387. doi: 10.1038/s41598-018-38198-8.

„Human gene expression analysis showed increased expression of inflammation-related pathways in the MS group. This data shows that demyelinating brain lesions are associated with the presence of microbial RNA sequences and bacterial antigen. This suggests that MS is triggered by the presence of a diverse set of microbes within a lesion."

Brown JWL et al. (2019) Association of Initial Disease-Modifying Therapy With Later Conversion to Secondary Progressive Multiple Sclerosis. JAMA. 321(2), 175–187. doi: 10.1001/jama.2018.20588. https://www.ncbi.nlm.nih.gov/pubmed/30644981 https://www.researchgate.net/publication/330405211_Association_of_Initial_Disease-Modifying_Therapy_With_Later_Conversion_to_Secondary_Progressive_Multiple_Sclerosis

Diaz R. (2020) The first long-term remission of chronic HIV-1 infection without myeloablation? Abstract A18 11452. Presented at AIDS 2020 – 23rd International AIDS Conference on July 8, 2020.

Spezielles Infekt-Ursachenspektrum Amyotrophe Lateralsklerose (ALS)

Charcot, J. M. (1874) De la sclérose latérale amyotrophique. Le Progrès médical, series 1, 2 : 325–327, 341–342, 453–455.

Bunina TL (1962) On intracellular inclusions in familial amyotrophic lateral sclerosis. Korsakov J. Neuropathol and Psychiat 62, 1293–1299

Gawel M, Zaiwalla Z, Rose FC. (1983) Antecedent events in motor neuron disease. J Neurol Neurosurg Psychiatry. 46(11), 1041–3.

Salazar AM, Masters CL, Gajdusek DC, Gibbs CJ Jr (1983) Syndromes of amyotrophic lateral sclerosis and dementia: relation to transmissible Creutzfeldt-Jakob disease. Ann Neurol. 14(1), 17–26. https://www.ncbi.nlm.nih.gov/pubmed/6351721

„The findings suggest that most cases of dementia associated with early amyotrophy are more closely related to classic amyotrophic lateral sclerosis than to transmissible Creutzfeldt-Jakob disease and do not deserve the label of ,amyotrophic Creutzfeldt-Jakob disease'."

Cashman NR, Gurney ME, Antel JP. (1985) Immunology of amyotrophic lateral sclerosis. Springer Semin Immunopathol. 8(1-2), 141-52. Review.

Waisbren BA, Cashman N, Schell RF, Johnson R. (1987) Borrelia burgdorferi antibodies and amyotrophic lateral sclerosis. Lancet. 2(8554), 332–3.

Fredrikson S, Link H. (1988) CNS-borreliosis selectively affecting central motor neurons. Acta Neurol Scand 78, 181–184 [Medline].

ElAlaouli F, Medejel A, AlZemmouri K, Yahyaoui M, Chkili T. (1990) Syphilitic lateral amyotrophic sclerosis. A study of 5 cases. Rev Neurol 146, 41–44 [Medline].

Halperin JJ, Kaplan GP, Brazinsky S, Tsai TF, Cheng T, Ironside A, Wu P, Delfiner J, Golightly M, Brown RH, et al. (1990) Immunologic reactivity against Borrelia burgdorferi in patients with motor neuron disease. Arch Neurol. 47(5), 586-94. http://www.ncbi.nlm.nih.gov/pubmed/2334308

„There appears to be a statistically significant association between ALS and immunoreactivity to B burgdorferi, at least among men living in hyperendemic areas.“

Yasui M, Ota K, Garruto RM et al. (1993) Concentrations of zinc and iron in the brains of Guamanian patients with amyotrophic lateral sclerosis and parkinsonism-dementia. Neurotoxicology. 14(4), 445–50. http://www.ncbi.nlm.nih.gov/pubmed/8164889

Oba H, Araki T, Ohtomo K, Monzawa S, Uchiyama G, Koizumi K, Nogata Y, Kachi K, Shiozawa Z, Kobayashi M. (1993) Amyotrophic lateral sclerosis: T2 shortening in motor cortex at MR imaging. Radiology. 189(3), 843-6. PubMed. https://www.ncbi.nlm.nih.gov/pubmed/8234713

Cruts M, Engelborghs S, van der Zee J, Van Broeckhoven C (1993) C9orf72-Related Amyotrophic Lateral Sclerosis and Frontotemporal Dementia. In Adam MP, Ardinger HH, Pagon RA, Wallace SE, Bean LJ, Stephens K, Amemiya A. GeneReviews. Seattle (WA): University of Washington, Seattle. PMID 25577942.

Carelli V, Liguori R, Cordivari C, Bianchedi G, Montagna P. (1994) Ceftriaxone is ineffective in ALS. Ital J Neurol Sci. 15(1), 66.

Imon Y, Yamaguchi S, Yamamura Y, Tsuji S, Kajima T, Ito K, Nakamura S. (1995) Low intensity areas observed on T2-weighted magnetic resonance imaging of the cerebral cortex in various neurological diseases. J Neurol Sci. 134 Suppl: 27–32. PubMed.

Hänsel Y, Ackerl M, Stanek G (1946, 1995) ALS-like sequelae in chronic neuroborreliosis.. Wiener medizinische Wochenschrift 145(7-8), 186-8 Abstract URL BibTeX4

Halperin J, Logigian E, Finkel M, Pearl R. (1996) Practice parameters for the diagnosis of patients with nervous system Lyme borreliosis (Lyme disease). Neurology. 46, 619_27.

Desai J, Sharief M, Swash M. (1998) Riluzole has no acute effect on motor unit parameters in ALS. J Neurol Sci. 160 Suppl 1, S69–72.

McNally EM, de Sá Moreira E, Duggan DJ, Bönnemann CG, Lisanti MP, Lidov HG, Vainzof M, Passos-Bueno MR, Hoffman EP, Zatz M, Kunkel LM (1998) Caveolin-3 in muscular dystrophy. Hum Mol Genet. 7 (5), 871-7. doi: 10.1093/hmg/7.5.871

Plato CC, Galasko D, Garruto RM, Plato M, Gamst A, Craig UK, et al. (2002) ALS and PDC of Guam: forty-year follow-up. Neurology. 58(5), 765–73.

Zhu S, Stavrovskaya IG, Drozda M, Kim BYS, Ona V, Li M, Sarang S, Liu AS, Hartley DM, Wu DC, Gullans S, Ferrante RJ, Przedborski S, Kristal BS, Friedlander RM. (2002) Minocycline inhibits cytochrome c release and delays progression of amyotrophic lateral sclerosis in mice. Nature, 417(688), 74-78. http://www.ncbi.nlm.nih.gov/pubmed/11986668 [Metalloprotease]

„Here we report that minocycline delays disease onset and extends survival in ALS mice. Given the broad efficacy of minocycline, understanding its mechanisms of action is of great importance. We find that minocycline inhibits mitochondrial permeability-transition-mediated cytochrome c release. Minocycline-mediated inhibition of cytochrome c release is demonstrated in vivo, in cells, and in isolated mitochondria. Understanding the mechanism of action of minocycline will assist in the development and testing of more powerful and effective analogues. Because of the safety record of minocycline, and its ability to penetrate the blood-brain barrier, this drug may be a novel therapy for ALS."

Ratnavalli E, Brayne C, Dawson K, Hodges JR (2002) The prevalence of frontotemporal dementia. Neurology. 58 (11), 1615–21. doi: 10.1212/WNL.58.11.1615. PMID 12058088

Dupuis L, Gonzalez de Aguilar JL, Oudart H, de Tapia M, Barbeito L, Loeffler JP. (2004) Mitochondria in amyotrophic lateral sclerosis: a trigger and a target. Neurodegener Dis. 1(6), 245–54. PubMed. http://www.ncbi.nlm.nih.gov/pubmed/16908975

Zecca L, Youdim MB, Riederer P, Connor JR, Crichton RR. (2004) Iron, brain ageing and neurodegenerative disorders. Nat Rev Neurosci. 5(11), 863–73. PubMed. http://www.ncbi.nlm.nih.gov/pubmed/15496864

„By studying the accumulation and cellular distribution of iron during ageing, we should be able to increase our understanding of these neurodegenerative disorders and develop new therapeutic strategies."

Nagai M, Re DB, Nagata T, Chalazonitis A, Jessel TJ, Wichterle H, Przedborski S. (2007) Astrocytes expressing ALS-linked mutated SOD1 release factors selectively toxic to motor neurons. Nature Neuroscience, 10(5), 615–622.

Harvey WT, Martz D. (2007) Motor neuron disease recovery associated with IV ceftriaxone and anti-Babesia therapy. Acta Neurol Scand. 115, 129–31.

Di Giorgio FP, Carrasco M, Siao M, Maniatis T, Eggan K. (2007) An embryonic stem cell based model for ALS: Non-cell autonomous affects of glial cells on motor neurons. Nature Neuroscience, 10(5), 608–614.

Sorenson EJ, Windbank AJ, Madrekar JN, Bamlet WR, Appel SH, Armon C, et. al. (2008) Subcutaneous IGF-1 is not beneficial in 2-year ALS trial. Neurology 71(22), 1770–1775.

Mitka M. (2008) Chelation therapy trials halted. JAMA 300(19), 2236. PubMed.

Jeong SY, Rathore KI, Katrin Schulz K (2009) Dysregulation of Iron Homeostasis in the CNS Contributes to Disease Progression in a Mouse Model of Amyotrophic Lateral Sclerosis. The Journal of Neuroscience, 29(3), 610–619; doi: 10.1523/

JNEUROSCI.5443-08.2009 http://www.jneurosci.org/content/29/3/610.short

„These data suggest that iron chelator therapy might be useful for the treatment of ALS."

Bedlack RS, Hardiman O. (2009) ALS Untangled (ALSU): A scientific approach to off-label treatment options for people with ALS using tweets and twitters. ALS. 10, 1290130.

Qureshi M, Bedlack RS, Cudkowicz ME. (2009) Lyme disease serology in amyotrophic lateral sclerosis. Muscle Nerve. 40(4), 626–8. doi: 10.1002/mus.21438. Abstract URL, DOI BibTeX http://www.ncbi.nlm.nih.gov/pubmed/19697382

„Lyme disease was rare in 414 patients with ALS and is not likely to be causative."

Willams AH et al. (2009) MicroRNA-206 Delays ALS Progression and Promotes Regeneration of Neuromuscular Synapses in Mice. Science, 326, 1549–1554.

Mitchell J, Paul P, Chen HJ et al. (2010) Familial amyotrophic lateral sclerosis is associated with a mutation in D-amino acid oxidase. In: Proc. Natl. Acad. Sci. U.S.A. 107(16), 7556–7561, doi: 10.1073/pnas.0914128107, PMID 20368421, PMC 2867752 http://www.ncbi.nlm.nih.gov/pmc/articles/PMC2867752/

„DAO [mutation in the D-amino acid oxidase gene (R199W DAO)] controls the level of D-serine, which accumulates in the spinal cord in cases of sporadic ALS and in a mouse model of ALS, indicating that this abnormality may represent a fundamental component of ALS pathogenesis."

Süssmuth SD, Sperfeld AD, Hinz A et al. (2010) CSF glial markers correlate with survival in amyotrophic lateral sclerosis. Neurology. 74(12), 982-7. doi: 10.1212/WNL.0b013e3181d5dc3b. http://www.ncbi.nlm.nih.gov/pubmed/20308682

Dormann D, Rodde R, Edbauer D, Bentmann E, Fischer I, Hruscha A, Than M, Mackenzie I, Capell A, Schmid B, Neumann M, Haass C (2010) ALS-associated FUS mutations disrupt Transportin-mediated nuclear transport. EMBO J. 29(16), 2841–57

Dormann D, Haass C (2011) TDP-43 and FUS - A nuclear affair. Trends Neurosci. 34(7) pp. 339–348

Stricker RB, Johnson L (2011) Lyme disease: the next decade. Infection and drug resistance 4, 1–9, Abstract URL, DOI BibTeX

Halperin JJ (2011) Nervous system lyme disease: is there a controversy? Seminars in neurology 31(3), 317–24. Abstract URL, DOI BibTeX

Wang Q, Zhang X, Chen S, Zhang X et al. (2011) Prevention of motor neuron degeneration by novel iron chelators in SOD1(G93A) transgenic mice of amyotrophic lateral sclerosis. Neurodegener Dis. 8(5), 310–21. doi: 10.1159/000323469. http://www.ncbi.nlm.nih.gov/pubmed/21346313

CONCLUSIONS: These results provide evidence that iron is involved in the pathogenesis of ALS and iron chelation therapy may have the potential for the prevention and treatment of ALS.

DeJesus-Hernandez M, Mackenzie IR, Boeve BF et al. (2011) Expanded GGGGCC hexanucleotide repeat in noncoding region of C9ORF72 causes chromosome 9p-linked FTD and ALS. Neuron. 72 (2), 245-56. doi: 10.1016/j.neuron.2011.09.011. PMC 3202986. PMID 21944778.

Renton AE, Majounie E, Waite A et al. (2011) A hexanucleotide repeat expansion in C9ORF72 is the cause of chromosome 9p21-linked ALS-FTD. Neuron. 72 (2), 257-68. doi: 10.1016/j. neuron.2011.09.010. PMC 3200438. PMID 21944779.

Dormann D, Madl T, Valori C, Bentmann E, Tahirovic S, Abou-Ajram C, Kremmer E, Ansorge O, Mackenzie IR, Neumann M, Haass C (2012) Arginine methylation next to the PY-NLS modulates Transportin binding and nuclear import of FUS. EMBO J. 31(22),4258–75

Herdewyn S, Zhao H, Moisse M, Race V, Matthijs G, Reumers J, Kusters B, Schelhaas HJ, van den Berg LH, Goris A, Robberecht W, Lambrechts D, Van Damme P (2012) Whole-genome sequencing reveals a coding non-pathogenic variant tagging a non-coding pathogenic hexanucleotide repeat expansion in C9orf72 as cause of amyotrophic lateral sclero-

sis. Hum. Mol. Genet. 21 (11), 2412-9. doi: 10.1093/hmg/
dds055. PMC 3349421. PMID 22343411.

Friedland RP, Shah JJ, Farrer LA, Vardarajan B, Rebolledo-Men-
dez JD, Mok K, Hardy J (2012) Behavioral variant frontotemporal lobar degeneration with amyotrophic lateral sclerosis
with a chromosome 9p21 hexanucleotide repeat. Front Neurol. 3, 136. doi: 10.3389/fneur.2012.00136. PMC 3463813.
PMID 23060854.

Boeve BF, Boylan KB, Graff-Radford NR et al. (2012) Characterization of frontotemporal dementia and/or amyotrophic
lateral sclerosis associated with the GGGGCC repeat expansion in C9ORF72. Brain. 135 (Pt 3), 765–83. doi: 10.1093/
brain/aws004. PMC 3286335. PMID 22366793

Deng HX, Chen W et al. (2011) Mutations in UBQLN2 cause
dominant X-linked juvenile and adult-onset ALS and ALS/
dementia. In: Nature. doi: 10.1038/nature10353

„Here we show that mutations in UBQLN2, which encodes the
ubiquitin-like protein ubiquilin 2, cause dominantly inheri-
ted, chromosome-X-linked ALS and ALS/dementia. We describe novel ubiquilin 2 pathology in the spinal cords of ALS
cases and in the brains of ALS/dementia cases with or without
UBQLN2 mutations. Ubiquilin 2 is a member of the ubiquilin
family, which regulates the degradation of ubiquitinated proteins. Functional analysis showed that mutations in UBQLN2
lead to an impairment of protein degradation. Therefore, our
findings link abnormalities in ubiquilin 2 to defects in the protein degradation pathway, abnormal protein aggregation and
neurodegeneration, indicating a common pathogenic mechanism that can be exploited for therapeutic intervention.“

Dr David Martz - 2011 IDA Research Award https://www.you-
tube.com/watch?v=UY9FdULDV6M

MacDonald A (2012) TREATMENT TO REVERSE MOTOR
NEURON DISEASE

Rouault TA (2013) Iron metabolism in the CNS: implications
for neurodegenerative diseases. Nature Reviews Neuroscience 14, 551–564 doi: 10.1038/nrn3453

https://www.nature.com/articles/nrn3453

Li YR, King OD, Shorter J, Gitler AD (2013) Stress granules as crucibles of ALS pathogenesis

Journal of Cell Biology 201, 361–372. https://doi.org/10.1083/jcb.201302044

Hedley PL, Kanters JK, Dembic M, Jespersen T, Skibsbye L, Aidt FH, Eschen O, Graff C, Behr ER, Schlamowitz S, Corfield V, McKenna WJ, Christiansen M (2013) The Role of CAV3 in Long-QT Syndrome: Clinical and Functional Assessment of a Caveolin-3/Kv11.1 Double Heterozygote Versus Caveolin-3 Single Heterozygote. Circ Cardiovasc Genet. 6 (5), 452–61. doi: 10.1161/CIRCGENETICS.113.000137

Veyrat-Durebex C, Corcia P, Mucha A (2014) Research Article. Iron Metabolism Disturbance in a French Cohort of ALS Patients. BioMed Research International. Volume 2014 (2014), Article ID 485723, 6 pages. http://dx.doi.org/10.1155/2014/485723 http://www.hindawi.com/journals/bmri/2014/485723/

„Conclusion. This is the first study showing a higher concentration of serum iron in ALS patients, strengthening the involvement of a deregulation of iron metabolism in ALS."

Ahmet Z Burakgazi AZ (2014) Lyme Disease -Induced Polyradiculopathy Mimicking Amyotrophic Lateral Sclerosis. The International journal of neuroscience. Abstract URL, DOI BibTeX

NIH Amyotrophic Lateral Sclerosis (ALS) Publications (2014) http://www.ninds.nih.gov/disorders/amyotrophiclateralsclerosis/pubs_ALS.htm

MMWR (2014) Prevalence of Amyotrophic Lateral Sclerosis – United States, 2010–2011. Surveillance Summaries/Vol. 63/No. 7 ISSN: 1546-0738 http://www.cdc.gov/mmwr/pdf/ss/ss6307.pdf

Chio A, Calvo A, Dossena M, Ghiglione P, Mutani R, Mora G (2009) ALS in Italian professional soccer players: the risk is still present and could be soccer-specific. Amyotroph Lateral Scler. 10(4):205–9. doi: 10.1080/17482960902721634. https://www.ncbi.nlm.nih.gov/pubmed/19267274

„The absence of ALS cases in professional road cyclists and basketball players indicates that ALS is not related to physical activity per se."

Peters TL et al (2016) Blood levels of trace metals and amyotrophic lateral sclerosis. Neurotoxicology. 54, 119-126. doi: 10.1016/j. neuro.2016.03.022. PMID: 27085208; PMCID: PMC5451111.

Alonso R, Pisa D, Fernández-Fernández AM (2017) Fungal infection in neural tissue of patients with amyotrophic lateral sclerosis. Neurobiol Dis. 108, 249-260. doi: 10.1016/j. nbd.2017.09.001. Epub 2017 Sep 6. https://www.ncbi.nlm. nih.gov/pubmed/28888971

„Overall, our present observations provide strong evidence for mixed fungal infections in ALS patients. The exact mixed infection varies from patient to patient consistent with the different evolution and severity of symptoms in each ALS patient."

Hofweber M, Hutten S, Bourgeois B, Spreitzer E, Niedner-Boblenz A, Schifferer M, Ruepp MD, Simons M, Niessing D, Madl T, Dormann D (2018) Phase separation of FUS is suppressed by its nuclear import receptor and arginine methylation. Cell, 173(3), 706–719.e13

3 Biologische Grundlagen zur Diagnostik und Therapie

Über das Fundament der Biologie der Lebendigkeit im 21.Jahrhundert

Für einen Paradigmenwechsel zum heutigen Verständnis von chronisch verlaufenden Krankheiten durch Viren, Mikroben, Parasiten und Toxinen, gehört unverzichtbar die Besinnung auf das derzeitige Fundament der Biologie. Dieses liegt in der Physik (Ulrich G, 2000). Das ist mir wichtig. Der Leser kann diese Seite hier aber getrost überspringen und gleich auf der nächsten oder übernächsten Seite weiterlesen.

Das Fundament der Biologie (Portmann A, 1963, Huismans BD, 2007) ist die Entkoppelung von Materie und Strahlung. Die Entkoppelung von Materie und Strahlung geschah bei einer Temperatur des Vakuums von 2,72 °Kelvin (= −271 °C). Das Maß für Temperatur ist die Menge an freien Photonen, die Menge an Strahlung.

Minus 271 °C ist die Basistemperatur des Universums (Penzias AA und Wilson RW, 1970). Der Weltraum, das Vakuum, das Nichts ist ein gefrostetes Universum (Klein S, 2017). Strahlung ist zu Atomen mit Radien von 10^{-10} m kondensiert (Angström-Abständen) und zu Individuen beschleunigt (Einstein A, 1905, 1906, Schmidt BP, 1998) d. h. zu Teilnehmern und Beobachtern. Strahlung wurde zu Standpunkten kondensiert (Tesla N, 1897, Ludloff H, 1931, Sommerfeld A, 1933, Planck M, 1947, Huismans BD, 2007, Zokaee F, 2020).

Durch die Entkoppelung des Nichts und die Trennung von Materie und Strahlung (Einstein A, 1905, 1906) **K14** nahm bei Abständen von über 80^{-9} m (Nanometer-Abständen) (Feynman RP, 1985, 1992, Röthlein B, 1999) das sich abkühlende Universum durch „Photonensog" (Schrödinger E, 1989, Popp FA, 2006) für einen Beobachter Form und Gestalt an, als Zahl, Zeit und Struktur. (Anaximander, 500 BCE, Boltzmann L, 1872, Fröhlich H, 1968, Schrödinger E, 1989). **K09**

Die Lichtgeschwindigkeit ist für den Beobachter konstant. Die Lichtgeschwindigkeit ist jetzt die organisatorische Schließung des Systems (von Foerster H, 1998).

Das physikalisch-chemische Fundament der „Biologie der Lebendigkeit" im 21. Jahrhundert ist auf diese Weise eine **Physik der Beziehungen** (Hüther G, 2012), eine Physik und Chemie der informationsverarbeitenden Systeme. Es ist ein im Dialog sich selbst organisierender Prozess. (Ostwald W, 1903-1931, Dicke RH, 1957, Vernadsky VI, 1926/1998, Popp FA, 1976, Prigogine I, 1980, Huismans BD, 2007). **Der Einzelne existiert nur durch die Beziehung zu den Anderen.** Vernadsky nannte diesen dialogischen Prozess „Biosphäre", als den „von Lebewesen bewohnten oder bewohnbarern Raum" (Vernadsky VI, 1926/1998). Es ist die Wechselwirkung, es ist der Klang, das Konzert, der Tanz zwischen Materie und Licht (Feynman RP, 1985, 1992, Cramer F, 1993, 1998, Laszlo E, 2012, Mölling K, 2015, Meijer DKF, 2019). Das Leben versteht sich als Entfaltung und als Resonanz zwischen Materie und Licht, oder anders gesagt, „Leben ist ein Photon auf der Suche nach einem Ruheplatz." (Boltzmann L, 1872, Maxwell JC, 1877, Popp FA, 1976, 1984, De Loof A, 2016). **K11**

In Abständen von weniger als 80^{-9} Metern, d. h. von unter 80 Nanometern, z. B. in genetischen Prozessen, sind die Beziehungen sehr stabil (DeDuve Ch, 1994, S. 33). Bei epigenetischen Prozessen, d. h. bei Prozessen, die ohne Veränderung der DNA- oder RNA-Sequenzen der Zellen einhergehen, „offenbaren" (Monod J, 1970) sich (Gödel K, 1931, Heisenberg W, 1969, Monod J, 1970) dem Beobachter sehr spezielle und dann aber weniger stabile Muster. (Maxwell JK, 1867/1868, Portmann A, 1959, Sheldrake R, 1993, Gell-Mann M, 1996, Huismans BD, 2007). **K10** und **K11**

Wechselwirkungen halten den Kontakt zwischen den Objekten aufrecht. Der Kontakt, oder die „Klebrigkeit" von Materie, von Organellen, Zellen, Geweben, Gruppen, Konventionen, Meinungen, und die Masse, d. h. die Trägheit von Objekten, und das Gefahrenabwehrsystem (Matzinger P, 1998, 2001, 2002) von **Archaeen**, **Bakterien** und **Eukaryoten** (Wallin IE, 1927, Margulis L, 1970, 1986, 1990, 1993, 1997, 1999, 2002, 2009, 2011, 2012, Woese CR, 1977, 1998) gibt dem Konzert des Lebens seine besondere Struktur.

Bei Vielzellern der zellkernhaltigen Lebewesen, bei den Eukaryoten, haben sich zahlreiche soziale (Luhmann N, 1984, 2001) Muster und Beziehungen entwickelt. Viele selbstständige Lebewesen scheinen dauerhaft einverleibt worden zu sein, ohne von ihrem Wirt zerlegt (verdaut) zu werden. Sie wurden zu Endosymbionten.

Endosymbionten, Kohärenz, Zusammenhalt

Im Rahmen der Mustererkennungs- und Selbstorganisationsprozesse, dem „neuronalen Connectom" (Lieff J, 2020), bzw. der „Autopoesie" (Maturana H, 1984) besagt die Endosymbiontentheorie (De Bary A, 1878, Mereschkowsky C, 1905-1920, Wallin IE, 1927, Kutschera U, 2001-2012) dass **Mitochondrien** auf endozytosisch aufgenommene Vorläufer von Rickettsien zurückzuführen sind und in erdgeschichtlicher Zeit in Archaeen eingewandert seien. Die Verlagerung von mitochondrialer DNA in den Kern der Zelle ihres Wirtes erfolgte danach wohl über lange Zeiträume hinweg (Mereschkowsky C, 1905).

Eingewanderte Vorläufer von Spirochaeten seien zu Bewegungs-Filamenten, d. h. zu Undulipodien bei Einzellern geworden und zu Microtubules, zum **Zytoskelett** mutiert. Spirochäten-flagellen wurden zu Informations- und Bewegungs-Einheiten (DeDuve Ch, 1994 „Cytobones und Cytonerves", Margulis L, 1970, 1986, 1990, 1993, 1997, 1999, 2002, 2009, 2011, 2012, Brandt R, 2019, Trushina NI, 2019). Auch das geschah wiederum unter der Abgabe von Kernbaubestandteilen (DNA), dieses Mal an den **Nucleolinus**, der sich innerhalb des Nucleolus (Chapman MJ, 2000, 2007, Alliegro MC, Alliegro MA, 2007, 2009, 2010, 2011, 2012) der Zellkerne der Eukaryoten befindet. **K12.** Das **Genom des Menschen** besteht aus integrierten und zumeist nicht mehr vermehrungsfähigen Einwanderern[6]. Mitochondrien, Zytoskelettfilamente, Microtubules und die anderen Endosymbionten sind immuntolerant in den Stoffwechsel ihres Wirtsoganismus eingepasst (Lisco A, 2009, Seckbach J, 2010). Krankheitserreger dagegen sind durch überschießende Aktivität, Schwäche oder Schwächung des Immunsystems des Wirtsorganismus erst auf dem Weg zu der Einpassung in ihren Wirt. **Krankheitserreger sind Einwanderer mit Integrationsproblemen** (Blech J, 2000, Mölling K, 2015). Die Antwort bei diesem Prozess ist „Krieg", Entzündung, Inflammation, Freisetzung von „Bindungsenergie". Chronisch verlaufende Entzündungen zeigen sich dann als Allergien, Unverträglichkeiten, als „Autoimmunkrankheiten" oder als **stille Entzündungen (low grade inflammation, silent inflammation, inflammation caché, Metaflammation, verborgene Infektionen, stealth infections, hidden infections, Infection caché)**.

---

6 Das Genom des Menschen besteht zu „ca. 20 % aus Mustern von frei lebender Bakterien, fast 50 % aus Retroviren oder retrovirusähnlichen Elementen, 5 % aus Genen von Pilzen" (Mölling K, 2015)

Bei Alzheimer, Parkinson, Multipler Sklerose und Amyotropher Lateralsklerose findet man abnorme Körperchen und Aggregate, die in und um Nervenzellen angesammelt sind. Diese könnten durchaus das Substrat dieses Einwanderungsproblems sein. Die **Ursachen von chronischen Multisystemkrankheiten** (non communicable diseases, Multisystemic Infectious Disease Syndromes, MSIDS, Umwelterkrankungen, Nature deficit disorders) sind Viren (Gigaviren, Mimiviren, Pandoraviren), Bakterien und deren Dauerformen und L-Form Varianten, Pilze, Parasiten (Mehlhorn H, 2015), Toxine und Biofilme (Stein E, 1987, Huismans BD, 2019, BIOFILM MEDIZIN). Die Organisierung der Mitspieler im System geschieht in „Schwarmorganisation" (Mölling K, 2015) im „Photonensog" (Schrödinger E, 1989, Popp, FA, 2006) unter „Bindungsenergie"- Abgabe. Wir erleben diese Energieabgabe (Anaximenes, ca. 500 BCE, Mae-Wan Ho, 2000, 2003, Huismans BD, 2007, Kozłowski M, 2017, Zokaee F, 2020) als Krankheits-Symptome und als Krankheits-Zeichen.

Auch bei infiltrierend und destruierend (zerstörerisch) wachsenden Tumoren wurden „Körperchen" gefunden, die Viren in „proteinreichen Kondensaten", Bakterien, dormanten Bakterien, bakteriellen L-Form Varianten oder sogar desorganisierten Microtubules entsprechen könnten (von Brehmer W, 1932, 1933, 1934, 1947, Enby EOH, 1984, 1994, Cantwell JrA, 1990, Stossel TP, 2001, Ewald PW, 2015, Thomas F, 2017, Ewald W, 2017, Brandt R, 2019, Nejman D, 2020, Schenk M, 2021). Bei infiltrierend und destrukturierend wachsenden Tumoren verarmt und verstummt der Dialog unter den Mitspielern im System. Die Tumorzelle wird wieder zum selbstständigen Einzeller woraus sie ihren Anfang nahm. **K13, K19.** Der Zusammenhalt mit dem Gesamtorganismus entschwindet (Popp FA, 1976, 1984, Cramer F, 1993, 1998). Die Krebserkrankung ist in diesem Sinne eine Variante des Lebens, des Lebens, das als „Infektionskrankheit mit tödlichem Ausgang" begriffen werden kann.. **„Die Umgebung beeinflusst das Ergebnis."** (Mölling K, 2015).

Immunsystem, Inflammation,
das „Bewusstsein" für Störung und Gefahr

Das Immunsystem ist „eine eigene Intelligenz" (Hoyle F, 1983, Klein S, 2016). Es ist ein Metaorganismus aus artspezifischen Strukturen samt der integrierten Muster, die als Endomikrobiom und Mikrobiom Einwanderern und Zuwanderen entsprechen. Endomikrobiom (Huismans BD, 2020) und Mikrobiom, beide sind zusammengesetzt aus Viren, Mikroben und deren Mustern, Pilzen, Parasiten und Toxinen. Das Immunsystem ist ein eigenes Organ. Es ist ein Ordnungshüter, ein Selektierer, der erkennt und bewertet. Über die Signale der „HLA-System-Gene (Human Leucocyte Antigen, Leukozytenantigen, HLA-DR)" und die „Major histocompatibility complexes (MHC) peptide Ligands" (Leinders-Zufall T, 2004, Milinski M, 2005) kommt es zudem zu einem „Bewusstsein" (Searle J, 1992) für Störung und Gefahr (Matzinger P, 1998) im Ganzen aber auch zu dem Bewusstsein für Schönheit, Attraktivität und Mitgefühl (compassion). So entstanden Sexualität, Agape, die Caritas, die Nächstenliebe, das „absichtlose Wohlgefallen" und die Vielfalt. In diesem Rahmen, d. h. im Konzert des Lebens, haben nur bestimmte Verhältnisse Zeit, Dauer und Wirkung (Fröhlich H, 1988, Popp FA, 1984, Cramer F, 1993, Stossel TP, 2001). Dieses „Bewusstsein" von Störung, Gefahr, Schönheit, Attraktivität und Mitgefühl erlebt der Beobachter transrational und transpersonal **K21**.

Remschlafverhaltensstörungen, körperliche Erschöpfungszustände (Chronic Fatigue Syndroms (CFS), Myalgische Encephalomyelitis (CFIDS, ME; Bell-Skala) oder einige Formen des „Burn out Syndroms", Geruchsstörungen, „brain fog", und Depressionszustände, „Jammertypen" in der Arztpraxis (Palego L, 2016, Heser K, 2020) und psychiatrische Auffälligkeiten (Bechter K, 1993) gehen dem Phänomen Demenz oft voraus (Heser K, 2020).

Die Aufnahme von Lichtenergie (Photonen) an Materiekondensate (Organismen) und die Abgabe von „Bindungsenergie" (Anaximenes, ca. 500 BCE, Kozłowski M, 2017, Zokaee F, 2020), das ist es, was die „die Welt im Innersten zusammenhält" (Goethe JW, 1794-1832). Das Phänomen „Bindungsenergie" im „Photonensog" wurde von zahlreichen Autoren beschrieben (Schrödinger E, 1989). Wir haben es 2007 in dem sogenannten „5. Hauptsatz der Thermodynamik" als das „Phanes Sound Theorem" im Zusammenhang mit dem Begriff „Nullquantum" beschrieben. **K09, K11, K14**

Spezielle Integrationsversuche und Escapemechanismen von Mikroben am Beispiel Borrelien

(Maes W, 2019) gegen das menschliche Immunsystem und gegenüber Antibiotika und Chemotherapeutika sind:

1. **Beweglichkeit** mit Hilfe von Flagellen („Propellern")
2. **Effluxmechanismen gegenüber Schadstoffen** z. B. Antibiotika oder Metallen
3. **Zerstören** von Schadstoffen wie die Betalaktambildung gegenüber Penicillinen
4. **Maskieren** von Zellen durch fortlaufende Oberflächenveränderung
5. **Verstecken durch gute Fettlöslichkeit** z. B. der bakteriellen L-Form Varianten
6. **Bevorzugung von weniger gut durchbluteten Geweben** wie der Media bei Arterien, von Sehnen, Bändern, Nervenzellen, implantierten Fremdkörpern, Narben
7. **Schädigung des zellulären Immunsystems des Wirtes** (CD4/CD8-Relation) durch Verminderung der Anzahl der natürlichen Killerzellen des Wirtes, z. B. auch durch Vermin-

derung der Fraktion CD57 (IMD Labor Berlin, 2020) und der Blockierung von B-Zellen bei der Antikörperproduktion.

Nach der Identifikation von Krankheitserregern im Hirn sorgen dort die **Microgliazellen** als „Aasgeier, scavenger" durch das Auffressen von absterbenden Neuronen (Phagozytose) und durch die Abgabe von entzündungsmodulierenden Subtanzen und Stickstoffmonoxyd für eine schnelle Abwehrreaktion (Prinz M, 2019, Priller J, 2019). Eine durch Pathogene (Krankmacher) chronisch aktivierte Miroglia aber schüttet zusätzlich entzündungsfördernde Substanzen aus, wodurch die Hirnschädigung selbstreferentiell weiter zunimmt (Travers P, 2008, Mittmann T, 2016, Tay TL, 2017, Hansen DV, 2018, Ghose Ch, 2019). **K14**

Selbstschutzmechanismen des Wirtsorganismus gegen Krankheitserreger

Complement	http://www.xerlebnishaft.de/complement.pdf
Katalase	https://de.wikipedia.org/wiki/Katalase
P53	http://www.erlebnishaft.de/p53.pdf
Cytokine,	http://www.kabilahsystems.de/antizyt-chem.pdf
Chemokine	http://www.xerlebnishaft.de/kommentinhalt_zell.pdf
Xenoautophagie	http://www.xerlebnishaft.de/xenoautophagie.pdf
	http://www.xerlebnishaft.de/lysosomotropika.pdf
DNA-	http://www.xerlebnishaft.de/bildmethyl-arginin.pdf
Methylierung	http://www.erlebnishaft.de/methylierung.pdf
MicroRNAs	http://www.xerlebnishaft.de/krebsstammzell-therapie.pdf
	http://www.xerlebnishaft.de/rna.pdf
Chaperone	http://www.xerlebnishaft.de/endo_reticulum.pdf
Vitamine	http://www.xerlebnishaft.de/vitamine.pdf
Polyphenole	http://www.kabilahsystems.de/polyphenole.pdf

Hormone	http://www.kabilahsystems.de/biogeneamine undpeptide.pdf
Inflammasome	http://www.erlebnishaft.de/inflammasom.pdf
Antikörper	https://de.wikipedia.org/wiki/Antik%C3%B6rper
Virulenz-Inhibitoren	http://www.kabilahsystems.de/virulenz_inhi bitoren.pdf
Hitze, Phagocytose	https://www.ncbi.nlm.nih.gov/pmc/articles/ PMC4811905/
Neutrophil extr. Traps	http://www.xerlebnishaft.de/therapeutische_ hyperthermie.pdf
Antikoagulantien	http://www.kabilahsystems.de/hyperkoagulation.pdf
Eosinophilie, (MCAD)	http://www.xerlebnishaft.de/eosinophilie.pdf
Chemotaxis	http://www.xerlebnishaft.de/chemotaxis.pdf
Tollike Rezeptoren	http://www.erlebnishaft.de/TLR2_1_3_7_13.pdf
Selbstorganisation	http://www.erlebnishaft.de/selbst_muster_nano.pdf
Relationship-organiz.	http://www.erlebnishaft.de/symbiogenese.pdf
Genetische Faktoren	http://www.xerlebnishaft.de/genetische_fak toren.pdf
Amine und Peptide	http://www.kabilahsystems.de/biogeneamine undpeptide.pdf
pH+-ATPase (V-ATPase)	http://www.kabilahsystems.de/ph.pdf
Fettsäuren	http://www.kabilahsystems.de/ungesaettfetts.pdf
Elektrolyte und Spurenelemente	http://www.xerlebnishaft.de/elektro_spur_ph.pdf
Prione	http://www.erlebnishaft.de/prione.pdf
CD57	http://www.erlebnishaft.de/cd57.pdf
Th1/Th2 Zellen Balance	http://www.xerlebnishaft.de/th1-th2-zellen_ balance.pdf
Lysozym/Muramidase	

Linksammlung von Abwehrsystemen und Selbstschutzmechanismen.
(Albert A, 1987, Matzinger P, 1998, 2001, 2002)

Ketone werden aus Fettsäuren und aus einigen Aminosäuren synthetisiert (Newport M, 2019). Sie sind aggressiv, können aber **zeitweise** die Glucose als Energielieferant ersetzen, z. B. im Hungerzustand, in der Ketoazidose bei Diabetikern und beim Training im Hochleistungssport.

Störungen und Gefährdungen des menschlichen Wirtsorganismus

Die Proteinfaltung, Eiweißfaltung, beginnt intrazellulär (d. h. in den Zellen), an den Ribosomen des rauhen endoplasmatischen Retikulums der Eukaryoten. K15

Prione sind in der Form infektiöse Proteine, dass sie ihr abwegiges Faltungsmuster auf benachbarte Proteine übertragen können. **K16**

Viren

Man unterscheidet vier Domänen von Viren: 1. RNA- 2. RNA/DNA, 3. DNA Viren ohne Proteine, 4. nur Proteine (Prione) (Mölling K, 2015).

Über einen horizontalen Gentransfer kann das zelluläre Immunsystem an zusätzlicher Funktionalität (Leistungsfähigkeit) gewinnen oder es kann Schaden erleiden oder zerstört werden. Alle mikrobiellen oder parasitären Einwanderer delegieren spezielle Funktionen an ihren Wirt. Dabei wird Strahlungsenergie (Wärme, „Bindungsenergie", Lichtenergie, Photonen) abgegeben.

Retroviren werden über das Enzym Reverse Transkriptase (Mölling K, 2015, Chandramouly G, 2021) in DNA-Viren endogenisiert. **K27, K17.** NRTI-Nukleodische Reverse Transkriptase Inhibitoren und „Retroviren (RNA-Viren) können die Tätigkeit der Mitochondrien herabsetzen." (Mikovits J, 2020).

Bakterien

Bakterielle **Originalformen** können über Nährböden und durch das Mikroskop nachgewiesen werden. Mit Actinfilamenten (Mikrofilamenten) können sich Bakterien fortbewegen. Sie können in benachbarte Zellen eindringen und sich durch diese Zellen hindurch bewegen (z. B. Shigellen, Listerien, Rickettsien, Borrelien; deDuve Ch, 1994). Sie verwandeln sich bei ungünstigen Umgebungsbedingungen in Dauerformen um, in die **L-Form Varianten** (Klieneberger-Nobel E, 1951). Es ist eine Art von „Regenerationsphase" oder ein „Winterschlaf" mit sehr verlangsamtem Stoffwechsel. Die **Regenerationszeit** von bakteriellen L-Form Varianten dauert 30 oder 40 Tage, unter günstigen Milieubedingungen **24 Tage**.

Bakterielle **Originalformen**, die akut krank machen können, heißen „**Frontal Pathogene**". Die dadurch ausgelösten Erkrankungen werden „**heiße Infektionen**" („**hot infections**", „**infections chaudes**") genannt.

In der Regenerationsphase verharrende Mikroben heißen „**Stealth Pathogene**". Es sind verborgene Krankmacher. Man nennt sie auch **dormante, schlafende Bakterienformen** oder stoffwechselberuhigte **pleomorphe**[7] **bakterielle Formvarianten, L-Form Varianten**[8].

---

7 Zu dem Thema Pleomorphie (Vielgestaltigkeit einer Bakterienart; Cohn F, Koch R) oder Pleomorphismus (Umwandlung von einer Bakterienart in eine andere; Béchamp A, Enderlein G, Dumrese J) wurde von Klieneberger-Nobel E 1931 zu Gunsten der Konstanz und der Spezifität von Bakterienarten Stellung genommen in ihrem Beitrag mit dem Titel „Die heutigen Auffassungen der verschiedenen Formen der Bakterienzellen einer Art". Klinische Wochenschrift 10, 31ff https://link.springer.com/article/10.1007/BF01749944
L bei Bakterienformen = little, large, lipoidal, lithe, Lister (Klieneberger-Nobel E. Lister Institut, GB)

8 Synonyma für L-Formen sind „Bakterien-Persister", „VBNC. (Viable but Non Cultivatable) Formen", „Zellwand defekte Bakterienvarianten (CWDs)"

Bakterielle L-Form Varianten,
Bakterien Persister, Stealth pathogene

In Stresssituationen, auch unter der Einwirkung von Antibiotika, können Bakterien ihre Zellwand vorübergehend oder auf Dauer verlieren **K16**. Sie können als sogenannte pleomorphe (vielgestaltige) Bakterienvarianten, **bakterielle L-Form Varianten**, als **Stealth Pathogene** ruhen und dabei lebensfähig bleiben. Bei sehr vielen Bakterienarten ließen sich L-Form Varianten dokumentieren. (Domingue GJ, 1996, Stressvar1). Bakterielle L-Form Varianten bestehen aus RNA (Ribosenukleinsäuren) (Becker LA, 2015, Lee Ch-Y, 2019) und aus DNA (Desoxyribosenukleinsäure) (Reploh H, 1961). Sie sind verpackt in „proteinreichen Kondensaten".

Bakterielle Stealth Pathogene, L-Form Varianten, können mit der Ultrazentrifuge isoliert werden. Sie können über die Feulgenfärbung oder die Fluoreszenzfärbung identifiziert werden. Und sie können direkt nachgewiesen werden durch das Elektronenmikroskop, das Rastertunnelmikroskop bzw. das Rasterkraftmikroskop (Binnig G, Rohrer H, 1982) oder indirekt durch die Polymerase Kettenreaktion, das PCR-Testverfahren.

Bakterielle Stealth Pathogene findet man sowohl extrazellulär (außerhalb von Gewebezellen), als auch intrazellulär (innerhalb von Zellen und Gewebezellen).

Intrazellulär verweilende bakterielle Stealth Pathogene können in **Endo- und Exozyten, Lysosomen, Endosomen, Golgi-Vesikeln, in Vakuolen – auch in Pflanzen oder Hefepilzen –** in „Bläschen" (Pederson PL, 1987) verharren oder sie können ihre „Bläschen" verlassen und in benachbarte Zellen transportiert werden (Transcytose) oder sie verbleiben im Cytoplasma (Zellsaft).

Extrazelluläres und intrazelluläres Verweilen von Bakterien in ihrem Wirt

Obligat intrazelluläre Krankheitserreger	Fakultativ intrazelluläre Krankheitserreger
Chlamydia spp, Coxiella burnetii, Ehrlichia spp, Erwinia, Rickettsia, Parachlamydia, Mycobacterium leprae, Tropheryma Whipelei, Waddlia etc.	Borrelien, Treponemen, Leptospiren, Bartonellen, Mycoplasmen, Brucella, Legionella, Listeria, Mycobacterium, Neisseria spp, Salmonella, Shigella, Yersinia spp, Babesia, Toxoplasma, Protomyxzoa, Trypanosomen, Streptokokken, Candida etc.

Bakterien-Persister und bakterielle L-Form Varianten können chronisch verlaufende Multisystemkrankheiten verursachen. Es sind **„Kalte Infektionen" (cold Infections, infections froids) K16**.

Bei den bakteriellen L-Form Varianten wird unterschieden nach Größe zwischen denen, die größer als 250 Nanometer sind und denjenigen, die kleiner als 250 Nanometer sind (siehe Lebensstrukturenvergleich). Die unterschiedliche Größe der bakteriellen L-Form Varianten wird mit handelsüblichen Keramikfiltern mit einer **Porosität von 250 Nanometern** gemessen.

Pleomorphe Formvarianten, die **kleiner sind als 250 Nanometer,** heißen **filtrierbare Mikroben, „filterable microbes"** (Klieneberger-Nobel E 1931, 1935, 1951, 1960)[9]. **Filtrierbare Mikroben entsprechen der Größe von Viren.**

Bakterielle L-Form Varianten können von ihrem Wirt als fremd erkannt und durch Eigenverdauung (endoautophagisch[1]) entsorgt werden (Levine B, 2015)

---

9 1 Xenophagie = „Fremd fressend sein" http://www.xerlebnishaft.de/xenoautophagie.pdf

Frontal Pathogene und Stealth Pathogene verhalten sich sehr unterschiedlich

	Frontal Pathogene	**Stealth Pathogene**
	Hot infections	Cold infections
	Infection chaud	Infection froid
	Bakterielle	**Bakterielle**
	Original Formen	**Stress-Varianten**
	Bakterien	**L-Form Varianten, filterable forms**
Inkubationszeit	kurz (Stunden oder Tage)	lange (Monate oder Jahre!)
Symptome	akut	chronisch
Immunität	sterilisierbar	nicht sterilisierbar
Übertragung	direkt	indirekt
Vervielfältigung	schnell	langsam
Trägerstatus	speziell	allgemein

(Falkow S, 2004, Breitschwerdt EB, 2013)

Therapie	3–7 oder 14 Tage	3–6 Monate oder Jahre

Die **Reversion,** d. h. die Rückverwandlung von „Stealth Pathogenen" zurück in ihre Originalformen, in die „Frontal Pathogene" (Tabelle 10), ist möglich. Sie erfolgt über den **Quorum sensing Mechanismus** (Bassler BL, 1999, 2006).

Frontal Pathogene verursachen kurzzeitig akute Krankheitsphasen. **Stealth Pathogene** verursachen chronische Multisystemkrankheiten.

Bei frontal Pathogenen dauert die Inkubationszeit Tage K18.
Bei Stealth Pathogenen dauert die Inkubationszeit viele Jahre.

*Am Muster Dickdarmkarzinom (Dickdarmkrebs) sind es **7, 17, 30 Jah-**
re (Fearon ER, 1990, Mölling K, 2015).* **K18**

**Besonderheiten von bakteriellen L-Form Varianten,
Stealth pathogenen**
1. Säurefestigkeit
2. Lipophilie (Fettlöslichkeit)
3. Viruscharakteristik
4. Aufenthaltsort im Wirtsorganismus extrazellulär und intrazellulär
5. Sex, d. h. horizontaler Gentransfer, untereinander und mit ihrem Wirt
6. weitestgehende Antibiotikaresistenz
7. Aus einem Teil der bakteriellen L-Form Varianten können sich die bakteriellen Originalformen auch spontan wieder regenerieren (Dienes L, 1947, Reploh H, 1961, Mattman LH, 2001).

Biofilme, Quorum sensing, das Arbitrium System und die Fotodynamik

Biofilm, das ist Schleim.

Biofilme sind archaische (urzeitliche) Gesamtlebewesen, aus denen wir selbst ehemals entstanden sind. Je nach Zusammensetzung, Art, Menge und Milieu sind Biofilme Nützlinge oder Schädlinge zugleich.

Biofilme bestehen aus inaktiven oder aktiven bakteriellen Originalformen, aus Viren, Bakterien und deren pleomorphen (vielgestaltigen) Dauerformen und L-Form Varianten (Allen HB, 2016–2020), aus Archaeen, Protozoen, Pilzen und aus Mikroalgen. Auch Protozoen und Fadenwürmer, Dirofilarien/

Mikrofilarien können beteiligt sein (Innes JR, 1952, 1953, Fleming JO, 2006, Correale J, 2007, 2008, 2009, Beaver PC, 1984, 1987, McDonald A, 2013, 2016, Kumar D, 2016). Biofilme enthalten einen „Klebstoff", das Peptidoglykan, Nukleinsäuren, Lektin u. a..

1. Biofilme sind Gesamtlebewesen, „Cities of microbes" mit einem eigenen Versorgungssystem
2. Biofilme leben in Rhythmen und Zyklen
3. Das Esperanto von Biofilmen heißt Quorum Sensing.
4. Biofilme sind sehr strukturstabil
5. Biofilme metastasieren (bilden Absiedlungen)
6. Biofilme manipulieren das psychische und physische Verhalten ihres Wirtes. (Cryan JF, 2019, 2020, Probiotika, Praebiotika). Biofilme filtern, sortieren und modifizieren ihre Umwelt und ihren Wirt („Pharmacomicrobiomics")
7. Biofilme sind eine der Hauptursachen für die Therapieresistenz bei chronischen Krankheiten durch Viren, Mikroben, Parasiten und Toxine
8. Biofilme können mechanisch, elektrisch, physikalisch und chemisch therapiert werden (Quorum)
9. Biofilme lassen sich im Labor nicht kultivieren
10. Biofilme können Tumore und Leukämien vortäuschen

Quorum sensing ist die Individualsprache der Bakterien und das Gruppenesperanto der Biofilme. Quorum sensing ist die Fähigkeit von Bakterien, ihre Befallsdichte im Wirtsorganismus zu messen. Das geschieht vermittels chemischer Botenstoffe, mit Regulatorproteinen. Diese **Chemischen Botenstoffe** sind bei Bakterien **Laktame** (Bassler BL, 1999). Bei Viren und bei Bakteriophagen sind es **Eiweißstoffe**. Bei Bakteriophagen heißt die Individualsprache das **Arbitrium System** (Huisman W, 2009, Erez Z, 2017, Mölling K, 2015, Dolgin E, 2019) **K17.** Dessen Regulatorproteine heißen **Ci** und **Cro**. Wird die Virusdichte zu groß, dann überwiegt Cro und die Phagen lösen ihren Wirt auf. Dabei hilft ein „Lysozym" (Callewaert L, 2010). „Ci" bindet diesen Promotor, das Virus wird dann integriert und es kommt nicht zur Zerstörung des Wirtsorganismus.

Alle **Pandemien** folgen der Gleichgewichtung zwischen Befallsdichte („Erregerlast") und der Reorganisation oder Integration unter den Mitspielern (Mölling K, 2015).

Auch die **Inkubationszeit** bis zum Ausbruch einer Erkrankung wird durch das Quorum sensing bzw. das Arbitrium System bestimmt. **K18**

Quorum sensing- und Arbitrium-Inhibitoren die therapeutisch angewendet werden, heißen **„Quorum quenching-Medikamente" oder „Biofilm killer"**. Quorum quenching-Medikamente ergänzen und modifizieren die Wirkung von Antibiotika und Chemotherapeutika (Kalia VCh, 2019), was für den Verlauf einer Erkrankung entscheidend sein kann.

Der intra- und interzelluläre Dialog ist ein optisches Bildgebungsverfahren (Biophotonik), „Photonensog" (Schrödinger E, 1989, Popp, 2006) das über ultraschwache Photonenemissionen (UPE) kohärent organisiert ist (Gurwitsch A, 1922, „mitogenetische Strahlung", Fröhlich H, 1968, Popp FA, 1976, 2006, „Emission von Biophotonen", Albert I, 2014) **K10**. Das „Leben ist ein Photon auf der Suche nach einem Ruheplatz." (Boltzmann L, 1872, Maxwell JC, 1877, Popp FA, 1976, 1984, De Loof A, 2016 „electrome"). **K11**

Horizontaler Gentransfer, Endogenisierung, Veranlagung, Erblichkeit

Der endogene (innerhalb der Zelle und des Zellkerns) und exogene (von außerhalb kommende und wieder hinaus gehende) Gentransfer (Genaustausch) von RNA (Ribosenukleinsäuren) und DNA (Desoxyribosenukleinsäuren) ist **das tägliche Geschäft unter Bakterien, Viren und Virusbruchstücken** (McClintoc B, 1931, Ridler Ch, 2018, Mikovits J, 2020). Die Originalformen der Bakterien haben zudem über Pili, das sind kurze röhrenförmige Auswüchse an den Zelloberflächen, Sex mit anderen Bakterien und mit den Zellen ihres Wirtes.

Das CRISPR/Cas-System ist ein Teil des sogenannten Immunsystemäquivalents vieler Prokaryoten. Es behindert das Eindringen fremden Erbguts. **K20**

Zellkerne sind Container für Struktuen, die auch frei lebend vorkommen K19. Durch Endogenisierung der in das Genom integrierten Gensequenzen entstehen für den Wirt, sowohl Nachteile als auch Vorteile. Die Nachteile zeigen sich als Störung des Zusammenhalts, der Kohärenz des Systems. Das zeigt sich z. B. in dem Bild eines Chronic Fatigue Syndroms (CFS, Myalgische Encephalomyelitis, CFIDS, ME; Bell-Skala, Scheibenbogen C, 2019) oder bei einigen Formen des „Burn out Syndroms", einer Depression, oder unter dem Bild einer Krankheit, als „Autoimmunkrankheit", als „fixe Idee" oder psychotisches Verhalten, als Neoplasma, oder als Krebsgeschehen **K13. Die Vorteile bei einer derartigen Integration vor allem von genetischen Strukturen sind der Erwerb von neuen Fähigkeiten, körperlich, psychisch, intellektuell. Diese Zuwanderer signalisieren einem verwandten Eindringling: „Hier ist schon besetzt". Immunität ist Wohlbefinden. Robuste Immunität heißt „ich fühle mich nicht gefährdet und ich kann i.d.R. auch keinen anderen in Gefahr bringen".** (Matzinger P, 1998–2002).

Über das Phänomen horizontaler Gentransfer, z. B. über Plasmide der Mikroben und Parasiten, schließt sich der Kreis zu Verhaltensmustern jenseits der geschlechtlichen Fortpflanzung. **K19.**

Der Gentransfer geht exogen, d. h. von außen kommend und endogen, d. h. in der Wirtszelle oder im Zellkern etwa gleich vonstatten (Temin H, 1972, Merril CR, 1971, Bassler BL, 1999, Perron H, 2000, 2009, Kriesel JD, 2019, Bottero V, 2019). **K20**

Ateromatose oder Arteriosklerose

Bereits 1872 unterschied Rudolf Virchow zwischen der **Verhärtung von Arterien** durch das normale Altern im Gegensatz zu der Entzündung von Arterien (Hodgson JA, 1815, Virchow R, 1852, Cohn F, 1872, Huismans BD 1971, Haverich A 2016). Bei der **Entzündung von Arterien** schwillt die Arterienwand an, hauptsächlich nach innen. Dadurch wird der Blutfluss behindert. Das lässt sich bildlich darstellen (SPECT-Study, Plutchok JJ, 1999, Oku N, 2007, Donta ST 2012). Ursachen von Entzündungen sind Viren, Mikroben oder Parasiten. Befallen sei vor allem die Media dieser Arterien. Das Befallsmuster des Wirtes hängt von der Ausstattung mit Immunglobulin A (IgA) ab und sekretorischem Immunglobulin A (sIgA) (Besreka A, 1927, Brandzaeg P, 2013). Dem Befallsmuster folgen Funktionsstörungen, z. B. Glucose Stoffwechselstörumgen (Warburg O, 1958, Mosconi L, 2005, Diehl-Schmid J, 2007, Frölich L, 2015, Miklossy J, 2016). **K13**

Bei neurodegenerativen Erkrankungen kommt es darunter zu Hirnfunktionsstörungen unter dem gesamten Spektrum von psychologischen oder psychiatrischen Funktionsänderungen und Funktionseinbußen (Teklu B, 1985, Mosconi L, 2005).

Parasiten, Pilze, Toxine, Xenobiotika und Vektoren

Parasiten bei den degenerativen neurologischen Krankheiten sind Protozoen, z. B. Toxoplasmen, Babesien, Plasmodien (Malariaerreger), Nematoden (Fadenwürmer) (Bongers T, 1999), z. B. Trichinen, Pärchenegel (Schistosomiasis, Bilharziose, Aaa-Krankheit) und Leishmanien (Leishmaniasis, Orient-, Bagdad- oder Aleppobeule, Kala-Azar) etc., die allesamt i. d. R. wiederum befallen sind und Vermittler sein können von krankmachenden Viren, Prionen und Bakterien.

Pilze und Hefen Auch Candida produziert Dauerformen und L-Form Varianten. Hefen wie Candida und Pilze sammeln zudem Schwermetalle an, die bei der Eradikationsbehandlung frei werden und während dieser Behandlung therapeutisch abgeführt (entgiftet) werden sollten.

Toxine und Xenobiotika (Pullman A, 1955, Mason HS, 1965, Popp FA, 1976, 1984, Albert A, 1987, Strubelt O, 1989, Daunderer M, 1999) können von außen zugeführt worden sein wie Ethylendioxid (EO) oder als Labor-Störfall bei der Gain-of-function Forschung (Biowaffen), oder sie entstehen im Krankheitsgeschehen selbst, auch über Impfungen z. B. als Lipofection über kationische Lipide (Felgner PL, 1987, Yeeprae W, 2006, Lonez C, 2012, Cayman Chemicals SM-102), oder Metallzusatz bei Impfstoffen (z. B. Aluminium) oder sie ereignen sich spontan als fehlgefaltetes Eiweiß, als Prion.

Zu den vorwiegend toxisch wirkenden Wirkstoffen gehören

1. Halogenierte Substanzen
   (Halogene = Chlor, Brom, Jod, Fluor) Es sind Kampstoffe in der Biologie der Natur (z. B. L-Thyroxin, das Schilddrüsenhormon, industriell als Weichmacher in Kunststoffen, als

Flammschutzmittel, Pestizide, Konservierungsstoffe und zahlreich auch integriert in Medikamente)
2. Azochemische Substanzen, Azofarbstoffe (–N=N–) (Clausen A, 2009)
   (z. B. in einigen Nahrungsmittelzusatzstoffen oder als das lebenrettende Medikament Salvarsan® aus dem Jahr 1910; Arsphenamin, Dioxydiamino–Arsenobenzol, kurz Arsenobenzol, „Ehrlich-Hata 606")
3. Alkohole und aromatische Kohlenwasserstoffe mit Pi–Elektronen (Popp FA, 1976)
4. Antioxydantien, wenn sie im Überfluss verabreicht werden
5. Schwermetalle, Kontrastmittel wie Gadolinium oder Thiomersal als Impfstoffzusatz
6. Feinstaub, Mikroplastik, Nanopartikel, Nanocoats für Impfstoffe und Medikamente
7. Festfrequente elektrodynamische Aktivität, „Trägerfrequenzen" (von Humboldt A, 1797, Curie MS, 1903, Huismans BD, 2020)
8. Stoffe aus der Gentechnologie (Hingst W, 1988)
9. Grenzflächenaktive Substanzen (E433 oder E466, im Übermaß „Quorum quenching Medikamente", „Biofilmkiller")

Vektoren
Viren, Mikroben, Parasiten und Toxine vermittelnde Lebewesen sind die stechenden, beißenden, saugenden Insekten, Zecken, Mücken, Läuse, Flöhe, Milben (Biowaffen). **Vektoren sind auch** Fadenwürmer, Dirofilarien/Mikrofilarien, Nematoden, Pilze/Fungi, Tiere, Haustiere, Menschen und deren Manipulationen, z. B. Tätowierungen, Implantate, Operationen, RNA/DNA Vektor-Impfstoffe, DREADDS-Technologien (Designer Receptor Exclusively Activated by Designer Drugs) auf der Basis der CRISPR-Methode (Clustered Regulary Spaced Short Palindromic Repeats Methode) **K19,** sowie kulturelle Standards auch einige vermittelnde ärztliche Handlungsweisen (Hufeland DChrW, 1797, Reuter G, 2018).

Viren, Mikroben und Parasiten
manipulieren das Verhalten ihres Wirtes

Viren, Mikroben und Parasiten organisieren sich in Biofilmen
(„Schwarmorganisation")
Viren, Mikroben und Parasiten passen sich geänderten Umwelt-
bedingungen an (Dauerformen, L-Form Varianten).
Viren, Mikroben und Parasiten haben ein Gesamt-Gedächtnis
(Mutlu A, 2018).
Viren, Mikroben und Parasiten zeigen für einen Beobachter im sta-
tistischen Mittelwert ein vorhersehbares (determiniertes) Verhalten.
Das Endomikrobiom und das Mikrobiom, beide schützen ihren
Wirt vor pathogenen (krank machenden) Viren, Mikroben, Pa-
rasiten und Toxinen.
Die Art der Interaktion zwischen den einzelnen Viren, Mikroben
und Parasiten und dem Wirtsorganismus ist für den Beobachter nur
unscharf erkennbar, prinzipiell aber unvorhersehbar (Heisenberg W,
1969). Heisenbergs „Unschärferelation" gilt auch in der Biologie.

Durch Viren, Mikroben- und Parasitenbesiedlung wird das Verhalten
des Wirtsorganismus manipuliert, sowohl während eines Krankheits-
geschehens, als auch bei einem Befall ohne Krankheitssymptome.

Bei akuten oder chronisch auftretenden Krankheiten durch
Viren, Mikroben oder Parasiten ist diese Manipulation als Krank-
heitssymptomatik offensichtlich.

Aber auch ohne Krankheitssymptome, in Phasen von Gesundheit, spielt die Besiedlung mit Viren, Mikroben und Parasiten für das Verhalten ihres Wirtes eine entscheidende Rolle.
Das Mikrobiom und das Endomikrobiom, beide bestimmen als
eine Art von „Erregerbewusstsein" maßgeblich das Verhalten
ihres Wirtsorganismus.

Bei chronisch verlaufenden Krankheiten und Entzündungen sind
zahlreiche Stoffwechselwege gestört. Besonders auffällig ist die
Störung des L-Tryptophan-Stoffwechsels im Hirn mit der Folge

von Erschöpfung, Myalgischer Encephalomyelitis und Depression (Palego L, 2016, Heser K, 2020) und psychiatrischen Auffälligkeiten (Bechter K, 1993). Nach akut verlaufenen Infektionskrankheiten werden verbleibende Symptome und Zeichen etikettiert durch Cavete Diagnosen (Verlegenheitsdiagnosen) (von Bergmann G, 1928 und 1932, Gross R, 1969) z.B. mit der Bezeichnung „Post-Infektions-Syndrom" bzw. „LongX-Syndrom", und bei infektionsspezifisch weiterhin nachweisbaren Antikörpern als „Seronarbe".

Im Jahr 1591 hat Patrizi da Cherso F den Begriff „Panpsychie", „Allbeseeltheit" geprägt. Panpsychie ist kein wissenschaftliches Konzept. Dieses Konzept kann trotzdem herangezogen werden, weil die Medizin keine streng wissenschaftliche Disziplin ist, denn die Heilkunde gründet ganz irrational auf Empathie und Intuition.

Chronisch verlaufende Infektionen oder Infektionskrankheiten des Hirns und der Nerven gehen mit psychischen, seelischen, und auch mit psychiatrischen Verhaltensstörungen einher, auch bei Demenz, Alzheimer, Parkinson, Multipler Sklerose und Amyotropher Lateralsklerose. Die wichtigsten rationalen Grundlagen finden sich auf den folgenden 5 Ebenen:
1. **Zytoskelett** (DeDuve Ch, 1994, „cytobones und cytonerves")
2. **Zentralhirn (Kopfhirn) und peripheres Nervensystem**
3. **Bauchhirn/Oberflächenhirn (Darm, Haut, Schleimhäute)**
4. **Endomikrobiom, Mikrobiom** (intrazelluläres und extrazelluläres Mikrobiom)
5. **Genobiom (**horizontaler Gentransfer, „DNA-Editing", Epigenetik, Methylierung, Azetylierung, Methylzyklus)

Über Neurotransmission entsteht die psychoneuroimmunologische Erfahrungswelt des Individuums (Elsenbruch S, 2011) als eine „höchst reale Illusion" in diesem sich abkühlenden, gefrosteten, photonensaugenden und Photonen wieder abgebenden Universum als eine dialogisch „erlebnishafte" und ganz individuelle Wirklichkeit der einzelnen Teilnehmer und Beobachter (5. Hauptsatz der Thermodynamik). **K09, K10, K11, K21**

Glossar K09 K10 K11 K12 K13 K14 K15 K16 K17 K18 K19 K20 K21

K09 Was wir beobachten, ist ein in Form gebrachtes dynamisches Universum, aus Energiequanten (Heisenberg W, 1969), Ur-Alternativen (von Weizsäcker CF, 1958, 1971). Nullpunktsentropie (Ludloff H, 1931) Nullquantum (Huismans BD, 2007), Vakuumenergie (Nation P, 2012), aus Qbits (Görnitz T, 2016), Higgs-Bosonen (Schumacher M, 2012, CERN Juli 2018), aus einer „Kräuselung des Vakuums im Dirac See" (Tesla N, 1897, Dirac PAM, 1928, 1945, Setterfield B, 2002, Nation P, 2012). Es ist ein Universum aus Bezugspunkten (Fröhlich H, 1968); für den christlichen Beobachter der Sündenfall an sich, „Sünde als Trennung von Gott" (Jesaja 59,1).

K10 „Das **Photon** (von griechisch $\phi\tilde{\omega}\varsigma$ phōs, Genitiv $\phi\omega\tau\acute{o}\varsigma$ phōtos „Licht") ist das Teilchen der elektromagnetischen Wechselwirkung. **Photonen** sind das, woraus elektromagnetische Strahlung besteht. Daher wird für Photonen auch die Bezeichnung Lichtquant oder Lichtteilchen verwendet". https://de.wikipedia.org/wiki/Photon

K11 Epigenetische (vorübergehende) Prozesse sind der „soundtrack (Klang) des Universums" (Huismans BD, 2007 „Phanes Sound, 5. Hauptsatz der Thermodynamik", De Loof A, 2016 „Electrome", Görnitz T, 2016, „Protyposis", s.a. Laszlo E, 2012, Meijer DKF, 2019), oder „fraktale Attraktoren, Inseln der Ruhe", „selbstähnliche Prozesse" (Mandelbrot BB, 1977), „Weltbildapparate" (Lorenz K, 1973), „Raum/Zeit-Inseln" (Thompson DW, 1961), „Mustererkennungsprozesse, Selbstorganisation" (Bertalanffy N, 1948-1977, Roth G, 1985, 1986), „Alles Leben ist Problemlösen". (Popper KR, 1994), das Interferon System (Isaacs A 1957), Gene silencing, Small interfering RNA (Baulmcombe D, 1999), Histonmodifikationen, Azethylierung, Phosphorylierung, DNA Methylierung. Für den christlichen Beobachter „Wer nicht tanzt, erkennt nicht, was geschieht." (Johannes Akten Kap. 94–96 im koptisch-manichäischen Psalmenbuch), oder „Wir sind Gottes Utopia, aber eines im Werden" (Andres S, 2006, ehemaliger Ausspruch von Romano Guardini 1885-1968).

Patienten mit HLA-DR1 oder -DR2 oder -DR4 haben eine genetische Prädisposition für die Entwicklung einer Antibiotikaresistenz (Relatives Risiko bei Lyme-Borreliose 22-fach) (IMD Labor Berlin).

K12 Autorenvorschau zur Symbiogenese

De Bary A (1878), Schimper AFW (1883), Mereschkowsky C (1905, 1910, 1920), Wolbach SB (1919), Kozo-Polyansky BM (1924, 2010), Wallin IE (1927), Margulis L (1970, 1986, 1990, 1993, 1997, 1999, 2002, 2011), Sitte P (1989, 1991, 1994, 2001, 2004), Preparata G (1995), Lang BF (1999), Ewald PW (2000), van den Ent F (2x2001), Mattman LW (2001), Kutschera U (2001, 2002, 2004, 2005, 2x2009, 2011, 2012), Sapp J (2002), Kuznetsov AP (2002), Hoffmeister M (2003), Dyall SD (2004), Löwe J (2004), Sapp J (2004), Chapman B (2007), Huismans BD (2007), Alliegro MC (2009, 2011,2012), Senkenbach G (2010), Zielinski F (2010), Kudryashev M (2011), Dattagupta Sh (2011), Chaisiri K (2015), Brandstetter J (2017).

Autorenvorschau zu Zellkern,
Selbstorganisation bei Eukaryoten

Love R (1966, 1968), Ugrinova I (2007), Alliegro MC (2009, 2011, 2012).

K13 Im Rahmen der synthetischen Biologie lassen sich RNA-Sequenzen drucken. Die Krebszelle hat das Muster der Stammzelle bei vielzelligen Lebewesen. Man spricht daher bei dem Phänomen infiltrierend und destrukturierend wachsenden Zellen, bei Krebs, auch von „Krebsstammzellen".

Infiltrierend und destrukturierend wachsende Tumorzellen zeichnen sich aus durch einen **Katalasemangel.** Katalase ist ein Enzym, das mit Eisen, Selen, Zink, Kupfer und Chrom zellkernhaltige Zellen (Eukaryoten) entgiftet, indem es Wasserstoffsuperoxyd (H_2O_2) in Sauerstoff und Wasser spaltet und damit unschädlich macht. Krebszellen haben einen Katalase-Mangel (Warburg O, 1958, Seite 206).

Gluthation wird über das Enzym Glutathion-Synthase hergesellt. Bei Verdacht auf einen **Glutathion-Synthase-Mangel** sollte auch ein Glucose-6-phosphat-Dehydrogenase-Mangel abgefragt werden (Beutler Test).

Vor den Beginn jeder antimikrobiellen oder antitumoralen Therapie gehört die Diagnostik und die Therapie einer **Metall- und speziell einer Schwermetallbelastung**. Hohe Metallbelastungen stören den Methylzyklus und die Funktion der Mitochondrien. Metallbelastungen vermindern zudem die Wirkung von antibakteriellen, antiviralen oder chemotherapeutischen Arzneimitteln. Pilze, Candida und pseudomonas metallosolvens (B.R.A.I.N) sammeln Schwermetalle, die sie bei ihrer Beseitigung dann wieder freisetzen.

Alle bösartigen Tumoren entstehen durch eine Veränderung im genetischen Programm der Körperzellen, durch eine Mutation, auch durch Mosaik-Mutationen (Dupuis L, 2004, Adams JU, 2017, Moog U (2020), AMBOSS, (2020). http://www.erlebnishaft.de/virustriggers.pdf Bei der Mosaik-Mutation betrifft die Mutation nur einen Teil der Körperzellen des Gesamtorganismus. Krebszellen sind kommunikationsveränderte Zellen mit ausgedünnten Kommunikationspunkten an ihrer Oberfläche (tight junctions)

Im Rahmen der Synthetischen Biologie lassen sich Gensequenzen drucken. Diese Gensequenzen können das intrazelluläre Gleichgewicht bereichern oder stören. Die Synthetische Biologie wird immer mit dem möglichen Rückfall der betroffenen Zellen in das Muster einer Stammzelle zu tun haben. Es ist eine Gratwanderung zwischen Bereicherung der bestehenden genetischen Vielfalt oder dem Absturz in die Stammzelleigenschaften, z. B. in Krebsstammzellen wie bei der Impfung mit mRNA-Sequenzen (wie dem „Spiken"). Der effektive Absturz des Gesamtorganismus wird aber i.d.R. nicht sofort erreicht, sondern erst im Verlauf von Jahren. **K18**

Viren, die mit Krebserkrankungen in Zusammenhang gebracht werden sind, sind z. B.:

Eppstein-Barr-Virus (**EBV**): Magenkrebs, Nasopharynx-Karzinome, Hodgkin- und spezielle Non-Hodgkin-Lymphome;
Humanes Herpes Virus Typ 8 (**HHV-8**): Karposi-Sarkom und einige Lymphom-Formen;
Human Papilloma Virus (**HPV**): Zervixkarzinom, Krebs im Anogenital-, Kopf-, Hals- und Oralbereich; Hepatitis-B-Virus (**HBV**), Hepatitis-C-Virus (**HCV**): hepatozelluläre Karzinome;
Humanes Immundefizienz Virus (**HIV**): Karposi-Sarkom, Non-Hodgkin-Lymphom;
Humanes T-lymphotropes Virus Typ 1 (**HTLV-1**): T-Zell-Leukämie, Lymphome;
Merkelzell-Polyomavirus (**MCV**): Merkelzell-Karzinom (Schenk M, 2021)

Autorenvorschau zu Mustererkennung

Campbell CT (1966), Lorenz K (1973), Trochim WMK (1985), Matzinger P (1998, 2001, 2002), Gibson W (2005),Meylan E (2006), Huismans BD (2007), Blander JM (2012)

Autorenvorschau zu Selbstorganisation

Bernard C (1859, 1878), Maxwell JK (1867/1868), Canon WB (1926), Wiener N (1948, 1961, 1963), Bertalanffy (1948, 1957, 1976, 1977), Shannon CE (1949, 1998), Ashby WR (1956), Love R (1966, 1968), Frohlich H (1968,1970, 1975), Clynes M (1969), King JL (1969), Merril CR (1971), Röhler R (1973), Tiley R (1974), Sachsse H (1974), Stapp H (1977), Wu TM (1977, 1978, 1981), Cruse H (1981), Görnitz T (1981, 2006, 2018), Thompson NS (1981),Sonea S (1983), Kimura M (1983), Luhmann N (1984, 2001), An der Heiden U (1985), Simon R (1988), Marshall IN (1989), Zohar D (1990), Lewin R (1992), Silverman M (1993), Stapp H, (1993), Omnes R (1994), Penrose R(1994), Kauffman S (1995, 1996), Roth G (1986), Lee DH (1996), 't Hooft G (1997), Margulis L (1997), Cramer F(1998), Matzinger P (1998), Dietrich WJ (2000), Chapman MJ (2000), Moran NA (2000), Salzberg SL (2001),Tamas I (2002), Timmis JN (2004), Douglas F (2005), Okamoto N (2005), Choi CQ (2007),

Huismans BD (2007), Dunning Hotopp JC (2007), Ugrinova I
(2007), Britzhik LS (2009), Oriol RI (2010), Pribam K (2010),
Seckbach J (2010), Alliegro MA (2010, 2011, 2012), van Leu-
nen H (2011, 2017), Plankar M (2011), King Chr (2011), Wu J
(2011), Margulis M (2011), Meijer DKF (2012, 2016, 2017, 2018),
Shifman M (2012), Zalta EN (2012), Pereira C (2015), Jerman I
(2016), Kozłowski M (2017), Geesink JH (2017, 5x2018).

Autorenvorschau zu Zellkernen und Selbstorganisation
Love R (1966, 1968), Ugrinova I (2007), Alliegro MC (2009,
2011, 2012).

K14 „Kosmologische Konstante" (Einstein A, 1917) „Accelerating universe and a cosmological constant" (Schmidt BP, 1998),
„Dunkle Energie" (Kolb EW, Turner MS, 1990), „Bindungsenergie, bzw. Der 5. Hauptsatz der Thermodynamik, das Phanes Sound Theorem" (Huismans BD, 2007), „Gravity Waves in
Planck Epoch" (Zokaee F, 2020).

K15 In einem „hydrophobic collapse" (Rich D, 1993) erreichen
die Proteine einen Wasser abstoßenden (hydrophoben) und damit stabilisierten Protein-Kern. Zusätzlich tragen Wasserstoff-
brücken zu der korrekten Faltung bei.

Proteine falten sich spontan bei ihrer Entstehung an den Ribosomen des rauhen endoplasmatischen Retuculums (Anfinsen CB, 1954, 1973, Carey FA, 1985, Hartl FU, 1996, 2002,
Dobson CM, 2003, Perczel A, 2007, Bayer TA, 2015, Sell MG,
2020). Die Art der Faltung ist aber auch abhängig von dem sie
umgebenden Milieu. Ein fundamentaler Störfaktor ist dabei das
aktivierte Immunsystem, wie es sich bei „kalten Infektionen"
(cold Infections, infections froids) zeigt.

Chaperone, Hitzeschock-Proteine, Heat shock proteins, sogenannte „Anstandsdamen", sind Enzyme mit der Funktion eines
Faltungshelfers, ohne dabei selbst verbraucht zu werden. Sie sorgen
dafür, dass nur eine von mehreren möglichen Arten der Faltung statt-
findet. Sie verhindern auch das Aneinanderkleben von Proteinen.

K16 Prione können spontan entstehen oder durch endogene und exogene Viren, dormante (ruhende) Bakterien oder durch bakterielle L-Form Varianten, VBNC (viable but nonculturable) Formen, Zellwand defekte Bakterienvarianten (CWDs).

„Die meisten pleomorphen Formvarianten enthalten gut filtrierbare Mikroben. Dies ist jedoch nicht immer so. Es hängt vom Alter der Kultur ab und den vorhandenen Nährstoffen." Wesentlich dabei ist das Milieu.

(Mattman L (2001) Cell Wall Deficient Forms. CRC Press 3rd Edition, S. 11

https://books.google.de/books?id=SoDOBQAAQBAJ&sitesec=buy&hl=de&source=gbs_buy_r

„Die Spermin-Mengen könnten erklären, warum manche Patienten klassische Bakterien ausbilden und andere nur intrazellulär persistierende bakterielle Dauerformen."

Mattman L (2001) Filterable Forms of Bacteria S. 93

http://www.youtube.com/watch?v=WozrCFW0mRM

http://www.amazon.de/gp/product/0849387671/ref=pd_lpo_k2_dp_sr_1/276-7657862-5624410?pf_rd_m=A3JWKAKR8XB7XF&pf_rd_s=lpo-top-stripe&pf_rd_r=182X6W4PY62CR8T4BJ6R&pf_rd_t=201&pf_rd_p=471061493&pf_rd_i=0849335787

Ein Kation ist ein positiv geladenes Ion. Die Zelloberfläche ist unter Energieaufwand (ATP) mit minus 80 Millivolt negativ (anionisch) geladen.

Prione sind über die Nahrung unter den Lebewesen übertragbar.

Prione machen nicht immer krank. Über Prione können auch spezielle Fähigkeiten und Eigenschaften unter gesunden Wirten vererbt werden. (Lee DH, 1996)

http://www.erlebnishaft.de/prione.pdf

K17 „Bei jeder Infektion entscheiden Viren zwischen dem lytischen und dem nicht lytischen Zyklus, d. h., ob sie sich in ihren Wirt vermehren und ihren Wirt dabei zerstören oder ob sie sich in ihren Wirt nur integrieren und ihn nicht zerstören, sondern mit ihm weiter leben wollen." Bakteriophagen der SPbeta-Gruppe verwenden dazu ein niedermolekulares Kommunikationssystem. Das Arbitrium System https://en.wikipedia.org/wiki/Arbitrium ermöglicht einem nachkommenden Bakteriophagen, mit seinen Vorgängern zu ‚kommunizieren'" (Huisman W, 2009, Mölling K, 2015, Erez Z, 2017, Dolgin E, 2019)

K18 Die Inkubationszeit ist die Zeit von der Infektion mit dem Krankheitserreger bis zum Krankheitsausbruch. Sie kann Monate und viele Jahre, auch Jahrzehnte dauern. Bekannte Beispiele für Krankheiten mit sehr langen Inkubationszeiten sind Hepatitis C, Mycobacterium tuberculosis (Tuberkulose), Mycobacterium leprae (Lepra), Mycobacteria other than tuberculosis (MOTs), Spirochaeta pallida (Syphilis Stadium 3), Borrelia burgdorferi (Lyme-Borreliose Stadium 2 oder 3), Chlamydia pneumoniae, Chlamydia trachomatis, Epstein Barr Virus, HIV, Salmonella enteritica (Typhus), Meningokokken, Papilloma Viren, Polyoma Viren.

Die Entstehungsstadien von Tumoren dauern im Dickdarm bis zu der Ausbildung von Polypen 7 Jahre, deren Änderung in Krebsnester 17 Jahre, bis zur Metastasierung fast 30 Jahre insgesamt (Fearon ER, 1990, Mölling K, 2015).

K19 Viren verursachen Abwehr gegen Viren. Der Zellkern der Eukaryoten ist ein Container von frei lebenden Ribosenukleinsäure (RNA, Retroviren) und Desoxyribosenukleinsäure (DNA, Viren)-Mustern Der Zellkern ist ein **vererbbares Immunsystem**. Die eigentlich frei lebenden Muster, die schon im Zellkern sind verhindern den Nachzug ihresgleichen, indem sie signalisieren „hier ist schon besetzt" (Friend-Virus-1-Restriction, „FV-1-Restriktition"). Der Eindringling muss sich dann verändern oder einen anderen Wirt finden. **Bei einer klonalen Integration von genetischem Material** integrieren sich spezifische Mutationen von genetischem Materal, z. B. eines DNA-Provirus aus frei lebenden Retroviren, in das Genom einer einzelnen Zelle, die sich dann (auch als Keimzelle) vermehren und ihre Information vererben kann. Diese klonale Integration und die fortwährende Möglichkeit von DNA- oder RNA-Mutationen verändern das Profil ihrer Wirtszelle, was zum Tod der Wirtszelle, aber auch zu lebensbedrohenden Konsequenzen für den Gesamtorganismus führen kann. Bei der Wirtszelle kann es zur Behinderung der Selbstorganisationsfähigkeit und des Immunitätsverhaltens kommen, zur Chronifizierung von Krankheiten, oder zu Krebs- und Sarkom-Neubildungen (Tumor-Neogenese). Dieses Verhalten wird gefördert z. B. durch ein Überhandnehmen von Substanzen mit freien Elektronen (ϖ-Elektronen) (Popp FA, 1976/1984). Bei Bakterien kann dies auch zu neuen Fähigkeiten Anlass geben, z. B. zu einer zusätzlichen Antibiotikaresistenz, der Widerstandsfähigkeit gegenüber Antibiotika. Information lässt sich erleben, **digital im Zweiersystem zwischen Null und 1, oder quaternär im Vierersystem der Nukleinsäurebasen von lebenden Organismen** (Shu-Hong J, 2009).

K20 Die Sexualität von Bakterien, Archäen und zellkernhaltigen Lebewesen wird eingeschränkt durch die CRISPR (Clustered Regularly Interspaced Short Palindromic Repeats). CRISPR sind Abschnitte von sich wiederholender DNA (repitive DNA, repeats) in Bakterien, Archaeen und Eukaryoten. Sie verhindern das Eindringen von fremdem Erbgut. (Pawluk A, 2016).

K21 Als Panpsychie kann der **Ereignishorizont des Beobachters** verstanden werden.

In der Astronomie heißt dies „event horizon" z. B. eines „schwarzen Lochs" (Schwarzschild K, 1916, Hawking SW, 2005, Geesink JH, 2017, 2018, Meijer DFK, 2019), und nach von Foerster H, 1998 die „Order from noise by a cooling down universe."

Bewusstsein ist das Erleben des Beobachters aus transrationaler und transpersonaler Perspektive heraus. Auch Mikroben könnten in diesem Sinne als Beobachter wahrgenommen werden. Gene, Mutationen, die epigenetische Erbschaft und das Umfeld, die Milieuverhältnisse beherrschen unser Bewusstsein.

Der Wirt ist immer der größere unter den beobachtenden und beobachteten Systemen.

Literatur Über das Fundament der Biologie der Lebendigkeit im 21. Jh.

Huismans BD Nullquantum, Zahlensymbolik und Struktur. Grin Verlag.
http://www.grin.com/de/e-book/80450/nullquantum-zahlen-symbolik-und-struktur
http://www.hausarbeiten.de/faecher/vorschau/80450.html

Huismans BD, 2007 Lebendigkeit – Selbstorganisation – Morphogenese: 5. Hauptsatz der Thermodynamik, das Phanes Sound Theorem. Grin Verlag. [Biosphäre]
http://www.grin.com/de/e-book/71284/lebendigkeit-selbstorganisation-morphogenese-5-hauptsatz-der-thermodynamik
https://www.hausarbeiten.de/document/71284

Huismans BD Mitochondrien http://www.xerlebnishaft.de/mitochondrien.pdf

Huismans BD Zytoskelett http://www.xerlebnishaft.de/zytoskelett.pdf

Huismans BD BIOFILM MEDIZIN. Shaker Verlag. https://www.shaker.de/de/content/catalogue/index.asp?lang=de&ID=8&ISBN=978-3-8440-6830-6

Huismans BD Biowaffen http://www.xerlebnishaft.de/biowaffen.pdf

Huismans BD Myalgische Encephalomyelitis (ME), Chronic fatigue (CFS)
http://www.erlebnishaft.de/chronic_fatigue.pdf

Couprie DL (ca 2020) Anaximander (c. 610–546 B.C.E.) © Copyright Internet Encyclopedia of Philosophy and its Authors ISSN 2161-0002 https://iep.utm.edu/anaximan/
[s. Quantenelektrodynamik]

Graham DW (ca 2020) Anaximenes (d. 528 B.C.E.) © Copyright Internet Encyclopedia of Philosophy and its Authors ISSN 2161-0002 https://iep.utm.edu/anaximen/ [s. Bindungsenergie]

Leeuwenhoek A van (1677) Observationes D. Anthonii Leeuwenhoek, de natis e semine genitali animalculis. Letter. In:

Philos. Trans. Roy. Soc. London. 12, 1678, S. 1040–1043. [Spermin, Spermidine]

von Goethe JW (1749-1832) Faust Monolog. https://www.medienwerkstatt-online.de/lws_wissen/vorlagen/showcard.php?id=6128&edit=0

Hufeland DChrW (1797) Die Kunst das menschliche Leben zu verlängern. Faksimile Ausgabe des Originals. Verlag Walter Lichters Hamburg

Humboldt A von (1797) Versuche über die gereizte Muskel- und Nervenfaser: nebst Vermuthungen über den chemischen Process des Lebens in der Thier- und Pflanzenwelt. https://archive.org/details/versucheberdie01humb
https://archive.org/details/versucheberdie01humb/page/n9/mode/2up

Boltzmann L (1872) Weitere Studien über das Wärmegleihgewicht unter Gasmolekülen. Wien. Anz. 9. In Ostwalds Klassiker Band 286 (2000) Entropie und Wahrscheinlichkeit von Ludwig Boltzmann. Verlag Harri Deutsch.
https://www.beck-shop.de/boltzmann-entropie-wahrscheinlichkeit/product/449592

Maxwell JC (1877) Matter and Motion. Prometheus Books. (2002) 59 John Glenn Drive Amhearst New York.14228–2197

Koch R (1882) Die Ätiologie der Tuberkulose.
https://edoc.rki.de/bitstream/handle/176904/5163/428-445.pdf?sequence=1

Curie MS (1903) Recherches sur les substances radioactives. Gauthier-Villars, Paris; deutsche Ausgabe: Untersuchungen über die radioaktiven Substanzen. Vieweg und Sohn, Braunschweig. https://upload.wikimedia.org/wikipedia/commons/b/be/Marie_Curie-Theses_1903.jpg

Ostwald W (1903-1931) Gedanken zur Biosphäre. Ostwalds Klassiker der exakten Wissenschaften. Band 257. Verlag Harry Deutsch,1996

Einstein A (1905) Ist die Trägheit eines Körpers von seinem Energieinhalt abhängig? https://onlinelibrary.wiley.com/doi/pdf/10.1002/andp.19053231314

Einstein A (1906) Die Plancksche Theorie der Strahlung und die Theorie der spezifischen Wärme. https://onlinelibrary.wiley.com/doi/abs/10.1002/andp.19063270110

Schwarzschild K (1916) Über das Gravitationsfeld eines Massenpunktes nach der Einsteinschen Theorie. In: Sitzungsberichte der Deutschen Akademie der Wissenschaften zu Berlin, Klasse für Mathematik, Physik, und Technik. S. 189.

Einstein A (1917) Kosmologische Betrachtungen zur Allgemeinen Relativitätstheorie. In: Sitzungsberichte der Königlich Preußischen Akademie der Wissenschaften (Berlin). S. 142–152 [Gravitation = Beschleunigung]

Gurwitsch A (1922) Über den Begriff des embryonalen Feldes. In: Roux' Arch. Ent. Org. 51, 383–415. https://link.springer.com/article/10.1007/BF02554452

Besredka A (1927) Local Immunization. Specific Dressings. Baltimore: Williams & Wilkins Company

https://www.amazon.com/-/de/dp/B000TLT4JS/ref=sr_1_7?dchild=1&qid=1620370610&refinements=p_27%3AA+Besredka&s=books&sr=1-7&text=A+Besredka

https://www.amazon.com/Local-immunization-Specific-dressing-Besredka/dp/B00086D59O

Heisenberg W (1927) Über den anschaulichen Inhalt der quantentheoretischen Kinematik und Mechanik. Z. Physik 43, 172–198. [Heisenbergsche Unschärferelation] https://doi.org/10.1007/BF01397280 doi: https://doi.org/10.1007/BF01397280

Dirac PAM (1928) The quantum theory of the electron. In: Proceedings or the Royal Society, Band 117, 610, Band 118, S. 351

McClintock B. (1931) The Order of the Genes C, Sh and Wx in Zea Mays with Reference to a Cytologically Known Point in the Chromosome. Proceedings of the National Academy of Sciences of the United States of America. 17 (8): 485–491. Bibcode:1931PNAS...17..485M. doi: 10.1073/pnas.17.8.485. PMC 1076097. PMID 16587653

Ludloff H (1931) Zur Frage der Nullpunktsentropie des festen Körpers vom Standpunkt der Quantenstatistik. I. Z. Physik 68, 433–445 https://doi.org/10.1007/BF01391140 https://link.springer.com/article/10.1007/BF01391140

Gödel, K. (1931) Über formal unentscheidbare Sätze der Principia Mathematica und verwandter Systeme I. Monatsh. f. Mathematik und Physik 38, 173–198. https://doi.org/10.1007/BF01700692

Sommerfeld A, Bethe H (1933) Elektronentheorie der Metalle. In: Handbuch der Physik. Vol. 24-2. Springer Verlag, Heidelberg 333–622.

Brehmer von W (1932) Krebs – eine Erregerkrankheit. Fortschritte der Medizin. 50(12), 697–698.

Brehmer von W (1934) „Siphonospora polymorpha" nova spezies, ein neuer Mikroorganismus des Blutes und seine Beziehungen zur Tumorgenese. Die Medizinische Welt. 8(34), 1179–1185.

Dirac PAM (1945) On the Analogy Between Classical and Quantum Mechanics Rev. Mod. Phys. 17, 195

Brehmer von W (1947) Siphonospora polymorpha v. Br. in ihrer Bedeutung für Blut- und Geschwulstkrankheiten unter besonderer Berücksichtigung des Krebs. Beweisführung der ursächlichen Pathogenese der Krebskrankheit durch die Siphonospora polymorpha v. Br. Linck-Verlag Hermann Linck, Haag/Amper. https://www.amazon.de/Siphonospora-polymorpha-Geschwulstkrankheiten-besonderer-Ber%C3%BCcksichtigung/dp/B0000BGTDU

https://books.google.de/books?id=Go1AvwEACAAJ&dq=inauthor:%22Wilhelm+von+Brehmer%22&hl=de&sa=X&ved=2ahUKEwj31eSq_PuAhVDtKQKHaoMCckQ6AEwAXoECAEQAQ [Corynebacterium parvum]

Planck M (1947) Scheinprobleme der Wissenschaft. Johann Ambrosius Barth Verlag Leipzig. http://quantum-cognition.de/texts/Planck_SCHEINPROBLEM.pdf

Muck O (1947) Biologie des Stoffes. Johann Ambrosius Barth/Verlag/Leipzig

von Weizsäcker V. (1955) Am Anfang schuf Gott Himmel und Erde. Grundfragen der Naturphilosophie. VandenHorck & Rupprecht. Göttingen

Pullman A, Pullman B (1955) Electronic Structure and Carcinogenic Activity of Aromatic Molecules New Developments,

Editor(s): Jeese P. Greenstein, Alexander Haddow, Advances in Cancer Research, Academic Press, 3, 117–169, ISSN 0065-230X, ISBN 9780120066032, https://doi.org/10.1016/S0065-230X(08)60919-7. (http://www.sciencedirect.com/science/article/pii/S0065230X08609197)

Dicke RH (1957) Principle of Equivalence and Weak Interactions, Rev. Mod. Phys. 29, 355
doi: https://doi.org/10.1103/RevModPhys.29.355

von Weizsäcker CF (1958) Zum Weltbild der Physik. S.Hirzel Verlag Stuttgart. [„komplementäre Alternativen" auf Seite 308]

Portmann A (1959) Einführung in die vergleichende Morphologie der Wirbeltiere. Benno Schwabe& Co. Verlag Basel/Stuttgart

Thompson DW (1961) Über Wachstum und Form. Eichborn Verlag Frankfurt am Main (2006)

Portmann A (1963) Licht und Leben. Verlag Friedrich Reinhardt, Basel.

Mason HS, North JC, Vanneste M (1965) Microsomal mixed-function oxidations: the metabolism of xenobiotics. Fed Proc. 24(5), 1172–80. PMID: 4378722. [Xenobiotica]

Heisenberg W (1969) Der Teil und das Ganze. Gespräche im Umkreis der Atomphysik. R. Piper & Co Verlag München

Penzias AA, Wilson RW (1970) Microwave Noise from Rainstorms. Science. 169 (3945), 583–584. Bibcode:1970Sci...169..583P. doi: 10.1126/science.169.3945.583

Monod J (1970) Zufall und Notwendigkeit. Philosophische Fragen der modenen Biologie. R. Piper & Co. Verlag München

Temin HM, Mizutani S (1970) RNA-dependent DNA polymerase in virions of Rous sarcoma virus. Nature. 226(5252), 1211–1213, PMID 4316301 [Reverse Transkriptase]

Baltimore D (1970) RNA dependent DNA polymerase in virions of RNA tumour viruses. Nature. 226(5252), 1209–1211, PMID 4316300. [Reverse Transkriptase]

Eigen M (1971). Selforganization of Matter and the Evolution of Biological Macromolecules. Die Naturwissenschaften 58(10), 465-523

Temin HM (1972) RNA-Directed DNA Synthesis. Scientific American. 226 (1), 27. doi: 10.1038/scientificamerican0172-24. PMID 4332962.
https://www.scientificamerican.com/article/rna-directed-dna-synthesis/ [Reverse Transkriptase]

Temin HM, Kang CY, Mizutani S (1973) Endogenous RNA-directed DNA polymerase activity in normal cells. Johns Hopkins Med J Suppl. 2,141–56. PMID: 4137647 https://pubmed.ncbi.nlm.nih.gov/4137647/

Lorenz K (1973) Die Rückseite des Spiegels. Versuch einer Naturgeschichte menschlichen Erkennens. R. Piper & Co. Verlag, München Zürich

Popp FA (1976) Biophotonen. Ein neuer Weg zur Lösung des Krebsproblems. Verlag für Medizin Dr. Ewald Fischer, Heidelberg ISBN 3-921003-38-5

Woese CR, Fox GE (1977) Phylogenetic structure of the prokaryotic domain: the primary kingdoms. In: Proc. Natl. Acad. Sci. U.S.A. 74(11), 5088–5090. PMID 270744

Mandelbrot BB (1977) Die fraktale Geometrie der Natur. Birkhäuser Verlag Basel Boston Berlin (1991)

Bell D (1985) Bell-Skala des Grads der Behinderung. http://www.cfs-aktuell.de/Bell-Skala.pdf
https://www.fatigatio.de/fileadmin/Projects/07_fatigatio/user_upload/PDFs/Bell-Skala.pdf

Prigogine I, Strengers I (1980) Dialog mit der Natur. Neue Wege naturwissenschaftlichen Denkens. Piper & Co. Verlag, München, Zürich [Biosphäre]

Sonea S Panisset M (1980) A New Bacteriology. Johnes and Bartlett Publishers, Inc.

von Uexküll T et al. (1981) Lehrbuch der psychosomatischen Medizin. Urban & Schwarzenberg

Binnig G, Rohrer H, Geber Ch, Weibel E (1982) Surface studies by sanning tunneling microscopy. Physical Review Letters, 49, 57–61
https://journals.aps.org/prl/abstract/10.1103/PhysRevLett.49.57

Hoyle F (1983) Das intelligente Universum. Eine neue Sicht von Entstehung und Evolution. Umschau [Autopoesie]

Maturana HR, Varela FJ (1984) Der Baum der Erkenntnis. Die biologischen Wurzeln des Erkennens. Goldmann Verlag ISBN 3-442-11460-8 [Autopoesie]

Wesiack W (1984) Grundzüge der psychosomatischen Medizin. Springer-Verlag

Wesiack W (1984) Psychosomatische Medizin in der ärztlichen Praxis. Probleme Möglichkeiten, Grenzen. Urban & Schwarzenberg

Enby EOH (1984) Mikroben ähnliche Bildungen im Blut bei chronischen Krankheiten.
Microbe-like formations in the blood of patients with chronic diseases http://www.enby.se/deutsch/aufsatz/2/mikrobenahnliche-bildungen-im-blut-bei-chronischen-krankheiten.htm

Popp FA (1984 / 85) Molekulare und biophysikalische Aspekte der Malignität. Verlag Grundlagen und Praxis. ISBN 3-921-229-17-0

Albert A (1987) Xenobiosis. Food, drugs and poisons in the human body. Chapman and Hall. [Xenobiotica] „The word xenobiotic was coined by H.S. Mason and his colleagues at the University of Oregon Medical School who wrote: We would like to call the component, which are foreign tot he metabolic network of an organism, xenobiotic compounds, from the Greek xenos and bios (stranger of life), Mason, North and Vanneste, 1965"

Hingst W (1988) Zeitbombe Gentechnik. Verlag Orag GesmbH&Co KG ISBN 3-7015-0138-6

Schrödinger E (1989) Was ist Leben? Die lebende Zelle mit den Augen des Physikers betrachtet. Piper München, Zürich

Kolb EW, Turner MS (1990) The early universe, Front.Phys. 69, 1-547 ISBN 9780201626742 https://inspirehep.net/literature/299778

Cantwell JrA (1990) The Cancer Microbe. The hidden Killer in Cancer, AIDS and other Immune Diseases. Aries Rising Press, Los Angeles ISBN 0-917211-01-4

Fearon ER, Vogelstein B (1990) A genetic model for colorectal tumorigenesis. Cell. 61, 759–767

Rizzetto M, <u>Gerin</u> JL, <u>Purcell</u> RH (1991) The Hepatitis Delta Virus. Wiley-Liss, New York [Virion (pflanzlich)]

Feynman RP (1992) QED. Die seltsame Theorie des Lichts und der Materie. Serie Piper, München, Zürich

Searle J (1992) The Rediscovery of the Mind. M.I.T. Press, Cambridge MA

https://mitpress.mit.edu/books/rediscovery-mind https://de.wikipedia.org/wiki/John_Searle

Bechter K. (1993) Infektionskrankheiten des Gehirns. In: Schüttler R (Hrsg): Organische Psychosyndrome. Berlin: Springer, 149 ± 166, Tropon-Symposium, vol 8. Springer, Berlin, Heidelberg. doi: https://doi.org/10.1007/978-3-642-84961-9_10 Print ISBN 978-3-540-56771-4 Online ISBN 978-3-642-84961-9 eBook Packages <u>Springer Book Archive</u> https://link.springer.com/chapter/10.1007%2F978-3-642-84961-9_10#citeas

Sheldrake R (1993) Das Gedächtnis der Natur. Das Geheimnis der Entstehung der Formen in der Natur. Serie Piper. München, Zürich

Cramer F (1993) Chaos und Ordnung – Die komplexe Struktur des Lebendigen. Insel taschenbuch.1496

Hofmann F, Tiller (1993) Infektiologie in Stichworten. Krankheitsbilder. Antiinfektiva. Immunglobuline. Impfstoffe. Labordiagnostik. ecomed.verlagsgesellschaftmbh & Co. Kg

Falconer MM, Vaillant A, Reuhl KR, Laferrière N, Brown DL (1994) The molecular basis of microtubule stability in neurons. Neurotoxicology. 15(1), 109–22. PMID: 8090350.

https://pubmed.ncbi.nlm.nih.gov/8090350/

Enby EOH, Chouhan RS (1994) Microorganisms in blood and tumor tissue from patients with malignancies of breast or genital tract. Atypical microbes in blood and cancer tissue.

http://www.enby.se/english/paper/6/microorganisms-in-blood-and-tumour-tissue-from-patients.htm#video

Popper KR (1994) Alles Leben ist Problemlösen. Über Erkenntnis, Geschichte und Politik. Serie Piper

DeDuve Ch (1994) Ursprung des Lebens. Präbiotische Evolution und die Entstehung der Zelle. Spektrum Verlag [Thioester]

Preparata G (1995) QED Coherence in Matter. World Scientific.

Ulrich G (1997) Biomedizin. Die folgenschweren Wandlungen des Biologiebegriffs. Schattauer

DeDuve C (1998) Clues from present-day biology: the thioester world. In: Brack A (ed) The Molekular Origins of Life. Cambridge University Press, p 219

Woese CR (1998) Default taxonomy: Ernst Mayr's view of the microbial world. PNAS doi: 10.1073/pnas.95.19.11043

Gell-Mann M (1996) Das Quark und der Jaguar. Vom Einfachen zum Komplexen. Die Suche nach einer neuen Erklärung der Welt. Serie Piper

Domingue GJ, Sr., Woody HB (1997) Bacterial persistence and expression of disease. Clin Microbiol Rev. 10(2), 320–344

Margulis L, Sagan D (1997) Leben. Vom Ursprung zur Vielfalt. Spektrum Akademischer Verlag Heidelberg, Berlin, Oxford

Schmidt BP, Riess A, Filippenko A, Kirshner R et al. (1998) (High-Z Supernova Search Team): Observational evidence from supernovae for an accelerating universe and a cosmological constant, Astron.J., 116, 1009–1038, Arxiv

McEwen BS (1998) Stress, adaptation, and disease. Allostasis and allostatic load. Ann N Y Acad Sci. 840, 33–44. https://www.ncbi.nlm.nih.gov/pubmed/9629234

Vernadsky VI (1998) The Biosphere. Copenicus. Springer Verlag New York. A Peter N. Nevraumont Book [Biosphäre]

von Foerster H, Pörksen B (1998) Wahrheit ist die Erfindung eines Lügners. Gespräche für Skeptiker. Carl-Auer-Systeme Verlag

Röthlein B (1999) Schrödingers Katze. Deutscher Taschenbuch Verlag GmbH & Co. Kg, München

Blech J (2000) Leben auf dem Menschen. Die Geschichte unserer Besiedler. Rororo. Science Taschenbuch.

Ulrich G, Treder H-J (2000) Im Spannungsfeld von Medizin und Physik. Versuch einer Annäherung von Medizin und Physik. ISBN 3933779103, 9783933779106

Mattman LH (2001) Cell Wall Deficient Forms. Stealth Pathogens. CRC Press. Boca Raton London New York Washington, DC

Setterfield B. 2002. Exploring the Vacuum. J Theoretics http://www.setterfield.org/exploringvacuum.htm [zero point energy]

Falkow S (2004) Molecular Koch's Postulates Applied to Bacterial Pathogenicity--A Personal Recollection 15 Years Later. Nat Rev Microbiol 2(1), 67–72. doi: 10.1038/nrmicro799 . https://pubmed.ncbi.nlm.nih.gov/15035010/

Hawking SW (2005) Information loss in black holes. Phys. Rev. D 72, 084013

Popp FA (2006) Biophotonen – Neue Horizonte in der Medizin: Von den Grundlagen zur Biophotonik. ISBN: 3830472676 https://www.amazon.de/Biophotonen-Horizonte-Medizin-Grundlagen-Biophotonik/dp/3830472676

Andres S (2006) Wir sind Utopia. Dt. Taschenbuch Verlag..

Görnitz T, Görnitz B (2006) Der kreative Kosmos. Geist und Materie aus Quanteninformation. Springer Spektrum.

Keuchen M (2008) Tanz und Religion: theologische Perspektiven - Seite 225 https://books.google.de/books?id=sFweFnRT09cC&pg=PA225&dq=wer+tanzt+erkennt&hl=de&sa=X&ved=0ahUKEwju5bngxL3oAhVS-aQKHXy0DHIQ6AEIKjAA

Shu-Hong J, Goutte R G (2009) Hiding data in DNA of living organisms. Natural Science 1(03), 181-184 doi: 10.4236/ns.2009.13023 https://www.researchgate.net/publication/228864038_Hiding_data_in_DNA_of_living_organisms

Saib A, Benkirane M (2009) Editorial. Endogenous Retroviruses: Thierry Heidmann wins the 2009 Retrovirology prize. Biomed Central. https://1library.net/document/9yn8xd0y-endogenous-retroviruses-thierry-heidmann-wins-the-retrovirologyprize.html

Nation P, Jahansson J, Blencowe M, and Nori F (2012) Stimulating uncertainty: amplifying the quantum vacuum with superconducting circuits. Review of Modern Physics. 81(1), 1 [Kräuselung]

Hüther G (2012) Was bedeutet das: Lebendig sein? Biologie an der Schwelle eines neuen Selbstverständnisses. In: Tattva Viveka. 19(53), 18–27 Kompletter Artikel im PDF-Format (10 Seiten) https://www.tattva.de/was-bedeutet-das-lebendig-sein/

Laszlo E (2012) Cosmic Symphony: A Deeper Look at Quantum Consciousness. http://www.huffingtonpost.com/deeper_b_532315.html

Schumacher M (2012) Experimentelle Teilchenphysik. Universität Freiburg.

Brandtzaeg P (2013) Secretory IgA: Designed for Anti-Microbial Defense.Frontiers in Immunology. 4, 222, doi 10.3389/fimmu.2013.00222 https://www.ncbi.nlm.nih.gov/pmc/articles/PMC3734371/

Breitschwerdt EB et al. (2013) Infectious disease: review article Koch's Postulates and the Pathogenesis of Comparative Infectious Disease Causation Associated with Bartonella species. Journal of Comparative Pathology 148(2–3), 115-125 https://doi.org/10.1016/j.jcpa.2012.12.003 http://www.sciencedirect.com/science/article/pii/S0021997512004367

Albert I, Hefti M, Luginbuehl V (2014) Physiological oxygen concentration alters glioma cell malignancy and responsiveness to photodynamic therapy in vitro, Neurological Research, 36,11, 1001-1010, doi: 10.1179/1743132814Y.0000000401 https://www.tandfonline.com/doi/citedby/10.1179/1743132814Y.0000000401?scroll=top&needAccess=true

Mölling K (2015) Supermacht des Lebens. Reisen in die erstaunliche Welt der Viren. C.H.Beck ISBN 978 3 406 66969 9

De Loof A (2016) The Cell's Self-Generated „Electrome": The Biophysical Essence of the Immaterial Dimension of Life? Communicative & Integrative Biology. 9(5), e1197446. https://www.ncbi.nlm.nih.gov/pmc/articles/PMC5100658/

„In analogy with ‚genome', ‚proteome' etc. ‚electrome' (a novel term) stands for the totality of all ionic currents of any living entity, from the cellular to the organismal level."

Ewald W, Rinne J (2016) Leukämien und andere Krebskrankheiten. Genese Diagnostik nach Dr. Brehmer und Therapie. Synergia Verlag. https://www.amazon.de/Leuk%C3%A4mien-andere-Krebskrankheiten-Diagnostik-Therapie/dp/3906873188 https://synergia-verlag.ch/leseproben/Leseprobe-Leukaemien-u-a-Krebskrankheiten.pdf

Xenobiotic Metabolism (2017) Science direct. From comprehensive Medical Chemistry III, 2017 https://www.sciencedirect.com/topics/medicine-and-dentistry/xenobiotic-metabolism

Klein S (2017) Das ALL und das NICHTS. Von der Schönheit des Universums. S. Fischer

Mutlu A, Trauth S, Ziesack M et al. (2018) Phenotypic memory in Bacillus subtilis links dormancy entry and exit by a spore quantity-quality tradeoff. Nature Communications 9, 69 https://www.nature.com/articles/s41467-017-02477-1

Thomas F et al. (2017) The importance of cancer cells for animal evolutionary ecology. Nature Ecology & Evolution 1, 1592–1595

https://wildgenesgroup.com/2018/03/23/the-importance-of-cancer-cells-for-animal-evolutionary-ecology/

Görnitz T (2018) Protyposis - Eine Einführung. Bewusstsein und Materie aus Quanteninformation. Springer Spektrum. https://www.springer.com/de/book/9783658234935

Reuter G (2018) Die Kunst, möglichst lange zu Leben. (978-3-7423-0633-3) Riva Verlag, Münchner Verlagsgruppe GmbH, München. http://www.riva-verlag.de
https://www.m-vg.de/mediafiles/Leseprobe/9783742306333.pdf

Wikia.org. (abgerufen 09.02.2020) Phanes, griechische Mythologie. https://griechische-mythologie.wikia.org/wiki/Phanes

Trushina NI, Mulkidjanian AY, Brandt R (2019) The microtubule skeleton and the evolution of neuronal complexity in vertebrates. Biol. Chem. 400:1163-1179 https://pubmed.ncbi.nlm.nih.gov/31116700/

Garcin C, Straube A (2019) Microtubules in cell migration. Essays Biochem. 63(5), 509–520. doi: 10.1042/EBC20190016. PMID: 31358621; PMCID: PMC6823166. https://pubmed.ncbi.nlm.nih.gov/31358621/

Meijer D, Jerman I, Melkikh A, Sbitnev V (2019). Consciousness in the Universe is Tuned by a Musical Master Code: A Hydrodynamic Superfluid Quantum Space Guides a Conformal Mental Attribute of Reality. The Hard Problem in Consciousness Studies Revisited. https://www.researchgate.net/

publication/338147415_Consciousness_in_the_Universe_is_Tuned_by_a_Musical_Master_Code_A_Hydrodynamic_Superfluid_Quantum_Space_Guides_a_Conformal_Mental_Attribute_of_Reality_The_Hard_Problem_in_Consciousness_Studies_Revisit

Scheibenbogen C, Wittke K, Hanitsch L, Grabowski P , Behrends U (2019) Chronisches Fatigue Syndrom / CFS. Praktische Empfehlungen zur Diagnostik und Therapie Ärzteblatt Sachsen 9 [chronique fatigue]
https://cfc.charite.de/fileadmin/user_upload/microsites/kompetenzzentren/cfc/Landing_Page/CFS_Heft_9.pdf

Mikovits j, Heckenlively K (2020) Die Pest der Korruption. Wie die Wissenschaft unser Vertrauen zurückgewinnen kann. Unimedica, Narajana Verlag. ISBN 978-3-96257-189-4 [Helferviren]

Nejman D, Livyatan I, Fuks G et al. (2020) The human tumor microbiome is composed of tumor type–specific intracellular bacteria. Science, 368(6494), 973-980. doi: 10.1126/science.aay9189

Teulières L (2020) presents bacteriophages (phage) Borrelia Test https://www.youtube.com/watch?v=xsLpZCIa-Z5I&fbclid=IwAR12_wOtnQkxp0_Orp7zEZpgQK878c_y2HcoPsxWHjqHyYY3el9_RWQBYmU

Zokaee F, Kozlowsky M (2020) GRAVITY WAVES IN PLANCK EPOCH. Preprint. https://www.researchgate.net/publication/342171485_GRAVITY_WAVES_IN_PLANCK_EPOCH
„The building block of space time (Planck particle) and human brain neuron have the same mass (1030 GeV)".

IMD Labor Berlin (2020) Diagnostikinformation 240. Der zelluläre Immunstatus – Indikationen und Interpretation. https://www.imd-berlin.de/fileadmin/user_upload/Diag_Info/240_zellulaerer_Immunstatus.pdf

Chandramouly G, Jiemin Zhao J, McDevitt S et al. (2021) Polθ reverse transcribes RNA and promotes RNA-templated DNA repair. Science Advances 7(24), eabf1771
doi: 10.1126/sciadv.abf1771 https://advances.sciencemag.org/content/7/24/eabf1771

Literatur Mustererkennung, Selbstorgnisation, Symbiogenese, Kohärenz

Huismans BD Selbstorganisation, Beziehungsorganisation, Mustererkennung
http://www.erlebnishaft.de/symbiogenese.pdf
http://www.erlebnishaft.de/selbst_muster_nano.pdf
Huismans BD Selbstorganisations – Mechanismen. http://www.xerlebnishaft.de/kommentinhalt_zell.pdf
Huismans BD http://www.erlebnishaft.de/danger_model.pdf
Huismans BD Cavete Diagnosen nach v. Bergmann http://www.erlebnishaft.de/kommentalternativ.pdf

Mustererkennung, pattern matching, pattern recognition
Campbell DT (1966) Pattern matching as an essential of distal knowing. New York: Holt, Rinehard & Winston, in K.R. Hammond (ed.) The Psychology of Egon Brunswik 81–106 (Reprinted in Kornblith, Naturalizing Epistemology)
Lorenz K. (1973) Die Rückseite des Spiegels. Piper.
Trochim WMK (1985) Pattern matching, Validity, and Conceptuation in Program Evaluation. Evaluation Review 9(5), 575–604
Fröhlich H (1988) Biological Coherence and Response to external Stimuli. Springer Verlag
https://www.springer.com/de/book/9783642733116
Matzinger P. (1998) An innate sense of danger. Immunology 10,399–415, Article No. Si980143
Matzinger P. (2001) The Danger Model: A Renewed Sense of Self. http://www.direct-ms.org/pdf/ImmunologyGeneral/DangerModel.pdf
Matzinger P. (2002) The Danger Model: A Renewed Sense of Self. Science 296(5566) 301-305 http://www.sciencemag.org/content/suppl/2002/04/11/296.5566.301.DC1
Gibson W. (2005) Pattern Recognition http://www.amazon.com/Pattern-Recognition-William-Gibson/dp/0425198685

Meylan E et al. (2006) Intracellular pattern recognition receptors in the host response. Nature. 442(7098), 39-44. http://www.ncbi.nlm.nih.gov/pubmed/16823444?dopt=Abstract

Groopman J. (2007) How Doctors Think. New York, N.Y.: Houghton Mifflin http://www.amazon.com/How-Doctors-Think-Jerome-Groopman/dp/0547053649

Huismans BD (2007) Nullquantum Zahlensymbolik und Struktur. Grin Verlag, ISBN 978-3-638-87371-0 http://www.grin.com/de/e-book/80450/nullquantum-zahlensymbolik-und-struktur

Hemenway P (2008) Der geheime Code. Die rätselhafte Formel, die Kunst, Natur und Wissenschaft bestimmt. Evergreen GmbH, Köln. ISBN 978-3-8365-0708-0

BlanderJM, Sander LE (2012) Opinion: Beyond pattern recognition: five immune checkpoints for scaling the microbial threat. Nature Reviews Immunology 12, 215-225 doi: 10.1038/nri3167 http://www.nature.com/nri/journal/v12/n3/abs/nri3167.html

Pattern-Recognition Receptor http://de.wikipedia.org/wiki/Pattern-Recognition_Receptor

Selbstorganisation

Runge FF (1850) Der Bildungstrieb der Stoffe. Veranschaulicht in selbständig gewachsenen Bildern. In Ostwalds Klassiker der Exakten Wissenschaften Band 272. Selbstorganisation chemischer Strukturen. Verlag Harri Deutsch, 1999

Bernard C (1859) Lecons sur les proprietes physiologiques et les alterations pathologiques des liquides de Lórganisme. Paris, Librarie J.B.Bailliere et fils.

Maxwell JK (1867/1868) On Governors. Proceedings of the Royal Society of London. 16, 270–283.

Bernard C (1878) Les Phenomenes de la vie. Paris, editions Bailliere.

Rosenthal J. (1890) Antoine Laurent Lavoisier und seine Bedeutung für die Entwicklung unserer Vorstellung von den Lebensvorgängen. Biologisches Centralblatt X, 33 ff.

Canon WB (1926) Physiological regulation of normal states: some tentative postulates concerning biological homeostatics. Jubilee volume of Charles Richet. 91–3

Klieneberger E (1935) The natural occurance of pleuropneumonia like organisms in apparent symbiosis with streptobacillus moniliformis and other bacteria. J. Pathol. Bacteriol. 40. 485–496.

Wiener N (1948) Cybernetics or Control and Communication in the Animal and the Machine. Hermann Editions, Paris

Bertalanffy L von (1948) Zu einer allgemeinen Systemlehre, Biologia Generalis. 195, MIT Press/Wiley & Sons, New York/Cambridge, S. 114–129

Shannon CE, Weaver W (1949, 1998) The Mathematical Theory of Communication. Urbana and Chicago, University of Illinois Press.

Ashby WR (1956) Introduction to Cybernetics.

Bertalanffy L von (1957) Allgemeine Systemtheorie. Deutsche Universitätszeitung. 12, 8–12

Wiener N (1961) Cybernetics or control and information in the animal and the machine, Massachusetts Institute of Technology.

Wiener N (1963). Kybernetik. Regelung und Nachrichtenübertragung im Lebewesen und in der Maschine, 2. revid. u. ergänzte Aufl., Econ, Düsseldorf.

Love R. (1966) Anisonucleolinosis in mammalian cell cultures. Natl Canc Inst Monographs. 23, 167–180.

Love R, Walsh RJ. (1968) Nucleolinar morphology in normal diploid, neoplastic and aneuploid cells in vitro. Cancer Res. 30:990-997. PubMed

Clynes M (1969) Cybernetic Implications of Rein Control in Perceptual and Conceptual Organization. Ann. N.Y. Acad. Sci. 156, 629-70

King JL, Jukes TH (1969) Non-Darwinian Evolution. Science 164, S. 788 ff.

Merril CR et al. (1971) Bacterial virus gene expression in human cells. Nature 233, 398–400.

Röhler R (1973) Biologische Kybernetik. Stuttgart, B.G. Teubner.

Sachsse H (1974). Einführung in die Kybernetik, Vieweg, Braunschweig.

Bertalanffy L von (1976) General System Theory. New York

Bertalanffy L von, Beier W, Laue R (1977) Biophysik des Fließgleichgewichts. Braunschweig, Vieweg. https://portal.dnb.de/opac.htm;jsessionid=kEqfwWcrJfwvQIOeoWhNTPZpRU5b-MIg1Z19wl6Zx.prod-fly8?method=showFullRecord¤tResultId=%2211865666X%22%26any¤tPosition=5

Cruse H (1981) Bioligische Kybernetik. Weinheim, Deerfield Beach (Fl.), Basel Verlag Chemie.

Thompson NS (1981) Toward a falsifiable Theory of Evolution. Perspectives of Ethology 4

http://www2.clarku.edu/faculty/nthompson/1-websitestuff/Texts/1980-1984/Toward_a_falsifiable_theory_of_evolution.pdf

http://link.springer.com/chapter/10.1007%2F978-1-4615-7575-7_3#page-1

Sonea S., Panisset M. (1983) A New Bacteriology. Jones and Barlett Publishers, Inc. Boston ISBN 0-86720-024-3

Kimura M (1983) The Neutral Theory of Molecular Evolution. Cambridge University Press http://www.nature.com/scitable/topicpage/Neutral-Theory-The-Null-Hypothesis-of-Molecular-839

Luhmann N (1984, 2001) Soziale Systeme. Grundriß einer allgemeinen Theorie, Frankfurt am Main 1984, neue Auflage 2001, ISBN 3518282662

An der Heiden U, Roth G, Schwegler H (1985) Die Organisation der Organismen: Selbstherstellung und Selbsterhaltung. Funktionelle Biologie und Medizin. 5, 330–346

Roth G (1986) Selbstorganisation – Selbsterhaltung – Selbstreferentialität: Prinzipien der Organisation der Lebewesen und ihre Folgen für die Beziehung zwischen Organismus und Umwelt. In: Dress A, Heinrichs H, Küppers G (Hg.) Selbstorganisation – zur Bedeutung eines neuen disziplinübergreifenden Paradigmas für die Einzelwissenschaften, Piper, München

Lewin R. (1992) Die Komplexitäts-Theorie. Wissenschaft nach der Chaos-Forschung. Hoffmann und Campe. ISBN 3-455-08537-7

Jantsch E (1992) Die Selbstorganisation des Universums. Vom Urknall zum menschlichen Geist. Hanser Verlag.

Kauffman S (1995) At Home in the Universe. The search for the laws of Self-Organization and Complexity Oxford University Press.

Kauffman S. (1996) Self-replication. Even peptides do it. Nature. 382(6591), 496-497

Lee DH. et al. (1996) A self-replicating peptide. Nature, 382(6591), 525-528

Gross R, Löffler M (1997) Fehldiagnosen und Fehlentscheidungen. In: Prinzipien der Medizin. Berlin, Heidelberg, Springer

Margulis L (1997) Microcosmos four billion years of microbial evolution. University of California Press. Berkeley, Los Angeles, London ISBN 0-520-21064-6

Matzinger P. (1998). Immunology 10, 399-415, Article No. Si980143

Dietrich JW (2000) Signal Storage in Metabolic Pathways: The ASIA Element. Kyberneticnet 1 2,2000), 1–9

Chapman MJ, Dolan MF, Margulis L. (2000) Centrioles and Kinetosomes: Form, Function, and Evolution. The Quart.Rev. of Biology Vol 75, No.4

Moran NA, Baumann P (2000) Bacterial endosymbionts in animals. Curr Opin. Microbiol. 3, 270–75

Salzberg SL et al. (2001) Microbial Genes in the Human Genome: Lateral Transfer or Gene Loss? Science, June 8. http://www.the-scientist.com/news/display/53552/#ixzz1CMStkOjf

Gray et al. Genome Biology (2001) 2:rev. 1018.1 http://genomebiology.com/2001/2/6/reviews/1018

Tamas I. et al., (2002) 50 million years of genomic stasis in endosymbiotic bacteria Science, 296(5577), 2376–9.

Kondo N et al. (2002) Genome fragment of Wolbachia endosymbiont transferred to X chromosome of host insect. PNAS, http://www.the-scientist.com/news/display/53552/#ixzz1CM-S5YSJX

Douglas AR, Raven JA (2003) Genomes at the interface between bacteria and organelles. Phil. Trans. R. Soc. Lond B 358 , 5–18

Timmis JN, AyliffeMA, Huang CY, Martin W. (2004) Endo-symbiotic gene transfer: organelle genomes forge eukaryotic chromosomes. Nat.Rev.Genet. 5, 123–135

Shabalina SA., Spiridonov NA. (2004) The mammalian transcriptome and the function of non-coding DNA sequences. Genome Biology 5:105. Link Douglas Futuyma: Evolution. Sinauer, Sunderland (2005), S. 462f. [Gen-Chimären]

Douglas F (2005) Evolution. Sinauer, Sunderland ISBN 0-87893-187-2, S. 462f.

Okamoto N, Inouye I, (2005) A secondary symbiosis in progress? Science, 310(5746), 287

Sporns O, Tononi G, Kötter R (2005) The Human Connectome: A Structural Description of the Human Brain, PLoS Comput Biol. 1(4), e42.

Hagmann P (2005) From Diffusion MRI to Brain Connectomics, Dissertation. École polytechnique fédérale de Lausanne

Choi CQ (2007) Bacterial genes jump to host. Frequent lateral gene transfer from bacteria to their host organisms may be a mechanism for hosts' evolution. The Scientist 03:57 PM GMT http://www.the-scientist.com/news/display/53552/#ixzz1CM-ToDtIz

Huismans BD (2007) Lebendigkeit – Selbstorganisation – Morphogenese: 5. Hauptsatz der Thermodynamik, das Phanes Sound Theorem. Grin Verlag, ISBN 978-3-638-77985-2 [Biosphäre] http://www.grin.com/de/e-book/71284/lebendigkeit-selbstorganisation-morphogenese-5-hauptsatz-der-thermodynamik

Dunning Hotopp JC et al., (2007) Widespread Lateral Gene Transfer from Intracellular Bacteria to Multicellular Eukaryotes. Science. http://www.the-scientist.com/news/display/53552/#ixzz1CMQmPXcy

Ugrinova I, Monier K, Ivaldi C, Thiry M, Storck S, Mongelard F, et al. (2007) Inactivation of nucleolin leads to nucleolar disruption, cell cycle arrest and defects in centrosome duplication. BMC Mol Biol. 8, 66. PMC free article PubMed

Ho, M-W, Cummins, J. (2008) Horizontal Gene Transfer from GMOs Does Happen, ISIS, 10.03.2008

Seckbach J. et al. (2010) Symbioses and Stress: Joint Ventures in Biology. Springer http://www.amazon.de/gp/search?index=books&linkCode=qs&keywords=9048194482

Alliegro MA, Henry JJ, Alliegro MC. (2010) Rediscovery of the nucleolinus, a dynamic RNA-rich organelle associated with the nucleolus, spindle and centrosomes. Proc Natl Acad Sci USA. 107, 13718-13723. PMC free article PubMed http://www.pnas.org/content/107/31/13718.full.pdf+html

Hall JE (2011) Guyton and Hall Textbook of Medical Physiology, 12th ed., Saunders, Philadelphia.

Seborg DE, Edgar TF, Mellichamp DA, Doyle III FJ (2011). Process Dynamics and Control, 3rd ed., Wiley, New York.

Alliegro MC (2011) The Nucleolinus. A disappearing, forgotten and (maybe) misnamed organelle. Commun Integr Biol. 4(2), 147–149. doi: 10.4161/cib.4.2.14545 PMCID: PMC3104566 http://www.ncbi.nlm.nih.gov/pmc/articles/PMC3104566/

Warers H. (2011) Salamander cells harbor algae. The Scientist – Magazine of the Life Sciences. http://www.the-scientist.com/news/display/58102/#ixzz1IipAE6vZ

Lynch VJ, Leclerc RD, May G, Wagner GP (2011) Transposon-mediated rewiring of gene regulatory networks contributed to the evolution of pregnancy in mammals. Nat Genet 43 (11), 1154–1159. doi: 10.1038/ng.917

Zhang YE, Landback P, Vibranovski MD, Long M (2011) Accelerated Recruitment of New Brain Development Genes into the Human Genome. PLoS Biol 9 (10), e1001179. doi: 10.1371%2Fjournal.pbio.1001179

Mercier et al., (2011) Internal brooding favours pre-metamorphic chimerism in a non-colonial cnidarian, the sea anemone Urticina felina, Proceedings of the Royal Society: B, doi: 10.1098/rspb. 0605

Wu J, Weening EH, Faske JB et al. (2011) Invasion of Eukaryotic Cells by Borrelia burgdorferi Requires Integrins and Src Kinase Activity. Infection and Immunity, 1338–1348

Margulis M. (2011) Chimeras and Consciousness: Evolution of the Sensory Self. ISBN-10: 0262515830 ISBN-13: 978-0262515832 http://www.ncbi.nlm.nih.gov/books/bv.fcgi?rid=mcb.section.2187

Zhang L et al. (2011) Exogenous plant MIR168a specifically targets mammalian LDLRAP1: evidence of cross-kingdom regulation by microRNA, Cell Research, doi: 10.1038/cr.2011.158.

Alliegro MC, Hartson S, Alliegro MA (2012) Composition and dynamics of the nucleolinus, a link between the nucleolus and cell division apparatus in surf clam (Spisula) oocytes . The Journal of Biological Chemistry. 287(9), 6702-13. http://www.ncbi.nlm.nih.gov/pubmed/22219192

Casadevall A, Pirofski l-A (2012) A new synthesis for antibody-mediated immunity. Nature

Immunol 13, 21-28 http://www.ncbi.nlm.nih.gov/pmc/articles/PMC3589717/

http://www.nature.com/ni/journal/v13/n1/abs/ni.2184.html

„The view that immunoglobulins function largely by potentiating neutralization, cytotoxicity or phagocytosis is being replaced by a new synthesis whereby antibodies participate in all aspects of the immune response, from protecting the host at the earliest time of encounter with a microbe to later challenges."

Dedié G (2014) Die Kraft der Naturgesetze. Emergenz und kollektive Fähigkeiten von den Elementarteilchen bis zur menschlichen Gesellschaft. tredition, ISBN 978-3-8495-7685-1.

Pereira C (2015) Quantum Consciousness in Animals. Journal of Metaphysics and Connected Consciousness (August 2015).

Simonti CN et al. (2016) The phenotypic legacy of admixture between modern humans and Neandertals. Science 351, 737–41. http://science.sciencemag.org/content/351/6274/737.full

„These archaic genetic variants were associated with medical conditions affecting the skin, the blood, and the risk of depression."

Jerman I (2016) The Origin of Life from Quantum Vacuum, Water and Polar Molecules. American Journal of Modern Physics. Special Issue: Academic Research for Multidisciplinary. Vol. 5, No. 4-1, 2016, pp. 34–43. doi: 10.11648/j.ajmp.s.2016050401.16

http://article.sciencepublishinggroup.com/html/10.11648.j.ajm
p.s.2016050401.16.html

Schenk M (2021) Krebserkrankungen: Über Infektion und chronische Inflammation zur Invasion. Dtsch Arztebl 2021; 118(16):
A-832/B-694 https://www.aerzteblatt.de/archiv/218822/
Krebserkrankungen-Ueber-Infektion-und-chronische-In-
flammation-zur-Invasion#literatur

Resonanz

Cramer F. (1998) Symphonie des Lebendigen. Versuch einer allgemeinen Resonanztheorie. Insel Verlag.
http://www.amazon.de/Symphonie-Lebendigen-Versuch-all-
gemeinen-Resonanztheorie/dp/3458338888

Lehar S (2003) Harmonic Resonance Theory: An Alternative
to the „Neuron Doctrine" Paradigm of Neurocomputation
perception. Perception. 32, 423–448
http://cns-alumni.bu.edu/~slehar/webstuff/hr1/hr1.html

Lehar S (2008) Directional Harmonic Theory: A Computational
Gestalt Model to Account for Illusory Contour 448

Koelsch S (2009) The Neuroscientific Perspective on Music The-
rapy.Ann. N.Y Acad. Sci. 1169, 374–384

Tonegawa S, Pignatelli M, Roy DS, Ryan TJ (2015) Current
Opinions in Neurobiology; 35, 101–109

Kotchoubey B, Pavlov YG, Kleber B (2015) Music as research and
rehabilitation od disorders of consciousness: physiological and
neurophysiological foundations. Frontiers in Psychology 6, 1763

Symbiogenese

De Bary A (1878) Die Erscheinung der Symbiose. Verlag von
Karl J. Trubner, Strassburg. [SYMBIOSE]

Sachs J (1882) Vorlesungen über Pflanzen-Physiologie. Verlag
W. Engelmann, Leipzig.

Altmann R (1890) Die Elementarorganismen und ihre Beziehungen zu den Zellen. Verlag von Veit & Comp., Leipzig.

Schimper AFW (1883) Über die Entwicklung der Chlorophyll-
körner und Farbkörper. Botanische Zeitung Nr. 7, 18. Jahrg.

http://publikationen.ub.uni-frankfurt.de/frontdoor/index/index/docId/19551 [SYMBIOGENESE]

Mereschkowsky C (1905) Über Natur und Ursprung der Chromatophoren Im Pflanzenreiche. Biologisches Zentralblatt XXV, 18 [SYMBIOGENESE]

Mereschkowsky C (1910, 1920) Theorie der Symbiogenesis. Zell-Evolution durch Integration und Kooperation. Kutschera U Tatsache Evolution 3 A München 2010

Wolbach SB (1919) Studies on Rocky Mountain Spotted Fever. J Med Res 41, 1–197 https://archive.org/details/studiesonrocky-mo00wolb [INTRANUCLEAR FORMS, 80, 83-86, 106-115]

Kozo-Polyansky BM (1924, 2010) Symbiogenesis. A new principle of Evolution. Harward University Press. ISBN 978-0-674-05045-7

Wallin IE (1927) BACTERIA AND THE ORIGIN OF SPECIES. Science. 64(1651), 173–5.

Muck O. (1947) Biologie des Stoffes. Abhandlungen zur theoretischen Biologie und ihrer Geschichte, sowie zur Philosophie der organischen Naturwissenschaften. Band 18. Joh. Ambros. Barth Verlag Leipzig, 1–116

Thompson DW (1961, 2006) Über Wachstum und Form. Eichborn Verlag. Die andere Bibliothek. Buch Nr. 3425

Margulis L (1970) Origin of Eukaryotic Cells, Yale University Press, [THE ENDOSYMBIOSIS HYPOTHESIS]

Taylor FJR (1979) Symbionticism revisited: a discussion of the evolutionary impact of intracellular symbioses. Proc. R. Soc. Lond. B 204, 267-286.

Schwemmler W, Schenk HEA (Eds.) (1980) Endocytobiology. Endosymbiosis and Cell Biology.

Walter de Gruyter & Co., Berlin, New York.

Margulis L, Sagan D (1986) Microcosmos. Four billion Years of Microbial Evolution. New York S. 15 ISBN 0-502-21064-6

Sitte P, (1989) Phylogenetische Aspekte der Zellevolution. Biol. Rundsch. 28, 1–18.

Margulis L (1990) Words as battle cries – symbiogenesis and the new field of endocytobiology. BioScience 40, 673–677.

Sitte P, (1991) Die Zelle in der Evolution des Lebens. Biol. in unserer Zeit 21, 85-92

Margulis L. (1993) Symbiosis in Cell Evolution. Microbial Communities in the Archaean and Proterozoic Eons. (2.ed.) New York, Freeman and Co. ISBN 0-7167-7029-6.

Sitte P, (1994) Die Evolution von Zellen: Innovation durch Symbiogenese. In: Wieser, W. (Ed.), Die Evolution der Evolutionstheorie. Von Darwin zur DNA. Spektrum Akademischer Verlag, Berlin,Heidelberg, pp. 77–108.

Preparata G (1995) QED Coherence in Matter. World Scientific. ISBN 9810222491

Johnson NC, Graham JH, Smith FA (1997) Functioning of mycorrhizal associations along the mutualism-parasitism continuum. New Phytologist, 135, 575-586. [MUTUALISM]

Penrose R. (1998) Das Große, das Kleine und der menschliche Geist. Spektrum.

Margulis L (1999) Die andere Evolution. Spektrum. ISBN 3-8274-0294-8

Lang BF, Gray MW, Burger G (1999) Mitochondrial genome evolution and the origin of eukaryotes. Annu. Rev. Genet. 33, 351–397.

Hentschel U, Steinert M, Hacker J (2000) Common molecular mechanisms of symbiosis and pathenogenesis. Trends Microbiol. 8, 226–231.

Ewald PW (2000) Plague Time. How Stealth Infections cause Cancers, Heart Disease, and other deadly Ailments. The Free Press. ISBN 0-684-86900-4

Hentschel U, Steinert M, Hacker J, (2000) Common molecular mechanisms of symbiosis and pathogenesis. Trends in Microbiology, 8, 226–231.

Sitte P, (2001) Symbiogenese in der Zell- und Lebensevolution. In: Storch, V., Welsch, U., Wink, M.

(Eds.), Evolutionsbiologie. Springer, Berlin, Heidelberg, pp. 196-208.

Mattman LH (2001) Cell Wall Deficient Forms. Stealth Pathogens. CRC Press. [CELL WALL DEFECTIVE FORMS] van den Ent F, Amos LA, Löwe J. (2001) Prokaryotic origin of the actin cytoskeleton. Nature. 413(6851), 39-44. http://www.ncbi.nlm.nih.gov/pubmed/11544518 https://www.researchgate.net/publication/11801095_Prokaryotic_origin_of_the_actin_cytoskeleton?cp=re217_x_p6&ch=reg&login=bhuismans@t-online.de&pli=1

van den Ent F, Amos L, Löwe J. (2001) Bacterial ancestry of actin and tubulin. Curr Opin Microbiol. 4(6), 634-8. http://www.ncbi.nlm.nih.gov/pubmed/11731313

Wilkinson DM (2001) At cross purposes. Nature 412, 485.

Kutschera U (2001) Evolutionsbiologie. Eine allgemeine Einführung. Parey Buchverlag, Berlin.

Kutschera U (2002) Bacterial colonization of sunflower cotyledons during seed germination. J. Appl. Bot. 76, 96–98.

Sapp J, Carrapiço F, Zolotonosov M (2002) Symbiogenesis: the hidden face of Constantin Mereschkowsky. In: History and philosophy of the life sciences. 24, Nr. 3-4, 413–40. doi: 10.1080/03919710210001714493. PMID 15045832.

Margulis L, Sagan D (2002) Acquiring Genomes. A Theory of the Origins of Species. Basic Books. ISBN 0-465-04391-7

Hornschuh M, Grotha R, Kutschera U (2002) Epiphytic bacteria associated with the bryophyte Funaria hygrometrica: effects of Methylobacterium strains and protonema development. Plant Biol. 4, 682–687.

Kuznetsov AP, Lebkova NP (2002) On bacterial origin of mitochondria in Eukaryotes in light of current ideas of evolution of the organic world. Biol. Bull. 29, 501–507.

Hoffmeister M, Martin W (2003) Interspecific evolution: microbial symbiosis, endosymbiosis and gene transfer. Environmental Microbiology, 5, 641–649.

Dyall SD, Brown MT, Johnson PJ (2004) Ancient invasions: from endosymbionts to organelles. In: Science. Nr. 304(5668), 253–257

Löwe J, van den Ent F, Amos LA (2004) Molecules of the bacterial cytoskeleton. Annu Rev Biophys Biomol Struct. 33, 177-98. http://www.ncbi.nlm.nih.gov/pubmed/15139810

„It is anticipated that MreB-interacting proteins exist in analogy to the large number of actin binding proteins in eukaryotes. Man geht davon aus, dass es [bei Bakterien] MreB-interagierende Proteine – in Analogie zu der großen Anzahl von Aktin-bindenden Proteinen – in Eukaryoten gibt.“

Peter Sitte (2004) Wesen, Werden und Wachsen der Lebenswelt, in: Hans Gebhardt, Helmuth Kiesel (Hg.), Weltbilder, Springer, 92.

Fokin SI (2004) Bacterial endocystobionts of Ciliophora and their interactions with the host cell. Int Rev Cytol. 236, 181-249 http://www.ncbi.nlm.nih.gov/pubmed/15261739

Sapp J, (2004) The dynamics of symbiosis: an historical overview. Canadian Journal of Botany, 82, 1046-1056. [SYMBIOTISM]

Kutschera U, Niklas KJ (2004) The modern theory of biological evolution: an expanded synthesis.

Naturwissenschaften 91, 255-276.

Kutschera U, Niklas KJ (2005) Endosymbiosis, cell evolution, and speciation. Theory in Biosciences, 124,1-24. doi: 10.1016/j.thbio.2005.04.001, Source PubMed

https://www.researchgate.net/publication/6749988_Endosymbiosis_cell_evolution_and_speciation

Ogata H, La Scola B, Audic S et al (2006) Genome sequence of Rickettsia belli illuminates the role of amoebae in gene exchanges between intracellular pathogens. PLoS Genet 2, 733–744

Chapman, M, Alliegro MC (2007) A symbiogenetic origin for the centrosome? Symbiosis, 44, 23–31.

Ryan FP (2007) Viruses as symbionts. Symbiosis 44, 13–39.

Kutschera, U. (2009) Symbiogenesis, natural selection, and the dynamic Earth. Theory Biosci. 128, Nr 3 DOI 10.1007/s12064-009-0065-0, 191–203. Abstract

Kutschera U (2009) Charles Darwin's Origin of Species, directional selection, and the evolutionary sciences today. Naturwissenschaften 96(11)1247-63. Abstract

Alliegro, MC, Satir P (2009) Origin of the Cilium: Novel approaches to examine a centriolar evolution hypothesis. Meth. Cell Biol. 94:51-63 http://www.ncbi.nlm.nih.gov/pubmed/20362084

Reyes CP, La Clair JJ, Burkart MD (2010) Metabolic probes for imaging endosymbiotic bacteria within toxic dinoflagellates. Chem. Commun., 46, 8151-8153 doi: 10.1039/C0CC02876B http://pubs.rsc.org/en/Content/ArticleLanding/2010/CC/C0CC02876B

Seckbach J, Grube M (2010) Symbioses and Stress. Joint Ventures in Biology. Springer. ISBN 978-90-481-9448-3

Zielinski F, Dubilier N (2010) Der Eukaryoten-Zellkern als ökologische Nische für Bakterien. BioSpektrum 01-10 16 p.12-15 http://www.biospektrum.de/blatt/d_bs_pdf&_id=1021478

McCutcheon JP (2010) The bacterial essence of tiny symbiont genomes. Current Opinion in Microbiology, 13, 73-78.

Alliegro MC (2011) The centrosome and spindle as a ribonucleoprotein complex. Chrom. Res. 19, 367-376. http://www.ncbi.nlm.nih.gov/pubmed/21287260 [Ribosenukleinsäuren]

Roossinck MJ (2011) Changes in population dynamics in mutualistic versus pathogenic viruses. Viruses 3(1), 12-9. Abstract

Kutschera U (2011) From the scala naturae to the symbiogenetic and dynamic tree of life. Biol Direct 33. Abstract

Kudryashev M, Cyrklaff M, Alex B, Lemgruber L, Baumeister W, Wallich R, Frischknecht F (2011) Evidence of direct cell-cell fusion in Borrelia by cryogenic electron tomography. Cellular Microbiology doi: 10.1111/j.1462-5822.2011.01571.x http://www.ncbi.nlm.nih.gov/pubmed/21276171

„Borrelia are highly motile bacterial cells, and light microscopy shows that these spirochetes can associate with each other during movement. Using cryo-electron tomography, we observed closely associated Borrelia cells. Some of these showed a single outer membrane surrounding two longitudinally arranged cytoplasmic cylinders. We also observed fusion of two cytoplasmic cylinders and differences in the surface layer density of fused spirochetes. These processes could play a role in the interaction of Borrelia species with the host's immune system."

Margulis M et al. (2011) Chimeras and Consciousness. Evolution of the Sensory Self. The MIT Press. ISBN 978-0-262-51583-2 (s.a. http://www.quantumconsciousness.org/)

Rumpo ME, Pelletreau KN, Moustafa A et al. (2011) The making of a photosynthetic animal. The journal of Experimental Biology 214, 303–311 (Mereschkowsky C (1905) „Eine Pflanzenzelle ist eine Tierzelle mit eingedrungenen Cyanobakterien")

Dattagupta Sh, Zielinski F (2011) Symbiosis. Encyclopedia of Geobiology. Springer Netherlands 866–870 doi: 10.1007/978-1-4020-9212-1_228 Print ISBN 978-1-4020-9211-4 Online ISBN 978-1-4020-9212-1 http://link.springer.com/referenceworkentry/10.1007%2F978-1-4020-9212-1_228#page-1

„Thus, a natural continuum exists among mutualism, commensalism, and parasitism, and arguments about restricting the definition of symbiosis only serve to obscure a true understanding of the phenomenon."

Wang X, Mitra N, Secundino I et al. (2012) Specific inactivation of two immunomodulatory SIGLEC genes during human evolution. *PNAS*, doi: 10.1073/pnas.1119459109

Kutschera U (2012) VIDEO Was ist Symbiogenese? Tatsache Evolution - Was Darwin nicht wissen konnte. http://www.youtube.com/watch?v=NhCZJsvOwtU

Alliegro MC, Hartson S, Alliegro, MA. (2012) Composition and dynamics of the nucleolinus, a physiological link between the nucleolus and cell division apparatus. J. Biol. Chem.

Symbiogenese von Mitochondrien und Plastiden (2012) Das Biotechnologie und Life Sciences Portal Baden-Württemberg. http://www.biopro.de/magazin/index.html?lang=de&artikelid=/artikel/07864/index.html

(2012) Lynn Margulis on her life, Symbiogenesis, Gaia Theory, Scienctific Practice and Effects of Money Youtube VIDEO: http://www.youtube.com/watch?v=KlhW12dGfFk

(2012) Clarifying the Tubulin bit/qubit - Defending the Penrose-Hameroff Orch OR Model (Quantum Biology) Youtube VIDEO: http://www.youtube.com/watch?v=LXFFbxoHp3s

Jameson T. Crowley JT, Alvaro M. et al. (2013) Lipid Exchange between Borrelia burgdorferi and Host Cells. PLOS. http://www.plospathogens.org/article/info%3Adoi%2F10.1371%2Fjournal.ppat.1003109?utm_source=feedburner&utm_medi-

um=feed&utm_campaign=Feed%3A+plospathogens%2FNe-wArticles+%28Ambra+-+Pathogens+New+Articles%29

Vlamakis H, Chai Y , Beauregard P, Losick R, Kolter R (2013) Sticking together: building a biofilm the Bacillus subtilis way. Nature Reviews Microbiology, advance online publication. http://www.nature.com/nrmicro/journal/vaop/ncurrent/abs/nrmicro2960.html

Schönknecht G et al. (2013) Gene transfer from bacteria and archaea facilitated evolution of an extremophilic eukaryote. *Science,* 339, 1207-10. http://www.sciencemag.org/content/339/6124/1207

Dheilly NM (2014) Holobiont-Holobiont Interactions: Redefining Host-Parasite Interactions doi: 10.1371/journal.ppat.1004093 http://www.plospathogens.org/article/info:doi/10.1371/journal.ppat.1004093

Sato T, Kuwahara H, Fujita K et al. (2014) Intranuclear verrucomicrobial symbionts and evidence of lateral gene transfer to the host protist in the termite gut. The ISME Journal 8, 1008–1019 doi: 10.1038/ismej.2013.222 http://www.nature.com/ismej/journal/v8/n5/full/ismej2013222a.html

Chaisiri K, McGARRY JW, Morand S, Makepeace BL (2015) Symbiosis in an overlooked microcosm: a systematic review of the bacterial flora of mites. Parasitology. 1–11. „This review provides a comprehensive overview of mite-associated bacteria and is a valuable reference database for future research on mites of agricultural, veterinary and/or medical importance.“

Brandstetter J, Reichholf JH (Hrsg.) (2017) Symbiosen. Das erstaunliche Miteinander in der Natur. Matthes und Seitz, Berlin, ISBN 978-3-95757-366-7

Lieff J (2020) Searching fort he Mind. Table of contents Human Brain http://jonlieffmd.com/table-of-contents

Kohärenz und die serielle Endosymbionten Theorie
Huismans BD Self organization, Pattern matching, Nanometer-Biology http://www.erlebnishaft.de/selbst_muster_nano.pdf

Huismans BD Symbiosis http://www.erlebnishaft.de/symbiogenese.pdf

Huismans BD Inflammation, Lymphoma, Neoplasma http://www.xerlebnishaft.de/borrel_inflam_lymphom_neopl.pdf

Huismans BD Invaded rickettsiae became mitochondria in the animal cell.

http://www.xerlebnishaft.de/mitochondrien.pdf

An animal cell is an archaic cell (Archaeae) with invading spirochaetes. (Theory of serial primary endosymbiosis of Margulis L 1970)

Penetrated spirochaetes have become structure building and calculatory acting elements in the nucleated cells of the eukaryotes, and gave up their DNA into the nucleolinus of the nucleolus in the nucleus. http://www.xerlebnishaft.de/zytoskelett.pdf

DeDuve Ch (1994) Ursprung des Lebens. („Cytobones and Cytonerves, Thioester")

http://www.amazon.de/Der-Ursprung-Lebens-Pr%C3%A4biotische-Entstehung/dp/3860251872

The nucleolinus is the RNA-rich kinetosome. (MC Alliegro 2011, L Margulis, D Sagan 1986). https://www.google.de/search?hl=de&q=margulis+lynn&cad=h https://works.bepress.com/lynn_margulis/21/

Stossel TP et al. (2001) Filamins as integrators of cell mechanics and signalling. Nat Rev Mol Cell Biol. 2(2), 138–145. PMID 11252955 [Filamine]

Fecher C, Trovò L, Müller SA, Snaidero N et al. (2019) Cell-type-specific profiling of brain mitochondria reveals functional and molecular diversity. Nat Neurosci. 22, 1731–1742. doi: 10.1038/s41593-019-0479-z

(2020) AMBOSS – Fachwissen für Mediziner im ärztlichen Alltag und Studium [genetische Mosaike] https://www.amboss.com/de/wissen/Humangenetik_%28Klinik%29

Literatur Immunsystem,
das Bewusstsein für Störung und Gefahr

Huismans BD Immunität, Immunity. Selbst/Nichtselbst und das Gefahren – Modell der Immunologie, Autopoesie. http://www.erlebnishaft.de/danger_model.pdf

Huismans BD Das HLA – System http://www.xerlebnishaft.de/genetische_faktoren.pdf

Huismans BD Das angeborene Immunsystem, innate immunity, Complement, Faktor H, C3, C4, Mannose bindendes Lektin, Chaperone, N-Acetylglucosaminidase, Inflammasom, 25-Hydroxycholesterol. http://www.xerlebnishaft.de/complement.pdf

Huismans BD Xenoautophagie http://www.xerlebnishaft.de/xenoautophagie.pdf

Huismans BD Entzündungshemmstoffe http://www.kabilahsystems.de/antizyt-chem.pdf

Huismans BD Antikoagulantien http://www.kabilahsystems.de/hyperkoagulation.pdf

Huismans BD Toll like Rezeptoren http://www.erlebnishaft.de/TLR2_1_3_7_13.pdf

Huismans BD Methylierung http://xerlebnishaft.de/bildmethyl-arginin.pdf

Huismans BD Methylierung http://www.erlebnishaft.de/methylierung.pdf

Huismans BD Harnstoffzyklus http://www.erlebnishaft.de/l-arginin.pdf

Huismans BD Abwehr- u. Escape- Mechanismen http://www.xerlebnishaft.de/escape.pdf

Huismans BD Borrelia Defense and escape mechanisms. http://www.xerlebnishaft.de/escape_eng.pdf

Huismans BD Borrelia Chemotaxis http://www.xerlebnishaft.de/chemotaxis.pdf

Huismans BD Eosinophilie http://www.xerlebnishaft.de/eosinophilie.pdf

Immunsystem

Sterling P, EyerJ (1988) Allostasis: a new paradigm to explain arousal pathology. In: S. Fisher, J. Reason (Hrsg.) Handbook of life stress, cognition and health, Wiley & Sons, New York, 631 651.

Janeway C et al. (2001) Immunobiology. 6. Auflage ISBN 0815341016. [Immuntoleranz]
https://www.ncbi.nlm.nih.gov/books/NBK10757/?depth=10

McEwen BS et al.(2003) The concept of allostasis in biology and biomedicine. Horm Behav, 43, 2–15.

Leinders-Zufall T, Brennan P, Widmayer P et al. (2004) MHC Class I Peptides as Chemosensory Signals in the Vomeronasal Organ Science 306, 1033–1037

Milinski M, Griffiths S, Wegner KM et al. (2005) Mate choice decisions of stickleback females predictably modified by MHC peptide ligands. Proc. Natl. Acad. Sci. USA 102, 4414–4418 (2005).

Iqbal K, Alonso AC, Chen S et al. (2005) Tau pathology in Alzheimer disease and other tauopathies. Biochim Biophys Acta. 1739, 198–210

Abramov E, Dolev I, Fogel H et al. (2009) Amyloid-β as a positive endogenous regulator of release probability at hippocampal synapses. Nature Neuroscience. doi: 10.1038/nn.2433 https://www.sciencedaily.com/releases/2009/11/091123114813.htm

American Friends of Tel Aviv University. Alzheimer's: Destructive amyloid-beta protein may also be essential for normal brain function. ScienceDaily. ScienceDaily, 25 November 2009. www.sciencedaily.com/releases/2009/11/091123114813.htm

Tukel C, Wilson RP, Nishimori M, et al. (2009) Responses to Amyloids of Microbial and Host Origin are mediated through Toll-like Receptor 2. Cell Host Microbe. 6, 45–53.

Morris KV (2009) RNA-directed transcriptional gene silencing and activation in human cells. In: Oligonucleotides. 19(4), 299–306, doi: 10.1089/oli.2009.0212. PMID 19943804. PMC 2861411

Malecová B, Morris KV (2010) Transcriptional gene silencing through epigenetic changes mediated by non-coding RNAs.

In: Current opinion in molecular therapeutics. 12(2), 214–222, PMID 20373265. PMC 2861437

Zempel H, Thies E, Mandelkow E, et al. (2010) Aβ Oligomers Cause Localized Ca2+ Elevation, Missorting of Endogenous Tau into Dendrites, Tau Phosphorylation, and Destruction of Microtubules and Spines. J Neurosci. 30, 11938–11950.

Späni C, Suter T, Derungs R et al. (2015) Reduced β-amyloid pathology in an APP transgenic mouse model of Alzheimer's disease lacking functional B and T cells. Acta Neuropathol Commun. 3, 71. Published online 2015 Nov 11. doi: 10.1186/s40478-015-0251-x PMCID: PMC4642668 https://www.ncbi.nlm.nih.gov/pmc/articles/PMC4642668/

„The results of this study demonstrate an impact of the adaptive immunity on cerebral β-amyloid pathology in vivo and suggest an influence on microglia-mediated amyloid β-peptide clearance as a possible underlying mechanism."

Jucker M (2015) Alzheimer und Gen-Mutation https://www.youtube.com/watch?v=bVqh5XD5A7k

Klein S, Flanagan K (2016) Sex differences in immune responses. Nat Rev Immunol 16, 626–638 https://doi.org/10.1038/nri.2016.90 https://www.nature.com/articles/nri.2016.90

Abbott A (2016) The red-hot debate about transmissible Alzheimer's. Nature. 531(7594), 294-7. doi: 10.1038/53129 https://www.ncbi.nlm.nih.gov/pubmed/269835224a. https://www.nature.com/news/the-red-hot-debate-about-transmissible-alzheimer-s-1.19554

DiBiagio JR, Joshi SG, Allen HB (2016) Alzheimer's disease: A Commentary on Biofilms, Beta Amyloid and their Locations. J Infect Dis Preve Med. 4, 140.

Haass C, Neumann M (2016) Frontotemporal dementia: from molecular mechanisms to therapy. J Neurochem. 138 Suppl 1, 3–5. doi: 10.1111/jnc.13619.

Kumar D, Kumar V, Choi SeH et al. (2016) Amyloid-β peptide protects against microbial infection in mouse and worm models of Alzheimer's disease. Science Translational Medicine 8(340), 340ra72 doi: 10.1126/scitranslmed.aaf1059

Girolamo F, Coppola C, Ribatti D (2017) Immunoregulatory effect of mast cells influenced by microbes in neurodegenerative diseases. Brain Behav Immun. 65, 68-89. doi: 10.1016/j.bbi.2017.06.017. Epub 2017 Jul 1. https://www.ncbi.nlm.nih.gov/pubmed/28676349

Bredesen DE (2017) The End of Alzheimer's: The First Program to Prevent and Reverse Cognitive Decline. https://www.amazon.com/End-Alzheimers-Program-Prevent-Cognitive/dp/0735216207/ref=sr_1_1?ie=UTF8&qid=1504038086&sr=8-1&keywords=dale+bredesen https://www.youtube.com/watch?v=p6lkRXaQKwk

Jucker M (2017) Fokus Demenz. https://www.youtube.com/watch?v=pm2YMa92gJw

Kozłowski M, Marciak-Kozlowska, J (2017). Binding Energy of the Human Brain. Journal of Cosciousness Exploration and Research. 10.13140/RG.2.2.31799.93609. https://www.researchgate.net/publication/315642263_Binding_Energy_of_the_Human_Brain/citation/download

Vojdani, A, Vojdani, E, Saidara, E, Kharrazian, D (2018) Reaction of Amyloid-β Peptide Antibody with Different Infectious Agents Involved in Alzheimer's Disease. Journal of Alzheimer's Disease, 63(2), 847-860 doi: 10.3233/JAD-170961

Moir RD, Lathe R, Rudolph E.Tanzi RE (2018) The antimicrobial protection hypothesis of Alzheimer's disease. Alzheimer's & Dementia. 14(12), 1602-1614 https://doi.org/10.1016/j.jalz.2018.06.3040 https://www.sciencedirect.com/science/article/pii/S155252601833228X

Pereira C (2016/2020) Is it quantum sentience or quantum consciousness? A review of social behaviours observed in primitive and present-day microorganisms. NeuroQuantology: An Interdisciplinary Journal of Neuroscience and Quantum Physics, 14(1) 16+. Accessed 12 Nov. 2020 https://go.gale.com/ps/anonymous?id=GALE%7CA462787532&sid=googleScholar&v=2.1&it=r&linkaccess=abs&issn=13035150&p=AONE&sw=w

Christ MG, Huesmann H, Nagel H, Kern A, Behl C. (2019) Sigma-1 Receptor Activation Induces Autophagy and Increases

Proteostasis Capacity In Vitro and In Vivo. Cells. 8(3). pii: E211. doi: 10.3390/cells8030211

Neuroglia; Astrozyten, Oligodendrozyten, Microglia

El Khoury J, Hickman SE, Thomas CA, Loike JD, Silverstein SC(1998) Microglia, scavenger receptors, and the pathogenesis of Alzheimer's disease. Neurobiol Aging. 19(1 Suppl), 81–4. doi: 10.1016/s0197-4580(98)00036-0. PMID: 9562474 Review.

Mittmann, Th, Sakry, D (2016) SUPPLEMENT: Perspektiven der Neurologie. Gliazellen: Unterschätzte Gehirnzellen. Dtsch Arztebl 113(15), [19], doi: 10.3238/PersNeuro.2016.04.15.05 https://www.aerzteblatt.de/archiv/175991/Gliazellen-Unterschaetzte-Gehirnzellen

Hoeijmakers L, Heinen Y, van Dam A-M et al. (2016) Microglial Priming and Alzheimer's Disease: A Possible Role for (Early) Immune Challenges and Epigenetics? Front Hum Neurosci. 10, 398. doi: 10.3389/fnhum.2016.00398 PMCID: PMC4977314 PMID: 27555812 https://www.ncbi.nlm.nih.gov/pmc/articles/PMC4977314/#__ffn_sectitle

Travers P, Walport M, Janeway Ch (2008) Janeway's immunobiology. 7th ed. Garland Science, New York ISBN 978-0-8153-4123-9, S. 624.

Tay TL, Savage JC, Hui ChW et al. (2017) Microglia across the lifespan: from origin to function in brain development, plasticity and cognition. In: The Journal of Physiology. Band 595, Nr. 6, ISSN 1469-7793, S. 1929–1945, doi: 10.1113/jp272134.

Soreq L et al. (2017) Major shifts in glial regional identity are a transcriptional hallmark of human brain aging. Cell Reports. 18(2), p557–570, doi: 10.1016/j.celrep.2016.12.011 http://www.cell.com/cell-reports/abstract/S2211-1247(16)31684-9 http://www.cell.com/cell-reports/pdf/S2211-1247(16)31684-9.pdf

Füger P, Hefendehl JK, Veeraraghavalu K et al. (2017) Microglia turnover with aging and in an Alzheimer's model via long-term in vivo single-cell imaging. Nature Neuroscience 20, 1371-1376. doi: 10.1038/nn.4631. Epub 2017 Aug 28.

Hansen DV, Hanson JE, Sheng M (2018) Microglia in Alzheimer's disease. J Cell Biol. 217(2), 459–472. doi: 10.1083/jcb.201709069 PMCID: PMC5800817 PMID: 29196460 Review https://www.ncbi.nlm.nih.gov/pmc/articles/PMC5800817/
„Gene expression profiles indicate multiple states of microglial activation in neurodegenerative disease settings, which might explain the disparate roles of microglia in the development and progression of AD pathology."

Prinz M, Jung S, Priller J (2019) Microglia biology: One century of evolving concepts. Cell. 179:292-311. doi: 10.1016/j.cell.2019.08.053

Priller J, Prinz M (2019) Targeting microglia in brain disorders. Science. 365, 32–33. doi: 10.1126/science.aau9100

Ghose Ch, Ly M, Schwanemann L et al. (2019) The Virome of Cerebrospinal Fluid: Viruses Where We Once Thought There Were None. Frontiers in Microbiology 10, 2061 DOI=10.3389/fmicb.2019.02061 ISSN=1664-302X https://www.frontiersin.org/article/10.3389/fmicb.2019.02061 https://www.frontiersin.org/articles/10.3389/fmicb.2019.02061/full
„Traditionally, medicine has held that some human body sites are sterile and that the introduction of microbes to these sites results in infections. This paradigm shifted significantly with the discovery of the human microbiome and acceptance of these commensal microbes living across the body. However, the central nervous system (CNS) is still believed by many to be sterile in healthy people. Using culture-independent methods, we examined the virome of cerebrospinal fluid (CSF) from a cohort of mostly healthy human subjects. We identified a community of DNA viruses, most of which were identified as bacteriophages. Compared to other human specimen types, CSF viromes were not ecologically distinct. There was a high alpha diversity cluster that included feces, saliva, and urine, and a low alpha diversity cluster that included CSF, body fluids, plasma, and breast milk. The high diversity cluster included specimens known to have many bacteria, while other specimens traditionally

assumed to be sterile formed the low diversity cluster. There was an abundance of viruses shared among CSF, breast milk, plasma, and body fluids, while each generally shared less with urine, feces, and saliva. These shared viruses ranged across different virus families, indicating that similarities between these viromes represent more than just a single shared virus family. By identifying a virome in the CSF of mostly healthy individuals, it is now less likely that any human body site is devoid of microbes, which further highlights the need to decipher the role that viral communities may play in human health."

Literatur Verursacher von Störungen und Gefährdungen

Huismans BD Virulenz/Virulenz-Inhibitoren/Pathogenitätsfaktoren/Typ III Injectisome /Chaperones, Proteostasis promoters, Typ IV Sekretionssysteme/Live Wires/Viral infectivity factor (Vif)/Adhäsine/Antiadhäsine/CRISPR http://www.kabilahsystems.de/virulenz_inhibitoren.pdf

Huismans BD Biogene Amine und Peptide http://www.kabilahsystems.de/biogeneamineundpeptide.pd

Huismans BD Pathogenity – Factors http://www.xerlebnishaft.de/bakt_pathogenitaetsfaktoren.pdf

Huismans BD Immunity http://www.erlebnishaft.de/danger_model.pdf

Huismans BD Immunity suppressing Viruses, Immunsuppression http://www.erlebnishaft.de/immunsubpressvirus.pdf

Huismans BD Bacterial – Persisters http://www.xerlebnishaft.de/trotzantibiosepat.pdf

Huismans BD Cancer Stem Cells-/Bacterial – Persister http://www.xerlebnishaft.de/krebsstammzelltherapie.pdf

Huismans BD Huismans BD (2014) Abwehr- und Escape-Mechanismen der Borrelien gegen das menschliche Immunsystem und gegenüber Antibiotika und Chemotherapeutika Warum Borrelien infektiös bleiben trotz intensiver antibiotischer Behandlung. http://www.xerlebnishaft.de/escape.pdf
http://www.xerlebnishaft.de/escape_eng.pdf

Huismans BD Endoplasmatisches Reticulum, Stress und neurodegenerative Krankheiten http://www.xerlebnishaft.de/endo_reticulum.pdf

Huismans BD Prione http://www.erlebnishaft.de/prione.pdf

Huismans BD RNA, DNA, XNA http://www.xerlebnishaft.de/rna.pdf

Proteinfaltung, Eiweißfaltung, Protein folding, Enzyme

Anfinsen CB, Redfield RR, Choate WI et al. (1954) Studies on the Gross Structure, Cross-Linkages, and Terminal Sequences in Ribonuclease. Journal of Biological Chemistry 207, 1, 201–210. PMID 13152095 Volltext

Anfinsen B, Haber E (1961) Studies on the reduction and re-formation of protein disulfide bonds. Journal of Biological Chemistry 236, 1361–3. PMID 13683523.

Rich D (1993) Effect of Hydrophobic Collapse on Enzyme Inhibitor Interactions. Implications for the Design of Peptidomimetics. In Testa B, Kyburz E, Fuhrer W, Giger R (eds.). Perspectives in Medicinal Chemistry: XIIth International Symposium on Medicinal Chemistry. Weinheim: VCH. pp. 15–25. ISBN 978-3-527-28486-3. [Hydrophober Kollaps]

Dormann E (1998) Pathogenitätsfaktoren bakterieller Krankheitserreger. Dtsch. Med. Wschr 123,229-236 http://bibnet.org/vufind/Record/careum9729

Brandscheid C, Schuck F, Reinhardt S, Schäfer KH, Pietrzik CU, Grimm M, Hartmann T, Schwiertz A, Endres K (2017) Altered Gut Microbiome Composition and Tryptic Activity of the 5xFAD Alzheimer's Mouse Model. J Alzheimers Dis. 56(2), 775–788.

Feldmann A, Bekbulat F, Huesmann H, Ulbrich S, Tatzelt J, Behl C, Kern A (2017). The RAB GTPase RAB18 modulates macroautophagy and proteostasis.
Biochem Biophys Res Commun. 486(3), 738–743.

Chaperone

Anfinsen CB (1973) Principles that govern the folding of protein chains. Science. 181(4096), 223–30. doi: 10.1126/science.181.4096.223. PMID 4124164

Carey FA; Richard J. Sundberg (1985) Advanced organic chemistry Structure and mechanisms. ISBN 978-0-306-41198-4

Hartl FU (1996) Molecular Chaperones in Cellular Protein Folding. Nature. 381, 571–580, doi: 10.1038/381571a0

Hartl FU, Hayer-Hartl M (2002) Molecular chaperones in the cytosol. From nascent chain to folded protein. In: Science. 295, 1852–1858, doi: 10.1126/science.106840

Foultier B, Troisfontaines P, Vertommen D, et al. (2003) Identification of substrates and chaperone from the Yersinia enterocolitica 1B Ysa type III secretion system. Infect Immun 71(1), 242–53. Abstract Full Citation

Dobson CM (2003) Protein folding and misfolding. Nature 426 (6968), 884-90. doi: 10.1038/nature02261. PMID 14685248.

Selkoe DJ (2003) Folding proteins in fatal ways. Nature. 426 (6968), 900-4 doi: 10.1038/nature02264. PMID 14685251

Letzelter M, Sorg I, Mota LJ, et al. (2006) The discovery of SycO highlights a new function for type III secretion effector chaperones. EMBO J 25(13), 3223-33. Abstract Full Citation

Spaeth KE, Chen YS, Valdivia RH (2009) The Chlamydia type III secretion system C-ring engages a chaperone-effector protein complex. PLoS Pathog 5(9), e1000579. Abstract Full Citation

Mattoo RUH, Pierre Goloubinoff P (2014) Molecular chaperones are nanomachines that catalytically unfold misfolded and alternatively folded proteins. Cell Mol Life Sci. 71(17), 3311–3325. Published online 2014 Apr 24. doi: 10.1007/s00018-014-1627-y PMCID: PMC4131146
https://www.ncbi.nlm.nih.gov/pmc/articles/PMC4131146/

Behl C (2016). Breaking BAG: The Co-Chaperone BAG3 in Health and Disease. Trends Pharmacol Sci. 37(8), 672–88.

Vega H, Agellon LB, Michalak M (2016) The rise of proteostasis promoters. IUBMB Life. 68(12):943–954. doi: 10.1002/iub.1576. Epub 2016 Oct 31. https://www.ncbi.nlm.nih.gov/pubmed/27797166

https://www.researchgate.net/publication/309590099_The_rise_of_proteostasis_promoters

„Here we illustrate that molecular chaperones and the so called ‚chemical chaperones‘ are distinct entities. We propose the term ‚proteostasis promoters‘ as a more accurate descriptor for a class of compounds that demonstrate ability to promote proteostasis by modulating the UPR and/or the function of chaperones.“

Fabiani FD, Renault TT, Peters B et al (2017) A flagellum-specific chaperone facilitates assembly of the core type III export apparatus of the bacterial flagellum. PLOS Biology, 2017, doi: 10.1371/journal.pbio.2002267 https://www.ncbi.nlm.nih.gov/pubmed/28771474

„Biosynthesis of the flagellum depends on a flagellar-specific type III secretion system (T3SS), a protein export machine homologous to the export machinery of the virulence-associated injectisome … In summary, our results suggest that FliO functions as a novel, flagellar T3SS-specific chaperone, which facilitates quality control and productive assembly of the core T3SS export machinery.“

Sell MG, Alcorta DA, Padilla AE et al. (2020) Visualizing Borrelia burgdorferi infection using a small molecule imaging probe. bioRxiv 2020.09.04.284067; doi: https://doi.org/10.1101/2020.09.04.284067

[Chaperone]

Literatur Störungen und Gefährdungen

Huismans BD Das dynamische Genom http://www.xerlebnishaft.de/dynamic_genome.pdf

Huismans BD Immunsuppressive Viren, Bakterien und Protozoen http://www.erlebnishaft.de/immunsubpressvirus.pdf

Huismans BD Virus triggers http://www.erlebnishaft.de/virus-triggers.pdf

Huismans BD Virus-Bakterien-Immunität http://www.erlebnishaft.de/virusbaktimmun.pdf

Huismans BD Borrelien und Immunsystem http://www.erlebnishaft.de/borrelienimmun.pdf

Huismans BD Co-pathogens and toxins in Lyme disease, Multi-system-, Multi-infection-diseases and in Cavete diagnoses. http://www.kabilahsystems.de/ko-erreger_eng.pdf

Huismans BD Ko-Erreger und Toxine bei Lyme-Borreliose, Multi-System-, Multi-Infektions-Krankheiten und bei Cavete Diagnosen. http://www.xerlebnishaft.de/ko-erreger.pdf

Demenz, Alzheimer

Huismans BD Alzheimer, Demenz, Parkinson, Hirnatrophie durch Spirochaeten und andere Erreger von Infektionskrankheiten. http://www.erlebnishaft.de/alzheimerspirochaetosis.pdf

Viruses

Itzhaki RF, Literature 1960–2016

https://www.research.manchester.ac.uk/portal/en/researchers/ruth-itzhaki(fa70991a-96f8-45c9-8ba0-92a86ceccc84)/publications.html?page=0

Herpes simplex virus TYP 1 (HSV1)

Wisniewsky HM (1978) Possible viral etiology of neurofibrillary changes and neuritic plaques. In Alzheimer's Disease: Senile Dementia and Related Disorders (Aging, Vol 7), Katzman R, Terry RD, Bick KL, eds. Raven Press, New York, pp. 555–557.

Lord MA, Itzhaki RF, Sutton RN (1980) Detection of virus genome in human tissues. The Lancet. 2(8185), 92

Saldanha J, Sutton RN, Gannicliffe A et al. (1986) Detection of HSV1 DNA by in situ hybridisation in human brain after immunosuppression. J Neurol Neurosurg Psychiatry 49, 613–619.

Smith TA, Vallis Y, Neary D, Itzhaki RF (1989) Characteristics of lymphocyte chromatin from Alzheimer''s disease patients and from young and old normal individuals. Gerontology.35, 5–6

Jamieson GA, Maitland NJ, Wilcock GK, Craske J, Itzhaki RF (1991) Latent herpes simplex virus type 1 in normal and Alzheimer's disease brains. J Med Virol 33, 224–227.

Itzhaki RF, Lin WR, Shang D, Wilcock GK, Faragher B, Jamieson GA (1997) Herpes simplex virus type 1 in brain and risk of Alzheimer's disease. Lancet 349, 241–244.

Itzhaki RF, Wozniak MA (2008) Herpes simplex virus type 1 in Alzheimer's disease: The enemy within. J Alzheimers Dis 13, 393–405.

Itzhaki RF (2014) Herpes simplex virus type 1 and Alzheimer's disease: Increasing evidence for a major role of the virus. Front Aging Neurosci 6,202.

Itzhaki RF, Lathe R, Balin BJ et al. (2016) Microbes and Alzheimer's Disease. Journal of Alzheimer's Disease. 51(4), 979 984 p. doi: 10.3233/JAD-160152

Itzhaki RF (2018) Corroboration of a Major Role for Herpes Simplex Virus Type 1 in Alzheimer's Disease. Front. Aging Neurosci., https://doi.org/10.3389/fnagi.2018.00324 https://www.frontiersin.org/articles/10.3389/fnagi.2018.00324/full

Beffert U, Bertrand P, Champagne D, Gauthier S, Poirier J (1998) HSV-1 in brain and risk of Alzheimer's disease. Lancet 351, 1330–1331.

Hemling N, Roytta M, Rinne J, Pollanen P, Broberg E, Tapio V, Vahlberg T, Hukkanen V (2003) Herpesviruses in brains in Alzheimer's and Parkinson's diseases. Ann Neurol 54, 267–271.

Wozniak MA, Itzhaki RF, Shipley SJ, Dobson CB (2007) Herpes simplex virus infection causes cellular beta-amyloid accumulation and secretase upregulation. Neurosci Lett 429, 95–100

Wozniak MA, Mee AP, Itzhaki RF (2009) Herpes simplex virus type 1 DNA is located within Alzheimer's disease amyloid plaques. J Pathol 217, 131–138.

Wozniak MA, Frost AL, Itzhaki RF (2009) Alzheimer's disease-specific tau phosphorylation is induced by herpes simplex virus type 1. J Alzheimers Dis 16, 341–350.

Wozniak MA, Frost AL, Preston CM, Itzhaki RF (2011) Antivirals reduce the formation of key Alzheimer's disease molecules in cell cultures acutely infected with herpes simplex virus type 1. PLoS One 6, e25152

Zambrano A, Solis L, Salvadores N, Cortes M, Lerchundi R, Otth C (2008) Neuronal cytoskeletal dynamic modification and neurodegeneration induced by infection with herpes simplex virus type 1. J Alzheimers Dis 14, 259–269.

Letenneur L, Peres K, Fleury H et al. (2008) Seropositivity to herpes simplex virus antibodies and risk of Alzheimer's disease: A population-based cohort study. PLoS One 3, e3637

De Chiara G, Marcocci ME, Civitelli L et al. (2010) APP processing induced by herpes simplex virus type 1 (HSV-1) yields several APP fragments in human and rat neuronal cells. PLoS One 5, e13989.

Cheng SB, Ferland P, Webster P, Bearer EL (2011) Herpes simplex virus dances with amyloid precursor protein while exiting the cell. PLoS One 6, e17966.

Lerchundi R, Neira R, Valdivia S et al. (2011) Tau cleavage at D421 by caspase-3 is induced in neurons and astrocytes infected with herpes simplex virus type 1. J Alzheimers Dis 23, 513-520.

Bearer EL, Woltjer R, Donahue JE, Kilpatrick K (2013) Herpes encephalitis and Abeta plaques. FASEB J 27, 873.16.

Carter CJ (2013) Susceptibility genes are enriched in those of the herpes simplex virus 1/host interactome in psychiatric and neurological disorders. Pathog Dis 69, 240–261.

Ball MJ, Lukiw WJ, Kammerman EM, Hill JM (2013) Intracerebral propagation of Alzheimer's disease: Strengthening evidence of a herpes simplex virus etiology. Alzheimers Dement 9, 169-175.

Lövheim H, Gilthorpe J, Adolfsson R, Nilsson LG, Elgh F (2014) Reactivated herpes simplex infection increases the risk of Alzheimer's disease. Alzheimers Dement. pii: S1552-5260(14)02421-2. doi: 10.1016/j.jalz.2014.04.522. [Epub ahead of print] http://www.ncbi.nlm.nih.gov/pubmed/?term=25043910

„Positivity for anti-HSV IgM, a sign of reactivated infection, was found to almost double the risk for AD, whereas the presence of anti-HSV IgG antibodies did not affect the risk."

Lövheim H, Gilthorpe J, Johansson A, Eriksson S, Hallmans G, Elgh F (2015) Herpes simplex infection and the risk of Alzheimer's disease: A nested case-control study. Alzheimers Dement. 11(6), 587-92. doi: 10.1016/j.jalz.2014.07.157. Epub 2014 Oct 7. https://www.ncbi.nlm.nih.gov/pubmed/25304990

Lövheim H, Gilthorpe J, Adolfsson R, Nilsson LG, Elgh F (2015) Reactivated herpes simplex infection increases the risk of Alzheimer's disease. Alzheimers Dement. 11(6), 593–9. doi: 10.1016/j.jalz.2014.04.522.
https://www.ncbi.nlm.nih.gov/pubmed/25043910

Mancuso R, Baglio F, Cabinio M, Calabrese E, Hernis A, Nemni R, Clerici M. (2014) Titers of herpes simplex virus type 1 antibodies positively correlate with grey matter volumes in Alzheimer's disease. J Alzheimers Dis. 38(4), 741-5. doi: 10.3233/JAD-130977.
http://www.ncbi.nlm.nih.gov/pubmed/24072067

Martin C, Aguila B, Araya P et al. (2014) Inflammatory and neurodegeneration markers during asymptomatic HSV-1 reactivation. J Alzheimers Dis 39, 849–859.

Bourgade K, Garneau H, Giroux G et al. (2015) Beta-amyloid peptides display protective activity against the human Alzheimer's disease-associated herpes simplex virus-1. Biogerontology 16, 85–98.

Bourgade K, Le PA, Bocti C, Witkowski JM, Dupuis G, Frost EH, Fulop T Jr (2016) Protective effect of amyloid-beta peptides against herpes simplex virus-1 infection in a neuronal cell culture model. J Alzheimers Dis, doi: 10.3233/JAD-150652.

Civitelli L, Marcocci ME, Celestino I et al. (2015) Herpes simplex virus type 1 infection in neurons leads to production and nuclear localization of APP intracellular domain (AICD): Implications for Alzheimer's disease pathogenesis. J Neurovirol 21, 480-490.

Gillet L, Frederico B, Stevenson PG (2015) Host entry by gamma-herpesviruses - lessons from animal viruses? Curr Opin Virol 15, 34–40.

Piacentini R, Li Puma DD, Ripoli C et al. (2015) Herpes simplex virus type-1 infection induces synaptic dysfunction in cultured cortical neurons via GSK-3 activation and intraneuronal amyloid-beta protein accumulation. Sci Rep 5, 15444.

Harris SA Harris EA (2015) Herpes Simplex Virus Type 1 and Other Pathogens are Key Causative Factors in Sporadic Alzheimer's Disease. Journal of Alzheimer's Disease, vol. Pre-print, no. Preprint, 1-35. http://content.iospress.com/articles/journal-of-alzheimers-disease/jad142853

Nian-Sheng Tzeng, Chi-Hsiang Chung, Fu-Huang Lin et al. (2018) Anti-herpetic Medications and Reduced Risk of Dementia in Patients with Herpes Simplex Virus Infections – a Nationwide, Population-Based Cohort Study in Taiwan. Neurotherapeutics pp 1-13 | Cite as DOI https://doi.org/10.1007/s13311-018-0611-x

https://link.springer.com/article/10.1007/s13311-018-0611-x#citeas

„The usage of anti-herpetic medications in the treatment of HSV infections was associated with a decreased risk of dementia. These findings could be a signal to clinicians caring for patients with HSV infections."

Readhead B, Haure-Mirande J-V, Funk CC et al. (2018) Multiscale Analysis of Independent Alzheimer's Cohorts Finds Disruption of Molecular, Genetic, and Clinical Networks by Human Herpesvirus. PlumXMetrics. doi: https://doi.org/10.1016/j.neuron.2018.05.023 https://www.cell.com/neuron/fulltext/S0896-6273(18)30421-5

"Construct multiscale networks of the late-onset Alzheimer's disease (AD)-associated virome and observe pathogenic regulation of molecular, clinical, and neuropathological networks by several common viruses, particularly human herpesvirus 6A and human herpesvirus 7".

HIV Virus

Stanley LC, Mrak RE, Woody RC et al. (1994) Glial cytokines as neuropathogenic factors in HIV infection: Pathogenic similarities to Alzheimer's disease. J Neuropathol Exp Neurol 53, 231-238.

Esiri MM, Biddolph SC, Morris CS (1998) Prevalence of Alzheimer plaques in AIDS. J Neurol Neurosurg Psychiatry 65, 29–33

Margolis L (2003) Cytokines–strategic weapons in germ warfare? Nat. Biotechnol. 21, 15–16 https://doi.org/10.1038/nbt0103-15 https://www.nature.com/articles/nbt0103-15

Lisco A, Vanpouille Ch, Margolis L (2009) War and Peace between Microbes: HIV-1 Interactions with Coinfecting Viruses. Short Review. Cell Host & Microbe Volume 6, Issue 5, 19 November 2009, Pages 403–408 https://doi.org/10.1016/j.chom.2009.10.010 https://www.sciencedirect.com/science/article/pii/S1931312809003540

„A new system biology approach may become helpful to describe the complex network of interactions between various viruses, in particular between HIV and other viruses in coinfected tissues. Systematic investigation of these interactions may result in the creation of a ‚Periodic Table of Microbes‘ (Margolis, 2003), which like the Periodic Table of Elements, will predict the effects of viruses on each other in the complex context of human body.“

Smith DB, Simmonds P, Bell JE (2014) Brain viral burden, neuroinflammation and neuro-degeneration in HAART-treated HIV positive injecting drug users. J Neurovirol 20, 28–38.

Bakterien und fehlgefaltete Proteine

Schaudinn, FR, Hoffmann, E (1905) Vorläufiger Bericht über das Vorkommen von Spirochaeten in syphilitischen Krankheitsprodukten und bei Papillomen. Arb. Gesundh.-Amt 22, 527–534, 2 Abb.

Schaudinn, FR, Hoffmann, E (1905) Über Spirochaeta pallida bei Syphilis u. d. Unterschiede dieser Form gegenüber anderen Arten dieser Gattung. Berliner Klin. Wschr. 42, 673. https://www.karger.com/Article/Pdf/404310

MacDonald, A. B. (1986) Borrelia in the brains of patients dying with dementia. J. Am. Med. Assoc. 256, 2195–2196.

MacDonald AB, Miranda JM (1987) Concurrent neocortical borreliosis and Alzheimer's disease. Hum Pathol 18(7), 759–61. Abstract

MacDonald AB (1988) Concurrent Neocortical Borreliosis and Alzheimer's Disease: Demonstration of a Spirochetal Cyst Form. Annals of the New York Academy of Sciences, Lyme Disease and Related Disorders. 539, 468–470

MacDonald AB (2006) Plaques of Alzheimer's disease originate from cysts of Borrelia burgdorferi, the Lyme disease spirochete, Medical Hypothesis, 67(3), 592–60

MacDonald AB (2006) Alzheimer's neuroborreliosis with trans-synaptic spread of infection and neurofibrillary tangles derived from intraneuronal spirochetes. Med Hypotheses 68(4), 822-5. Abstract

MacDonald AB (2006) Cystic borrelia in Alzheimer's disease and in non-dementia neuroborreliosis. Alzheimer's & Dementia: The Journal of the Alzheimer's Association, 2 (3), Supplement, Pages 207, 275, 433

MacDonald AB (2006) Alzheimer's & Dementia: The Journal of the Alzheimer's Association, 2 (3), Supplement, S207, S275, S433.

MacDonald AB (2006) Spirochetal cyst forms in neurodegenerative disorders, hiding in plain sight. Medical hypotheses,67(4), pp.819–832. Elsevier Medical Publishers

MacDonald AB (2007) Alzheimer's disease Braak Stage progressions: reexamined and redefined as Borrelia infection transmission through neural circuits. Med Hypotheses. 68(5), 1059–64

MacDonald AB (2007) Alzheimer's neuroborreliosis with trans-synaptic spread of infection and neurofibrillary tangles derived from intraneuronal spirochetes. Med Hypotheses. 68(4), 822–5.

MacDonald, A. B. (2008) (on-line manuscript). Plaques of Alzheimers disease originate from cysts of Borrelia burgdorferi, the Lyme disease spirochete. Manuscript no. YMEHY-D-06-00134R1. Elsevier Editorial System™ for Medical Hypotheses. 5 pp.

MacDonald A, Grier TM, Pierce PK (2016) Diffuse cortical Lewy body dementia – two cases – linked by FISH studies of DNA hybridization and immunohistochemtry to tertiary Borrelia burgdorferi brain infection. https://f1000research.com/%20posters/5-127

Pappolla MA, Omar R, Saran B, et al. (1989) Concurrent neuroborreliosis and Alzheimer's disease: analysis of the evidence. Hum Pathol 20(8), 753–7. Abstract

Miklossy J, Kuntzer T, Bogousslavsky J, Regli F, Janzer RC. (1990) Meningovascular form of neuroborreliosis: Similarities between neuropathological findings in a case of Lyme disease and those occurring in tertiary neurosyphilis. Acta Neuropathol 80. 568–572.

Miklossy J (1993) Alzheimer's disease - A spirochetosis? Neuroreport 4(7), 841–8.

Miklossy J (1993) Alzheimer's disease--a spirochetosis? Neuroreport 4(9), 1069. Full Citation

Miklossy J, Kasas S, Janzer RC, et al. (1994) Further ultrastructural evidence that spirochaetes may play a role in the aetiology of Alzheimer's disease. Neuroreport 5(10), 1201–4. Abstract

Miklossy J (1998) Chronic inflammation and amyloidogenesis in Alzheimer's disease: Putative role of bacterial peptidoglycan, a potent inflammatory and amyloidogenic factor. Alzheimers Rev 3, 45–51.

Miklossy J, Khalili K, Gern L, et al. (2004) Borrelia burgdorferi persists in the brain in chronic lyme neuroborreliosis and may be associated with Alzheimer disease. J Alzheimers Dis 6(6), 639–49; discussion 673–681. Abstract

Miklossy J, Kis A, Radenovic A, Miller L, Forro L, Martins RN, Reiss K, Darbinian N, Darekar P, Mihaly L, Khalili K. (2006) Beta-amyloid deposition and Alzheimer's type changes induced by Borrelia spirochetes. Neurobiol Aging 27, 228–236.

Miklossy J, Rosemberg S, McGeer PL (2006) Beta amyloid deposition in the atrophic form of general paresis in Alzheimer's Disease. New advances. Proceedings of the 10th International Congress on Alzheimer's Disease (ICAD). Iqbal K, Winblad B, Avila J, eds. Medimond, International Proceedings, pp. 429–433.

Miklossy J , Kis A, Radenovic A, Miller L, Forro L, Martins R, Reiss K, Darbinian N, Darekar P Mihaly L, Khalili K (2006)

Beta-amyloid deposition and Alzheimer's type changes induced by Borrelia spirochetes. Neurobiol Aging 27, 228-236.

Miklossy J. (2008) Chronic inflammation and amyloidogenesis in Alzheimer's disease - role of spirochetes. J. Alzheimer's Dis. 13(4), 381-391 http://www.j-alz.com/issues/13/vol13-4.html Abstract

Miklossy J. (2008) Biology and neuropathology of dementia in syphilis and Lyme disease. In Handbook of Clinical Neurology, 89 (3rd series) C Duyckaerts, I Litvan, Editors, 2008, Elsevier B.V. Chapter of Handbook of Neurology Handbook of Clinical Neurology,89, 825–44

http://www.miklossy.ch/media/ChapterHandbookClinNeurolFinalPdf.pdf

Miklossy J, Kasas S, Zurn AD, McCall S, Yu S, McGeer PL. (2008) Persisting atypical and cystic forms of Borrelia burgdorferi and local inflammation in Lyme neuroborreliosis. J. Neuroinflammation. 5, 40 doi: 10.1186/1742-2094-5-40.

Miklossy J (2011) Emerging roles of pathogens in Alzheimer disease. Expert Rev Mol Med e30. Abstract

Miklossy J. (2012) Chronic or late lyme neuroborreliosis: analysis of evidence compared to chronic or late neurosyphilis. Open Neurol J. 6, 146-57 http://www.ncbi.nlm.nih.gov/pubmed/23346260

Miklossy J. (2013) Lyme Neuroborreliosis, Lyme Dementia and Alzheimer's Disease

http://www.youtube.com/watch?v=RftuNfcFxB4&list=PLbSMktQUOGfVVSaMBLyTNPW59MrR2EKvg

Miklossy Y (2014) Letter to the editor. The lack of correlation between the incidence of Lyme disease and deaths due to Alzheimer's disease cannot reflect the lack of involvement of Borrelia burgdorferi in Alzheimer's dementia. http://j-alz.com/node/384

Miklossy J (2015) Historic evidence to support a causal relationship between spirochetal infections and Alzheimer's disease. Frontiers in Aging Neuroscience. 7(46), 1–12. 1- doi: 10.3389/fnagi.2015.00046

http://journal.frontiersin.org/article/10.3389/fnagi.2015.00046/full

http://journal.frontiersin.org/article/10.3389/fnagi.2015.00046/abstract

Miklossy J, McGeer PL (2016) Common mechanisms involved in Alzheimer's disease and type 2 diabetes: a key role of chronic bacterial infection and inflammation. Aging (Albany NY). 8(4), 575–88. doi: 10.18632/aging.100921. https://www.ncbi.nlm.nih.gov/pubmed/26961231

„This article reviews the evidence for the presence of local inflammation and bacteria in type 2 diabetes and discusses host pathogen interactions in chronic inflammatory disorders. Chlamydophyla pneumoniae, Helicobacter pylori and spirochetes are demonstrated in association with dementia and brain lesions in AD and islet lesions in type 2 diabetes."

Riviere GR, Weisz SK, Adams DF, Thomas DD (1991) Pathogen-related oral spirochetes from dental plaque are invasive. Infect Immun 59, 3377–3380

Riviere GR, Riviere KH, Smith KS (2002) Molecular and immunological evidence of oral Treponema in the human brain and their association with Alzheimer's disease. Oral Microbiol Immunol 17, 113–118

Waniek C, Prohovnik I, Kaufman MA, Dwork AJ. (1995) Rapidly progressive frontal-type dementia associated with Lyme disease. J Neuropsychiatry Clin Neurosci. 7(3), 345-7

Balin BJ, Gérard HC, Arking EJ et al. (1998) Identification and localization of Chlamydia pneumoniae in the Alzheimer's brain. Med Microbiol Immunol 187, 23–42 http://www.ncbi.nlm.nih.gov/pubmed/9749980

Green DA, Masliah E, Vinters HV, Beizai P, Moore DJ, Achim CL (2005) Brain deposition of beta-amyloid is a common pathologic feature in HIV positive patients. AIDS 19, 407-411.

Meer-Scherrer L, Chang Loa C, Adelson ME, et al. (2006) Lyme disease associated with Alzheimer's disease. Curr Microbiol 52(4), 330–2. Abstract

Blanc F, Philippi N, Cretin B, Kleitz C, Berly L, Jung B, Kremer S, Namer IJ, Sellal F, Jaulhac B, de Seze J. (2014) Lyme Neuroborreliosis and Dementia. J Alzheimers Dis. 41(4), 1087-93. doi: 10.3233/JAD-130446. PMID: 24762944

Allen HB, Morales D, Jones K, Joshi S (2016) Alzheimer's Disease: A Novel Hypothesis Integrating Spirochetes, Biofilm, and the Immune System. J Neuroinfect Dis 7, 200. doi: 10.4172/2314–7326.1000200

Allen HB (2016) Alzheimer's disease: Assessing the Role of Spirochetes, Biofilms, the Immune System, and Beta Amyloid with regard to potential Treatment and Prevention. J Alz Dis. 53, 1271–1276

Allen HB, Allawh RM, Gresham K, Donnelly K, Goyal K (2018) Tertiary Lyme Disease. Clin Microbiol 7, 309. doi: 10.4172/2327-5073.1000309

https://www.omicsonline.org/open-access/tertiary-lyme-Disease-2327-5073-1000309.pdf

"We postulate that our patient with dementia had tertiary Lyme disease because Lyme spirochetes have been cultured from Alzheimer's disease brains and because PCR findings have also confirmed the presence of Borrelia burgdorferi. We have shown how the spirochetes are likely responsible for the biofilms in the organs involved; such biofilms are integral to the pathology noted in the disorders in question. We discuss how biofilm dispersers together with bactericidal antibiotics are or are not effective in treatment."

Ide M, Harris M, Stevens A et al. (2016) Periodontitis and Cognitive Decline in Alzheimer's Disease. PLoS One. 11(3), e0151081. doi: 10.1371/journal.pone.0151081. eCollection 2016. http://www.ncbi.nlm.nih.gov/pubmed/26963387 http://journals.plos.org/plosone/article?id=10.1371/journal.pone.0151081

„Our data showed that periodontitis is associated with an increase in cognitive decline in Alzheimer's Disease, independent to baseline cognitive state, which may be mediated through effects on systemic inflammation."

Chen CK, Wu YT, Chang YC (2017) Association between chronic periodontitis and the risk of Alzheimer's disease: a retrospective, population-based, mactched-cohort study. Alzheimers Res Ther. 9, 56.

Bastian FO (2017) Combined Creutzfeldt-Jakob/ Alzheimer's Disease Cases are Important in Search for Microbes in Alzheimer's Disease. J Alzheimers Dis. 56(3), 867–873. doi: 10.3233/JAD-160999. https://www.ncbi.nlm.nih.gov/pubmed/28059790

Alonso R, Pisa D, Fernández-Fernández AM, Carrasco L (2018) Infection of Fungi and Bacteria in Brain Tissue From Elderly Persons and Patients With Alzheimer's Disease. Front. Aging Neurosci., https://doi.org/10.3389/fnagi.2018.00159 https://www.frontiersin.org/articles/10.3389/fnagi.2018.00159/full

Chlamydia pneumoniae

Balin BJ, Gérard HC, Arking EJ et al. (1998) Identification and localization of Chlamydia pneumoniae in the Alzheimer's brain. Med Microbiol Immunol 187, 23–42 http://www.ncbi.nlm.nih.gov/pubmed/9749980

Balin BJ, Little CS, Hammond CJ, Appelt DM, Whittum-Hudson JA, Gérard HC, Hudson AP (2008) Chlamydophila pneumoniae and the etiology of late-onset Alzheimer's disease. J Alzheimers Dis 13, 371–380. http://stephanie-on-health.blogspot.com/2009/12/10-evidence-that-infection-is.html

Balin BJ Hudson AP (2014) Etiology and pathogenesis of late-onset Alzheimer's disease. Curr Allergy Asthma Rep 14, 417.

Little CS, Hammond CJ, MacIntyre A et al. (2004) Chlamydia pneumoniae induces Alzheimer-like amyloid plaques in brains of BALB/c mice. Neurobiol Aging 25, 419–429.

Little CS, Bowe A, Lin R, Litsky J, Fogel RM, Balin BJ, Fresa-Dillon KL (2005) Age alterations in extent and severity of experimental intranasal infection with Chlamydophila pneumoniae in BALB/c mice. Infect Immun 73, 1723–1734.

Boelen E, Stassen FR, van der Ven AJ et al. (2007) Detection of amyloid beta aggregates in the brain of BALB/c mice after Chlamydia pneumoniae infection. Acta Neuropathol 114, 255–261

Maheshwari P, Eslick GD. (2014) Bacterial Infection and Alzheimer's Disease: A Meta-Analysis. J Alzheimers Dis. http://www.ncbi.nlm.nih.gov/pubmed/25182736

„We found over a ten-fold increased occurrence of AD when there is detectable evidence of spirochetal infection (OR: 10.61; 95% CI: 3.38-33.29) and over a four-fold increased occurrence of AD in a conservative risk estimate (OR 4.45; 95% CI: 2.33-8.52). We found over a five-fold increased occurrence of AD with Cpn infection (OR 5.66; 95% CI: 1.83-17.51). This study shows a strongly positive association between bacterial infection and AD."

Maheshwari P, Estlick GD (2015) Bacterial infection and Alzheimer's disease: a meta-analysis. J Alzheimer Dis 43(3) 957–66 http://www.ncbi.nlm.nih.gov/pubmed/?term=25182736

„We found over a five-fold increased occurrence of AD with Cpn infection (OR: 5.66; 95% CI: 1.83-17.51). This study shows a strongly positive association between bacterial infection and AD."

Proprioni bacterium acnes

Kornhuber HH (1995) Chronic anaerobic cortical infection in Alzheimer's disease: Propionibacterium acnes. Neurol Psych Brain Res 3, 177–182.

Kornhuber HH (1996) Propionibacterium acnes in the cortex of patients with Alzheimer's disease. Eur Arch Psychiatry Clin Neurosci 246, 108–109.

Helicobacter pylori

Kountouras J, Tsolaki M, Gavalas E et al. (2006) Relationship between Helicobacter pylori infection and Alzheimer disease. Neurology 66, 938–940.

Porphyromonas gingivalis

Dominy SS, Lynch C, Ermini F et al. (2019) Porphyromonas gingivalis in Alzheimer's disease brains: Evidence for disease causation and treatment with small-molecule inhibitors. Science Advances 5(1), eaau3333 doi: 10.1126/sciadv.aau3333 http://advances.sciencemag.org/content/5/1/eaau3333

MacKenzie D (2019) The hidden cause of disease. New Scientist 243(3242), 42-46 https://doi.org/10.1016/S0262-4079(19)31488-5 https://www.sciencedirect.com/science/article/pii/S0262407919314885

Mycoses, Fungi

Pisa D, Alonso R, Juarranz A, Rábano A, Carrasco L (2013) Direct Visualization of Fungal Infection in Brains from Patients with Alzheimer's Disease. J Alzheimers Dis. [Epub ahead of print] http://www.ncbi.nlm.nih.gov/pubmed/25125470

„Our findings provide an explanation for the hitherto elusive detection of fungi in AD brains, and are consistent with the idea that fungal cells are internalized inside neurons."

Pisa D, Alonso R, Juarranz A, Rábano A, Carrasco L (2015) Direct visualization of fungal infection in brains from patients with Alzheimer's disease. J Alzheimers Dis 43, 613–624

Pisa D, Alonso R, Rabano A, Rodal I, Carrasco L (2015) Different brain regions are infected with fungi in Alzheimer's disease. Sci Rep 5, 15015.

Pisa D, Alonso R, Fernández-Fernández AM et al. (2017) Polymicrobial Infections In Brain Tissue From Alzheimer's Disease Patients. Sci Rep. 7(1), 5559. doi: 10.1038/s41598-017-05903-y. https://www.ncbi.nlm.nih.gov/pubmed/28717130

„Finally, several structures that could belong to fungi or prokaryotes were detected using peptidoglycan and Clostridium antibodies, and PCR analysis revealed the presence of several bacteria in frozen brain tissue from AD patients. Thus, our results show that polymicrobial infections consisting of fungi and bacteria can be revealed in brain tissue from AD patients."

Alonso R, Pisa D, Rábano A, Carrasco L (2014) Alzheimer's disease and disseminated mycoses. European Journal of Clinical Microbiology & Infectious Diseases
http://link.springer.com/article/10.1007/s10096-013-2045-z

Alonso R, Pisa D, Marina AI et al. (2014) Fungal infection in patients with Alzheimer's disease. J Alzheimers Dis 41, 301–311.

Alonso R, Pisa D, Aguado B, Carrasco L (2017) Identification of Fungal Species in Brain Tissue from Alzheimer's Disease by Next-Generation Sequencing. J Alzheimers Dis. doi: 10.3233/JAD-170058. [Epub ahead of print] https://www.ncbi.nlm.nih.gov/pubmed/28387676

„Five genera were common to all nine patients: Alternaria, Botrytis, Candida, Cladosporium, and Malassezia. These observations could be used to guide targeted antifungal therapy for AD patients. Moreover, the differences found between the fungal species in each patient may constitute a basis to understand the evolution and severity of clinical symptoms in AD“.

Alonso R, Pisa D, Fernández-Fernández AM, Carrasco L (2018) Infection of Fungi and Bacteria in Brain Tissue From Elderly Persons and Patients With Alzheimer's Disease. Front. Aging Neurosci., https://doi.org/10.3389/fnagi.2018.00159
https://www.frontiersin.org/articles/10.3389/fnagi.2018.00159/full

AlzForum (2015) Dementia à la Mold? Fungi May Lurk in Alzheimer's Brains
https://groups.google.com/forum/m/#!topic/alt.health/Ddh23yeO4E4

Protozoen

Tooran NC, Sarvi Sch, Moosazadeh M et al. (2019) Is Toxoplasma gondii a potential risk factor for Alzheimer's disease? A systematic review and meta-analysis. https://doi.org/10.1016/j.micpath.2019.103751

„Results of this meta-analytic study suggested that *T. gondii* can be considered a risk factor for the development of AD and exacerbation of its symptoms.“

Fadenwürmer, Dirofilarien/Mikrofilarien, Nematoden

INNES JR, SHOHO C (1952) Nematodes, nervous disease, and neurotropic virus infection; observations in animal pathology of probable significance in medical neurology. Br Med J. 2(4780), 366–8. PMID: 14944823 PMCID: PMC2021051
http://www.ncbi.nlm.nih.gov/pmc/articles/PMC2021051/

INNES JR, SHOHO C (1953) Cerebrospinal nematodiasis: focal encephalomyelomalacia of animals caused by nematodes (Setaria digitata); a disease which may occur in man. AMA Arch Neurol Psychiatry. 70(3), 325-49. PMID: 13079357 http://www.ncbi.nlm.nih.gov/pubmed/13079357

Beaver PC, Burgdorfer WA (1984) Microfilaria of exceptional size from the Ixodid tick, Ixodes dammini from Shelter Island New York. J. Parasitol. 70, 963–966.

Beaver PC, Burgdorfer W (1987) Critical Comment. Microfilaria of Exceptional Size Is Larva of Muspiceoid Nematode [Corrected]. J Parasitol 73(2), 389. PMID: 3585633

Bongers T, Ferris H (1999) Nematode community structure as a bioindicator in environmental monitoring. Trends Ecol Evol, 14(6), 224–228, doi: 10.1016/S0169-5347(98)01583-3

Auer H (2004) Die Dirofilariose des Menschen – Epidemiologie und Nosologie einer gar nicht so seltenen Parasitose in Österreich (Nematoda, Spirurida, Onchocercidae) Denisia 13 | 17.09.2004 | 463–471 https://www.zobodat.at/pdf/DENISIA_0013_0463-0471.pdf

Pozio E (2007) World distribution of Trichinella spp. infections in animals and humans. In: Veterinary Parasitology, 149(1–2) 3–21, doi: 10.1016/j.vetpar.2007.07.002 [Trichinen, Nematodes]

McDonald A (2016) Parasitic Nematode Worms and Borrelia in Alzheimer's: https://spirodementia.wordpress.com/parasitic-nematode-worms-and-borrelia-in-alzheimers-poster-june-2016/

Click here to return to Section gateway - Borrelia Endosymbionts and Parasitic Nematode Worms in Alzheimer's Disease

Wendt S (2019) Diagnostik und Therapie des Madenwurmbefalls. Dtsch. Ärztebl. 116(13), 213–219 [Fadenwürmer, Dirofilarien/Mikrofilarien, Nematoden]

Mehlhorn H (2012) Die Parasiten des Menschen. Springer Spektrum. ISBN 978-3-8274-2270-5

Air pollution, Nanopartikel

Kirschvink JL, Kobayashi-Kirschvink A, Woodford BJ (1992) Magnetite biomineralization in the human brain. Proceedings of the National Academy of Sciences of the United States of America, 89 (16). pp. 7683-7687. ISSN 0027-8424. http://resolver.caltech.edu/CaltechAUTHORS:20130211-134215131

http://web.gps.caltech.edu/~jkirschvink/pdfs/PNASbrain-Magnetite.pdf

Pankhurst Q, Hautot D, Khan N, Dobson J (2008) Increased levels of magnetic iron compounds in Alzheimer's disease. J Alzheimers Dis. 13(1), 49–52. http://www.ncbi.nlm.nih.gov/pubmed/18334756

Moulton PV, Yang W (2012) Air Pollution, Oxidative Stress, and Alzheimer's Disease. Review Article. Journal of Environmental and Public Health. Volume 2012 (2012), Article ID 472751, 9 pages http://dx.doi.org/10.1155/2012/472751 https://www.hindawi.com/journals/jeph/2012/472751/citations/

Teller S, Tahirbegi IB, Mir M et al. (2015) Magnetite-Amyloid-β deteriorates activity and functional organization in an in vitro model for Alzheimer's disease. Scientific Reports, 5, 17261

https://www.readbyqxmd.com/read/26608215/magnetite-amyloid-%C3%AE-deteriorates-activity-and-functional-organization-in-an-in-vitro-model-for-alzheimer-s-disease

Chau-Ren Jung, Yu-Ting Lin, Bing-Fang Hwang (2015) Ozone, Particulate Matter, and Newly Diagnosed Alzheimer's Disease: A Population-Based Cohort Study in Taiwan. J.Alzheimer Dis. 44(2), 573-84 http://www.pubfacts.com/detail/25310992/Ozone-particulate-matter-and-newly-diagnosed-Alzheimers-disease-a-population-based-cohort-study-in-T

Toxine

Strubelt O (1989) Gifte in unserer Umwelt. Toxische Gefahren von Arsen bis Zyankali. Deutsche Verlags-Anstalt Stuttgart. ISBN 3-421-02754-4

Daunderer M (1999) Gifte im Alltag. Wo sie vorkommen, wie sie wirken und wie man sich dagegen schützt. Becksche Reihe. ISBN 3 406 42095 8 [Toxine]

Clausen A (2009) Künftig mit Warnhinweis: Azofarbstoffe in Lebensmitteln. UGB-Forum 5, 245–248

https://www.ugb.de/lebensmittel-im-test/azofarbstoffe-in-lebensmitteln/druckansicht.pdf

Wood JM et al. (2009) Senile hair graying: H2O2-mediated oxidative stress affects human hair color by blunting methionine sulfoxide repair. In: The FASEB Journal. 23(7), 2065–2075, https://pubmed.ncbi.nlm.nih.gov/19237503/ doi: 10.1096/fj.08-125435.

Kanda T, Ishii K, Kawaguchi H et al. (2013) High Signal Intensity in the Dentate Nucleus and Globus Pallidus on Unenhanced T1-weighted MR Images: Relationship with Increasing Cumulative Dose of a Gadolinium-based Contrast Material. Radiology. 131669, doi: 10.1148/radiol.13131669.

Samsel A, Seneff S (2015) Glyphosate, pathways to modern diseases III: Manganese, neurological diseases, and associated pathologies. Surg Neurol Int. 6, 45. Published online 2015 Mar 24. doi: 10.4103/2152-7806.153876 PMCID: PMC4392553 http://www.ncbi.nlm.nih.gov/pmc/articles/PMC4392553/

„A recent study on cows fed genetically modified Roundup®-Ready feed revealed a severe depletion of serum Mn. Glyphosate, the active ingredient in Roundup®, has also been shown to severely deplete Mn levels in plants. … Here, we investigate the impact of Mn on physiology, and its association with gut dysbiosis as well as neuropathologies such as autism, Alzheimer's disease (AD), depression, anxiety syndrome, Parkinson's disease (PD), and prion diseases.“ [Autismus, Alzheimer, Depression, Angstkrankheit, Parkinson, Prionenkrankheit]

Portelius E, Durieu E, Bodin M et al. (2016) Specific Triazine Herbicides Induce Amyloid-β42 Production. J Alzheimers Dis. http://www.ncbi.nlm.nih.gov/pubmed/27589520

„In conclusion, several widely used triazines enhance the production of toxic, aggregation prone Aβ42/Aβ43 amyloids, suggesting the possible existence of environmental "Alzheimerogens" which may contribute to the initiation and propagation of the amyloidogenic process in late-onset AD.“

Killin LOJ, Starr JM, Shiue IJ, Russ TC (2016) Environmental risk factors for dementia: a systematic review BMC GeriatricsBMC series - open, inclusive and trusted 201616, 175 doi: 10.1186/s12877-016-0342-y http://bmcgeriatr.biomed-central.com/articles/10.1186/s12877-016-0342-y

„There is at least moderate evidence implicating the following risk factors: air pollution; aluminium; silicon; selenium; pesticides; vitamin D deficiency; and electric and magnetic fields."

Pretorius E, Bester J, Kell DB (2016) A Bacterial Component to Alzheimer's-Type Dementia Seen via a Systems Biology Approach that Links Iron Dysregulation and Inflammagen Shedding to Disease. J Alzheimers Dis. 53(4), 1237–56. doi: 10.3233/JAD-160318. https://www.ncbi.nlm.nih.gov/pmc/articles/PMC5325058/ https://www.ncbi.nlm.nih.gov/pubmed/27340854

https://www.researchgate.net/publication/319664120_A_bacterial_component_to_Alzheimer%27s-type_dementia_seen_via_a_systems_biology_approach_that_links_iron_dysregulation_and_inflammagen_shedding_to_disease

„We review the evidence that iron dysregulation is one of the central causative pathway elements here, as this can cause each of the above effects. In addition, we review the evidence that dormant, non-growing bacteria are a crucial feature of AD, that their growth in vivo is normally limited by a lack of free iron, and that it is this iron dysregulation that is an important factor in their resuscitation. Indeed, bacterial cells can be observed by ultrastructural microscopy in the blood of AD patients."

Mirza A, King A, Troakes C, Exley C (2017) Aluminium in brain tissue in familial Alzheimer's disease. Journal of Trace Elements in Medicine and Biology 40, 30–36

„The unique quantitative data and the stunning images of aluminium in familial Alzheimer's disease brain tissue raise the spectre of aluminium's role in this devastating disease".

Liste der Zusatzstoffe und E-Nummern. https://www.lebensmittelverband.de/de/lebensmittel/inhaltsstoffe/zusatzstoffe/liste-lebensmittelzusatzstoffe-e-nummern [Toxine]

Literatur Bakterienpersister und pleomorphe Bakterienformen

Huismans BD Pleomorphe Formen der Bakterien. http://www.erlebnishaft.de/stressvar1.pdf http://www.erlebnishaft.de/stressvar2.pdf

Huismans BD Koch's Postulate im 21. Jahrhundert. http://www.xerlebnishaft.de/expand_koch_post.pdf

Huismans BD Ribosenukleinsäuren, RNA, mRNA http://www.xerlebnishaft.de/rna.pdf

Huismans BD Xenoautophagie http://www.xerlebnishaft.de/xenoautophagie.pdf

Huismans BD Stressvarianten Borrelien http://www.erlebnishaft.de/kommentstressvar2.pdf

Huismans BD Lebensstrukturenvergleich http://www.xerlebnishaft.de/lebensstrukturenvergleich.pdf.

Davaine (1864) Bacteridien. Compt. rend. LIX 429 LX 1296 Arch. Géneral p.498

Cohn F (1872) Über Bakterien, die kleinsten lebenden Wesen. Sammlung gemeinverständlicher wissenschaftlicher Vorträge, herausgegeben von Rud. Virchow und Fr.v. Holzendorff. VII. Serie. Heft 165. Berlin, C.B. Lüdertzsche Verlagsb. Carl Habel. [Bakterien]

Eberth CJ (1880) Die Organismen in den Organen bei Typhus abdominalis. Arch. f. path.Anat. 81 („Eberth-Koch'sche Varianten")

Russell W (1890) An address on a characteristic organism of cancer. Br Med J. 2,1356-1360

Russell W (1899) The parasite of cancer. Lancet. 1, 1138–1141.

Béchamp A (1911) The Blood and its Third Element. Reprint 2002 Metropolis INK ISBN 0-9579858-7-8

Löhnis F (1916) Life cycles of bacteria. J. Agric. Res. 6, 675-702.

Enderlein G (1916) Bakterien-Cyclogenie. Nachdruck 1981, Semmelweis-Institut Hoya [Pleomorphismus]

Young J (1921) Description of an organism obtained from carcinomatous growths. Edinburgh Med J. 27, 212-221.

Almquist E (1922) Variation and life cycles of pathogenic bacteria. J.Infect.Dis. 31, 483–493

Douglas Hume E (1923) Béchamp or Pasteur. A lost chapter in the History of Biology.2006

www.Béchamp.org Castlemaine, Australia [Microzymas]

Scott MJ (1925) The parasitic origin of carcinoma. Northwest Med. 24:162–166

Klieneberger E (1931) Die heutigen Auffassungen der verschiedenen Formen der Bakterienzellen einer Art. Klinische Wochenschrift. 10, 31ff http://link.springer.com/article/10.1007%2FBF01749944#page-1

Kendall AI. (1931) OBSERVATIONS UPON THE FILTERABILITY OF BACTERIA, INCLUDING A FILTERABLE ORGANISM OBTAINED FROM CASES OF INFLUENZA. Science.74(1910),129-39.

http://www.ncbi.nlm.nih.gov/pubmed/17782489

„1. The isolation of a filter-passing diplococcus from the blood of certain cases of influenza by means of a special cultural medium is described. The experimental effects of this organism, while in the filterable state, upon rabbits, is discussed. 2. A procedure is formulated for inducing at will both a filterable and a non-filterable state in bacteria. Mention is made of a series of experiments in which both the filterable and the non-filterable state has thus been induced in a series of well-known bacteria comprising a variety of types. 3. It is postulated that a majority, if not all, known bacteria can and do exist in a filterable and in a non-filterable state. 4. A preliminary report of the isolation of microbes in the blood, not only of cases of influenza, but also from common cold, rheumatic fever, arthritis, from Staphylococcus bacteriophage and Besredka's Staphylococcus Antivirus is presented in evidence of the ubiquity of the procedure. 5. An explanation of the chemical basis for the existence of bacteria, both in the filterable and non-filterable states, in the animal and human body, and in culture, is proferred. 6. The relation of this chemical concept to microbic infection, and the state of microbes in the body during infection is discussed.“

Hobby GL, Meyer K, Chaffee E. (1942) Observations on the mechanism of action of penicillin. Proc Soc Exp Biol NY 50, 281-285. Article http://ebm.sagepub.com/content/50/2/281

GORDON J, GORDON M (1943) Involution forms of the genus Vibrio produced by glycine. J. Path. Bact. 55, 63.

Bigger JW. (1944) Treatment of staphylococci infections with penicillin by intermittent sterilization. Lancet 244, 497–500 https://www.researchgate.net/publication/245591240

KLIENEBERGER-NOBEL E (1947) Morphological appearances of various stages in B. proteus and coli. J. Hyg., Carnb., 45, 410.

Dienes, L (1947). Further observations on the reproduction of bacilli from large bodies in Proteus cultures. Proc Soc Exp Biol Med, 66, 97–98.

KLIENEBERGER-NOBEL E (1949) Origin, development and significance of L-forms in bacterial cultures. J. gen. Microbiol. 3, 434.

KLIENEBERGER-NOBEL E1949) On Streptobacillus moniliforrnis and the filtrability of its L-form. J. Hyg., Carnb. 47, 393.

KLIENEBERGER-NOBEL E (1949) Origin, development and significance of L-forms in bacterial cultures. J. gen. Microbiol. 3, 434–442.

FLEMING A, VOUREKA A, KRAMER IRH, HUGHES WH (1950) The morphology and motility of Proteus vulgaris and other organisms cultured in the presence of penicillin. J. gen. Microbiol. 4, 257.

DELAMATER ED, HAANESM H, WIGGALL RH, PILLSBURY DM (1951) STUDIES ON THE LIFE CYCLE OF SPIROCHETES. VIII. SUMMARY AND COMPARISON OF OBSERVATIONS ON VARIOUS ORGANISMS. THE JOURNAL OF INVESTIGATIVE DERMATOLOGY 16, 231–56 http://lymerick.net/1951-Delamater.htm

Klieneberger-Nobel E (1951). Filterable forms of bacteria. Bacteriol Rev, 15(2), 77–103

Klieneberger-Nobel E (1951) The L-cycle: a Process of Regeneration in Bacteria. Journal of general microbiology, 5(3), 525–30.

https://www.microbiologyresearch.org/docserver/fulltext/micro/5/3/mic-5-3-525.pdf?expires=1617003417&id=id&acname=guest&checksum=B6A17BB2FCE632B483EC4C8D72B0D3DD
https://pubmed.ncbi.nlm.nih.gov/14873898/

Dienes L, Weinberger HJ (1951) The L-forms of bacteria. Bacteriol. Rev. 15, 245–283.

Vigouroux J, Hannoun C (1956) Spontaneous appearance in vivo of L-forms of bacteria; their possible importance in infectious pathology Comptes rendus hebdomadaires des séances de l'Académie des sciences. 242(21), 2603–2606.

Hannoun C, Vigouroux J (1957) Study of L-forms of bacteria appearing spontaneously in vivo. I. Biological properties and pathogenic power Annales de l'Institut Pasteur. 91(6), 912–927.

Hannoun C, Vigouroux J (1957) Study of L-forms of bacteria appearing spontaneously in vivo. II. Peculiar character of granular elements Annales de l'Institut Pasteur. 92(1), 112–122.

Hannoun C, Vigouroux J, Levaditi J, Nazimoff O (1957) L-forms of bacteria appearing spontaneously in vivo. III. Comparative histopathology of lesions induced by normal bacteria and their modified forms Annales de l'Institut Pasteur. 92(2), 231–8.

Hannoun C, Vigouroux J, Schneider J (1957) Isolation of granular forms of bacteria in two cases of malignant endocarditis with negative or becoming negative hemoculture. La Presse medicale 65(72), 1608–1611

Klieneberger-Nobel E (1960) L-Forms of bacteria. Bacteriol. Rev.Vol.1: Structure,Gunsalus IC, Stanier RY Eds., Academic Press, NY 361

Reploh H, Otte HJ (1961) Lehrbuch der Medizinischen Mikrobiologie und Infektionskrankheiten. Gustav Fischer Verlag. Stuttgart.

Diller IC Diller WF (1965) Intracellular acid-fast organisms isolated from malignant tissues. Trans Amer Micr Soc. 84,138–148

Pratt B (1966) Cell-wall deficiencies in L-forms of Staphylococcus aureus. J Gen Microbiol, 42,115–22

Ovcinnikov NM, Delektorskij VV (1966) Morphology of Treponema pallidum. Bull. Org. mond. Sante 35, 223–229 Bull. Wid Hlth Org.J

Charache P (1968) Atypical bacterial forms in human disease, in Microbial Protoplasts, Spheroplasts, and L-Forms, Guze LB, Ed., Williams & Wilkins, Baltimore, 484–494

Mattman LH (1968) L-forms isolated from infections. In Microbiol Protoplasts, Spheroplasts and L-Forms. Guze LB, Ed., Williams & Wilkins, Baltimore, 472–483

Warren SL, Marmor L, Liebes DM, Hollins RL (1969) Congenital transmission in mice of an active agent from human rheumatoid arthritis. Nature. 223(5206), 646–7 PMID: 5799548

McDermott W (1969) Microbial persistence. Harvey Lectures 63, 1–31

Feingold DS (1969) Biology and pathogenicity of microbial spheroplasts and l-forms. N Engl J Med. 281(21), 1159-70. http://www.ncbi.nlm.nih.gov/pubmed/4899869

Charache P (1970) Cell wall defective bacterial variants in human disease. Ann. N.Y. Acad. Sci. 174, 903–911.

Hölzl Wallach DF, Fischer H ed. (1971) The Dynamic Structure of Cell Membranes. 22. Colloquium der Gesellschaft für biologische Chemie 15.-17. April 1971 in Mosbach / Baden. Springer-Verlag Berlin Heidelberg New York. http://www.springer.com/de/book/9783642653063

Singer SJ, Nicolson GL (1972) The Fluid Mosaic Model of the Structure of Cell Membranes. Science. 175 (4023), 720–731. Bibcode:1972Sci...175..720S. doi: 10.1126/science.175.4023.720. JSTOR 1733071. PMID 4333397. S2CID 83851531.

Wuerthele-Caspe Livingston V, Livingston AM (1972) Demonstration of Progenitor cryptocides in the blood of patients with collagen and neoplastic diseases. Trans NY Acad Sci. 174 (2), 636–654.

Butler HM, Blakey JL (1975) A review of bacteria in L-phase and their possible clinical significance. The Medi. J. of Australia, 2(12), 463–7.

Cantwell A (1982) Variably acid–fast cell wall–deficient bacteria as a possible cause of dermatologic disease. In: Cell Wall Deficient Bacteria : Basic Principles and Clinical Significance. Domingue GJ (2d.) pp. 321–360 Addison Weley Publishing Co., Reading, PA, USA http://www.discoverymedicine.com/Gerald-J-Domingue/2010/09/23/demystifying-pleomorphic-forms-in-persistence-and-expression-of-disease-are-they-bacteria-and-is-peptidoglycan-the-solution/

Domingue GJ (ed.) Reviewed by Stephen C. Edberg (1983) Cell Wall Deficient Bacteria: Basic Principles and Clinical Significance. Addison Wes ley Publishing Co., Reading, PA, USA

Enby EOH (1984) Mikroben ähnliche Bildungen im Blut bei chronischen Krankheiten.

Microbe-like formations in the blood of patients with chronic diseases http://www.enby.se/deutsch/aufsatz/2/mikrobenahnliche-bildungen-im-blut-bei-chronischen-krankheiten.htm

Cantwell Jr A (1990) The Cancer Microbe. The hidden killer in Cancer, AIDS, and other Diseases. Aries Rising Press Los Angeles.

Eng RH, Padberg FT, Smith SM, Tan EN, Cherubin CE (1991) Bactericidal effects of antibiotics on slowly growing and nongrowing bacteria. Antimicrob Agents Chemother. 35(9), 1824–1828.

PMCID: PMC245275 http://www.ncbi.nlm.nih.gov/pmc/articles/PMC245275/

Franzmann PD, Dobson SJ (1992) Cell wall-less, free-living spirochetes in Antarctica.

FEMS Microbiology Letters. 97(3), 289–292 doi: 10.1111/j.1574-6968.1992.tb05477.x http://onlinelibrary.wiley.com/doi/10.1111/j.1574-6968.1992.tb05477.x/abstract;jsessionid=6E679E618DFA5D54521635EBED6E24C2.d01t03

Rook GAW, Lydyard PM, Stanford JL (1993) A reappraisal of the evidence that rheumatoid arthritis and several other idiopathic diseases are slow bacterial infections. Annals of the Rheumatic Diseases 52, 30–38 http://ard.bmj.com/content/52/Suppl_1/S30.full.pdf

Margulis LJ, Ashen B, Sole M, Guerrero R (1993) Composite, large spirochetes from microbial mats: spirochete structure review. Proc Natl Acad Sci USA 90, 6966–6970.

Wall S, Kunze ZM, Saboor S, Soufleri I, Seechurn P, Chiodini R, McFadden JJ (1993). Identification of spheroplast-like agents isolated from tissues of patients with Crohn's disease and control tissues by polymerase chain reaction. J Clin Microbiol 31 (5), 1241-5. PMC 262911. PMID 8501224.

Enby EOH, Chouhan RS (1994) Microorganisms in blood and tumor tissue from patients with malignancies of breast or genital tract. Atypical microbes in blood and cancer tissue. http://www.enby.se/english/paper/6/microorganisms-in-blood-and-tumour-tissue-from-patients.htm#video

Domingue GJ (1995) Electron dense cytoplasmatic particles and chronic infection: a bacterial pleomorphy hypothesis. Endocytobiosis Cell Res 11, 19–40

Dumrese J, Haefeli B (1996) Pleomorphismus. Blutsymbionten, Blutparasiten, Blutpilze Unter besonderer Berücksichtigung der Enderleinschen Cyclogenie und der diagnostischen Methoden nach Haefeli. Haug Verlag, Heidelberg. https://d-nb.info/947101802/04

Kajander EO, Kuronen I, Ciftcioglu N (1996) Fatal (fetal) bovine serum: discovery of Nanobacteria. Mol. Biol. Cell, Suppl., Vol. 7, 517a http://www.uku.fi/~kajander/ http://www.uku.fi/~kajander/fatal.html

Kajander EO, Kuronen I, Akerman KK, Pelttari A, Ciftcioglu N (1997) Fine nanobacteria from blood: The smallest culturable autonomously replicating agent on Earth. In: Hoover RB, editor. Proc SPIE; Conference 3111: Instruments, methods, and missions for the investigation of extraterrestrial microorganisms; 29 July–1 August 1997; San Diego, California. 420–428. In: [Google Scholar]

Domingue GJ, Woody H (1997) Bacterial persistence and expression of disease. Clin. Microbiol. Rev., 10(2), 320-344. Full PDF http://www.ncbi.nlm.nih.gov/pmc/articles/PMC172922/pdf/100320.pdf

Hess D. (1997) Can Bacteria Cause Cancer? New York University Press. New York, USA

Gumpert J, Hoischen C (1998) Use of cell wall-less bacteria (L-forms) for efficient expression and secretion of heterologous gene products. Current Opinion in Biotechnology 9 (5), 506–9. doi: 10.1016/S0958-1669(98)80037-2. PMID 9821280.

Kajander EO, Ciftcioglu N. (1998) Nanobacteria: an alternative mechanism for pathogenic intra- and extracellular calcification and stone formation. Proc. Nat. Acad. Sci. 95, 8274–8279. Full text

Ciftcioglu N, Kajander EO (1998) Interaction of nanobacteria with cultured mammalian cells. Pathophysiology 4, 259–270. View Article PubMed/NCBI Google Scholar

Uwins P et al. (1998). Novel nano-organisms from Australian sandstones, American Mineralogist. 83, 1541-1550. http://www.microscopy-uk.org.uk/nanobes/nanopaper.html.

http://www.answers.com/topic/nanobe#ixzz3Bm2euLKY

Relman DA (1999) The search for unrecognized pathogens. Science 284, 1308–1310

Wainwright M (1999) Nanobacteria and associated elementary bodies in human disease and cancer. Microbiology 145, 2623–2624

Lynn Margulis (1998, 1999) Die andere Evolution. Spektrum Verlag. Oder: Microcosmos. Four billion Years of Microbial Evolution. University of California Press.

Gao LY, Susa M, Ticac B, Abu Kwaik Y. (1999) Heterogeneity in intracellular replication and cytopathogenicity of Legionella pneumophila and Legionella micdadei in mammalian and protozoan cells. Microb Pathog. 27(5) 273-87 http://www.ncbi.nlm.nih.gov/pubmed/10545255

Cisar, JO, Xu D-Q, Thompson J, et al. (2000) An alternative interpretation of nanobacteria-induced biomineralization. Proc. Nat. Acad. Sci. 97, 11,511-11,515. Full text of the article

Saradjian P (2001) Evidence supportive and unsupportive of nanobacteria. Annual Curr Lit in Bio. Beview. 1, 1–16 „… three centuries ago, Anton van Leeuwenhoek discovered ‚animalicules' and encountered heavy resistance when he challenged the popular concept of spontaneous generation (26). Whatever the outcome from the debate over nanobacteria, ‚Nano will be the most important word in this century' – Bernt-Dieter Huisman, German Physician."

Cisar JO, Xu D-Q, Thompson J et al. (2000) An alternative interpretation of nanobacteria-induced biomineralization. Proc. Nat. Acad. Sci. 97, 11,511-11,515. Full text of the article

Vali H, McKee MD, Ciftioglu N et al. (2001) Nanoforms: A new type of protein-associated mineralization. Geochimica et Cosmochimica Acta, Vol. 65, No. 1, pp. 63–74 https://web.stanford.edu/group/Zarelab/publinks/zarepub638.pdf

Mattman LH (2001). Cell Wall Deficient Forms: Stealth Pathogens. CRC Press. http://www.youtube.com/watch?v=WozrCFW0mRM

Woo PC, Wong SS, Lum PN, Hui WT, Yuen KY (2001) Cell-wall-deficient bacteria and culture-negative febrile episodes in bone-marrow-transplant recipients. Lancet 357 (9257), 675–9. doi: 10.1016/S0140-6736(00)04131-3. PMID 11247551.

Young D, Hussell T, Dougan G. (2002) Chronic bacterial infections: living with unwanted guests. Nat Immunol. 3(11), 1026–32.

Barr SC, Linke RA, Janssen D, Guard CL, Smith MC, Daugherty CS, Scarlett JM.(2003) Detection of biofilm formation and nanobacteria under long-term cell culture conditions in serum samples of cattle, goats, cats, and dogs. Am J Vet Res. 64(2), 176-82. http://www.ncbi.nlm.nih.gov/pubmed/12602586

Miller VM et al. (2004) Evidence of Nanobacterial-like Structures in Human Calcified Arteries and Cardiac Valves. In: American Journal of Physiology-Heart and Circulatory Physiology. 287, H1115–H1124, doi: 10.1152/ajpheart.00075.2004

Keren I, Kaldalu N, Spoering A et al (2004) Persister cells and tolerance to antimicrobials. FEMS Microbiol Lett. 230, 13–18 http://www.ncbi.nlm.nih.gov/pubmed/14734160

Monack DM, Mueller A, Falkow S (2004) Persistent bacterial infections: the interface of the pathogen and the host immune system. Nat. Rev. Microbiol. 2, 747–765

Onwuamaegbu ME, Belcher RA, Soare C. (2005) Cell Wall-deficient Bacteria as a Cause of Infections: a Review of the Clinical Significance. The Journal of International Medical Research. 33, 1–20 http://www.ncbi.nlm.nih.gov/pubmed/15651712

Lewis K (2005) Persister cells and the riddle of biofilm survival. Biochemistry (Mosc). 70(2), 267–74. http://www.ncbi.nlm.nih.gov/pubmed/15807669

Urbano P, Urbano F (2007) Nanobacteria: Facts or Fancies? PLOS Pathogens.
doi: 10.1371/journal.ppat.0030055 http://www.plospathogens.org/article/info:doi/10.1371/journal.ppat.0030055

Lewis K (2007) Persister cells, dormancy and infectious disease. Nature Publishing Group 5, 48–56 http://www.northeastern.edu/adc/publications/KL2007Pers.pdf

Casadesús J (2007) Bacterial L-forms require peptidoglycan synthesis for cell division. BioEssays 29 (12), 1189–91. doi: 10.1002/bies.20680. PMID 18008373.

Martel J et al. (2008) Purported nanobacteria in human blood as calcium carbonate nanoparticles." Proceedings of the National Academy of Sciences. 105(14), 5549–5554.
http://phys.org/news128167633.html#jCp

Glower WA, Yang Y, Zhang Y. (2009) Insights into the Molecular Basis of L-Form Formation and Survival in Escheria coli. PLoS online 10(4) 1–11

Zielinski, FU, A. Pernthaler, S. Duperron, L. Raggi, O. Giere, C. Borowski, and N. Dubilier. (2009). Widespread Occurrence of an Intranuclear Bacterial Parasite in Vent and Seep Mussels. Environ Microbiol. 11(5):1150-67. Abstract (PUBMED)
http://onlinelibrary.wiley.com/doi/10.1111/j.1462-2920.2008.01847.x/full

„Summary: Many parasitic bacteria live in the cytoplasm of multicellular animals, but only a few are known to regularly invade their nuclei. In this study, we describe the novel bacterial parasite ‚Candidatus Endonucleobacter bathymodioli' that invades the nuclei of deep-sea bathymodiolin mussels from hydrothermal vents and cold seeps … We first discovered the intranuclear parasite ‚Ca. E. bathymodioli‘ in Bathymodiolus puteoserpentis from the Logatchev hydrothermal vent field on the Mid-Atlantic Ridge. Using primers and probes specific to ‚Ca. E. bathymodioli‘ we found this intranuclear parasite in at least six other bathymodiolin species from vents and seeps around the world. Fluorescence *in situ* hybridization and transmission electron microscopy analyses of the developmental cycle of ‚Ca. E. bathymodioli‘ showed that the infection of a nucleus begins with a single rod-shaped bacterium which grows to an unsepted filament of up to 20 µm length and then divides repeatedly until the nucleus is filled with up to <u>80 000 bacteria</u>. The greatly swollen nucleus destroys its host cell and the bacteria are released after the nuclear membrane bursts. Intriguingly, the only nuclei that were never infected by ‚Ca. E. bathymodioli‘ were those of the gill bacteriocytes. These cells contain the symbiotic sulfur- and methane-oxidizing bacteria, suggesting that the mussel symbionts can protect their host nuclei against the parasite. Phylogenetic analyses showed that the ‚Ca. E. bathymodioli‘ belongs to a monophyletic clade of Gammaproteobacteria associated with marine metazoans as diverse as sponges, corals, bivalves, gastropods, echinoderms, ascidians and fish. We hypothesize that many of the sequences from this clade originated from intranuclear bacteria, and that these are widespread in marine invertebrates.“

Mattman L (2009) At the Autoimmunity Research Foundation's Chicago Conference.
https://www.youtube.com/watch?v=WozrCFW0mRM

Männik J, Driessen R, Galajda P, Keymer JE, Dekker C (2009). <u>Bacterial growth and motility in sub-micron constrictions</u>. PNAS 106 (35), 14861–14866. <u>doi</u>: <u>10.1073/pnas.0907542106</u>.

Mattman LH (2009). Cell Wall Deficient Forms: Stealth Pathogens. CRC Press. ISBN-10: 0849335787 ISBN-13: 978-0849335785 http://www.amazon.ca/Cell-Wall-Deficient-Forms-Pathogens/dp/0849335787

Margulis L. Maniotis A, MacAllister J et al. (2009) Position paper. Spirochete round bodies Syphilis, Lyme disease & AIDS: Resurgence of „the great imitator"? SYMBIOSIS 47, 51–58

Lewis K (2010) Persister Cells. Annu Rev Microbiol . 64, 357–372. [PDF] http://www.ncbi.nlm.nih.gov/pubmed/20528688

Allan EJ, Hoischen C, Gumpert J (2009) Bacterial L-forms. Review. Adv Appl Microbiol 68, 1–39. doi: 10.1016/S0065-2164(09)01201-5 https://pubmed.ncbi.nlm.nih.gov/19426852/ http://www.ncbi.nlm.nih.gov/pubmed/19426852

Mulcahy LR, Burns JL, Lory S, Lewis K (2010) Emergence of Pseudomonas aeruginosa strains producing high levels of persister cells in patients with cystic fibrosis. J. Bacteriol. 192(23), 6191–99. [PDF]

Dörr T, Vulic M, Lewis K (2010) Ciprofloxacin causes persister formation by inducing the TisB toxin in Escherichia coli. PloS Biology 8(2), e1000317. [PDF]

LaFleur MD, Qi Q, Lewis K (2010) Patients with long-term oral carriage harbor high-persister mutants of C. albicans. Antimicrob. Agents Chemother. 54(1), 39–44. [PDF]

Dworkin J, Shah IM (2010) Exit from dormancy in microbial Organisms. Macmillan Publishers Limited 8, 890-896 www.nature.com/reviews/microLi

Domingue GJ (2010) Demystifying Pleomorphic Forms in Persistence and Expression of Disease: AreThey Bacteria, and Is Peptidoglycan the Solution? Discov Med 10(52), 234–246 http://www.discoverymedicine.com/Gerald-J-Domingue/2010/09/23/demystifying-pleomorphic-forms-in-persistence-and-expression-of-disease-are-they-bacteria-and-is-peptidoglycan-the-solution/

Markova N, Slavchev G, Michailova L, Jourdanova M (2010) Survival of Escherichia coli under lethal heat stress by L-form conversion. Int J Biol Sci 6(4), 303–315. doi: 10.7150/ijbs.6.303 http://www.ijbs.com/v06p0303.htm Survival of Escherichia coli under lethal heat stress by L-form conversion.pdf

Microbe Magazine. (2011) Persister cells fingered in chronic CF. (Feature).

Dawson CC, Intapa C, Jabra-Rizk MA (2011) „Persisters": Survival at the Cellular Level. PLoS Pathog 7(7), e1002121. doi: 10.1371/journal.ppat.1002121 http://www.plospathogens.org/article/info%3Adoi%2F10.1371%2Fjournal.ppat.1002121

Kim JS, Heo P, Yang TJ, Lee KS, Cho DH, Kim BT, Suh JH, Lim HJ, Shin D, Kim SK, Kweon DH (2011) Selective killing of bacterial persisters by a single chemical compound without affecting normal antibiotic-sensitive cells. Antimicrob Agents Chemother. 55(11), 5380-3. doi: 10.1128/AAC.00708-11. Epub 2011 Aug 15. http://aac.asm.org/content/55/11/5380.full [C10]

„Abstract: We show that 3-[4-(4-methoxyphenyl)piperazin-1-yl] piperidin-4-yl biphenyl-4-carboxylate (C10), screened out of a chemical library, selectively kills bacterial persisters that tolerate antibiotic treatment but does not affect normal antibiotic-sensitive cells. C10 led persisters to antibiotic-induced cell death by causing reversion of persisters to antibiotic-sensitive cells. This work is the first demonstration in which the eradication of bacterial persisters is based on single-chemical supplementation. The chemical should be versatile in elucidating the mechanism of persistence."

Abo-EL-Sooud K, Hashem MM, Ramadan Aet al. (2011) Research Strategies for Treatment of Nanobacteria. Insight Nanotechnology, 1, 1–8 doi: 10.5567/INANO-IK.2011.1.8 http://insightknowledge.co.uk/fulltext/?doi=INANO-IK.2011.1.8

Allison KR, Brynildsen MP, Collins JJ (2011) Metabolite-enabled eradication of bacterial persisters by aminoglycosides. Nature. 473, 216-220 http://www.ncbi.nlm.nih.gov/pubmed/21562562

Kutikhin AG, Brusina EB, Yuzhalin AE (2012) The role of calcifying nanoparticles in biology and medicine. Int J Nanomedicine. 7, 339-350. doi: 10.2147/IJN.S28069 PMCID: PMC3266001

http://www.ncbi.nlm.nih.gov/pmc/articles/PMC3266001/

Y. Shibata et al. (2012) Extrachromosomal MicroDNAs and Chromosomal Microdeletions in Normal Tissues. Science, doi: 1-.1126/science.1213307. http://www.sciencemag.org/content/early/2012/03/07/science.1213307.abstract

Bentmann E, Neumann M, Tahirovic S, Rodde R, Dormann D, Haass C (2012) Requirements for stress granule recruitment of Fused in sarcoma (FUS) and TAR DNA-binding protein of 43 kDa (TDP-43). J Biol Chem. 287(27), 23079–94

Bentmann E, Haass C, Dormann D (2013) Stress granules in neurodegeneration – lessons learnt from FUS and TDP-43. FEBS J. 280(18), 4348–70

Das B, Kashino SS, Pulu I et al. (2013) CD271+ bone marrow mesenchymal stem cells may provide a niche for dormant Mycobacterium tuberculosis. Science Translational Medicine, 5(170), 170ra13 http://www.ncbi.nlm.nih.gov/pubmed/23363977

Conlon BP, Nakayasu ES, Fleck LE, LaFleur MD, Isabella VM, Coleman, K, Leonard SN, Smith RD, Adkins JN, Lewis, K (2013) Protease activation kills persisters and eradicates a chronic biofilm infection. Nature 503, 365-370. http://www.ncbi.nlm.nih.gov/pubmed/24226776

Helaine S, Holden DW (2013) Heterogeneity of intracellular replication of bacterial pathogens. Current Opinion in Microbiology 16,1 http://www.sciencedirect.com/science/article/pii/S1369527413000039

Errington J (2013) L–form bacteria, cell walls and the origins of life. Open Bioll 3, 120143. doi: 10.1098/rsob.120143 http://rsob.royalsocietypublishing.org/content/3/1/120143.full.pdf+html

Mercier R et al. (2013) Excess membrane synthesis drives a primitive mode of cell proliferation. Cell, 152, 997-1007 http://www.cell.com/retrieve/pii/S0092867413001359?cc=y

„We show that mutations leading to excess membrane synthesis are sufficient to drive L–form division in Bacillus subtilis. Artificially increasing the cell surface area to volume ratio in wild-type protoplasts generates similar shape changes and cell division. Our findings show that simple biophysical processes could have supported efficient cell proliferation during the evolution of early cells and provide an extant biological model for studying this problem."

Germain E et al. (2013) The molecular mechanism of bacterial persistence by HipA. Molecular Cell, 52, 248-54 http://www.the-scientist.com/?articles.view/articleNo/38693/title/Bacterial-Persisters/

Wood TK, Knabel SJ, Kwan BW (2013) Bacterial Persister Cell Formation and Dormancy Appl. Environ. Microbiol. 79, 7116–7121 Abstract Full Text Full Text (PDF)

Kaiser P, Regoes RR, Dolowschiak T, Wotzka SY et al. (2014) Cecum Lymph Node Dendritic Cells Harbor Slow-Growing Bacteria Phenotypically Tolerant to Antibiotic Treatment. PLOS Biology. doi: 10.1371/journal.pbio.1001793 http://www.plosbiology.org/article/info%3Adoi%2F10.1371%2Fjournal.pbio.1001793

Zhang Y (2014) Persisters, persistent infections and the Yin-Yang model. Emerging Microbes & Infections 3, e3; doi: 10.1038/emi.2014.3 Published online 8 January 2014 http://www.nature.com/emi/journal/v3/n1/full/emi20143a.html

http://www.nature.com/emi/journal/v3/n1/pdf/emi20143a.pdf

Wang G, Mayes MA, Gu L et al. (2014) Representation of Dormant and Active Microbial Dynamics for Ecosystem Modeling. PLOS https://doi.org/10.1371/journal.pone.0089252 https://journals.plos.org/plosone/article?id=10.1371/journal.pone.0089252

Zhang S, Ye Ch , Lin H et al. (2015) UV Disinfection Induces a Vbnc State in Escherichia coli and Pseudomonas aeruginosa. Environ. Sci. Technol., Article ASAP doi: 10.1021/es505211e http://pubs.acs.org/doi/abs/10.1021/es505211e

Merilainen L, Herranen A, Schwarzbach A, Gilbert L. (2015) Morphological and biochemical features of Borrelia burgdorferi pleomorphic forms. Microbiology 161, 516–27. http://www.ncbi.nlm.nih.gov/pubmed/25564498 http://www.microbiologyresearch.org/docserver/fulltext/micro/161/3/516

mic000027.pdf?expires=1455702503&id=id&accname=guest&checksum=EC90359881EEF900830727D16B2F8CBE

Sharma B, Brown AV, Matluck NE, Hu LT, Lewis K. (2015) Borrelia burgdorferi, the causative agent of Lyme disease, forms drug-tolerant persister cells. Antimicrob Agents Chemother 59, 4616-24. http://aac.asm.org/content/early/2015/05/20/AAC.00864-15.abstract
http://aac.asm.org/content/59/8/4616.full
http://aac.asm.org/content/early/2015/05/20/AAC.00864-15.full.pdf+html

Feng J, Auwaerter PG, Zhang Y. (2015) Drug combinations against Borrelia burgdorferi persisters in vitro: eradication achieved by using daptomycin, cefoperazone and doxycycline. PLoSOne 10:e0117207. http://journals.plos.org/plosone/article?id=10.1371/journal.pone.0117207

Becker LA, Gitler AD (2015) RNA and protein granules: It's all starting to come together. eLIFE, doi: 10.7554/eLife.09853

„Stressed eukaryotic cells store mRNAs in protein-rich condensates called stress granules."

„Characterizing the biochemical structures of protein accumulations, such as RNA granules, is not only relevant to our fundamental understanding of how cells work, it may also help unravel the causes of several neurodegenerative diseases."

Lee Ch-Y, Seydoux G (2019) Dynamics of mRNA entry into stress granules. Nature Cell Biology 21, 116-117 https://jhu.pure.elsevier.com/en/publications/dynamics-of-mrna-entry-into-stress-granules

Meriläinen L, Brander H, Herranen A, Schwarzbach A, Gilbert L (2016) Pleomorphic forms of Borrelia burgdorferi induce distinct immune responses. Microbes Infect. pii: S1286-4579(16) 30029-6. doi: 10.1016/j.micinf.2016.04.002. http://www.ncbi.nlm.nih.gov/pubmed/27139815

„We confirmed that spirochetes and round bodies present different protein profiles and antigenicity. In a Western blot analysis Lyme disease patients had more intense responses to round bodies when compared to spirochetes. These results suggest that round bodies have a role in Lyme disease pathogenesis."

Lewis K, Shan Y (2010, 2016) Persister Awakening. Annu. Rev. Microbiol., 64, 357–372 CrossRefView Record in Scopus View in article and (2016) A Salmonella Toxin Promotes Persister Formation through Acetylation of tRNA. Molecular Cell, 63, (1), 86-96 Download PDF https://www.sciencedirect.com/science/article/pii/S1097276516302830#bib7

Robert A. Fisher RA, Bridget Gollan B, Sophie Helaine S (2017) Persistent bacterial infections and persister cells. Nature Reviews Microbiology 15, 453-464 doi: 10.1038/nrmicro.2017.42

Published online. https://www.ncbi.nlm.nih.gov/pubmed/28529326

Billmyre RB, Heitman J (2017) Genetic and epigenetic engines of diversity in pathogenic microbes. PLoS Pathog 13(9), e1006468. https://doi.org/10.1371/journal.ppat.1006468

http://journals.plos.org/plospathogens/article?id=10.1371/journal.ppat.1006468

„Here, we have highlighted some of the myriad mechanisms by which microorganisms as diverse as fungi, oomycetes, bacteria, and parasites generate phenotypic diversity to better exploit their environments and survive extreme stresses. Both pathogens and their hosts take part in a perpetual evolutionary arms race. Each adapts to tip the balance in their own favor, but each also faces unique biological constraints. As a result, eukaryotic hosts evolve layers of complexity to their defenses, while pathogens discard the rule book and alter their phenotype by any and all means available."

Song H, Fall K, Fang F et a.l (2019) Stress related disorders and subsequent risk of life threatening infections: populatin based sibling controlled cohort study. BMJ doi: 10.1136/bmj.l5784. https://www.bmj.com/content/367/bmj.l5784

Wörmer L, Hoshino T et al. (2019) Microbial dormancy in the marine subsurface: Global endospore abundance and response to burial. *Science Advances* 5(2), eaav1024 doi: 10.1126/sciadv.aav1024 https://advances.sciencemag.org/content/5/2/eaav1024

Jiayu Yu, Yang Liu, Huijia Yin, Zengyi Chang (2019) Regrowth-delay body as a bacterial subcellular structure marking multidrug-tolerant persisters. Cell Discov. 5, 8. Published online doi: 10.1038/s41421-019-0080-3 PMCID: PMC6341109 PMID: 30675381
https://www.ncbi.nlm.nih.gov/pmc/articles/PMC6341109/

„Here, we report our accidental discovery of a subcellular structure that we term the regrowth-delay body, which is formed only in non-growing bacterial cells and sequesters multiple key proteins. … By the same token, in clinics, we might be able to find ways to eradicate the multidrug-tolerant recalcitrant pathogen persisters by promoting the dissolution of their regrowth-delay bodies in conjunction with an antibiotic treatment."

Lewis K (2019) Persister Cells and Infectious Disease. Lewis, Kim (Ed.) ISBN 978-3-030-25241-0

Nanobacteria http://www.whale.to/a/nanobacteria.html

Culture and detection method for sterile-filterable autonomously replicating biological particles US Patent http://www.google.com/patents/US5135851

Spirochaeten

Huismans BD Stressvarianten Borrelia http://www.erlebnishaft.de/stressvar2.pdf

Dickson K (2000) Historical Observations of Spirochetal Cysts and L-Forms http://www.lymenet.de/literatur/cystsl.htm

Mycobakterien TBC, Mycobacteria other than tuberculosis (MOTs), Sarcoidose und Lepra

Fontes A. (1910) Bemerkungen über die Tuberkulose Infektion und ihr Virus. Mem. Inst. Oswaldo Cruz, 2, 141–146

Calmette A, Valtis J. (1926) Virulent filterable elements of tubercle bacillus. Ann. Med. 19, 553

Lucksch F. (1931) Körnchenformen und Filtrierbarkeit des Tuberkelbazillus. Beitr. Klein. Tuberk. 77, 56–59

Bernstein. (1933) Unbekannte Formelemente im Sputum von Tuberkulosekranken. Beitr. Klin. Tuberk. 82, 504–505.

Bassermann FJ (1955) Die L-form des Tuberkuloseerregers in elektronoptischer Darstellung. Beitr. Klein. Tuberk. 113, 134–135

Mattman LH, Tunstall LH, Mathews WW, Gordon DL (1960) L variation in mycobacteria. Am. Rev. Respir. Dis. 82, 102–211

Korsak T. (1975) Occurrence of L-forms in a case of generalized mycobacteriosis due to Mycobacterium scrofulaceum. Acta Tuberc. Pneumol. Belg. 66, 445–469

Takahashi S (1979) L phase growth of Mycobacteria. 1. Cell wall deficient form of Mycobacteria. Kekkaku, 54, 63–70

Judge MS, Mattman LH (1982) Cell wall deficient mycobacteria in tuberculosis, sarcoidosis and leprosy. In Cell Wall Deficient Bacteria, Domingue G. J. Ed., Addison-Wesley, Reading, MA, 257–298

Golyshevskaya VI, Zemskova ZS, Kovrolev MB. (1984) Characteristics oft he filteranle forms of Mycobacterium tuberculosis and their pathological importance. Zh. Microbiol. Epidemiol. Immunobiol. 6, 23–27

Zemskova ZS et al. (1985) Generalized TB caused by L-forms of TB Mycobacteria in a child. Probl. Tuberk. 2, 64–66

Berezowsky BA, Salobai R. (1988) Role of mycobacterial L variants in development and progress of pulmonary tuberculosis relapses. Problem Tuberk. 4, 32–35

Biron MG, Soloveva IP. (1989) Acute hematogenic generalization of tuberculosis caused by L-forms of Mycobacteria. Probl. Tuberk. 8, 75–76

Zhang DR. (1993) Clinical and epidemiological significances of L-forms of Mycobacterium tuberculosis. Chin. J. Tuberc. Respir. Dis. 16(3), 181–183

Dorozhkova IR, Zamskova ZS, Krudu VN et al. (1995) Endogenous reactivation of tuberculosis as a result of reversion of persistent mycobacterial L-forms. Probl. Tuberk. 3, 43–46

Hulten K, Karttunen TJ, El-Zimaity HM, Naser SA, Collins MT, Graham DY, El-Zaatari FA (2000). Identification of cell wall deficient forms of M. avium subsp. paratuberculosis in paraffin embedded tissues from animals with Johne's disease by in situ hybridization. J Microbiol Methods 42 (2), 185–95. doi: 10.1016/S0167-7012(00)00185-8. PMID 11018275.

Schwartz D, Shafran I, Romero C, Piromalli C, Biggerstaff J, Naser N, Chamberlin W, Naser SA (2000) Use of short-term culture for identification of Mycobacterium avium subsp. paratuberculosis in tissue from Crohn's disease patients. Clinical Microbiology and Infection. 6, 303–307 https://www.ncbi.nlm.nih.gov/pubmed/11168138

„The time necessary for culture of the isolates from tissues of patients with Crohn's disease in liquid M7H9 medium ranges between 10 to 12 weeks in the case of resection and up to 40 weeks in the case of biopsy."

Gupta D, Agarwal et al (2007) Molecular evidence for the role of mycobacteria in sarcoidosis: a meta-analysis. The European respiratory journal. Band 30(3), 508–516, doi: 10.1183/09031936.00002607. PMID 17537780

Wakamoto Y, Dhar N, Chait R, Schneider K1, Signorino-Gelo F, Leibler S, McKinney JD (2013) Dynamic Persistence of Antibiotic-Stressed Mycobacteria. Science 339(6115) 91–95 doi: 10.1126/science.1229858 Abstract Full Text Full Text (PDF)

Brucellen

Hatten BA, Sulkin SE. (1966) Intracellular production of Brucella L-forms. I. Recovery of L-forms from tissue culture cells infected wth Brucella abortus. J.Bakteriol. 91, 285–296.

Mycoplasmen

Razin S, Yogev D, Naot Y (1998) Molecular Biology and Pathogenicity of Mycoplasmas. Microbiol. Mol. Biol. Rev. 62(4), 1094-156. PMC 98941. PMID 9841667.

Nicolson G (2021) Episode #63: Mycoplasma with Dr. Garth Nicolson, PhD Episode #63: Mycoplasma with Dr. Garth Nicolson, PhD - YouTube

Staphylococcus aureus

Huismans BD **Antibiotikaresistenz** http://www.xerlebnishaft. de/staphylococcusaureus.pdf

Trofimova ND (1959) Studies of the conditions for regeneration of filterable forms of staphylococci. Microbiol. J. Acad. Sci. Ukrain 21, 45

Fuller E, Elmer C, Nattress F, et al (2005). β-Lactam Resistance in Staphylococcus aureus Cells That Do Not Require a Cell Wall for Integrity. Antimicrob. Agents Chemother. 49 (12), 5075–80. doi: 10.1128/AAC.49.12.5075-5080.2005. PMC 1315936. PMID 16304175

Rollin G, Tan X, Tros F et al. (2017) Intracellular Survival of Staphylococcus aureus in Endothelial Cells: A Matter of Growth or Persistence. Front Microbiol. 8, 1354. Published online 2017 Jul 19. doi: 10.3389/fmicb.2017.01354 PMCID: PMC5515828 PMID: 28769913
https://www.ncbi.nlm.nih.gov/pmc/articles/PMC5515828/

Streptokokken

Cook J, et al. (1969) Chronic arthritis produced by streptococcal L-forms. J Pathol. 99 (4), 283-297.

Green MT, Heidiger Jr. PM, Domingue GJ (1974) Proposed reproductive cycle for a relatively stable L-Phase Variant of Streptococcus faecalis. Infect Immun 10, 915-927

Nocardien

Beaman BL (1980). Induction of L-phase variants of Nocardia caviae within intact murine lungs. Infect. Immun. 29 (1), 244–51. PMC 551102. PMID 7399704.

Beaman BL, Scates SM (1981). Role of L-forms of Nocardia caviae in the development of chronic mycetomas in normal and immunodeficient murine models. Infect. Immun. 33 (3), 893–907. PMC 350795. PMID 7287189.

Echeria coli

Choi JH, Lee SY (2004) Secretory and extracellular production of recombinant proteins using Escherichia coli. Appl. Microbiol. Biotechnol. 64 (5), 625–35. doi: 10.1007/s00253-004-1559-9. PMID 14966662

Joseleau-Petit D, Liébart JC, Ayala JA, D'Ari R (2007). Unstable Escherichia coli L-Forms Revisited: Growth Requires Peptidoglycan Synthesis. J. Bacteriol. 189 (18), 6512–20. doi: 10.1128/JB.00273-07. PMC 2045188. PMID 17586646.

Salmonellen

Nix RN, Altschuler SE, Henson PM, Detweiler CS (2007) Hemophagocytic macrophages harbor Salmonella enterica during persistent infection. PLoS Pathog. 3, e193

Claudi B, Spröte P, Chirkova A et al. (2014) Phenotypic Variation of Salmonella in Host Tissues Delays Eradication by Antimicrobial Chemotherapy. 158(4), 722–733
doi: http://dx.doi.org/10.1016/j.cell.2014.06.045
http://www.cell.com/cell/abstract/S0092-8674%2814%2900872-1

Helaine, S et al. (2014) Internalization of Salmonella by macrophages induces formation of nonreplicating persisters. Science 343, 204–208.

Listerien

Brem AM, Eveland WC. Inducing L-forms in Listeria monocytogenes type 1 through 7. Appl. Microbiol. 15, 1510.

Brem AM (1968) The role of L-Forms in the pathogenesis of Listeria monocytogenes infections. Ph. D Dissertation, University of Michigan, Ann Arbor.

Prosorowsky S, Kotljarova J, Fedotova I et al. (1976) Pathogenicity of Listerial L-Forms in Spheroplasts, Protoplasts and L-Forms of Bacteria. INSERM. 65, 265–272

Beson CA, Baugh CL. (1983) Cell wall deficient forms of Listeria monocytogenes as a natural phenomen. Abst.Ann.Meet ASM

DellÉra S, Buchrieser C, Couvé E et al (2009) Listeria monocytogenes L-Forms Respond to Cell Wall Deficiency by Modifying Gene Expression and the Mode of Division. Mol Microbiol. 73, 306–322

Bacillus subtilis

Gilpin RW, Young FE, Chatterjee AN (1973) <u>Characterization of a Stable L-Form of Bacillus subtilis 168</u>. J. Bacteriol. 113 (1), 486–99. <u>PMC</u> <u>251652</u>. <u>PMID</u> <u>4631836</u>.

Allan EJ (1991) Induction and cultivation of a stable L-form of Bacillus subtilis. J. Appl. Bacteriol. 70 (4), 339–43. <u>doi</u>: <u>10.1111/ j.1365-2672.1991.tb02946.x</u>. <u>PMID</u> <u>1905284</u>.

Leaver M, Domínguez-Cuevas P, Coxhead JM, Daniel RA, Errington J (2009) <u>Life without a wall or division machine in Bacillus subtilis</u>. Nature 457 (7231), 849–53. <u>doi</u>: <u>10.1038/ nature07742</u>. <u>PMID</u> <u>19212404</u>.

Proteus mirabilis

Rippmann JF, Klein M, Hoischen C, et al (1998) <u>Procaryotic Expression of Single-Chain Variable-Fragment (scFv) Antibodies: Secretion in L-Form Cells of Proteus mirabilis Leads to Active Product and Overcomes the Limitations of Periplasmic Expression in Escherichia coli</u>. Appl. Environ. Microbiol. 64 (12), 4862-9. <u>PMC</u> <u>90935</u>. <u>PMID</u> <u>9835575</u>.

Fungi

Tunstall LH, Mattman LH. (1961) L variation in Candida species. Bacteriol. Proc. 1961, 83

Rosner R. (1966) Isolation of Candida protoplasts from a case of Candida endocarditis. J. Bacteriol. 91, 1320–1326

Swieczkowski DM, Mattman LH, Truant JP et al. Cell wall deficient forms of Candida albicans in mycohemia.. Lab. Med. 1, 41–42.

Chlostridium botulinum

Brown GW, King G, Sugiyama H (1970) Penicilline-lysocyme conversion of Chlostridium botulinum Types A and E into protoplasts and their stabilization as L-form cultures. J. Bac-

teriol. 104, 1325–1331 http://www.ncbi.nlm.nih.gov/pubmed/16559111
s.a. http://www.bfr.bund.de/cm/343/chronischer-botulismus-aktueller-stand-der-wissenschaft.pdf

Bakterioplankton

Yawata Y, Cordero OX, Menolascina F et al. (2014) Competition-dispersal tradeoff ecologically differentiates recently speciated marine bacterioplankton populations. PNAS, 111, 5622-27. http://www.pnas.org/content/early/2014/04/01/1318943111

Literatur Biofilme, Quorum sensing, Arbitrium Sensing und Fotodynamik

Huismans BD BIOFILM MEDIZIN. Shaker Verlag http://www.shaker.de/shop/978-3-8440-6830-6 https://www.shaker.de/de/content/catalogue/index.asp?lang=de&ID=8&ISBN=978-3-8440-6830-6

Huismans BD New Biofilm Medicine. http://www.erlebnishaft.de/new_biofilm_medicine.pdf

Huismans BD Biofilme in der Humanmedizin http://www.erlebnishaft.de/biofilmmed.pdf

Huismans BD Biofilme und Elektromagnetismus, Quorum sensing, Fröhlich waves, Inter-kingdom communication, Biofilme und Ultraschall, Anti Biofilm Medikamente und das Phänomen der „Biophotonen Kohärenz" http://www.xerlebnishaft.de/quorum.pdf

Fröhlich H (1968) Bose condensation of strongly excited longitudinal electric modes. Phys. Lett.A 26, 402–403. https://doi.org/10.1016/0375-9601(68)90242-9 http://www.sciencedirect.com/science/article/pii/0375960168902429

Fröhlich H (1968) Long-range coherence and energy storage in biological systems. J.Quantum Chem. II, 641–649. https://doi.org/10.1002/qua.560020505http://garfield.library.upenn.edu/classics1988

Popp FA (1976) Biophotonen. Ein neuer Weg zur Lösung des Krebsproblems. Verlag für Medizin Dr. Ewald Fischer, Heidelberg ISBN 3-921003-38-5

Costerton JW (1995) Biofilme http://www.youtube.com/watch?v=68zYTzTlTlk&feature=relmfu

Bassler BL (1999) How bacteria talk to each other: regulation of gene expression by quorum sensing. Current opinion in microbiology, 2(6), 582–587

Bassler BL, Losick R (2006) Bacterially speaking. Cell. 125(2), 237-246

Huisman W, Martina BEE, Rimmelzwaan GF, Gruters RA, Osterhaus ADME (2009)

Vaccine-induced enhancement of viral infections. Vaccine. 27(4), 505–512. doi: 10.1016/j.vaccine.2008.10.087 PMCID: PMC7131326 PMID: 19022319

https://www.ncbi.nlm.nih.gov/pmc/articles/PMC7131326/

Erez Z, Steinberger-Levy I, Shamir M et al. (2017) Communication between viruses guides lysis-lysogeny decisions. Nature 541, 488–493 https://doi.org/10.1038/nature21049

„The arbitrium system enables a descendant phage to ‚communicate' with its predecessors, that is, to estimate the amount of recent previous infections and hence decide whether to employ the lytic or lysogenic cycle."

Bramhachari PV (2018) Implication of Quorum Sensing System in Biofilm Formation and Virulence. Springer Singapore. https://doi.org/10.1007/978-981-13-2429-1

Kumar S et al. (2019) Biofilms in Human Diseases: Treatment and Control. Springer. https://doi.org/10.1007/978-3-030-30757-8_10

Dolgin E (2019) The secret social lives of viruses. Nature. 570 (7761), 290–292. doi: 10.1038/d41586-019-01880-6 PMID 31213694

Allen HB (2020) Examining Covid 19 from a Novel Perspective. Emerg Infect Dis Diag J: EIDDJ-10001 https://www.researchgate.net/publication/340379025_Emerging_Infectious_Diseases_and_Diagnosis_Journal_Examining_Covid_19_from_a_Novel_Perspective

Literatur Horizontaler Gentransfer, das Bakteriophageom und Virom

Huismans BD Horizontaler Gentransfer. http://www.erlebnishaft.de/gentransfer.pdf

Huismans BD Virulenz/Virulenz-Inhibitoren / Pathogenitätsfaktoren / Typ III Injectisome /Chaperones, Proteostasis promoters, Typ IV Sekretionssysteme / Live Wires/Viral infectivity factor (Vif) / Adhäsine / Antiadhäsine. http://www.kabilahsystems.de/virulenz_inhibitoren.pdf

Huismans BD Gen – Dynamik http://www.xerlebnishaft.de/gen_dynamik.pdf

Huismans BD Dynamic Genome; Nucleus, Nucleolus, Nucleolinus – Zentriol-Kineto-Diplosom [hologenom] http://www.xerlebnishaft.de/dynamic_genome.pdf

Huismans BD RNA http://www.xerlebnishaft.de/rna.pdf

Huismans BD Der Methylzyklus http://www.xerlebnishaft.de/bildmethyl-arginin.pdf [Homocystein] http://www.erlebnishaft.de/methylierung.pdf

Huismans BD Xenoautophagie http://www.xerlebnishaft.de/xenoautophagie.pdf

Huismans BD Krebsstammzelltherapie www.xerlebnishaft.de/krebsstammzelltherapie.pdf

Klieneberger E (1935) The natural occurance of pleuropneumonia like organisms in apparent symbiosis with streptobacillus moniliformis and other bacteria. J. Pathol. Bacteriol.40. 485–496.

Commoner B (1965) Biochemical, biological and atmospheric evolution. Proc Natl Acad Sci USA.53(6), 1183–1194.

Sonea S, Panisset M (1983) A New Bacteriology. Jones and Barlett Publishers, Inc. BostonISBN 0-86720-024-3

Heinemann JA, Sprague GF (1989) Bacterial conjugative plasmids mobilize DNA transfer between bacteria and yeast. Nature 340, 205–209

Salzberg SL, White O, Peterson AJ, Eisen JA (2001) Micorobial genes in the human genome: lateral transfer or gene loss? Science 292, 1903–1906

Stanhope MJ et al. (2001) Phylogenetic analyses do not support horizontal gene transfers from bacteria to vertebrates. Nature 411, 940–944

WatersVL (2001) Conjugation between bacterial and mammalian cells. Nature Genetics 29, 375-376 https://www.nature.com/articles/news011122-4

Horvath S (2013) DNA methylation age of human tissues and cell types. Genome Biol 14, 3156 https://doi.org/10.1186/gb-2013-14-10-r115 [Methylzyklus]

Riley DR, Sieber KB et al (2013) Bacteria-Human Somatic Cell Lateral Gene Transfer Is Enriched in Cancer Samples. In: PLoS Computational Biology. 9, e1003107, doi: 10.1371/journal.pcbi.1003107.

Fatigatio e.V. Bundesverband Chronisches Erschöpfungssyndrom (CFS/CFIDS/ME) (2014) Myalgische Encephalomyelitis - Erwachsenen- und Kinderheilkunde. Internationale Konsensleitlinie für Ärzte. Fatigatio.ev. http://www.fatigatio.de

Levine B et al. (2015) Development of autophagy inducers in clinical medicine. JCI The Journal of Clinical Investigation. https://www.jci.org/articles/view/73938/pdf https://www.jci.org/articles/view/73938/pdf https://www.jci.org/articles/view/73938

Lenzen-Schulte M, Zylka-Menhorn V (2016) Autophagie: „Selbstverstümmelung" als Überlebensstrategie. Dtsch Arztebl 113(40), A-1740/B-1469/C-1461 https://www.aerzteblatt.de/archiv/182779/Autophagie-Selbstverstuemmelung-als-Ueberlebensstrategie

Ridler, Ch (2018) Does tau pathology activate jumping genes? Nature Reviews. Neurology; London 14(10), 569–569. doi: 10.1038/s41582-018-0056-1 [horizontaler Gentransfer] https://search.proquest.com/openview/c9b2d188a244a0a-284ce58cf1b72ef52/1?pq-origsite=gscholar&cbl=2041930

AmpliPhi Biosciences Corporation (2019) Antibacterials; Bacteriophages AB SA01, Alternative Names: AB-SA01; Ampli-Phage-002 https://adisinsight.springer.com/drugs/800044494

„AB-SA01 is a 3-phage investigational therapeutic being developed for treatment of MDR S. aureus infections."

Literatur Resilienz, Allostase, Salutogenese, „Panpsychiebewusstsein"

Huismans BD Salutogenese http://www.xerlebnishaft.de/salutogenese.pdf

Masten AS, Best KM, Garmezy N (1990) Resilience and development: Contributions from the study of children who overcome adversity. Development and Psychopathology, *2*(4), 425–444. https://doi.org/10.1017/S0954579400005812

Siehe Deutsches Resilienz Zentrum (DRZ), Mainz https://www.drz-mainz.de/

https://www.drz-mainz.de/englischsprachige-veroeffentlichungen/

Literatur Panpsychie und die fünf Hirne – Theorie der Nervenheilkunde

Puliafito AL (1987) Per uno studio della Nova de Universis Philosophia di Francesco Patrizi da Cherso. Note alla Panaugia. In: Atti e Memorie dell'Accademia Toscana di Scienze e Lettere La Colombaria 52, 159-199 https://edoc.unibas.ch/11859/ [Illusion]

Leinkauf T (1999) Francesco Patrizi (1529-1597). In: Paul Richard Blum (Hrsg.): Philosophen der Renaissance, Darmstadt 173–187

Palego L, Betti L, Rossi A, Giannaccini G (2016) Tryptophan biochemistry: structural, nutritional, metabolic, and medical aspects in humans. Journal of Amino Acids. https://www.researchgate.net/publication/290522276_Tryptophan_Biochemistry_Structural_Nutritional_Metabolic_and_Medical_Aspects_in_Humans

Das Mikroben-Bewusstsein (2020) [Mikrobiom] https://www.google.de/search?tbm=bks&hl=de&q=mikroben+bewusstsein

Das Bewusstsein der Mikroben (2020) [Mikroben-Bewusstsein, Mikrobiom] https://www.google.de/search?q=das+bewusstsein+der+mikroben&hl=de&btnG=Google+Search&gws_rd=ssl

Deutsche digitale Bibliothek Kultur und Wissen online (2020) Francesco Patrizi da Cherso
https://www.deutsche-digitale-bibliothek.de/person/gnd/118641522

Heser K, Fink A, Reinke C, Wagner M, Doblhammer G. (2020) The temporal association between incident late-life depression and incident dementia. Acta Psychiatrica Scandinavica. Online ahead of print doi: 10.3233/JAD-190770 https://pubmed.ncbi.nlm.nih.gov/32712956/

Heser K, Kleineidam L, Pabst A, Wiese B, Roehr S, Löbner M, et al. (2020) Sex-Specific Associations Between Depressive Symptoms and Risk for Subsequent Dementia. Journal of Alzheimer's Disease.

4 Diagnostik

Tabelle 2: Checkliste Anamnese

Datenschutz Patienteninfo
http://www.erlebnishaft.de/datenschutz_patienteninfo-muster.pdf

Name, Vorname: ____-
Geb. Dat.: _____________ DATUM: _____________
Patient kommt alleine/in Begleitung von:
Beruf Soziale Situation, Krankenkasse
Grund und Ziel der jetzigen Konsultation Zecke am Körper
wann? Roter Fleck an der Stichstelle?

AU: Ja, seit _________________/Nein
Rentenverfahren läuft: Ja/Nein
Schwerbehindertenausweis vorhanden: Ja/Nein
Verheiratet, verwitwet, ledig, geschieden, Partnerschaftsverhält-
nis, Kinder Familienanamnese:
Hausarzt – Adresse:
Epigenetische Faktoren, Krankheitsverlauf. Krankenhausauf-
enthalte und Facharztbesuche mit Diagnosen:

Datenschutzerklärung bitte ausgefüllt und unterschrieben zusen-
den oder in die Praxis mitbringen

Sie erhalten eine Privatrechnung im Behandlungsfall.
Kassenpatienten können vor Behandlungsbeginn bei ihrer gesetz-
lichen Krankenkasse die Kostenübernahme beantragen.

Weiteres wird in patientenoffener Fragestellung in der Praxis abgefragt.

Jetzt (z. B. Konsultationsanlass):

Unverträglichkeiten, **Allergie**, Allergiepass vorhanden? Rauchen, Alkohol, Drogen, Bluttransfusionen, Medikamente, Haustiere, regelmäßige Tierkontakte Auslandsaufenthalte Impfungen, Impfpass vorhanden ? Ja/Nein Ernährungs- und Schlaf- Anamnese evtl. umseitig Laktose-/Fruktose-/Alkohol-Unverträglichkeit ? Frühere Anamnese: Krankheiten, Operationen (Rachenmandeln, Appendix), Unfälle

Sonstiges: Auslandsaufenthalte, Regenwasser, Brunnenwasser oder unpasteurisierte Milch, z. B. Rohmilch vom Bauern getrunken, rohes Fleisch z. B. Tartar, Rohfischprodukte, z. B. Sushi gegessen, regelmäßige Kontakte zu Fleischwaren, Tierblut, Holzstaub, Tierexkrementen? Arbeitsplatzwechsel gehabt? Zuckerhunger, z. B. Schokolade, Zahnstatus, Libidoverlust?

Soziale Anamnese
Beruflicher Werdegang

Alle Arztbriefe und Befundberichte, z. B. Laborbefundergebnisse jüngeren Datums bitte auf Datenträger mitbringen. Einlesekopien müssen in Rechnung gestellt werden.

Eine Liste mit den jetzigen körperlichen Symptomen und deren Beginn bitte zum ersten Arztbesuch mitbringen.

Tabelle 2: Checkliste Anamnese
(Unnewehr M, 2013)

Tabelle 3: Die vorwiegende Krankheitssymptomatik bei den Infektionen

Symptom-Auswahl

GRÜN = erwartete Symptome
Hellblau = zum Ankreuzen ->

Symptom-Auswahl	<- zum Ankreuzen	Borrelien	Chl. pneumoniae	Chl. trachomatis	Mykoplasmen	Bartonellen	Ehrlichien	Rickettsien	Yersinien	Babesien	EBV Virus	Coxsackie Virus
	o	o	o	o	o	o	o	o	o	o	o	o
Müdigkeit, Erschöpfung		X	X		X					X	X	X
Gedächtnis- Konzentrationsstör.		X	X		X		X					X
Sehen verschlechtert		X	X	X					X			
Glieder-, Sehnenschmerzen		X	X	X	X	X		X		X	X	X
Muskelschmerzen		X	X	X	X	X	X			X		X
Gelenkschmerzen		X	X	X	X	X	X		X			
Kopfschmerzen		X	X		X	X	X	X		X	X	X
Grippesymptome		X	X	X	X	X	X		X		X	X
Bauchschmerzen		X				X	X		X		X	X
Übelkeit, Erbrechen						X	X		X			X
Durchfall					X		X		X			X
Gehirnentzündung		X				X	X	X			X	X
Hautausschlag		X				X	X	X		X	X	X
Fiebriges Gefühl		X	X		X	X	X	X	X	X	X	X
Schüttelfrost, Zittern		X		X		X	X	X			X	X
Wasserlassen mit Juckreiz				X		X						
Lymphknotenschwellungen		X		X		X	X				X	
Gelbsucht						X				X	X	X
Milzvergrößerung						X				X	X	X
Dunkler Urin										X		
Blutarmut										X		
Leberwerte erhöht											X	X
Herzbeschwerden		X	X				X	X				X
Husten			X	X	X	X						X
Lungenentzündung			X	X	X	X						X
Rachenmandeln belegt, Zahnprobl.											X	
Haut-Blutungen										X		

http://www.xerlebnishaft.de/symptomatik_01.pdf

Tabelle 3: Mögliche Krankheitssymptome bei Infektion mit Krankheitserregern

Tabelle 4: Checkliste körperliche Untersuchung

Name, Vorname: ________________________________
Geb. Dat.: ___________________ **DATUM:** ____________

Größe: cm, Gewicht: kg, Gewichtsänderung in den letzten 6
Monaten Nein/Ja (__________ kg)
RR re, Arm: RR li. Arm: Puls:/Min. z. Zt. Akuter Infekt: Nein/Ja

Inspektion:
Allgemeinzustand (AZ): Ernährungszustand (EZ):
Kopf: Mundhöhle, Zunge, Tonsillen, Zähne, Oralhygiene.
Haut (Blässe, Zyanose, Ikterus, Exantheme, Erytheme) Nein/
Ja, wo? ____
Akrodermatitis chronica atrophicans – Haut Nein/Ja, wo?
___________________ Morphea Nein/Ja, wo? ______________
Lymphknoten (Nacken, Hals, Axilla, Leiste) Nein/Ja, Wo:
Schilddrüse (o. B., vergrößert, hart, weich, Knoten)

Brust und Brustorgane:
Narben Nein/Ja, wo? Mammae unauffällig/nicht untersucht
Herz (Aktion regelmäßig, keine pathologischen Herzgeräusche,
Herzgrenzen nicht verbreitert):

Lunge (Atemexkursionen seitengleich, Klopfschall bds. Voll, Lun-
gengrenzen verschiebbar, Atemgeräusch rein, rau, verschärft, abgeschwächt, aufgehoben, Rasseln, Giemen, Reiben),
Vesikulär-Atmen normal (abgeschwächt, aufgehoben, lauter, verschärft). Bronchialatmen nicht vorhanden, …
Nebengeräusche nicht vorhanden (Rasselgeräusche trocken,
feucht, pleuritisches Reibegeräusch)

Abdomen:
Narben Nein/Ja, wo?
Leber nicht vergrößert: Milz nicht tastbar:

Druckschmerz Nein/Ja, wo? Resistenzen tastbar Nein/Ja, wo?:
Bruchpforten geschlossen Nein/Ja
Nierenlager o.B. äußeres Genitale unauffällig Rektale Untersuchung nicht gemacht, o. B.

Gefäße: |
_/|_
|
_ / _

Bewegungsapparat:
Gelenke frei beweglich: Ödeme Varizen, Ulcus cruris Nein/Ja, wo?
Wirbelsäulenbeweglichkeit: Finger-Boden-Abstand cm, Klopf-
schmerz: Nein/Ja, wo?

Neurologische Untersuchung:
Pupillen seitengleich, reagieren prompt auf Licht (L) und Kon-
vergenz (K) Sprechweise – normal:
Sehschärfe – normal: Hörfähigkeit – normal: Riechfähigkeit – normal:
Patellarsehnenreflex rechts normal/links normal:
Achillessehnenreflex rechts normal/links normal:
Babinski – negativ: Romberg – negativ:
Haut- und Tiefensensibilität – bei grober Prüfung intakt:
Diadochokinese:
Ataxie – nicht vorhanden: Tremor – negativ
Grobe Kraft – bds. O. B.: _/|_
|
_ / _
Sonstiges: Stimmung Zuwendung Orientierung Gedächtnis
Appetit Stuhlgang Wasserlassen

Uhrenziffernblatt Zeichentest

Orientierende Depressivitätsskala
(Modifiziert nach JI Scheik u. JA Yersavage, 1986)

Was?	Ja	Nein
Sind Sie mit Ihrem Leben im Grunde genommen zufrieden?		
Sind Sie die meiste Zeit guter Laune?		
Fühlen Sie sich die meiste Zeit wohl?		
Finden Sie es schön, jetzt zu leben?		
Fühlen Sie sich voller Energie?		
Haben Sie viele Ihrer Interessen und Aktivitäten aufgegeben?		
Haben Sie das Gefühl, Ihr Leben sei unausgefüllt?		
Haben Sie Angst, dass Ihnen etwas zustoßen wird?		
Fühlen Sie sich hilflos?		
Sind Dinge, die sie früher gut bewältigten jetzt für Sie ein Problem?		

Orientierende Depressivitätsziffer 0 bis 10
(Summe der eingerahmten Kästchen):

Riech Test (Mori I, 2005, Mitrano DA, 2021)

Behinderungsstatus

Was?	Ziffer
Normaler neurologischer Befund	1
Minimale Behinderung	2
Eingeschränkte Gehfähigkeit	3
Gehstrecke bis 500 m	4
Gehstrecke bis 200 m	5
Notwendigkeit einer Gehhilfe	6
Rollstuhl	7

Orientierende Behinderungsziffer 1 bis 9:

Tabelle 4: Checkliste körperliche Untersuchung (Mäser O, 2019, Bell DS)

Infektionsursachen bei vorwiegend neurologischer Symptomatik

Zahlreiche Viren, speziell die neurotropen Arboviren und die neurovirulenten respiratorischen Viren.

Bartonellen („Katzenkratzkrankheit")

Babesien („Hundemalaria")

Mikrofilarien („Hunde Dirofilariose")

Borrelien („die Syphilis der Neuzeit")

Mycoplasmen („aerborne, in Impfstoffen", Nicolson G, 2021)

Tabelle 5: Checkliste Basislabor, weiterführendes Labor und Speziallabor

Laboruntersuchungen[2] Basis

*Großes **Blut**bild. BSG, CRPs, GOT, GPT, Gamma GT, Alkalische Phosphatase, LDH, (Cholinesterase, Bilirubin), gesamt Amylase, Lipase, Creatinkinase, Kreatinin, Harnsäure, (Natrium, Magnesium), Kalium, TSH basal, Butzucker postprandial, HbA1C, Gesamteiweiß und Serumelektrophorese, **Urin** Streifentest.*

*TPHA-Test, IgG/IgM/IGA-Antikörper[10], (Borrelia, Bartonella, Babesia, Ehrlichia, Coxsackie, Epstein Barr, Parvovirus, Chlamydia, Mycoplasma, Rickettsia[10]). Zytokinprofil, KyberKompaktPRO-Test (Mikroökologie), Blut im **Stuhl** enzymatisch.*

CD4+;CD4-;CD8+;CD8-;CD25+;CD3+, TNF-Alpha, NK-Zellen, CD57, Interferon Gamma

Weiterführende Laboruntersuchungen
Ferritin, Vitamine B_1, B_6, B_{12}, bioaktive Folsäure, D_3, A, Selen, Zink, Mangan, Lithium, „Schwermetallscreening, „Mineralstoffanalyse", „Aminosäurecreening" „Vitaminanalytik", Homocystein, **„ATP intrazellulär",** D-Dimere, IP-10, MDA-LDL, L-Tryptophan, IDO – Aktivität[11], CRP, IGE, **„Genetische Polymorphismen",** z. B. HLA-DR1, HLA-DR2,

---

10 Antikörper verschwinden nach dem Verschwinden der Krankheitserreger bzw. deren Signatur. Die Halbwertszeit der IGG-Antikörper ist ca. 21 Tage. Es ist die längste Halbwertszeit im Verhältnis zu der Halbwertszeit von IGM oder IGA.

11 Z. B. IMD Labor Berlin Diagnostikinformation Nr. 279 https://www.inflammatio.de/fileadmin/user_upload/Diag_Info/279_Multisystemerkrankungen_Laborprofil.pdf

HLA-DR4, MTHFR Mutation (Methylen-Tetrahydrofolat-Reduktase). **Zonulin + I-FABP** (bei V.a. Leaky Gut-/Leaky Brain-Syndrom)

Beutler Test (bei V. a. Glucose-6-phosphat dehydrogenase Mangel, Favismus)

Knott Test (bei Verdacht auf Dirofilarien/Mikrofilarien, Fadenwürmer)

Evtl. Bestimmung von Neopterin und Kynurenin als Immunparameter

Spezial-Labor-Diagnostik bei Alzheimer

p-Tau-217, Plasma amyloid-β Biomarker Nachweis, Abeta 42 zu Abeta 40 Quotient, APOE-E4 (Apolipoprotein E, Genotyp E4), Reverse Transkriptase (RT) Aktivität.

Spezial-Labor-Diagnostik bei Multipler Sklerose

Human endogenous retrovirus-W[12] (Merril CR, 1971, Bassler BL, 1999, Christensen T, 2001, 2005, Perron H, 2000, 2009, Firouzi R, 2003, Mameli G, 2013, 2014, Garcia-Montojo M, 2013, Kriesel JD, 2019, Bottero V, 2019). Reverse Transkriptase (RT) Aktivität, Stuhlsequenzierung oder evtl. auch Stuhluntersuchung auf pathogene Keime und Wurmeier o. ä., Knott Test.

Tabelle 5: Die Checkliste Laboruntersuchungen

Spezial-Labor-Diagnostik bei Amyotropher Lateralsklerose

Ein spezielles Muster von HERV-K (Human endogenous retrovirus K) und von anderen Retroviren (Douville R, 2011). Elektromyographie, Liquor Diagnostik (Nervenwassers) (Reiber H, 1991–2015).

---

12 Multiple Sklerose Virus (MSRV) Nachweis in mononukleären Zellen des peripheren Blutes.

Auflistung der Bildgebendungs-, Funktions- und zytologischen Diagnostik

Bildgebungs Diagnostik und Funktions Diagnostik
1. **Dunkelfeldmikroskopie**
2. **DemTect® Test**, Montreal cognitive Assessment (**MoCA**)
3. Elektrokardiogramm (**EKG**) [QTc-Zeit]
4. Lumbalpunktion (**AB$_{42}$, $_p$Tau, Total Tau, Mikrofilarien**), (bei deutlicher Klinik aber sehr oft nicht wegweisend!)
5. Positronen-Emissions-Tomographie (**PET-Study**), Glucose PET, FTG PETt (Amyloid PET, Tau PET), Dopamin Bildgebung (DAT SCAN) (Barthel H, 2019)

Spezielle bildgebende Untersuchungsmethoden
1. Funktionelle Magnetresonanztomographie (**fMRT, T1 gewichtet**) mit der Darstellung der Hirnaktivität von aktiven Arealen und von Netzwerken oder Single Photon Emission Computed Tomography (**SPECT-Study**) evtl. mit Kontrastmittel
2. Elektroenzephalographie (**EEG**), wobei die kortikale Hirnaktivität gemessen und die Netzwerkarchitektur des Gehirns untersucht wird
3. Röntgen Thorax [Ausschluss einer Lungen-Tuberkulose]
4. Panoramaschichtaufnahmen Zahnwurzeln [Ausschluss Herdgeschehen Zähne]
5. Ultraschall Abdomen
6. Spiroergometrie
7. Elektromyographie (EMG) nach Indikation
8. Infrarot Spektroskopie nach Indikation

Zytologische Diagnostik
Intra- und extrazelluläre Ablagerungen in Wirtszellen (Matzinger P, 1994–2011):
„**Amyloid-Plaques**" bei Alzheimer Demenz
„**Levy Körperchen und Melanin Granula**" bei Parkinson und bei Demenz (MIGAP)

„**Spheroid neuronal inclusion bodies bzw. Bunina Bodies**" bei Amyotropher Lateralsklerose.

„**Elementary bodies**" bei der arteriellen Verschlusskrankheit

„**Bacterial granular congestions**" bei Borreliose

„**Mizellen, Blasen und Granulate**" bei Karzinomen und Sarkomen.

Schlaflaborstudie zum Ausschluss vor allem von Schlafapnoe.

Auflistung weiterer Bildgebungs-, Funktions- und zytologischer Verfahren

Untersuchungsmethoden bei spezieller Indikation

APP Diagnostik
Open MS BioScreen (Verlaufsbeobachtung)
Microchannel capillary flow assay (Ghosh S, 2020).

Optische Kohärenztomographie (OCT) mit Angiographie
Mit dem OCT werden Netzhaut und Sehnerv vermessen (Gerste RD, 2019).

Deep sequencing und massive parallel sequencing
„Deep" Sequenzierung oder „Next-Generation" Sequenzierung, z. B. „Massive Parallel Sequencing" beziehen sich auf eine DNA-Sequenzierung direkt aus DNA-Fragmenten. (Fischer K, 2015, Burrell ChrJ, 2017, Moog U, 2020).

Massenspektroskopie, Multiplex Nanotrap Assay
Der Nachweis von humoralen Biomarkern wird dabei verbessert (Nakamura A, 2018).

Minimalstandard Früherkennungsdagnostik, Frühdiagnostik
APPs Sea Hero quest (Alzheimer Frühdiagnostik, „MCI, mild cognitive impairment")
DemTect® Test (Kessler J, 2000, Kalbe E, 2004) u.a. elaborierte neurologische Testbatterien; Montreal Cognitive Assessment (MoCA®) (Norins L, 2020). Attentional Blink (Kratz S, 2020)
Tabelle 2: Checkliste Anamnese
Tabelle 4: Checkliste körperliche Untersuchung
*Tabelle 5: Checkliste Labor plus Bildgebungs- (**PET**) und Funktions-Diagnostik*
***Bluttest** zur Frühdiagnostik eines beginnenden **Morbus Alzheimer**. (Nabers A, 2018, Nakamura A, 2018, Meyer R, 2019, Jessen F, 2019, Schindler SE, 2019).*

Von Beginn der Infektion durch einen Krankheitserreger **bis zum Nachweises von Antikörpern vergehen 2 bis 10 Wochen.**

Der **Antikörpernachweis** zeigt an, dass sich der Betreffende mit dem Krankheitserreger auseinandergesetzt hat. **Die IGG-Antikörper-Halbwertszeit ist 21 Tage.** IGM- und IGA-Antikörper haben eine noch kürzere Halbwertszeit als die IGG-Antikörper. **Ohne Aktivität durch den Krankheitserreger selbst werden keine Antikörper mehr nachgebildet.**

Patienten, bei denen die **IGM-Antikörper nicht verschwunden** sind (10% bei den Borreliose-Patienten), leiden an besonders schweren Krankheitsverläufen.

Wenn sich der Patient krank fühlt und nach spätestens mehr als 2 Jahren noch Antikörper gegen den betreffenden Krankheitserreger nachgewiesen werden können, dann ist ein erneuter Therapieversuch dringend notwendig.

Literatur Die Anamnese

Huismans BD Anamnese http://www.xerlebnishaft.de/anamnese.pdf

Huismans BD Symptomatik durch Krankheitserreger bei Multisystemkrankheiten http://www.xerlebnishaft.de/symptomatik.pdf http://www.xerlebnishaft.de/symptomatik_01.pdf

Kessler J, Calabrese P, Kalbe E, Berger F (2000) DemTect. Ein neues Screening-Verfahren zur Unterstützung der Demenzdiagnostik. Psycho. 6, 343–347.

Kalbe E, Kessler J, Calabrese P, Smith R, Passmore AP, Brand M, Bullock R (2004) DemTect: a new, sensitive cognitive screening test to support the diagnosis of mild cognitive impairment and early dementia. In: International Journal of Geriatric Psychiatry. 19, 136–143. doi: 10.1002/gps.1042 PMID 14758579

Unnewehr M, Schaaf B, Friederichs, H (2013) Die Kommunikation optimieren. Deutsches Ärzteblatt 110(37), A1672–A1676

Lohr, B., et al. (2014) Epidemiology and cost of hospital care for Lyme borreliosis in Germany : Lessons from a health care utilization database analysis. Ticks Tick-borne Dis. http://dx.doi.org/10.1016/j.ttbdis.2014.09.004

„The estimated cost result in the projected total annual economic impact of LB in Germany to be at least 80 million Euro. Still, this remains a more conservative estimate because several other relevant cost components such as indirect costs of outpatients or out-of-pocket expenses that are not included in this calculation.“

Mitrano DA, Houle SE, Pearce P et al. (2021) Olfactory dysfunction in the 3xTg-AD model of Alzheimer's disease, IBRO Neuroscience Reports, 10, 51–61, ISSN 2667-2421, https ://doi.org/10.1016/j.ibneur.2020.12.004. (https://www.sciencedirect.com/science/article/pii/S2667242121000014)

„Overall, this study provides further validation of the 3xTg-AD mouse model of AD and supports the idea that simple olfactory testing could be part of the diagnostic process for human AD.“

Bell SD The Doctor's Guide to Chronic Fatigue Syndrome, S. 122 f. Addison-Wesley Publishing Company, Reading, MA. http://www.cfs-aktuell.de/Bell-Skala.pdf

Literatur Die mögliche Krankheitssymptomatik bei den Infektionen

PETRO TM, BHATTACHARJEE JK (1980) Effect of Dietary Essential Amino Acid Limitations upon Native Levels of Murine SerumImmunoglobulins, Transferrin, and Complement. INFECTIONANDIMMUNITY, 27(2), 513–518 0019-9567/80/02-0513/06$02.00/0
https://iai.asm.org/content/iai/27/2/513.full.pdf
Hofmann F, Tiller (1993) Infektiologie in Stichworten. Krankheitsbilder, Antiinfektiva, Immunglobuline, Impfstoffe, Labordiagnostik. Ecomed
Burrascano J (2008) MANAGING LYME DISEASE, 16h edition http ://www.lymenet.org/BurrGuide200810.pdf

Literatur Die körperliche Untersuchung

Huismans BD Befunderhebung http://www.xerlebnishaft.de/befund.pdf
Neumann-Mangoldt P (1970) Der Arztbrief. Eine Fibel zum praktischen Gebrauch. Urban & Schwarzenberg München-Berlin-Wien
Bates B, Berger M, Mühlhauser I (1985) Klinische Untersuchung des Patienten.Schattauer Stuttgart New York [Befunderhebung]

Mäser O (2019) Diagnostik. Klassifikation und Systematik in Psychiatrie und Medizin. ISBN: 978-3-7469-8043-0 https://tredition.de/autoren/othmar-maeser-25090/diagnostik-e-book-107903/

Literatur Die Checkliste Labordiagnostik

Huismans BD Virologie und die Erweiterung der kochschen Postulate http://www.xerlebnishaft.de/virologie.pdf http://www.xerlebnishaft.de/expand_koch_post.pdf

Huismans BD Alzheimer Serologie. http ://www.erlebnishaft.de/alzheimerspirochaetosis.pdf

Huismans BD Multiple Sklerose http://www.erlebnishaft.de/multipleskleroseborreliose.pdf

Huismans BD Amyotrophe Lateralsklerose http://www.xerlebnishaft.de/als.pdf

Huismans BD Serologie Lyme – Borreliose http://www.xerlebnishaft.de/serollyme.pdf

Beutler E, Baluda M, Donnell GE (1964) A new method for the detection of galactosemia and its carrier state. J Lab Clin Med 64, 695–705.

Beutler E, Baluda MC (1966) A simple spot screening test for galactosemia. J Lab Clin Med 68, 137–141.

Beutler E, Mitchell M (1968) New rapid for the estimation of red cell galactose-1-phosphate uridyl transferase activity. J Lab Clin Med 72, 527–532.

Steere AC et al. (2006) Antibiotic-refractory Lyme arthritis is associated with HLA-DR molecules that bind a Borrelia burgdorferi peptide. J Exp Med. 203(4), 961-71.doi: 10.1084/jem.20052471. https://pubmed.ncbi.nlm.nih.gov/16585267/

Kim YI. (2009) Role of the MTHFR polymorphisms in cancer risk modification and treatment. Future Oncol. 5(4), 523-42. doi: 10.2217/fon.09.26. PMID : 19450180.

**Serologie bei Alzheimer Demenz, Früherkennung,
„mild cognitive impairment"**

Matsui T, Ingelsson M, Fukumoto H et al. (2007) Expression of APP pathway mRNAs and proteins in Alzheimer's disease. In: Brain Res Epub. PMID 1758647 Amyloid-Precursor-Protein

O'Brien RJ, Wong PC (2011) Amyloid Precursor Protein Processing and Alzheimer's Disease. Annu Rev Neurosci. 34, 185–204. doi: 10.1146/annurev-neuro-061010-113613 PMCID: PMC3174086 NIHMSID: NIHMS319849 PMID: 21456963

Nakamura A et al. (2018) High performance plasma amyloid-biomarkers for Alzheimer's disease. Nature. 554(7691), 249-254. doi: 10.1038/nature25456.
https ://www.google.de/search?q=High+performance+plasma+amyloid-%26%23946%3B+biomarkers+for+Alzheimer%27s+disease&hl=de&btnG=Google+Search&gws_rd=ssl

„Die Bestimmung charakteristischer „Alzheimer-Peptide" per Massenspektroskopie aus dem Blutplasma ist ähnlich zuverlässig wie die PET-Bildgebung oder eine Lumbalpunktion."

Labor Berlin (2018) Neurofilament light chain. Ein neuer Biomarker für Neurodegeneration. Diagnostik Bulletin 34.
https://www.google.de/url?sa=t&rct=j&q=&esrc=s&source=web&cd=1&ved=2ahUKEwiYkbji7YHkAhUMalAK-HbWcAroQFjAAegQIARAC&url=http%3A%2F%2Fwww.laborberlin.com%2Ffileadmin%2Fuser_upload%2Fak-tuelles%2Fdiagnostik_bulletins%2FDiagnostik_Bulletin_34_Neurofilament_light_chain-ein_neuer_Biomarker_f%25C3%25BCr_Neurodegeneration.pdf&usg=AOvVaw3ehQTP_uii1k53cLpE9dAC

Meyer R (2019) Bluttest kann Morbus Alzheimer vor Ausbruch der Erkrankung erkennen. Deutsches Ärzteblatt News https://www.aerzteblatt.de/nachrichten/105117/Bluttest-kann-Morbus-Alzheimer-vor-Ausbruch-der-Erkrankung-erkennen

Jessen F (2019) Früherkennung der Alzheimer-Krankheit und Ansätze der Prävention. Bundesgesundheitsblatt 62, 255-60 CrossRef MEDLINE [„mild cognitive impairment"}

Beyer L, Schnabel J, Kazmierczak P et al. (2019) Neuronal injury biomarkers for assessment of the individual cognitive reserve in clinically suspected Alzheimer's disease. Neuroimage Clin 24, 101949 CrossRef MEDLINE PubMed Central

Schindler SE, Bollinger JG, Ovod V, et al. (2019) High-precision plasma β-amyloid 42/40 predicts current and future brain amyloidosis. Neurology. https :// n.neurology.org/ content/ early/ 2019/ 08/ 01/ WNL.0000000000008081 CrossRef MEDLINE

Kratz S (2020) Früherkennung Alzheimer-Demenz: Untersuchung zur Korrelation von Vagus-evozierten Potenzialen mit dem Aufmerksamkeitsblinzeln (Attentional Blink) Inaugural Dissertation. https://opus.bibliothek.uni-wuerzburg.de/ opus4-wuerzburg/frontdoor/deliver/index/docId/24220/ file/Kratz_Salome_FrueherkennungAlzheimer.pdf Google Suche (2021) Alzheimer Frühdiagnostik, Plasma-P-Tau217 https ://scholar.google.de/scholar?q=plasma-p-tau217&hl=de&as_ sdt=0&as_vis=1&oi=scholart

Infrarot Spektroskopie und Alzheimer Demenz

Griebe M, Daffertshofer M, Stroick M et al. (2007) Infrared spectroscopy: a new diagnostic tool in Alzheimer disease. Neurosci Lett. 420(1), 29–33. Epub 2007 May 4. https ://www. ncbi.nlm.nih.gov/pubmed/17507159

Mordechai S, Shufan E, Porat Katz BS, Salman A (2017) Early diagnosis of Alzheimer's disease using infrared spectroscopy of isolated blood samples followed by multivariate analyses. Analyst. 142(8), 1276–1284. doi: 10.1039/c6an01580h. https://www.ncbi.nlm.nih.gov/pubmed/27827489

„In this study, we investigated the potential of infrared microscopy to differentiate between AD patients and controls, using Fourier transform infrared (FTIR) spectroscopy of isolated blood components. FTIR is known as a quick, safe, and minimally invasive method to investigate biological samples. For this goal, we measured infrared spectra from white blood cells (WBCs) and plasma taken from AD patients and controls, with the consent of the patients or their guardians. Applying mul-

tivariate analysis, principal component analysis (PCA) followed by linear discriminant analysis (LDA), tw as possible to
differentiate among the different types of mild, moderate, and
severe AD, and the controls, with 85 % accuracy when using
the WBC spectra and about 77 % when using the plasma spectra. When only the moderate and severe stages were included, an 83 % accuracy was obtained using the WBC spectra
and about 89 % when using the plasma spectra."

Depciuch J, Zawlik I, Skrzypa M (2019) FTIR Spectroscopy of
Cerebrospinal Fluid Reveals Variations in the Lipid: Protein
Ratio at Different Stages of Alzheimer's Disease. Journal of
Alzheimer's disease: JAD 68(1), 1–13 doi: 10.3233/JAD-181008
Project : Fourier transform infrared spectroscopy (FTIR) in
neurodegeneration diagnosis https ://www.researchgate.net/
publication/331052768_FTIR_Spectroscopy_of_Cerebrospi-
nal_Fluid_Reveals_Variations_in_the_Lipid_Protein_Ratio_
at_Different_Stages_of_Alzheimer%27s_Disease

Multiple Sklerose (MS)

Garcia-Montojo M, Dominguez-Mozo M, Arias-Leal A et al.
(2013) The DNA copy number of human endogenous retrovirus-W (MSRV-type) is increased in multiple sclerosis patients and is influenced by gender and disease severity. PloS
One. 8(1), e53623. doi: 10.1371/journal.pone.0053623. http://
www.ncbi.nlm.nih.gov/pubmed/23308264

„MSRV increases its copy number in PBMC of MS patients and
particularly in women with high clinical scores. This may explain causes underlying the higher prevalence of MS in women.
The association with the clinical severity calls for further investigations on MSRV load in PBMCs as a biomarker for MS."

Kim B, Araujo R, Howard M et al. (2018) Affinity Enrichment for
MS: Improving the yield of low abundance biomarkers. Expert
Rev Proteomics. 15(4), 353–366. doi: 10.1080/14789450.2018.
1450631 PMCID: PMC6081742 NIHMSID: NIHMS1500851
PMID: 29542338 https://www.ncbi.nlm.nih.gov/pmc/articles/
PMC6081742/

Sea Hero quest (2020) Wie das Handy-Spiel „Sea Hero Quest"
bei der Alzheimerforschung hilft.
https://www.youtube.com/watch?v=CcM6Yu9d4pM
https://www.scinexx.de/news/medizin/handy-spiel-enthuellt-
alzheimer-risiko/

Amyotrophe Lateralsklerose (ALS)

Douville R, Liu J, Rothstein J, Nath A (2011) Identification of
active loci of a human endogenous retrovirus in neurons of
patients with amyotrophic lateral sclerosis. Ann Neurol. 69(1),
141–51. doi: 10.1002/ana.22149. http://www.ncbi.nlm.nih.
gov/pubmed/21280084

„We have identified a specific pattern of HERV-K expression in
ALS, which may potentially define the pathophysiology of
ALS. Targeting of activated genome-encoded retroviral ele-
ments may open new prospects for the treatment of ALS."

Literatur Bildgebungs-, Funktions-, zytologische-, weitere Diagnostik

Levy Körperchen und Melanine Granules bei M. Parkinson und Demenz	http://www.erlebnishaft.de/ alzheimerspirochaetosis.pdf
Amyloid-Plaques bei der Alzheimer-Krankheit	http://www.erlebnishaft.de/ alzheimerspirochaetosis.pdf
Spheroid neuronal Inclusion – bodies bzw. Bunina-bodies bei Amyo-trophischer Lateralsklerose	http://www.xerlebnishaft. de/als.pdf
Granula bei infiltrierenden und destruierenden Tumoren	Enby EOH,1984,1994, Cantwell JrA,1990, Ewald PW,2015, Nejman D, 2020

Huismans BD **Alzheimer und Bildgebung.** http://www.erlebnishaft.de/alzheimerspirochaetosis.pdf

Fallon BA, Das S, Plutchok JJ, Tager F, Liegner KB, Van Heertum R (1997) Functional Brain Imaging and Neuropsychological Testing in Lyme Disease CID 25, 57–63

http://www.journals.uchicago.edu/CID/journal/issues/v25nS1/jy21_57/jy21_57.web.pdf

Plutchok JJ et al. (1999) TC-99M HMPAO Brain SPECT Imaging in Chronic Lyme Disease. J of Spirochetal and Tick-borne Diseases 6, 117–122 [Spect-Study]

http://www.lyme.org/journal/journal/vol6f-w99/v6nfwspect.pdf

Klunk WE, Engler H, Nordberg A, et al. (2004) Imaging brain amyloid in Alzheimer's disease with Pittsburgh Compound-B. Ann Neurol 55, 306–19 CrossRef MEDLINE [PET-Study]

Mosconi L. (2005) Brain glucose metabolism in the early and specific diagnosis of Alzheimer's disease. FDG-PET studies in MCI and AD. Eur J Nucl Med Mol Imaging. 32(4), 486–510. http://www.ncbi.nlm.nih.gov/pubmed/15747152

Diehl-Schmid J, Grimmer T, Drzezga A, Bornschein S, Riemenschneider M, Förstl H, Schwaiger M, Kurz A (2007). Decline of cerebral glucose metabolism in frontotemporal dementia: a longitudinal 18F-FDG-PET-study

Nishimura T, Hashikawa K, Fukuyama H, Kubota T, Kitamura S, Matsuda H, Hanyu H, Nabatame H, Oku N, Tanabe H, Kuwabara Y, Jinnouchi S, Kubol A (2007) Decreased cerebral blood flow and prognosis of Alzheimer's disease: a multicenter HMPAO-SPECT study. Ann Nucl Med 21, 15–23

Aalto A, Sjowall J, Davidsson L, Forsberg P, Smedby O. (2007) Brain magnetic resonance imaging does not contribute to the diagnosis of chronic neuroborreliosis. Acta Radiol 48, 755–762. [White matter hyperintensities or basal ganglia lesions].

Leinonen V, Alafuzoff I, Aalto S, Suotunen T, Savolainen S, Nagren K, Tapiola T, Pirttila T, Rinne J, Jaaskelainen JE, et al. (2008) Assessment of beta-amyloid in a frontal cortical brain biopsy specimen and by positron emission tomography with carbon 11-labeled Pittsburgh Compound B. Arch Neurol 65, 1304–9.

Forsberg A, Engler H, Almkvist O, Blomquist G, Hagman G, Wall A, Ringheim A, Langstrom B, Nordberg A (2008) PET imaging of amyloid deposition in patients with mild cognitive impairment. Neurobiology of aging 29, 1456–65.

Sojkova J, Driscoll I, Iacono D, Zhou Y, Codispoti KE, Kraut MA, Ferrucci L, Pletnikova O, Mathis CA, Klunk WE, et al. (2011) In vivo fibrillar beta-amyloid detected using [11C] PiB positron emission tomography and neuropathologic assessment in older adults. Arch Neurol 68, 232–40.

Koivunen J, Scheinin N, Virta JR, Aalto S, Vahlberg T, Nagren K, Helin S, Parkkola R, Viitanen M, Rinne JO (2011) Amyloid PET imaging in patients with mild cognitive impairment: a 2-year follow-up study. Neurology 76, 1085–90

Clark CM, Schneider JA, Bedell BJ, et al. (2011) Use of florbetapir-PET for imaging beta-amyloid pathology. JAMA 305 275-83 CrossRef CrossRef MEDLINE

Donta ST et al. (2012) SPECT brain imaging in chronic Lyme disease.

http://www.ncbi.nlm.nih.gov/pubmed/22889796

„CONCLUSIONS: Brain SPECT scans are abnormal in most patients with chronic Lyme disease, and these scans can be used to provide objective evidence in support of the clinical diagnosis. The use of certain antibiotic regimens seems to provide improvement in both clinical status and SPECT scans.“

Clark CM, Pontecorvo MJ, Beach TG et al. (2012) Cerebral PET with florbetapir compared with neuropathology at autopsy for detection of neuritic amyloid-beta plaques: a prospective cohort study. Lancet neurology 11:669-78. Cohort study. Lancet neurology 11, 669–78.

Nordberg A, Carter SF, Rinne J, Drzezga A, Brooks DJ, Vandenberghe R, Perani D, Forsberg A, Langstrom B, Scheinin N, et al. (2013) A European multicentre PET study of fibrillar amyloid in Alzheimer's disease. European journal of nuclear medicine and molecular imaging 40, 104–14.

Johnson KA, Minoshima S, Bohnen NI, Donohoe KJ, Foster NL, Herscovitch P, Karlawish JH, Rowe CC, Carrillo MC,

Hartley DM, et al. (2013) Appropriate use criteria for amyloid PET: a report of the Amyloid Imaging Task Force, the Society of Nuclear Medicine and Molecular Imaging, and the Alzheimer's Association. Journal of nuclear medicine : official publication, Society of Nuclear Medicine 54, 476–90

Drzezga A, Sabri O, Fellgiebel A (2014) Amyloid-Bildgebung: Reif für die Routine? Deutsches Ärzteblatt 11(26), A1206–A1210 http://www.aerzteblatt.de/archiv/160856/Fruehdiagnose-des-Morbus-Alzheimer-Amyloid-Bildgebung-Reif-fuer-die-Routine http://www.aerzteblatt.de/pdf/111/26/a1206.pdf

Villemagne VL, Okamura N (2014) In vivo tau imaging : obstacles and progress. Alzheimers Dement 10(3 Suppl) : 254-64 CrossRef MEDLINE [radiotracer design]

Ossenkoppele R, Jansen WJ, Rabinovici GD, et al. (2015) Prevalence of amyloid PET positivity in dementia syndromes : a meta-analysis. JAMA 313, 1939-49 CrossRef MEDLINE PubMed Central

Stefaniak J, O'Brien J (2015) Imaging of neuroinflammation in dementia: A review. J Neurol Neurosurg Psychiatry 87, 21–28.

Morris E, Chalkidou A, Hammers A et al. (2016) Diagnostic accuracy of (18)F amyloid PET tracers for the diagnosis of Alzheimer's disease: a systematic review and meta-analysis. Eur J Nucl Med Mol Imaging 43 (2), 374-85 CrossRef MEDLINE PubMed Central

Daerr S, Brendel M, Zach C et al. (2017) Evaluation of early-phase [^{18}F]-florbetaben PET acquisition in clinical routine cases. Neuroimage Clin 14, 77-86 CrossRef MEDLINE PubMed Central

Coughlin JM, Yang T, Rebman AW et al. (2018) Imaging glial activation in patients with post-treatment Lyme disease symptoms: a pilot study using [^{11}C]DPA-713 PET. J Neuroinflammation. 15(1), 346. doi: 10.1186/s12974-018-1381-4. „Data from eight brain regions demonstrated higher [^{11}C]DPA-713 binding in 12 patients relative to 19 controls. [^{11}C]DPA-713 PET is a promising tool to study cerebral glial activation in PTLDS and its link to cognitive symptoms".

Barthel H, Meyer PT, Drzeezga A et al. (2019) Beta-Amyloid-PET-Bildgebung des Gehirns. S1-Leitlinie. AWMF Registernummer 031-052. https://www.awmf.org/ uploads/ tx_szleitlinien/ 031-052l_S1_Beta_Amyloid-PET-Bildgebung_Gehirn_2019-01.pdf

Buchert R, Buhmann C, Apostolova I et al (2019) Übersichtsarbeit. Nuklearmedizinische Diagnostik bei Parkinson-Syndromen. Dtsh. Ärztebl. Int 116, 747–54 https://www.aerzteblatt.de/archiv/210572/Nuklearmedizinische-Diagnostik-bei-Parkinson-Syndromen

MIGAP-Studie (2020) https://www.dzne.de/forschung/studien/klinische-studien/migap/

Literatur Weitere diagnostische Verfahren

Huismans BD Borrelien Direktnachweis. http://www.erlebnishaft.de/borrelien_direktnachweis.pdf

Farinelli L, Kawashima E, Mayer P (1998) Method of nucleic acid sequencing, 10-08

Von Bubnoff A (2008) Next-generation sequencing: the race is on. Cell. 132 (5), 721–723. doi: 10.1016/j.cell.2008.02.028. PMID 18329356.

Voelkerding KV, Dames SA, Durtschi JD (2009) Next-Generation Sequencing: From Basic Research to Diagnostics. Clinical Chemistry. 55 (4), 641–658. doi: 10.1373/clinchem.2008.112789. PMID 19246620.

Tucker T, Marra M, Friedman JM (2009) Massively Parallel Sequencing The Next Big Thing in Genetic Medicine. Am J Hum Genet. 85 (2), 142–54. doi: 10.1016/j.ajhg.2009.06.022. PMC 2725244. PMID 19679224.

Rollin A, Wernersson J, Engwall Y et al. (2009) Parrallel sequencing used in detection of mosaic mutations comparison with four diagnostic DNA screening techniques. Hum Mutat30, 1012–20

Anderson MW, Schrijver I (2010) <u>Next Generation DNA Sequencing and the Future of Genomic Medicine</u>. Genes. 1 (1), 38-69. <u>doi</u>: <u>10.3390/genes1010038</u>. <u>PMC</u> <u>3960862</u>. <u>PMID</u> <u>24710010</u>

Fischer K (2015) Deep Sequencing of Multiple Sclerosis Brain Tissue

https://www.youtube.com/watch?v=hyWILsWlr0U

„Part of the human Genome with elevated levels of these viruses in Patients with Multiple Sclerosis."

Burrell ChrJ, Murphy FA (2017) in <u>Fenner and White's Medical Virology (Fifth Edition)</u>.

https://www.sciencedirect.com/book/9780123751560/fenner-and-whites-medical-virology

„,Deep' sequencing, or ,next-generation' sequencing refers to novel techniques of DNA sequencing directly from DNA fragments without the need for cloning in vectors, allowing the generation of enormous amounts of sequence data at high speed and low cost from a single run.

Discovering new pathogens in undiagnosed illness or outbreaks (e. g., the coronavirus causing Middle East respiratory syndrome [MERS] first reported in Saudi Arabia in 2012), the novel highly divergent <u>rhabdovirus</u> Bas-Congo virus (BASV), and the novel <u>polyoma viruses</u> HPYV9 and <u>Merkel cell polyomavirus</u> (MCPyV);

Retrospective diagnosis of undiagnosed illness, for example, encephalitis, using stored autopsy samples;

Screening vaccines for contaminants; Analysis of the <u>quasi-species</u> sequence composition of the viruses in a clinical sample, including detection of minor variants with new pathogenic implications, for example, drug resistance; Investigation of the diversity and evolution of particular viral genomes; Studies of the human virome in health and disease."

O'Bryhim BE, Apte RS, Kung N et al. (2018) Association of preclinical Alzheimer disease with optical coherence tomographic angiography findings. <u>JAMA Ophthalmol 2018, 36:1242-1248</u>.

Gerste RD (2019) Morbus Alzheimer: Optische Kohärenzangiografie des Augenhintergrunds zeigt Frühzeichen an. Dtsch Arztebl 116(1-2), A-31 / B-27 / C-27

Ghosh S, Aggarwal KUVT et al. (2020) A new microchannel capillary flow assay (MCFA) platform with lyophilized chemiluminescence reagents for a smartphone-based POCT detecting malaria. Microsyst Nanoeng 6, 5. https://doi.org/10.1038/s41378-019-0108-8
https://www.nature.com/articles/s41378-019-0108-8#citeas

Moog U, Felbor U, Has C, Zirn B (2020) Disorders caused by genetic mosaicism. Erkrankungen durch genetische Mosaike. Dtsch Arztebl Int 117, 119–25

Open MS BioScreen (2020) A free online tool developed by neurologists and researchers at the UCSF Multiple Sclerosis and Neuroinflammation Center. https://openmsbioscreen.ucsf.edu/

5 Therapie-Optionen

Die Frühtherapie hat höhere Erfolgsaussichten und sie ist Kostengünstiger.

Grundlage für eine erfolgreiche Frühtherapie ist die Risikoreduktion

WHO-Empfehlungen zur allgemeinen Risikoreduktion:

An den Patienten gerichtet
1. *körperliche Aktivität*
2. *nicht rauchen*
3. *mediterrane Diät*
4. *wenig Alkohol*
5. *geistige Anregung*
   soziale Aktivität
   ausreichend Schlaf

An den Arzt gerichtet
6. *Gewichts- und Blutdrucknormalisierung*
7. *Diabetes mellitus, Fettstoffwechsel-Management*
8. *Behandlung von Depressionszuständen*
9. *Behandlung von Hörminderungszuständen*

(WHO Guidelines, 2019, Livingston G, 2020, Rostamzadeh A, 2020)

Kopfverletzungen sollten verhindert werden, geeignete Schutzmaßnahmen treffen (Livingston G, 2020).
Beseitigung von chronischen Infektions-Herden, „Herdsanierung".

Das Mikrobiom
Die **Vielfalt im Mikrobiom** in der Besiedelung mit Viren, Mikroben, Parasiten im Darm, im Rachen, am Gebiss und auf der Haut ist das Fundament einer ausgeglichenen Immunitätslage (Petro TM, 1980, Hofmann F, 1993, Blaser M, 2021).

Fäkales Mikrobiom (Blech J, 2000, Gill SR, 2006) **und Darmpflege.**
Entzündungshemmer Curcuma (Tumeric, Curcumin), Cistus Tee, evtl. „Green Tea".
Ansäuern des Ektoderms und des Darminhalts durch Lactulose, Vitamin C (Ascorbinsäure), Metformin, Pioglitazon, Topinambur, Hülsenfrüchte (Bohnen) und alle Kohlarten, Ketone, zugleich unter mediterraner, d. h. hier unter alkalisierender Ernährung. Saure Kosmetika (Ph 5).

Physiologische Stuhlgangsregulierung. Entgiftung von Darminhaltsstoffen durch Adsorbentien wie Aktivkohle und Chelate, kurzkettige Fettsäuren, höher ungesättigte Fettsäuren, osmotisch wirkende Abführmittel wie Lactulose oder Magnesiumsulfat. Auch die kontrollierte fäkale Mikrobiotasubstitution ist möglich (Stallmach A, 2020).

Therapeutische Fettsäuren aus dem Stoffwechsel des Darminhalts K22
1200 bis 1800 mg Caprylsäure oral/Tag könnten eine Darm-Candidose heilen.
Phosphaditylserin, Lauryl-poly-L-lysin. **K26**

Therapeutische Aminosäuren und Peptide
L-Lysin, L-Glycin, L-Methionin, L-Arginin.

Orales (essbares) Mikrobiom, d. h. Probiotika und Praebiotika
Praebiotika („Ballaststoffe"; Gibson GR, 1995) und Probiotika (z. B. Biodisrupt®, lebensfähige Mikroorganismen" Cryan JF, 2019, 2020).

Bewertungen finden sich in der EFSA-Liste. (Lebensmittelsicherheit, 2019). Probiotika + S-Adenosylmethionin (SAM) wirkt zudem mild antidepressiv. „Eines nicht zu fernen Tages werden wir uns vielleicht dadurch schützen, dass wir die Mikroorganismen, die in uns leben, aufpäppeln, statt sie zu bekämpfen" (Wolfe N, 2012, S. 269).

Mund-, Gebisspflege, Oralhygiene und Körperpflege

Mund- und Gebisspflege, Oralhygiene.

Parodontitistherapie im Akutnotfall: **SRP**=**s**caling-**r**oot-**p**lanning, mechanische Reinigung plus Metronidazol plus Clindamycin plus NAC bzw. Biodisrupt® oder Guanfenesin und Normalisierung des Vitamin D_3 Spiegels.

Vermeiden Sie Piercings, Zahnspangen, Tätowierungen, **Fremdkörper-Implantate**; Kunststoffnetze, Zahnimplantate, Gelenkersatz, Silikonimplantate.

Mikrobielle und parasitäre Ursachen von Demenz, Alzheimer, Parkinson, Multipler Sklerose und Amyotropher Lateralsklerose werden in der Regel im Kindes- und Jugendalter erworben und haben im Erwachsenenalter - oft im Zusammenhang mit Stressphasen im Lebenslauf - früher oder später ihre Auswirkungen, „wenn die Tonne dann voll ist".

Die Ernährungsprinzipien, Diät-Informationsblatt

*Schreiben Sie (Patient) auf, welche **Nahrungsmittel** sie evtl. nicht vertragen haben und hängen Sie sich diesen Zettel, für Sie immer sichtbar, in Ihre Küche. Eine **Vielfalt der Lebensmittel ist angesagt!** Eine Spezialdiät, die für jeden gleich beschaffen ist, gibt es nicht! Versuchen sie es mit einer **sparsamen** Ernährung **und möglichst zuckerfrei**. Wir empfehlen die „**mediterrane Ernährung**".*

Würzen Sie so gut, wie sie es vertragen (Gewürze sind Arzneimittel). Genügend Wasser sollten Sie trinken (1 oder 2 Liter / Tag).

***Vermeiden** sie Fast-food, Light-Produkte, Dosennahrung, Plastikverpacktes, Zuckerersatzstoffe, und gesüßte, fettreduzierte oder fettsäure-manipulierte Nahrungsmittel und die Ernährung mit rotem Fleisch (zur Hausen H, 2012),*

***In größeren Mengen zu vermeiden** sind Zucker in jeder Form, Teigwaren (weiße Mehlerzeugnisse, Nudeln), raffiniertes Palmkernöl, süßes Obst, gesüßte Getränke und Nahrungsmittel und süße Limonaden.*

***Erlaubt sind** Kartoffeln, Vollkornbrot, i. d. R. Milchprodukte, Fleisch in Maßen, Eierspeisen, Gemüse, Salat, saures Obst.*

***Empfohlen werden** (wenn Sie es vertragen) Sauerkraut, Apfelessig, Zitrone, alle Kohlarten, alle Bohnensorten, Erbsen (Hülsenfrüchte), Nüsse, Kerne, Olivenöl, Karotten, Senf, Paprika, Meerrettich, Küchenzwiebeln, Knoblauch, Bärlauch, Durian, Soja, Brunnenkresse, Cayennepfeffer, Safran, Chilli, rote Früchte (Polyphenole), Apfelkraut, Pflaumenmus, eiweissreiche Nahrungsmittel (L-Tryptophan, Tyrosin).*

***Speziell empfohlen werden zudem** Probiotika (z. B. Joghurt, Kefir, auch industriell hergestellte Produkte) und Praebiotika.*

***Licht, Luft und Bewegung, ausreichend Schlaf** (ca. 7 Std.) (als Schlafmittel nur Melatonin plus Magnesium als Glycinat oder Citrat oder ein Antihistaminikum der älteren Generation).*

***Bewegung geistig und körperlich**.*
Ein 20-minütiger Spaziergang pro Tag reicht nicht immer aus. Gehen Sie mindestens 20 Minuten, so, als ob sie es eilig hätten (Pulsschlag <u>unter</u> 130/Minute!). Aber: Kein Spitzensport! (Spitzensport schwächt Ihr Immunsystem). Singen Sie, tanzen Sie evtl.!

Während einer Langzeitantibiose zu vermeiden sind:
aktive Impfungen (Hausarzt fragen), Operationen, extreme Stressbelastungen

K11, Nutrigenetik/Nutrigenomik (Höffeler F, 2013)

Die Empathie

„Psychosoziale Einflüsse" sind „für Entstehung, Verlauf und für Endzustände von Krankheiten ebenso wichtige und legitime Probleme für die Heilkunde wie die Einflüsse physikalischer, chemischer oder mikrobiologischer Faktoren" (von Uexküll T, 1997).

„Die Immunkonditionierung gilt als ein grundlegendes Paradigma der Psychoneuroimmunologie" (Elsenbruch S, 2011). Die psychosoziale Medizin hatte ihren Ursprung in der inneren Medizin (von Bergmann G, von Weizsäcker V, von Uexküll T, Wesiack W). Patientenzentriert arbeiten („personalisierte Medizin, Präzisionsmedizin") heißt für den Arzt, offene Fragen zu stellen, um in einen engen Dialog mit dem Patienten kommen zu können, „mit dem dritten Ohr" zuhören, d. h. mit allen Sinnen zuzuhören, um empathisch den eigenen Standpunkt vermitteln zu können (von Bergmann G, 1922, Balint M, 1964, von Uexküll T, 1979, 1981, Wesiack W, 1984, Elsenbruch S, 2011; Lu YF, 2014, Leiner P, 2015, Horowitz L, 218). Der patientenzentrierte Dialog ist das wichtigste Handwerkszeug der präzisions-medizinischen Verhaltensweise (Lu YF, 2014, Leiner P, 2015, Horowitz L, 2018, Schleimer E, 2019). Er ist zugleich die beste aller Lebensversicherungen für den Arzt und für den Patienten. Aber Vorsicht: „Wahrheit ist die Erfindung eines Lügners" (von Foerster H, 1998). Wahrheit ist immer eine individuelle Wahrheit. Sie ist nie absolut. Wahrheit kann auch bei ernsten psychischen Störungen oder Verhaltensweisen mit dem Ziel der Vorteilsnahme zum tragenden Moment werden.

Singen, Tanzen, Malen, Werken

Kreative Beschäftigungen wie Tanzen, Singen, Malen, Schreiben, Werkeln, Gatenarbeit fördern die körperliche und geistige Gesundheit.

Die Widerstandskraft des Wirtes, Resilienz, Allostase, Salutogenese

Resilienz nennt man die Fähigkeit, erfolgreich mit belastenden Lebenssituationen umzugehen (Masten AS, 1990).

Allostase (Sterling P, 1988, McEwen BS, 1998, 2003) beschreibt die Fähigkeit, sich langfristig an chronische Belastungen anpassen zu können.

Im Konzept der **Salutogenese** fragt man nicht, was einen krank macht, sondern umgekehrt, was einen eigentlich gesund erhält und gesund macht.

Standard-Arzneimittel bei Alzheimer, Multipler Sklerose (MS), ALS

Arzneimittel zur Behandlung der Alzheimer Demenz (Stand 2022)

Cholinesterase Hemmer wie Tacrine (Cognex®; Romotal®)), Donepezil, Galantamin, Rivastigmine (Exelon®, Reminyl®) oder virustatisch wie Memantine, oder pflanzlich wie Gingko Biloba (Nakanishi K, 1971, Weinges K, 1969, 2021). **K23** (Gonzalez JF, 2019)

Arzneimittel zur Behandlung der Parkinson Erkrankung (Stand 2022)

L-Dopa (Levodopa) plus Carbidopa, Selegilinhydrochlorid, Amantadin, Biperiden u. a.

Arzneimittel zur Behandlung der Multiplen Sklerose (MS) (lt. DGN, Stand 2022)

Methylprednisolon, Glatirameracetat, Interferon-beta, Dimethylfumarat, Minocyclin (Derfuss T, 2012, 2015, 2016, 2020), standardisierte Aminosäurengemische wie Copaxone®, immunmodulatorisch wirkende Medikamente wie die S1P1-Modulatoren Fingolimod, Siponimod, Ozanimod und Ponesimod oder B-Zell-depletierende Therapeutika (monoklonale Antikörper) wie Ocrelizumab, Ofatumumab, Rituximab und Inebelizumab, Alemtuzumab, Natalizumab (Tysabri®) und Ofatumumab, oder Immunglobuline (IVIG), sowie Mitoxantron und sogar Azathioprin, Cyclophosphamid, Mycophenolate, Teriflunomid oder Cladribin.

Arzneimittel Behandlung der Amyotrophen Lateralsklerose (ALS) (Stand 2022)

Riluzole, Edavarone (z. Zt. nur in Japan zugelassen)

Disulfiram bei mikrobiellen und parasitären Ursachen von neurologischen Erkrankungen (off label und offiziell nicht validiert)

Disulfiram beginnend mit 20 mg/Tag bei einem Erwachsnen von 70 kg Körpergewicht, auftarieren evtl. bis zu einer Herxheimer-Symptomatik, nicht höher als 250 mg/Tag, zwischen 1–2 mg/kg Körpergewicht und 4 bis 5 mg/kg Körpergewicht **plus** Zink und Curcuma und evtl. Methylene Blue, Methylenblau 250 mg bis 5 mg/kg Körpergewicht/Tag (noch nicht endgültig validiert). Zu Disilfiram bitte keine Polyphenole zusätzlich einnehmen lassen. Eine eventuelle MTHFR (Methylen-Tetrahydrofolat Reductase) -Mutation muss abgefragt und beachtet werden, wenn unvorhergesehene Probleme bei der Medikamenteneinnahme auftreten.

Tabelle 6: Geeignete Antibiotika zu den infrage kommenden Krankheitserregern

Antibiotika Gruppen	Mikrobe / Medikament	Borrelien	Bartonellen	Yersinien	Babesien Protomyxoa	Chlamydien	Mykoplasmen	Ehrlichien	Mycobakterien „MOT"	Toxoplasmen	Morgellen	Virusarten
Betalactame	Ceftriaxon	X*	x									
Mitochondrien	Cefuroxim	K*		X*								
schädigend	Amoxicillin	X	X*									
Makrolide	Azithromycin	X*	x*	X	X	X*	X*	X*	X	X	X*	x
	Clarithromyc.	K*				x			x			
QTc-Zeit	Ivermectin				?					?		
Lincosamide	Clindamycin				X X					X		
Tetrazykline	Min.-/Dox.-/T.	X*	X*	X	X	X*	X	X	X	X	X*	x
Ansamycine	Rifampicin		X*		X	X*	X	X	X	X		
Chinolone	Levofloxazin			X X		X	X	X	Coxiellen, Franzisellen, Rickettsien ..			
Extremrisiko!	Ciprofloxazin		X			X		x				
Vitamin-	Cotrim Rat. ®	K*	X*	X	X	X	X	X	X	X	X*	
antagonisten	Dapson® @	X					X		X			
Antimetabo-	Sulfadiazin @	X				x				X		
lite	Daraprim®									X		
Antiprotozoik	Malarone® @				X					x		
Lysosomo-	Artemisia +	X*	X*	X	X	X*	X	X	X	X	X*	X
tropica	Hydr.chloroq	X*	X*	*	X	x	x	x	*	*	X*	*
Nitroimidaz.	Metronidazol	X			X	x					X*	
Antimycotica	Fluconazol	X									X*	
Antihelmintika	Mebendazol @										X*	
Virustatika u.	Inosiplex, Ama	*	*	*	*	*	*	*	*	*	*	X
Phenothiazine	Valaciclovir											X
pH	Lactulose	x	x	x	x	x	x	x	x	x	x	x
Phyto	Phytother. 1	X*	x	x	x	X	x	x	x	x	x	x
Standard	Phytother. 2	X	x	x	x	X	x	x	x	x	x	x
Aminoglycosid	Totomycin											
Sonstige	Pyrazinamid		.		.	.	.	.	X			
	Methylenblau	.			.	.	.	.			.	
	INH				.				.			
	AmphoMorona	.									X	
	Rifaximin			x					x			
	Tigecyclin	.				.	.	.				
	Vancomycin	Fid										
	Daptomycin	X										
	Phosphomycin											
	Mupirocin											

Dunkel grün=Geeignet , Hell grün=Eventuell geeignet, X=möglicherweise geeignet,

Tabelle 6 Geeignete Antibiotika zu einzelnen Krankheitserregern.

Unterschieden werden z. Zt. **3 Domänen von bakteriellen Lebewesen**:

1. Bakterien als **Prokaryoten** (ohne Zellkern)
2. Archaeen als **Prokaryoten** (ohne Zellkern)
3. Pflanzen, Pilze, Tiere (Menschen) als **Eukaryoten** (mit Zellkern)

Pflanzen, Pilze, Tiere (Menschen) und Archäen sind in ihrer nuklearbiochemischen Ausstattung sehr ähnlich.
Bakterien haben demgegenüber eine ganz andere nuklearbiochemische Ausstattung.
Deshalb wirken die meisten gängigen Antibiotika nur auf Bakterien und nicht auf menschliche Zellen und auch nicht auf Archaeen.

Arzneimittel gegen Bakterien–RNA (Ribosenukleinsäuren)
1. Nitroimidazole (z. B. Tinidazol, Metronidazol, Flexinidazol)
2. Tetrazykline (z. B. Mino- od. Doxycyclin; 70S Ribosom, 30S Untereinheit)
3. Makrolide (z. B. Azitromycin; 70S Ribosom, 50S Untereinheit, Ivermectin)
4. Lincomycine (z. B. Clindamycin)
5. Ansamycine (z. B. Rifampicin)
6. Antibiotika-Kombinationen mit Folsäureantagonisten (Sulfonamiden) wie daptomycin+doxycyclin+ceftriaxon+Pflanzenextrakten (z. B. mit Artemisia annua etc) (Phytotherapie)

Arzneimittel gegen Pilze, Fungistatika
1. Fluconazol, Ketoconazol auch gg. Leishmania mexicana & major
2. Amphothericin B und Nystatin
3. kurzkettige Fettsäuren in einem leicht saurem Milieu, z. B. Caprylsäure, Laurylsäure und höher ungesättigte Fettsäuren wie Omega-3-Fettsäuren; Alpha-Linolensäure, Eicosapentaensäure und Docosahexaensäure

Protozoenmittel

1. Malarone® (=Atovaquon+Proguanil-HCl), Miltefosin
2. Hydroxychloroquin, Artemisia annua intense
3. Metronidazol, Tinidazol, z. B. bei Babesien oder Trichomo-
   naden. Clindamycin, Spiramycin, Sulfadiazin, Pyrimethamin
   (Daraprim®)+Sulfamethamin z. B. bei Toxoplasmen

**Fadenwurm-, Dirofilarien/Mikrofilarien-Medikamen-
te, Antihelmintika**

1. Ivermectin+Diaethylcarbamacin+Albendazol (Albendazol auch
   bei Fuchsfinnenbandwurm, Diaethylcarbamacin aber nicht
   in Gegenden mit Onchozerkose), Levamisol, Thiabendazol
2. Mebendazol z. B bei Fadenwürmern, Nematoden, Suramin
   (Germanin®), bei Loa Loa Behandlung mit Penicillin oder
   Doxycyclin gegen deren essenziell vorhandenen Wolbachia
   Symbionten.
3. Praziquantel (Antihelminthikum, auch bei Schistosomiasis),
   Oxantel, Pyrantelembonat, Nitazoxanid

Virale Antibiotika

Bakterien sind vergesellschaftet mit Bakteriophagen, (griechisch
phageīn=fressen) mit „Bakterienfressern" (Teulières L, 2020).

*Wie alle Viren können sich auch **Bakteriophagen** entweder im **lytischen** Zyklus vermehren und ihren Wirt schädigen oder sie verharren in
ihrem Wirt im **lysogenen** Zyklus und werden in ihn integriert.*
*Die Sprachregelung für die Entscheidung heißt **Ci oder Cro** (Schubert
RA, 2007).*

Zudem können Bakteriophagen fremde Gene auf andere Lebewesen übertragen (horizontaler Gentransfer). Bakteriophagen
sind für den Menschen nicht immer harmlos (Hanlon GW, 2007,
Tetz G, 2018, 2020).

Onkolytsch wirkende Viren, Krebszellen auflösende Viren, z. B. Parvoviren und modifizierte Herpesviren, das Seneca-Valley-Virus sind zudem ebefalls bekannt (Hales LM, 2008, Venkataraman S, 2008, Koppers-Lalic D, 2011, Friedman GK, 2012, Singh K, 2012, Fergurson M, 2012).

Tabelle 7: Bakteriophagen (bis 2015)

FIRMA	ORT	PRODUKT	ANWEN-DUNG	ENTWICK-LUNG
Ampli-Phi	Rich-mond, Virginia	Natural phage cocktails	P. aeruginosa lung infections in cystic fibrosis; S. aureus wound and skin infections; C. difficile gastrointestinal infect	Phase 1 approved November 2015
Contra Fect Corporation	Yonkers, New York	Bacterio-phage lysins	S. aureus bacteremia	Phase 1 launched April 2015
Phere-cydes	Ro-main-ville France	Natural phage cocktails	E. coli and P. aeruginosa burn and skin infections; P. aeruginosa respiratory infections; S. aureus bone/joint/ prosthetic infect	Phase 1 launched September 2015
JSC Bio-pharm	Georgi-en	Natural phage coctails	See appropriate section	See appropriate section

Tabelle 7: Bakteriophagen K24 (Phage4Cure, 2021, Phelix Phage Test, 2021)

Tabelle 8: Die Wirkweisen der für die Therapie geeigneten Wirkstoffe

Wirkweisen auf den Stoffwechsel, das Mikrobiom, die Mikroökologie

Wenn die Darmbakterienvielfalt verarmt ist oder eine Dysbiose entstanden ist, kann evtl. ein standardisierter Stuhltransfer (Faeces Transfer, FT, Fäkale mikrobielle Transplantation, Stuhltransplantation) helfen. (Mölling K, 2015, Stallmach A, 2020)

Bevorzugt als <u>Monotherapie</u> ist die Behandlung mit **Chemotherapeutika, Farbstoffen und Zytostatika**

Disulfiram, Methylene Blue, Salvarsan® (Arsphenamin, Dioxydiamino-Arsenobenzol, kurz Arsenobenzol, Arsenmetallchelat, „Ehrlich-Hata 606"), kolloidales Gold oder kolloidales Silber , kolloidaler Schwefel

NRTI-Nukleodische Reverse Transkriptase Inhibitoren sind bei Patienten mit neurodegenerativen Erkrankungen bisher nicht im Einsatz.

Bevorzugt in <u>Kombinationstherapie</u> werden Arzneimittel mit den folgenden Wirkmechanismen angewendet:

Hemmung der Synthese der bakteriellen Zellwand wie Betalaktam-Antibiotika; Penicilline und Cephalosporine, auch Vankomycin

Störung der Permeabilität der Bakterienzellmembran wie Polymyxin

Hemmung der Eiweißsynthese über die Bakterien RNA 30-S-Untereinheit der 70-S-Ribosomen wieTetrazykline; Tetracyclin, Minocyclin und der Bakterien RNA 50-S-Untereinheit wie Makrolide; Azithromycin, Chlarithromycin und Clindamycin

Bakterienkernaequivalent entkräuselnde Medikation wie Metronidazol, Tinidazol

Folsäureantagonistisch wirkende Medikamnte wie Sulfonamide; Cotrimoxazol, Trimethoprim, Pyrimethamin, Daptomycin

lysosomotropisch wirkende Medikamente wie Artemisinin, Hydroxychloroquin, Amantadin, Azithromycin Carbomycin,
Quorum quenching Medikamente, „Biofilmkiler" z. B. C13S, 2(5H) Furanone, WT-Inhibitoren, Lektin-Inhibitoren, Spermidin, Protease Aktivatoren
Thymushormon-Analoga z. B. Inosiplex
DNA-Stabilisatoren wie Spermin
Bakterien-Protease-Hemmstoffen z. B. ADEP
Mitochondriotropika z. B. L-Carnitin und Q10

Alle Antikoagulanzien, Gerinnungshemmer, wirken entzündungshemmend.
Die Körperliche Aktivität und die Ernährungsoptimierung, die Psychohygiene und die bewusst provozierte Reversion, d. h. Rückverwandlung von bakteriellen pleomorphen-Formen (L-Formen) in die Originalformen der Bakterien sowie die **Stärkung der sozialen Kompetenz** des Patienten
Empathie bei einem passend vergüteten Zeitbudget des Arztes (Balint M, 1964)

Tabelle 8: Die Wirkweisen der für die Therapie geeigneten Wirkstoffe

Tabelle 9: Biofilm, Quorum quenching, Lysosomo-, Mitochondriotropika

Medikamente zugleich gegen bakterielle Originalformen, und gegen bakterielle L-Form Varianten, V.B.N.C. (Viable But Non Cultivatable forms)

Metronidazol und Tinidazol (Zellkern wirksam)	http://www.kabilahsystems.de/metronidazole.pdf
Daptomycin (Bakterielle DNA- und RNA-Proteinsynthesehemmer)	https://de.wikipedia.org/wiki/Daptomycin
Clofazimine (Bakterielle DNA-Proteinsynthesehemmer)	https://www.youtube.com/watch?v=5oULsr1CUyI
Inosiplex (Delimmun®)	http://www.kabilahsystems.de/immunsti.pdf
Acyldepsipeptid (ADEP4)	https://en.wikipedia.org/wiki/Acyldepsipeptide_antibiotics https://www.ncbi.nlm.nih.gov/pubmed/24226776
Methylxanthine (Pentoxyphyllin)	https://de.wikipedia.org/wiki/Pentoxifyllin

„Quorum quenching Medikamente", „Biofilmkiller"

Quorum quenching	direkt
Disulfiram, Schwefel Spermidin, Spermin C13S	http://www.xerlebnishaft.de/quorum.pdf http://www.kabilahsystems.de/biogeneamineundpeptide.pdf https://www.youtube.com/watch?v=k-CkqIePaqI&app=desktop

Elektromagnetismus, Ultraschall	http://www.xerlebnishaft.de/quorum.pdf
Protease Aktivatoren	http://www.erlebnishaft.de/biofilmmed.pdf http://www.erlebnishaft.de/kommentbiofilmmed.pdf [Conlon BP]
WT-Inhibitor	https://www.youtube.com/watch?v=yhlD9lUqzE0
Lektin Inhibitoren	https://youtu.be/9TUnUP6e1s4
Extracellular death factor	https://stke.sciencemag.org/content/2007/410/tw395
Quorum quenching	**indirekt (langwierig), „Biofilmkiller"**
Phenothiazine,	http://www.xerlebnishaft.de/phenothiazine.pdf
N–Acetylcystein, Guanfenesin, Acetyl–DL–Leucin L–Glutathion	http://www.kabilahsystems.de/biogeneamineundpeptide.pdf

Lysosomotropika/Cytolysin Aktivierer

Hydroxychloroquin (Lysosomotropikum)	https://de.wikipedia.org/wiki/Hydroxychloroquin
Artemisia annua (Lysosomotropikum)	http://www.kabilahsystems.de/artemisinin.pdf
Carbomycin (Lysosomotropikum)	https://en.wikipedia.org/wiki/Carbomycin
Azithromycin (Lysosomotropikum)	http://www.kabilahsystems.de/azithromycin_and_lyme.pdf
Amantadin (Lysosomotropikum)	http://www.xerlebnishaft.de/amantadin.pdf

Mitochondriotropika

Q10 (Mitochondriotropikum)	http://www.kabilahsystems.de/q10_und_1.pdf
L–Carnitin (Mitochondriotropikum)	http://www.kabilahsystems.de/q10_und_1.pdf
L–Arginin (Mitochondriotropikum)	http://www.erlebnishaft.de/l-arginin.pdf
Methyl– und Harnstoff Zyklus	http://xerlebnishaft.de/bildmethyl-arginin.pdf
Taurin	https://www.pharmawiki.ch/wiki/index.php?wiki=Taurin
D–Ribose	https://de.wikipedia.org/wiki/Ribose

Tabelle 9: Eine Auflistung von Anti L-Form Medikamenten, „Quorum quenching Medikamenten", „Biofilmkillern" und Lysosomotropika, Mitochondriotropika

Die Therapiezeit bei Befall mit pathogenen Viren, Mikroben oder Parasiten

Bei einer akuten Erkrankung mit Viren, Mikroben oder Patasiten ist die minimale Zeit der Chemotherapie **3 oder 7 Tage bis maximal 14 Tage**.

Bei Krankheitsrückfällen ist die minimale Zeit der Chemotherapie auch *3 oder 5 oder 7 oder 14 Tage*, bei Bedarf aber auch länger. Bei Unwirksamkeit der ursprünglichen Medikation sollten die Arzneimittel ausgewechselt werden.

Bei einer Erkrankung durch dormante Bakterienformen und bakteriellen L-Form Varianten ist die minimale Zeit der Chemotherapie *40 Tage*. Das entspricht der Zeit der „Quarantina di giorni" (1374 Venedig). **K18**, **K25**

Die Dauer der Therapie in dem hier gesteckten Rahmen ist **6 Monate, oder Jahre.**

Nach der klinischen Erfahrung dauert die **effektive Zeit der Therapie mindestens so lange, wie das Krankheitsbild bereits bestanden hatte.**

Bei der Therapie sollten gleichzeitig angewendet werden:
1. *roboratorischen Maßnahmen zusammen mit*
2. *einer möglichst gezielten Antibiose/Chemotherapie und*
3. *„Quorum quenching Medikamente", „Biofilmkiller", sowie*
4. *Probiotika und Praebiotika (mediterrane Diät)*
5. *evtl. zusätzlich Elektronen-Donator/Akzeptor Komplexe (Charge-transfer Komplexe, CT-Komplexe) wie L-Tryptophan, Vitamin C (Ascorbinsäure), Methylenblau (Methylene Blue), Pigmente (z. B. Polyphenole oder Bioflavinoide wie Quercetin), Fettsäuren (Singer SJ, 1972, Nicolson G 1972, 2014)*
6. *L-Lysin, sowie*
7. *Normalisierung eines entgleisten Stoffwechselmilieus*
8. *Disulfiram in den erlaubten Kombinationsformen*

Für andere Indikationen zugelassene antimikrobielle Medikamente

Antiviral wirkende Medikamente	Wirkungsmechanismen, Vorkommen
Antiarrhythmika: Amiodaron, Dronaderon/ Indometacin Calciumkanalblocker: z. B. Verapamil	Virus Aufnahmebehinderer/ viral entry inhibitors/Virus RNA Blocker
Inosin: Inosiplex	Antiviral wirkende Substanz, ein Zwischenprodukt des Purin-Stoffwechsels
Red algae Griffithsia: Griffithsin Amitriptylin (Mandal A, 2010)	Antiviral wirkende Substanz, Virus Aufnahmebehinderer, viral entry inhibitor, Rotalgen, S. a. Complement
Polyphenole: Resveratrol, Taxifolin Silvestrol Acetaldehyd über Disulfiram	Antiviral wirksam, Antibiotika, pflanzliche Duftstoffe, Aromate, Aldehyde, Honig, Manuka Honig (Methylglyoxal)

Antibakterielle Substanzen	Wirkungsmechanismen, Vorkommen
Antiasthmatika: Methylxanthine: Pentoxyfyllin, Arto-/Pravastatin	Immunomodulating agents, Immunmodulatoren, Kaffee, Tee
Psychopharmaka: Phenothiazine: Chlorpromazin, Methylenblau	Antibiotika

<u>Biogene amine, Polyamide und Peptide:</u> <u>Spermidin, L-arginin,</u> N-Acetylcystein	Antibiotika, Spermidin z. B. in Durian
<u>Fettsäuren</u>: Caprylsäure, Laurylsäure, Ketone	Antibiotika, fungistatisch, fungizid, virustatisch, viruzid, z. B. in Knoblauch, Bärlauch

Die Primäre und die sekundäre Antibiotika-Resistenz

Die Ursachen der „<u>primären Antibiotikaresistenz</u>" des Krankheitserregers sind:

1. die genetische Resistenz des Krankheitserregers
2. der Rückzug des Krankheitserregers in seine Ruheform (dormante Form)
3. die Bildung von bakteriellen L-Form Varianten
4. der intrazelluläre Aufenthalt von bakteriellen L-Form Varianten und Viren, in diesen „friss mich nicht Käfigen"
5. die Organisation der Krankheitserreger in Biofilmen (Schleim)
6. die Verankerung von genetischem Material des Krankheitserregers im Wirts-Genom, und die Störung des Methylzyklus. (<u>Bildmethyl-Arginin</u>)

Die Ursache der „<u>sekundären Antibiotikaresistenz</u>" ist der **zusätzliche Erwerb** von Resistenzgenen über das Phänomen des horizontalen Gentransfers (Hingst W, 1988).

Empfehlungen für den behandelnden Arzt:

1. **Ausschaltung von Pathogenitätsfaktoren** durch bedarfs-
   adaptierte Anwendung von Chelatbildnern bei Metall- und
   Toxinbelastungen

2. **Anwendung von „Quorum quenching Medikamenten", „Biofilmkillern" und von Lysosomotropika und Mitochondriotropika

3. **Kombination von Antibiotika, die sich ergänzen**, z. B.
   die Anwendung von Tetrazyklinen zusammen mit Makroliden

4. **Anwendung von in der Praxis bewährten und zielge-
   richteten Therapieprogrammen** (Freerksen E, 1975, Hof H,
   2014) als **Medikamenten-kombinationen aus** Virustatika,
   Antibiotika, Fungistatika, Protozoenmitteln, Medikamenten
   gegen Dirofilarien/Mikrofilarien, „Quorum quenching Medikamenten", „Biofilmkillern".

*Langzeittherapie heißt eine Behandlung über mindestens 4 Wochen
oder 40 Tage („Quarantina di giorni", 1374 Venedig), mindestens
aber entsprechend der Regenerationszeit von bakteriellen Dauerformen
und L-Form Varianten (Klieneberger-Nobel E, 1951), und bei Re-
cidiven (Krankheitsrückfällen) bedarfsadaptiert, immer wieder als sog.
Intervalltherapie bzw. „Watschen-Therapie", (Burrascano J, 2008),
selten lebenslang.*

*Eine Langzeittherapie mit Antibiotika (Ziska MH, 1996, Stricker RB,
2004, Johnson L, 2020) verändert das Spektrum und die Vielfalt von
Viren, Mikroben und Parasiten innerhalb des Mikrobioms und des En-
domikrobioms. Sie soll die Menge der Krankheitserreger, die Krankheits-
Erregerlast vermindern.*

*Die **Verminderung von krank machenden (pathogenen) Viren, Mikroben und Parasiten** kann die Selbstheilungskräfte des Patienten ver-*

bessern. Der Patient heilt sich immer selbst. Medikamente können diesen Vorgang im besten Fall nur unterstützen.

Mitochondrien Support

- *Gesunde Ernährung*
- *Körperliche Aktivität*
- *Stressreduktion*
- *Ausreichend Schlaf*
- *Normalisierung von Kalium (K), Magnesium (Mg), Zink (Zn), von Eisen (Fe), Selen (Se), Mangan (Mn), Kupfer (Cu), Molybdän (Md), Chrom (Cr), Silizium (Si),*
- *Normalisierung von Vitamin D_3, Vitamin C, A, E, evtl. Gabe von Thiamin, Alpha-Liponsäure, Vitamin B_{12}, B_1, B_2, B_3, B_6, Biotin, Folsäure, Glutathion, Cystein und Methionin und von Coenzym Q10, Pyrroloquinolin-Quinon, Omega-3-Fettsäuren und evtl. „Lipid replacement Therapy" (Nicolson G, 2014)*
- *Toxinreduktion und Toxinvermeidung (Kuklinski B, 2015)*

5. **Häufiger Medikamentenwechsel** *(Hof H, 2014)*

6. **Milieutherapie** *und Mikrobiomsanierung; Darmsanierung, mit dem Ziel der „Kolonisierungsresistenz" des äußeren und des inneren Milieus*

7. **Präbiotika** (Gibson GR, 1995), **Probiotika** (Wolfe N, 2012) **K13, Fastenkuren.**

8. **Reversionstherapeutische,** roboratorische Maßnahmen; Hitze, Kälte etc..

9. **Bewegungstherapie**, z. B. am **Anfang der Woche** auf ebener Gehstrecke bei 120 Schritten pro Minute **gehen** bis zu Beginn der persönlichen Leistungsgrenze. Dann **den Rest der Woche jeden Tag nur 2/3 dieser Strecke im gleichen Tempo gehen. Die nächste Woche wie zu Beginn.**

10. **Empathie im Dialog, Meditation, Yoga, Achtsamkeitsübungen**

11. **Taktile Reize und Bewegung.** Vertrauensvolle und stress-reduzierte soziale Beziehungen, Radfahren, Singen, Tanzen, Malen, Werken, Akupunktur, Osteopahie, Physiotherapie, Massagebehandlungen **K11.** Bei vermehrter Stressanfälligkeit ergibt sich bei den Betroffenen oft eine vertrauensvolle und stressreduzierte Beziehung zu einem Tier. Hier schließt sich unter Umständen aber der Kreis zu den neurotropen Viren, den Mikroben und Parasiten und Pilzen wie z. B. dem Herpes Virus, Borna Virus etc., den Toxoplasmen, Bartonellen, Babesien, Spirochaeten, Mikrofilarien usw., die von Tieren auf den Menschen übertragen werden können.

Die Phytotherapie (Internet-Links)

<u>Krankheitserreger phytotherapeutisch stabilisieren und entwaffnen</u>
http://www.kabilahsystems.de/bakt-stabilis_entwaff.pdf http://www.kabilahsystems.de/virulenz_inhibitoren.pdf
http://www.kabilahsystems.de/phytotherapie.pdf http://www.xerlebnishaft.de/phytotherapie.pdf

<u>Antibiose</u>
http://www.xerlebnishaft.de/kraeutertherapie.pdf http://www.kabilahsystems.de/pflanzlicheantimikrobiotika.pdf
Polyporus http://www.vitalpilze.net/polyporus.html
Andrographis paniculata http://de.wikipedia.org/wiki/Kalmegh
Einjähriger Beifuß http://www.kabilahsystems.de/artemisinin.pdf
OPC, Polyphenole http://www.kabilahsystems.de/polyphenole.pdf
Cat's claw Extrakt http://www.kabilahsystems.de/samento_banderol.pdf
Grapefruitkern Extrakt http://www.xerlebnishaft.de/grape_kern.pdf
Knoblauch Extrakt http://www.kabilahsystems.de/biogeneamineundpeptide.pdf
Pauperia http://www.kabilahsystems.de/paupereia.pdf
Rosmarin http://www.kabilahsystems.de/paupereia.pdf
Schwarzer Pfeffer http://www.kabilahsystems.de/pfefferchilligelbwurz.pdf

<u>Entgiftung</u>
Bärlauchkraut http://www.kabilahsystems.de/biogeneamineundpeptide.pdf
Cystus Extrakt http://www.youtube.com/watch?feature=player_embedded&v=mj_igHiBfsQ
Curcuma Pulver, Curcumin http://www.kabilahsystems.de/pfefferchilligelbwurz.pdf
Chlorella pyrenoides http://www.kabilahsystems.de/entgiftung.pdf

Artischoken http://www.heilkraeuter.de/lexikon/artischocke.htm
Brennessel Extrakt, Heidelbeer Extrakt, Cranberry Extrakt, Prei-
selbeer Fruchtpulver, Sederitis scardica Tee

Darm-Schutz http://www.xerlebnishaft.de/gastroent_borr.pdf
Probiotika http://www.kabilahsystems.de/probiotika.pdf

**Anti-Entzündung, Anti-Koagulation http://www.erleb-
nishaft.de/arthritiden.pdf http://www.xerlebnishaft.
de/angiopathie.pdf http://www.erlebnishaft.de/kom-
mentalternativ.pdf**
Fettsäuren http://www.kabilahsystems.de/ungesaettfetts.pdf
Polyphenole http://www.kabilahsystems.de/polyphenole.pdf
Antikoagulation http://www.kabilahsystems.de/hyperkoagu-
lation.pdf

Immun-Stimulation http://www.erlebnishaft.de/symbioge-
nese.pdf
Immunmoduulantien http://www.kabilahsystems.de/immunsti.pdf

Biofilm-Lyse http://www.erlebnishaft.de/kommentbiofilm-
med.pdf
Quorum http://www.xerlebnishaft.de/quorum.pdf

Erschöpfungs-Linderung, Mitochondrien-Schutz
Vitamin B Komplex+Folsäure http://www.xerlebnishaft.de/
bildmethyl-arginin.pdf
Q10+L-Carnitin http://www.kabilahsystems.de/q10_und_l.pdf

Schmerz-Linderung
Schmerztherapeutika http://www.kabilahsystems.de/schmerz.pdf

Die Phytotherapie, eine Linksammlung aus dem Internet

Entzündungsbegrenzung, Immuntherapeutika, Virustatika, Antivirals

Immunstimulation: Oxymatrin (evtl. bei Enterovirusinfektionen), Rintatolimod (evtl. bei Myalgischer Encephalomyelitis) BCG Impfstoff Merell Mantoux, VPM 1002 Impfstoff (Grübler B, 2017, MOTT) speziell vor einer Infektion mit Mykobakterien.

Eine Immunstimulation ist bei einem deutlich aktivierten Immunsystem nicht hilfreich. (Antizytokine, Margolis L, 2003).

Immunstimulation und Langzeittherapie mit Antibiotika, beide können gelegentlich auch zu einer Aktivierung und zu einer unkontrollierten Vermehrung eines endogenen, eigentlich inaktivierten Virus führen (Blehle S, 2021, pers. info). Eine Immunstimulation kann z.B. im Zytokinsturm bzw. im „Lymphozyten Gau" auch zum Tod des Patienten führen (Mikovits J, 2020).

Immunmodulation, Immunkonditionierung, Verbesserung der Immuntoleranz: *Dimepranol-4-acetamidobenzoat plus Inosin (Delimmun®), Caspase-1, Chelate wie Colestyramin (Shoemaker R, 2001, 2005, Hartmann F, 2004), Disulfiram, L-Lysin, L-Arginin, Antihistaminika und Mangantransportblockierer wie Loratadin, Desloratadin, 3-Hydroxy-desloratadin, EDTA, Yohimbin, Tadalafil (Wagh D, 2015), die Vitamine A, D_3, E, K, der Vitamin B Komplex, Vitamin C, Q10, Zink, Magnesium und Calcium.*

Immunrestauration: *Vitamin D_3+Magnesium+Vitamin B_2* **K33**, *Lactoferrin, Ribosomen-Präparate, Oligonucleotide.* **K26**

Virustatika, Antivirale Therapie
Indirekt durch Methylierung im Methylzyklus, Vitamin B_1 (Benfothiamin), B_6, B_{12}, aktive Folsäure. L-Methionin als S-Adenosylmethionin (SAME) und Trimethylglycin, (TMG, Betain) sind die wichtigsten Methylgruppendonatoren im Methylzyklus.

Die Funktion des Methylzyklus wird durch chronische Infekte, Schwefel, Terpentinöl, Quecksilber, Blei, Gadolinium und andere Metalle wie Aluminium und Antimon und Arsen und die anderen toxischen Metalle gehemmt.

Indirekt durch DNA und RNA Reparatur, Nicotinamid (Niacin, Vitamin B$_3$, Nicobiom®), Betacarotin, Carotinoide, Zink plus Benfotiamin (Vitamin B$_1$).

Indirekt durch DNA Schutz über Histone, Spermin, Spermidin, und bei Disulfiram über die Produktion von sauren Metaboliten (Gessner T, 1972) und die Sensibilisierung der zellulären Abwehr gegen Viren, Mikroben (Lin MH, 2018) und Parasiten. **K11, K32**

Indirekt, Sonstige, kurz- und mittelkettige Fettsäuren und Ketone (Acetat, Butyrat, Propionat, Caprylsäure, Laurylsäure) **K22**, Uncaria Tomentosa (Cat's Claw, C-MED-100™) Codyceps vitalpilz Kapseln, Houttuynia cordata u. a. pflanzliche Arzneimittel (Buhner SH, 2020), Calciumkanal-Blocker, Antiarrhythmika, Polyphenole, Interferone (Isaacs A 1957), Flavonoide (Kaul TN, 1985), Sesquiterpene (Nakanishi K, 1971, Weinges K, 1969, 2021).

Direkt virustatisch, zytostatisch (Zytostatika) oder lysosomotrop Aciclovir und Valacyclovir (bei Herpesviren), Neuramidase Inhibitoren (z. B. Oseltamivir; Tamiflu®), Molnupiravir, Hydroxychloroquin (Plaquenil®) (Wang M, 2020), Artemisinin (Chou S, 2011), Amantadin und dessen Derivat Memantine, Disulfiram (z. B. Antabus®) über die Produktion von Acetaldehyd (Lin MH, 2018), Alpha-ketoamide (Zhang L, 2020), ketogene Diät, Metronidazol, Tinidazol, Indometacin (Amici C, 2006, Zhou Y, 2010), Azithromycin (Menzel M, 2016), Griffithsin (Lusvanghi S, 2016, Millet JK, 2016), Silvestrol (Kim S, 2007, Henss L, 2018, Müller Chr, 2018), Remdesivir (Warren TK, 2016, Mulangu S, 2019, Wang M, 2020), Foscarnet, Bay 57-1293, Nucleosidanaloga wie beta-D-N4-hydroxycytidine (Sheahan TP,

2020), auch Ribavirin, Galidesivir, Favipiravir (Avigan®, Favilavir®), Ganciclovir, Valganciclovir (Singh N, 2020), Cidifovir, CMX001. Baloxavir, Chloroquin, Phosphat, HIV Protease Inhibitoren (z. B. LPV/RTV, Kaletra®), Umifenovir (Arbidol®). Chlordioxid (MMS/CDL), dies aber eebenso wie Wasserstoffperoxid (H2O2) bevorzugt nur zum Gurgeln.

Von den physiologischen, d. h. den virussequenzspezifischen Therapieen ist nicht ein einziges Medikament bisher wirklich erfolgreich gewesen, weder als Antisense RNA-, noch als Ribozym oder silencer siRNA (siRNA)-Anwendung (Mölling K, 2015). Das Verhalten bei der Anwendung von mRNA (messenger Ribosenukleinsäure) oder sgRNA (single guider RNA molecule) (Doudna A, Charpentier E, 2014, Theuerkauf SA, 2021) ist noch vollkommen unbekannt weil die Störung des Zusammenhalts im Gesamtorganismus durch diesen Eingriff nicht immer unmittelbar erfolgen muss (Mae-Wan Ho, 2000, 2003).

Schwefelhaltige Substanzen, Chemotherapie und Physiotherapie

*Disulfiram (Tetraethylthiuram, Antabus®) wirkt antibiotisch gegen Bakterien und Protozoen (einzellige Lebewesen) (Scheibel LW, 1979) und antiviral (Lin MH, 2018) und es ist ein Chelatbildner speziell für Nickel. Bei der Behandlung mit Disulfiram kann eine hohe Belastung des Patienten mit Quecksilber Probleme bereiten. Die Belastung mit Quecksilber sollte deshalb zuerst auf andere Weise beseitigt werden. Disulfiram wirke nicht gut bei der Bartonellose, der Katzenkratzkrankheit.. Schwefelhaltig sind zudem **Biotin (Vitamin B7 bzw. H) Methionin, Benfothiamin** (Vitamin B$_1$)**, Methylenblau** (Methylene Blue). **Küchensenf, alle Kohlarten, Hülsenfrüchte, Weißdornblätterextrakt** (Crataegutt®). Thioalkohole (Thiole) **K36** sind enthalten in **Durian, Bärlauch, Knoblauch.** Schwefelhaltig sind **L-Glutathion, N-Acetylcystein** („Biofilmkiller")**, L-Cystein, Coenzym A, Homocystein, Alpha-Liponsäure** (Thioctsäure, Lipoic acid)**, Sulfonamide, Dapson, Pyrimethamin** (Daraprim®)**, Thiamet G, Sulfasalazin** (z. B. Azulfidine®)**, Taurin, Dimethylsulfoyid** (DMSO)**, Captopril, Azlocillin, Nitazoxanid.*

Taurin ist eine Aminosulfonsäure, die als Abbauprodukt der Aminosäuren L-Cystein und L-Methionin entsteht. Taurin stabilisiert den Flüssigkeitshaushalt in Zellen und Geweben. Taurin ist kein Stimulans, aber es wirkt stimulierend auf die Hirnfunktion. Taurin kann als Hilfsmittel bei Tinnitus auris von Nutzen sein.

Antiretroviral wirkende Medikamente K27

Endogene Retroviren sollen ihren Wirt eigentlich vor entsprechenden Angreifern schützen **K19.** Endogene Retroviren wurden bei Patienten mit multipler Sklerose oder mit Amyotropher Lateralsklerose auffallend häufig als frei lebend nachgewiesen (Bassler BL, 1999, Merril CR, 1971, Christensen T, 2001, 2005, Perron H, 2000, 2009, Firouzi R, 2003, Mameli G, 2013, 2014, Garcia-Montojo M, 2013, Kriesel JD, 2019, Bottero V, 2019, Douville R, 2011). Für die Behandlung des Patienten infrage kämen hier kurzfristig antiretroviral wirkende medikamente wie **Protease Inhibitoren,** falsche Nukleosid-Analoga, falsche Nukleinsäure Bausteine wie in den Medikamenten Darunavir, Atazanavir, evtl. auch Lopinavir (Diaz R, 2020) o.a.. **K27**

Immunsuppressiva K28

Alle antientzündlich wirkenden Medikamente sind Immunsuppressiva, z. B. Curcumin, Boswellia (Weihrauch), Vitamin D$_3$ **K33**, Rapamycin, Colchicin und Cortison (Glucocorticoid). Mitomycin C kam zunächst als Antibiotikum auf den Markt. In vitro konnte es aktive und persistierende Spirochäten beseitigten. Das gelang aber nicht auf Dauer (Feng J, 2016). Mitomycin C ist zellschädigend und sehr toxisch (giftig).

Physiotherapie und Hypnose

Mikroben bevorzugen minderdurchblutete Gewebe. Durchblutungfördernd wirken Osteopathie, Massage, Thai Massage, Akupunktur und Hypnose. Sie können entspannen und die Organdurchblutung verbessern. Krankheitserreger werden bei einer verbesserten Blutversorgung von den korpereigenen Abwehrsystemen leichter identifiziert und besser abgewehrt.

Tabelle 10: Reversionstherapie bei pleomorphen Bakterienvarianten

Bakterielle L-Form Varianten lassen sich in ihre bakteriellen Originalformen zurückverwandeln. Dabei kann es zu Krankheitsrückfällen kommen („Erkältung").
http://www.xerlebnishaft.de/lebendigkeit02.pdf

Hohe stealth pathogen Dichte (evtl. Krankheitsrückfall)	http://www.xerlebnishaft.de/quorum.pdf
Hitze (Sauna, Hyperthermie) z. B. Wannenbad mit 42 °C	http://www.xerlebnishaft.de/therapeutische_hyperthermie.pdf
Kälte (sich erkälten), Kneipp-Kuren, Sauna, Trypsin, Interferon	
Lactobacillus-Varianten	http://www.kabilahsystems.de/probiotika.pdf
Vitamin E, Aminozucker	http://aac.asm.org/content/55/11/5380.full
Peptidoglycane (Mureine) Mucin, Gelatine, Agar agar (nicht autoklaviert!)	
Kim JS 3-[4-(4-methoxyphenyl) piperazin-1-yl]piperidin-4-yl biphenyl-4-carboxylate (C10)	
Spermin	http://www.kabilahsystems.de/biogeneamineundpeptide.pdf
N-acetylglucosamine Diaminopimelinacid	http://www.kabilahsystems.de/entgiftung.pdf
Häufiger Antibiotikawechsel Sauerstoffgabe, Ozon UV-Licht 380–400 nm Adsorbierende Oberflächen (Chlorella, Heilerde, (Zeolith), Tierkohle, Colestyramin)	

Quelle: Mattman L (2009) Rückwandlung von L-Formen in bakterielle Originalformen

Tabelle 10: Die Reversionstherapie bei pleomorphen Bakterien-Varianten

Milieu, Vitamine, Minerale, Spurenelemente, Nucleoproteinstabilisatoren

Therapeutische Vitamine

1. Wasserlösliche Vitamine, B-Vitamine, speziell Vitamin B_{12}, Carotinoide, Folsäure, Tetrahydroneopterin, Nicotinsäure, Nicotinamid (Niacin, Vitamin B_3), Vitamin C Ascorbinsäure), Vitamin B_2 (Riboflavin)
2. Fettlösliche Vitamine, A, D, E und K. Fettlösliche Vitamine können überdosiert werden

Neben der Genetik ist die Epigenetik, die Methylierung der DNA im Methylzyklus und das Milieu, als „der zweite Code des Lebens" entscheidend K32, K27. Die Vitamine B_1, B_6, B_{12} und Folsäure, Vitamin D_3 und C, auch Vitamin E sind essentiell.

Vitamin B_{12} + Biotin (Vitamin B7 bzw. H) ist entscheidend wirksam bei der Zellteilung, der Blutbildung und bei der Funktion des Nervensystems.

Vitamin D_3 ist ein Hormon mit den Wirkungsorten Darm (Calcium-Resorption), Knochen (Mangel: Rachitis), Niere (Calcium-Rückresorption) zusammen mit Vitamin A. **K33**

Vitamin C (Ascorbinsäure) ist ein Wasserstoff-Donator und -Akzeptor. Es ist ein Redoxsystem. Vitamin C ist beteiligt bei der Bildung des Kollagens des Bindegewebes. **K34** und **K35**

Vitamin E sei ein die Zellfunktionen schützendes Vitamin im Zusammenspiel mit Selen.

Bei Temperaturen zwischen 0° und 100° Celsius ist Wasser bei „normalem" Atmosphärendruck (ca. Meereshöhe) **flüssig.**

Therapeutischer Wasserstoff (H$_2$, der pH-Wert) **K29.**
Der lebensnotwendige Wasserstoff wird von Darmbakterien produziert. Substrate, die das befördern, sind Kurkuma=Turmeric, Topinambur, Hülsenfrüchte (Bohnen), alle Kohlarten und Acarbose=Glucobay®, Metformin (Ohta S, 2008, 2009, 2011, 2014, 2x2015). **K30**

Wasser (H$_2$O) (Thales of Miletus, ca. 500 BCE) ist eine asymmetrische Verbindung von Sauerstoff (O) mit Wasserstoff (H). Ohne Wasser kein Leben. Ohne **Hyaluronsäure** (Glycosaminoglycan) keine wirklich ausreichende **Wasserspeicherung**.

Deuterium ist ein schwereres Isotop des Wasserstoffs. **Deuterium reduziertes Wasser** ist für den Stoffwechsel der Lebewesen besser verträglich (Carulla N, 2010) als das allgemeine Wasser.

H$_2$O$_2$ ist an Wasser (H$_2$O) locker gebundener Sauerstoff (O$_2$), der bei seiner Abspaltung desinfizierend wirkt.

Kohlenstoff (C) und seine Verbindungen sind die Grundlage des Lebens auf Erden.

Kohlendioxyd (CO$_2$), als Produkt der Kohlenstoffverbrennung und als Nebenprodukt der **Zellatmung** ist Kohlendioxyd für Pflanzen bei der **Photosyntese** unverzichtbar. Als Spurenelement (300 bis 400 ppm [parts per million]) in der Erdatmosphäre ist es Wachstumsförderer für Pflanzen und Atmungsregulator für Tier und Mensch.

Stickstoff (N) ist ein Bestandteil von Aminen (wie Spermin), Aminosäuren, Peptiden und Proteinen (Eiweiss; z. B. Glutamin, Panthotensäure, Lecithin etc.) und von vielen anderen von Organismen gebildeten Substanzen.

Phosphor (P) ist Bestandteil von zahlreichen Phosphorverbindungen wie der DNA (Desoxyribosenukleinsäure) und RNA (Ribosenukleinsäure) der Erbinformation aller Lebeween und der zellulären Energieversorgung über Adenosintriphosphat (ATP/ADP). Auch Phospholipide, Coenzyme und die pH-Puffersysteme des Blutes enthalten Phosphor. Die Lebensgrundlage aller biologischen Organismen ist die Phosphorylierung, das heißt das reversible (umkehrbare) Anhängen einer Phosphorylgruppe an Kohlenstoff Moleküle, d. h. an organische Moleküle (Donate-Correa J, 2012). Überhöhte Phosphatwerte im Blut von Patienten sind aber tödlich.

Sauerstoff (O_2) ist ein toxisches Abfallprodukt bei der **oxygenen Photosynthese** der Pflanzen (als „Photonensauger"). Wasser wird mit Sonnenlicht in 2NADP/Wasserstoff und Sauerstoff zerlegt. Sauerstoff ist der Stoff der **Zellatmung.** Der Verbrauch an Sauerstoff steigt bei entzündlichen Erkrankungen (inflammatorischen Krankheiten) und zunehmender Hitze („Photonengeber"). Ozon (O_3) wirkt antibiotisch.

Therapeutische Elektrolyte und Minerale

Essentiell	Vorkommen	Bestandteil von Zellen
Natrium (NA)	Vorwiegend extrazellulär	
Kalium (K)	Vorwiegend intrazellulär	Ein Mangel macht elektrosensibel
Magnesium (MG),	Vorwiegend intrazellulär	Magnesiumstoffwechsel
Calcium (Ca)	Intra- und Extrazellulär	
Chlorid (Cl)	Intra- und Extrazellulär	
Phosphat (P)	Intra- und Extrazellulär	Phosphorus mineral, FGF23
HCO3	Intra- und Extrazellulär	

Therapeutische Elemente und Spurenelemente des Menschen

Eisen (Fe) ermöglicht die Zellatmung und die Zellbildung. Eisen ist ein Wachstumsbeschleuniger für die meisten Bakterien (Weinberg E, 1984, 1996, 2008, Schaible UE, 2004, Soppi ET, 2018). Ein Eisenmangelzustand kann auch als Selbstschutzmechanismus gegen chronisch verlaufende Infektionskrankheiten gedeutet werden. Eisen geht immer dorthin, wo „Krieg" ist, dahin, wo Entzündungen ablaufen. Die Diagnostik eines Eisenmangels gelingt daher nur durch die Beurteilung der gesamten Eisendynamik, z. B. durch die Bestimmung von Ferritin, Serum Eisen und von Transferrin zugleich.

Selen (Se) spielt als hochaktiver Radikalenfänger vermittels des Enzyms Glutathionperoxidase eine wichtige Rolle beim Schutz der Zellmembranen vor oxidativer Zerstörung.

Zink (Zn). Normale Zinkwerte im Vollblut sind essentiell für die geordnete Funktion des Zucker-, Fett-, Eiweiß- und des Nucleoproteinstoffwechsels. Als Leitsymptom für einen Zinkmangel kann der Geschmacksverlust gelten.

Bor (B) ist essentiell für den Knochenstoffwechsel, den Gehirnstoffwechsel und für die Sexualhormonproduktion.

Schwefel (S)**, Thioester, Thioether** (DeDuve Ch, 1994, 1998, „Thioester-Welt") **und Methyldonatoren, Sulfat,** wie die **proteinogenen Aminosäuren** L-Methionin, L-Cystein und L-Cystin, die am Aufbau von Proteinen beteiligt sind, besonders an dem Aufbau und dem Wachstum von Knorpel, Haut, Haaren und Nägeln (Keratin) und S-Adenosylmethionin, Taurin (2-Aminoethansulfonsäure), Dithiooxamid, und **Lösungsvermittler** wie Disulfiram (Tetraethyl-thiuramdisulfid, TETD, Antabus®), Methylsulfonmethan (MSM), Dimethylsulfon, Dimethylsulfoxid (DMSO), Glucosaminsulfat (ein Aminozucker) und zahlreiche **Antikoagulanzien** wie Heparin.
Kolloidaler Schwefel wirkt bakteriostatisch, fungizid und er kann Parasiten abtöten.
Thioester spielen eine zentrale Rolle als Energie- und Acylgruppenüberträger. Wichtige Thiolester des Stoffwechsels sind Acetyl-Coenzym-A (AcetylCoA) oder Malonyl-CoA. **K36**
Schwefelhaltige Kohlenwasserstoffe stinken in der Regel („faule Eier"). Es sind oft giftige Substanzen, z. B. das eindeutig krebserzeugende (kancerogene) und mutmaßlich die Erbsubstanz schädigende (mutagene) Methylsulfat oder der chemische Kampfstoff Senfgas (Bis(2-chlorethyl)sulfid).

Cholesterin ist ein essentieller (unverzichtbarer) Reparaturstoff für Zellmembranen und er ist ein Ausgangsstoff für die Bildung von Sterinen (Provitamin D) Gallensäuren (Fettresorption im Darm) und Steroidhormonen (Progesteron, Cortexon, Cortisol, Testosteron, Oestradiol) (Karlson P, 1961, Singer SJ, 1972). **K31**

Harnsäure (HS) ist das Endprodukt des Nukleinsäureabbaus. Harnsäure ist ein wichtiges Antioxydans. Harnsäure kann auch therapeutisch von Nutzen sein (Ellmore TM, 2020). Molybdän fördert den Abbau von Harnsäure.

Cobalt (CO) ist Bestandteil von Cobalamin, Vitamin B_{12}, einem Metallkomplex, der für die Blutbildung, den Folsäurestoffwechsel und die Funktion des Nervensystems und bei der Regulierung des Blutzuckers unverzichtbar ist.

Mangan (Mn) ist Aktivator und Bestandteil zahlreicher Enzyme. Es wirkt antioxidativ bei der Knorpel- und Knochensynthese, der Gluconeogenese und ist essentiell im Stoffwechsel der Borrelien anstelle von Eisen. Eine Blockierung des Mangan-transporters, z. B. mit EDTA oder Desloratadin, kann Borrelien töten (Wagh D, 2015).

***Jod (J), Chlor (Cl), Fluor (F) und Brom** (BR) haben in der Natur in organischen Verbindungen die Charakteristik von „**Kampfstoffen“**. Sie sind aktivierend, desinfizierend, neurotoxisch und immunsuppressiv wirksam. z. B. als Schilddrüsenhormone mit Jod oder als industrielle Halogenkohlenwasserstoffe. Alle Pestizide, sogenannte Pflanzenschutzmittel oder Insektizide, die in ihrer Struktur Chlor oder Fluor enthalten, oder Arzneimitte, die Chlor oder Fluor enthalten, haben in ihrem Wirkprofil einen „Pferdefuß“, ebenso, und noch deutlicher, die bromierten Flammschutzmittel.*

Lithium (Li) verdrängt Natrium im Stoffwechsel der Organismen. (Lithiumtherapie der Bipolaren Störung, der Manie oder der Depression).

Molybdän (MO) katalysiert den Abbau schwefelhaltiger Aminosäuren und fördert die Energiegewinnung und den Abbau von Harnsäure.

Vanadium (V) befördert die Mineralisation der Knochen und den Fettstoffwechsel.

Silizium (SI) ist ein essentielles Spurenelement.

Arsen (As) ist in sehr geingen Mengen möglicherweise ein essentielles Spurenelement.

Metalle und Toxine
Toxische Metalle sind Aluminium, Cadmium, Blei, Quecksilber, Wismut, Germanium, Titan, Zirkonium, Uran, Thorium, Antimon, Arsen, Lithium, Nickel, Palladium, Platin, Zinn, Graphenhydroxid und die Metalle der „Seltenen Erden" wie Gadolinium u. a.. Chronische Entzündungen begünstigen ihre Aufnahme und Einlagerung in die Lebensprozesse. Pilze und Hefen (z. B. Candida) sind Schwermetallsammler. Auch Silber, Kupfer, Gold sind in größeren Mengen giftig für Menschen. Metalle wie Silber und Kupfer sind auf diese Weise – wie die anderen Schwermetalle – aber auch gegen Mikroben und Parasiten antibiotisch wirksam (Es gab Quecksilberkuren für an der Syphilis erkrankte Menschen – daher kommt heute das Wort „Quacksalber").

Therapeutische Ausleitung von Metallen und Toxinen
Nulldiät immer mit der gleichzeitigen Einnahme von kurz- oder mittelkettigen Fettsäuren, z. B. Caprylsäure zur Reduktion der Pilz- und Hefenbesiedlung (Candida) im Darm und zusammen mit Lactulose als Abführmittel und mit Adsorbentien wie Aktivkohle oder Bentonit (Tonmineral) oder evtl. auch Chlorella.

Aluminium lässt sich ausleiten mit **Silizium-Kolloid** (Kieselsäure, Kieselgur) in Verbindung mit Magnesium und Folsäure, Zink, Vitamin E, Vitamin C (Ascorbinsäure), Chlorella, Bärlauch, Apfelpektin und L-Glutathion.

Der **DMPS-Test** (Dimercaptopropansulfonat) mobilisiert und entgiftet Quecksilber (z. B. bei Seefisch-Essern), Arsen und Blei (z. B. bei älteren Menschen, da ehemals als Benzinzusatzmittel verwendet) und mehr als 10 weitere Schwermetalle, Zink und Kupfer aber nur geringfügig.

Der **DMSA-Test** (Dimercaptobernsteinsäure) mobilisiert vor allem organisches Quecksilber, Blei, Cadmium (z. B. bei Rauchern). Der Test sei aber bei Patienten mit hirnorganischen Lähmungen, z. B. bei Patienten mit Multipler Sklerose (MS, Encephalomyelitis), jedoch streng kontraindiziert (Daunderer M 1999).

Der **EDTA-Test** mobilisiert vor allem Chrom. Der Test selbst ist aber viel giftiger als der DMPS oder DMSA Test.

Der „**Antabus Test**" (Disulfiram) dient der Erkennung einer Nickelspeicherung. **K13**

Die „**Lipid replacement Therapy**" dient der Entfernung von störenden hydrophoben (Wasser abweisenden), Fetten und fettähnlichen Stoffen (Nicolson G, 2014).

Nucleoproteinstabilisatoren
1. Ein günstiges Lebensumfeld, Gelassenheit, „Seelenentgiftung"
2. Fettsäuren im leicht sauren Milieu (z. B. bei moderater körperlicher Aktivität)
3. Spermin, Spermidin (im Serum)
4. Isoprinosine (Delimmun®)
5. Darmökologie, Darmsanierung, z. B. durch mediterrane Ernährung, Diät
6. Stabilisierung des wirtseigenen Methylzyklus (Bildmethyl-arginin) und alles evtl. zusammen mit der Einnahme von
7. *L-Lysin + Vitamin C (Ascorbinsäure) + Zink, evl. auch mit L-Arginin (nach Aminogramm) oder zusätzlich mit Caprylsäure, N-Acetylcystein, Guanfenesin.* ***K26***

Biogene Amine, Peptide, Proteine, Hormone, Fettsäuren und Xenobiotika

Aminocarbonsäuren, Aminosäuren haben in der Regel das Licht nach links drehende Eigenschaften. Es sind L-Aminosäuren (L=laevus=links)

Essentielle Aminosäuren sind L-Isoleucin, L-Leucin, L-Lysin, L-Methionin, L-Phenylalanin, L-Threonin, L-Tryptophan, L-Valin. Sie können vom Menschen nicht synthetisiert werden. Sie müssen mit der Nahrung aufgenommen werden.

L-Lysin ist ein wesentlicher Faktor bei der Immunmodulation (Griffith RS, 1987), indem es auch zur Bildung von Enzymen, Hormonen und Antikörpern beiträgt und das Knochenwachstum, die Zellteilung und die Wundheilung unterstützt.

L-Tryptophan hat eine stimmungsaufhellende Wirkung, denn es wird zu Serotonin umgewandelt. Es ist die Vorstufe von Benfotiamin (Vitamin B1).

L-Phenylalanin ist die Stammsubstanz der Katecholamine Adrenalin, Noradrenalin, L-Dopa (Levodopa, L-3,4-Dihydroxyphenylalanin), Melanin und weiteren Stoffen wie auch von Dopamin. Es ist bei allen elektrophysikalischen Funktionen beteiligt.

L-Methionin enthält Schwefel. Es ist Teil des lebenswichtigen Methyldonators S-Adenosylmethionin. Bei dem Abbau von L-Methionin entsteht Schwefelsäure, die den Harn antibiotisch wirksam und Kalksteine lösend ansäuert.

Das Tripeptid **L-Glutathion** wird aus den drei Aminosäuren Glutaminsäure, Cystein und Glycin gebildet. Es ist ein fundamental aktiver Redox Puffer. L-Glutathion entgiftet zusammen mit Glutathion-S-Transferasen (GSTs, Glutathiontransferasen) und der N–Acetyltransferase 2 (NAT2) zusammen mit Alpha-Liponsäure und Selen. Es ist ein Cysteindonator der auch zu der Synthese von Taurin benötigt wird.

*Bei **Polyneuropathie** ist die Einnahme von L-Glutathion hilfreich, gemeinsam mit Alpha-Liponsäure (beginnend möglichst als Infusion), Zink, Vitamin B_{12}, B_1, B_6, Folsäure und mit Aktivkohle.*

Semiessentielle Aminosäuren sind L-Arginin, Histidin, L-Tyrosin, Cystin/Cystein. Sie können bei Menschen mit speziellen Gendefekten und in einigen Entwicklungsphasen (Histidin bei Kindern und Jugendlichen, Arginin bei stillenden Müttern) oder bei speziellen Krankheiten (z. B. Leberkrankheiten) essentiell sein.

L-Arginin ist ein Faktor bei der Immunmodulation. Es dient auch als Baustoff für Stickstoffmonoxid und Kreatin.

Nichtessentielle Aminosäuren sind L-Alanin, L-Asparaginsäure, L-Aspartat, L-Glyzin, L-Serin, L-Prolin, Glutaminsäure.

L-Prolin moderiert die Proteinfaltung und puffert die enzymblockierende Funktion von Ionen. L-Prolin ist die Vorgängersubstanz der im Kollagen des Knochens chemisch gebundenen α-Aminosäure L-Hydroxyprolin. L-Prolin braucht Vitamin C (Ascorbinsäure) und Zink für seine Funktion. (Vitamin C Mangelkrankheit = Skorbut).

Polyamine. Wichtige Polyamine sind Putrescin, Spermin und Spermidin. **Spermin** wird über den Methylzyklus aus S-AdenodylMethionin gebildet über die Zwischenstufe Spermidin. Spermin wirkt stabilisierend auf die DNA und RNA.

Bei Gesunden könnten sie den Alterungsprozess verlangsamen. Bei Krebskranken ist die Ausscheidung von Polyaminen deutlich erhöht (Madeo F, 2019).

Proteine (Eiweißstoffe) sind Makromoleküle aus Aminosäuren mit den Funktionen: der Abgrenzung gegen mikrobielle und parasitäre Eindringlinge zur Bewahrung der Gesamtstruktur, Beweglichkeit, des Stoffwechsels und der Signaleigenschaften (z. B. als Hormone) sowie als Energiereserve des Organismus.

Filamine (FLN) sind Aktinbindende Proteine (ABP). Als Hauptbestandteil des Zytoskeletts sind sie an der Quervernetzung der Aktinfilamente, an deren Koppelung an der Zellmembran, bei den Zell-Zell- und Zell-Matrixverbindungen und bei der Fortbewegung von Zellen (Zellmotilität) beteiligt (Stossel TP, 2001).

D-Aminosäuren und D-Peptide kommen auch in der Nahrung vor. Sie können durch die körpereigenen Proteasen weniger gut entsorgt werden und haben daher in einem bestimmten Rahmen eine stabilisierende Wirkung auf das System. Sie lösen seltener eine Immunantwort aus als die L-Aminosäuren und L-Peptide.

Hormone (Peptidhormone und Steroidhormone) sind sogenannte „Weichmacher". Hormone modulieren den Stoffwechsel.

Fettsäuren, Lipide. Fettsäuren sind die wichtigsten Energielieferanten. Kurzkettige und mittelkettige Fettsäuren haben in einem leicht sauren Milieu antibiotische Eigenschaften. **K22** Höher ungesättigte Fettsäuren wirken bakteriostatisch (z. B. tuberkulostatisch, z. B. Hundefett) und fungizid, z. B. als Omega-3-Fettsäuren; d. h. Alpha-Linolensäure, Eicosapentaensäure und Docosahexaensäure.

Kationische Lipide (Felgner PL, 1987, Yeeprae W, 2006, Lonez C, 2012, SM-102) werden bei der Transfektion (Verimpfung) von genetischem Material in Liposomen (Lipofection) angewendet. Kationische Lipide sind Toxine die Zelltod (proapoptose) und Entzündung (proinflammation) hervorrufen (Lonez C, 2012) **K16.**

Xenobiotika, Xenobiotische Weichmacher, Toxine

Xenobiotika sind Nahrungsmittel, Medikamente und Alltags-
gifte (Paracelsus T, 1538, Daunderer M, 1995). Xenobiosis wird
das Verhalten von Fremdstoffen im menschlichen Körper genannt (Albert A, 1987). Von besonderer gesundheitlicher Bedeutung sind Fremdprodukte aus der Isoprenoid-Lipid-Chemie
(Karlson P, 1961) mit hormonwirksamen (z. B. als Cyclopenta-
noperhydrophenanthren Derivate) oder mit krebserzeugenden
Eigenschaften, oft werden sie auch als Weichmacher bezeichnet.

Risiken und Kontraindikationen vor Beginn der Langzeittherapie

- Tabak rauchen, Parodontose, -itis, Fettsucht, Alkohol- und Drogensucht
- Paracetamol, Metamizol, Glucose-6-phosphatdehydrogenasemangel
- Das Immunsystem unterdrückende Arzneimittel (z. B. Cortison)
- Monoklonale Antikörper, Biologicals (Bevacizumab, Tocilizumab etc.)
- Krebstherapeutika und zytostatisch wirkenden Medikamente (z. B. Colchizin)
- Betainterferon, **auch** bei einer Vorbehandlung mit Interferon!
- Calciumkanalblocker (z. B. Nifedipin, Verapamil, Nitrendipin, Felodipin, Diltiazem, Amlodipim etc., Synonym: Calciumantagonisten)
- ACE-Hemmer (Ramipril, Lisinopril, Enalapril, Captopril) zusammen mit Sulfonamiden (Fralick M, 2014)
- H1-Rezeptor Antagonisten (Antiallergika, z. B. Allegra)
- Diuretika
- Statine (z. B. Artovastatin, Lovastatin, Simvastatin, Rosuvastatin [außer Pravastatin]) Antiarrhythmika (Amiodaron, Propafenon)
- Parkinson-Medikamente (z. B. Levodopa)
- Thrombozytenaggregationshemmer, Antikoagulantien, Vitamin K Antagonisten
- Protonenpumpenhemmer: Omeprazol, Pantoprazol (PPIS) etc.
- Zitrusfrüchte (besonders Grapefruit), Johanniskraut (Hyperforin)
- Nichtsteroidale Antirheumatika (NSAID) [außer Acetylsalicylsäure]
- Psychopharmaka (z. B. Orap) und psychotrop wirkende Mittel (z. B. Halcion)
- Selektive Serotonin-5-Hydroxytryptamin-1-Agonisten (z. B. Maxalt)
- Phosphodiesterase Typ 5 Inhibitoren (z. B. Sidenafil, Tadalafil, Vardenafil, etc.)
- Antihelmintica (z. B. Praziquantel, Biltricide)

- Patient mit arterieller Verschlusskrankheit, Lebererkrankung, Darmulcera, Ösophagusvarizen, Hyperthyreose, Epilepsie, schwerer chronischer Lungenerkrankung, Dialyse-Patient, Schwangerschaft

Vorsicht bei gleichzeitiger Anwendung von
Antibabypillen, Hormoncremes oder Hormonpflastern u. ä., Chinidin, Chinin, Hydroxychloroquin, Cotrimazol, Makroliden, Rifampicin, Fluconazol, Xenobiotica.

Risikobedenken und Kontraindikationen vor Beginn einer Langzeittherapie

Tabelle 11: Dokumentation und Kontrolluntersuchungen bei der Langzeittherapie

DER ARZTBRIEF
1. Adressaten (an den Patienten selbst und /oder an den Hausarzt)
2. Patientendaten, ggf. Konsultationszeiten
3. Klinische Anamnese
4. Körperliche Untersuchung, Befunderhebung
5. Zusatzuntersuchungen, Labor, bildgebende Verfahren
6. Diagnosen, ggf. Eingriffe, Operationen
7. Fremddiagnosen
8. Epikrise
9. Therapie-Empfehlung
10. Anhang: Laborblatt, Medikamentenblatt, Diätblatt

– . –

Alle zwei Wochen KONTROLLUNTERSUCHUNG durch den Hausarzt oder durch den Spezialarzt und bei Bedarf früher.

STANDARD Blutuntersuchungen

Blutbild, GOT, GPT, GGT, Kreatinin, Na, K, Ca, Blutzucker p.p., Blutdruck.

STANDARD bildgebende Verfahren

EKG speziell bei der Einnahme von Makroliden (z. B. Azithromycin, Chlarithromycin, Ivermectin), Quensyl, Chinin. Die QTc-Zeit darf nicht länger sein als 440 Millisekunden!

Evtl. STUHL auf pathogene Keime und auf Verarmung von Vielfalt.

Zusätzliche SPEZIALUNTERSUCHUNGEN

Bei Infusionen mit Ceftriaxon alle 4 Wochen Oberbauch-So-
nographie
Bei der Einnahme von Hydroxychloroquin (Quensyl®) alle
3 Monate Augenarzt
Bei Stuhlgangsproblemen Stuhl auf pathologische Erreger, Pilze, Wurmgenome
Bei Harnwegsproblemen Urin-Streifentest.

– . –

Alle zwei Monate KONTROLLUNTERSUCHUNG beim
SPEZIALARZT
STANDARD

Basis Blutuntersuchungskontrollen: Leukozyten, CRP, BSG
Blutuntersuchungskontrollen evtl. Elispot LTT-Tests, CD57 na-
türliche Killerzellen
Patienten-Arzt Gespräch, Dauer mindestens 30 Minuten

**Tabelle 11: Untersuchungen, Dokumentationen und Kontrollunter-
suchungen bei Langzeittherapie mit Antibiotika/Chemotherapeutika**

Risiken und Kontraindikationen
bei Langzeittherapie mit Antibiotika

Langzeitantibiose ambulant bedeutet:
kurativ=eine Behandlungsdauer von 6 Wochen bis zu 6 Monaten
suppressiv=mehr als 1 Jahr bis lebenslang.

Vor Beginn einer Langzeitantibiose:
Untersuchung des Darmmikrobioms (Korpela K, 2018). Die Darmsanierung (Fasano A, 2000, Wang W, 2000) ist die wichtigste Voraussetzung einer erfolgreichen Antibiose, Ausschluss einer Helicobacter Infektion, evtl. Beutler-Test zum Ausschluss eines Glucose-6-Phosphat-Mangels (Favismus). Die eingeschränkte Behandelbarkeit von Schwangeren, von Patientinnen in der Stillzeit und von Kindern unter 6 Jahren sind zudem zu beachten.

Intervalltherapie, Antibiotika gepulst, „Watschen-Therapie"
„Den Feind kommen lassen. Wenn der Feind kommt, kriegt er eins in die Fresse oder wir integrieren ihn mit all seinen Fähigkeiten" (Huismans BD, 2008, 2020, Maes W, 2019) **K17, K19, K24**. Ob eine kontinuierliche Langzeittherapie oder eine Intervalltherapie – eine in Behandlungsintervallen durchgeführte Therapie – erfolgen soll, hängt ab vom Befinden des Patienten (Burrascano J, 2008).

Außer bei schwerstkranken Patienten, bei denen sie die einzige rettende Möglichkeit sein kann, ist die orale Form der Medikamentenanwendung (Tabletten) der Infusionsbehandlung vorzuziehen. Katheter- und Portanwendungen sind wegen der zusätzlichen Infektionsrisiken prinzipiell zu vermeiden. Die Infusionsbehandlung ist erfahrungsgemäß etwa dreimal wirksamer als die Oralbehandlung.

Für eine Langzeittherapie mit Chemotherapeutika nicht geeignete Medikamente
Fluorchinolin-Medikamente (Levofloxazin, Ciprofloxazin), Ceftriaxon-Infusionen, alle Betalaktammedikamente (Penicilline, Cephalosporine).

Mögliche Komplikationen bei einer Langzeittherapie mit Chemotherapeutika
Herxheimer Reaktionen (häufig)
Pilzinfektionen im Magen–Darm–Trakt
Chlostridienerkrankungen
antibiotikaresistente Krankheitserreger
Sepsis (extrem selten)

Zu jeder Langzeitantibose gehören entsprechende Ernährung, **Praebiotika**, die körperliche Bewegung und die Einnahme von **Probiotika**.

Die **Wahl der Medikamente** richtet sich nach dem Erregerspektrum und den Medikamentenwirkeigenschaften, nach ihrer intrazellulären Wirksamkeit, ihrer liquorgängigkeit, ihrer Wirksamkeit auf bakterielle L–Form Varianten und Viren, sowie ihre Wirkdauer, gemessen an der „Plasmahalbwertszeit".

Die Langzeittherapie mit Antibiotika und chemotherapie ist immer eine Kombinationstherapie mit mehreren Wirkstoffen und Verfahrensweisen.

Geeignete Antibiotika/Chemotherapeutika bei neurologischen Krankheiten

Wirkstoff	Intra-zellulär wirksam	liquor-gängig	Wirksam auf L-Form Varianten	Wirkdauer (Plasmahalb-wertszeit)
Betalactame				
Amoxicillin	–	(+) (5%)	–	1 h
Tetracycline				
Minocyclin	+	+ 40%	(–)	15 h
Doxycyclin	+	(+) 14%	(–)	15 h
Makrolide				
Azithromy-zin	+	–	(–)	68h, Gewebe 2-3 h
Nitro-imidazole				
Tinidazol	+	+	+	10 h
Metronidazol	+	+	+	7 h
Chinin-analoga				
Hydroxy-chloroquin	+	+	+	42 h, Gewebe 1-2 Wochen
Artemisia annua	+	?	+	?
Quorum quenching Medika-mente			Siehe dort	
Disulfiram	+	+	+	8 h bis 2 Wochen
Lincomycin				
Clindamy-cin	+	–	(–)	2,9 (bis 10) h

Ansamycine				
Rifampicin	+	(+)	(–)	3 (bis 7) h
Sulfone				
Dapson	+	?	?	?

Antibiotika/Chemotherapeutika bei neurologischen Krankheiten (Jahr 2021 nach Berghoff W, 2009)

Regular Use, Off Label Use, Compassionate Use, Adjuvant Use
Die Verwendung von Antibiotika und Chemotherapeutika für den hier genannten Zweck liegt allein in der Verantwortung des behandelndes Arztes („off label use", Einwilligungserklärung des Patienten am Muster „Borreliose") Zögern Sie nicht, die folgenden Behandlungsempfehlungen und die Hinweise an ihr eigenes ärztliches Wissen und Gewissen entsprechend anzupassen. Das Wissen um Zusammenhänge ist in einem stetigen Umbruch. Den standardisierten Patienten wird es nicht geben.

Mögliche Komplikationen bei den Arzneimitteln oder Handlungsweisen
Herxheimer Reaktionen sind bei einer gut wirkenden Medikamentenwahl häufig. Herxheimer Reaktionen sind nicht nur von Nachteil, denn es wird aufgeräumt. Man sagt: „Jede dieser Behandlungsreaktionen bringt Sie der Heilung näher." **Gelegentlich muss einschleichend behandelt werden,** speziell z. B. bei der Behandlung gegen Dirofilarien/Mikrofilarien.

Die im Folgenden beschriebenen Risiken und Komplikationen sind selten.
EKG-Veränderungen, QTc-Zeit Verlängerung bei der Behandlung mit Makroliden, und den Virustatika wie Hydroxychloroquin und Amantadin

Erhöhte Leberwerte bei der Behandlung mit Tetrazyklinen, Clindamycin, Hydroxychloroquin, Dapson, Pyrazinamid
Blutbildveränderungen bei der Behandlung mit Chinin, Hydroxychloroquin, Sulfonamiden, Clindamycin, Dapson
Nierenleistungsstörungen bei der Behandlung mit Amoxicillin, Cefuroxim, Cotrimoxazol, Fluconazol, Clindamycin, Pyrazinamid
Cholelithiasis bei der Behandlung mit Ceftriaxon
Augenerkrankungen bei der Behandlung mit Hydroxychloroquin
Hörminderung bei der Behandlung mit Azithromycin, Hydroxychloroquin
Polyneuritis/Polyneuropathie, bei der Behandlung mit Disulfiram
Endokrine Disruption bei der Behandlung mit Dapson

Während der Therapie ist die enge Kooperation mit dem Patienten unverzichtbar. **Die folgenden Medikamenten-Behandlungsschemata sollen dazu nur einen Rahmen bieten.** Der Patient kennt sich selbst am besten. „Der Patient hat immer Recht."

Therapie mit Disulfiram und Antikoagulanzien

Disulfiram soll niedrig dosiert werden. Für einen Erwachsenen von durchschnittlicher Statur sind 20 mg pro Tag oder einschleichend ganz individuell unterschiedlich, wöchendlich ansteigend auf 125 bis 175 mg pro Tag, d. h. in der Regel zwischen 1–2 mg pro kg höchstens aber 4–5 mg pro kg Körpergewicht. Disulfiram ist für die hier aufgezeigte Indikation z. Zt. offiziell nicht etabliert.

Disulfiram kann Standardantibiotika nicht ersetzen. Eine Kombination mit Makroliden (z. B. Azithromycin) oder Ansamycinen (z. B. Rifampicin) ist möglich, z. B. bei symptomatischer Bartonellenpersistenz. Die Verordnung von Zinkgluconat, Curcuma, beide hoch dosiert, und von Probiotika sei zusätzlich notwendig (Blehle S, 2022).

Eine Kombination mit Polyphenolen, Vitamin C, „Biofilmkillern", „Quorum quenching Medikamenten" oder mit Metronidazol oder Tinidazol oder Canabis ist kontraindiziert. Disulfiram ist bei psychiatrischen Krankheiten, bei Epillepsie, Schwangerschaft, Nieren- oder Herzerkrankungen und bei chronischen Leberentzündungen kontraindiziert. Vorsicht ist geboten bei schlecht eingestelltem Diabetes mellitus. Die Wirkung von Antikoagulanzien wird unter der Therapie mit Disulfiran verstarkt.

Ein gewisser Therapieerfolg stellt sich in der Regel erst nach einer Anlaufzeit von vielen Wochen oder 6 Monaten ein, wenn angepasst hoch dosiert wurde.Die Anpassung sollte erst kurz vor der Ausbildung einer Herxheimer-Reaktion bei dem Patienten gestoppt werden.

Disulfiram kumuliert im Fettgewebe. Die „duldbare täglich aufzunehmende Menge liegt i. d. R. bei 20 mg" (Disulfiram 1978, 1983, 1997). Leberfunktionstests sind alle 2 Wochen nötig, zunächst 2 Monate lang, danach in Abständen von 3 Monaten vor einer Weiterbehandlung.

Die Gefahr der Polyneuritis/Polyneuropathie (Th.: Alpha-Liponsäure plus Glutathion) und des Auftretens von einer psychiatrischen Symptomatik besteht immer, der Zustand sei aber reversibel.

Die notwendige Behandlungsdauer kann sich über 6 Wochen bis 16 Monate und auch länger hinziehen.

Disulfiram hat eine Plasmahalbwertszeit von 8 Stunden bis zu zwei Wochen. **Ausgeschlichen werden sollte dennoch über mehrere Monate**. Bis zu sechs Monate nach der Beendigung der Therapie darf sicherheitshalber kein Alkohol getrunken werden (Enzymreaktivierungszeit).

Therapie mit Antikoagulanzien, Gerinnungshemmern

Knoblauch, Bärlauch, Vitamin E, Omega 3 Fettsäuren, außerdem Bromelain, Wobenzym, Serrapeptase, Nattokinase, Lumbrokinase, Quercetin, Heparine, Heparinoide (z. B. Danaparoid), Hirudine, Weidenrindenextrakt, Acetylsalicylsäure, Glyceryl Guaicolate (Expectorans) und Vitamin-K-Antagonisten bzw. Cumarine (z. B. Phenprocoumon, Warfarin), Thrombinhemmer, (z. B. Dabigatran), Faktor-Xa-Hemmer (z. B. Rivaroxaban, Apixaban)

Tabelle 12: Option Medikamenten-Kombinationslangzeittherapie

Das Medikamenten–Behandlungsschema ist praxiserprobt, aber nicht validiert

für Schwangere und für Kinder oder als Basis–Alternative Azithromycin nur für Kinder, aber NICHT für Schwangere

Woche	Tag	Labor	500–600 mg/Tag Azithromycin	1000 mg/Tag Cefuroxim	1200 mg/Tag Artemisia	Nach Vorschrift Delimmun
1	Mo		**10 mg/kg Körpergewicht/d**	**oder**	x	**oder**
	Die		x	**Amoxicillin**	x	**Vitamin C**
	Mi			50 mg/kg/d geteilt durch 3	x	50 mg/kg/d geteilt durch 3
	Do		x	**3 Gramm/d**	x	**3 Gramm/d**
	Fr			x	x	x
	Sa		x	x	x	x
	So			x	x	x
2	Mo	Blut, EKG, Sono	x	x	x	x
	Die			x	x	x
	Mi		x	x	x	x
	Do			x	x	x
	Fr		x	x	x	x
	Sa			x	x	x
	So			x	x	x
3	Mo		x	x	x	x
	Die			x	x	x

	Mi			x	x	x
	Do			x	x	x
	Fr		x	x	x	x
	Sa			x	x	x
	So			x	x	x
4	Mo	Blut.	x	x	x	x
		EKG				
	Die			x	x	x
	Mi		x	x	x	x
	Do			x	x	x
	Fr		x	x	x	x
	Sa			x	x	x
	So			x	x	x
5	Mo		x	x	x	x
	Die			x	x	x
	Mi		x	x	x	x
	Do			x	x	x
	Fr		x	x	x	x
	Sa			x	x	x
	So			x	x	x
6	Mo	Blut	x	x	x	x
	Die			x	x	x
	Mi		x	x	x	x
	Do			x	x	x
	Fr		x	x	x	x
	Sa			x	x	x
	So			x	x	x
7	Mo		x	x	x	x
	Die			x	x	x
	Mi		x	x	x	x
	Do			x	x	x
	Fr		x	x	x	x
	Sa			x	x	x
	So			x	x	x
8	Mo	Blut.	x	x	x	x
		EKG				

	Die			x	x	x
	Mi		x	x	x	x
	Do			x	x	x
	Fr		x	x	x	x
	Sa			x	x	x
	So			x	x	x
9	Mo		x	x	x	x
	Die			x	x	x
	Mi		x	x	x	x
	Do			x	x	x
	Fr		x	x	x	x
	Sa			x	x	x
	So			x	x	x
10	Mo	Blut	x	x	x	x
	Die			x	x	x
	Mi		x	x	x	x
	Do			x	x	x
	Fr		x	x	x	x
	Sa			x	x	x
	So			x	x	x
11	Mo		x	x	x	x
	Die			x	x	x
	Mi		x	x	x	x
	Do			x	x	x
	Fr		x	x	x	x
	Sa			x	x	x
	So			x	x	x
12	Mo	Blut, EKG	x	x	x	x

Begleittherapie *Probiotika* *Quorum quenching* *Entgiftung* *Immunmodulation* ~suppress

Blut: Leber, Niere, Blutbild. **EKG**: QTc-Zeit nicht länger als 440 Millisekunden bei einer Herzfrequenz zwischen 60 und 100 pro Min. **Evtl. Sonographiekontrolle** nach 3 Wochen. **K26**

**Back to top: www.kabilahsystems.de/therap_04_schwan-
gere_und_kinder.pdf**
Haftungsausschluss, Perspektiven und „off label use" **Ko-Erreger und Toxine bei Lyme-Borreliose, Multi-System,
Multi-Infektions-Krankheiten und bei Cavete Diagnosen**
http://www.xerlebnishaft.de/ko-erreger.pdf

Drug interaction Checker https://www.webmd.com/interac-
tion-checker/default.htm

Therapie nach spätestens zwei Monaten bitte umstellen.

Tabelle 12a: Option Medikamenten-Kombinationslangzeittherapie

Das Medikamenten-Behandlungsschema ist praxiserprobt, aber nicht validiert

Woche	Tag	Labor	500 mg/Tag Azithromycin	200 mg/Tag Minocyclin	800–1200 mg/Tag Artemisia	50 mg/kg/Tag Delimmun	Rifampicin
1	Mo		x		x		
	Die		x		x		
	Mi				x		
	Do		x		x		
	Fr				x		
	Sa		x		x		
	So				x		
2	Mo	Blut, EKG, Sono	x	x	x		
	Die			x	x		
	Mi		x	x	x		
	Do			x	x		
	Fr		x	x		x	
	Sa			x		x	
	So			x		x	
3	Mo	**Blut, EKG**	x	x		x	
	Die			x		x	
	Mi		x	x		x	
	Do			x		x	
	Fr		x	x		x	
	Sa			x		x	
	So			x		x	

4	Mo	Blut, EKG	x	x		x
	Die			x		x
	Mi		x	x		x
	Do			x		x
	Fr		x	x		x
	Sa			x		x
	So			x	x	
5	Mo		x		x	
	Die			x	x	
	Mi		x	x	x	
	Do			x	x	
	Fr		x	x	x	
	Sa			x	x	
	So			x	x	
6	Mo	Blut	x	x	x	
	Die			x	x	
	Mi		x	x	x	
	Do			x	x	
	Fr		x	x	x	
	Sa			x	x	
	So			x	x	
7	Mo		x	x	x	
	Die			x	x	
	Mi		x	x	x	
	Do			x	x	
	Fr		x	x	x	
	Sa			x	x	
	So			x	x	
8	Mo	Blut, EKG, Sono	x	x		x
	Die			x		x
	Mi		x	x		x
	Do			x		x
	Fr		x	x		x

Woche	Tag		1	2	3	4
	Sa			x		x
	So			x		x
9	Mo		x	x		x
	Die			x		x
	Mi		x	x		x
	Do			x		x
	Fr		x	x		x
	Sa			x		x
	So			x		x
10	Mo	**Blut**	x	x		x
	Die			x		
	Mi		x	x	x	
	Do			x	x	
	Fr		x	x	x	
	Sa			x	x	
	So			x	x	
11	Mo		x	x	x	
	Die			x	x	
	Mi		x	x	x	
	Do			x	x	
	Fr		x	x	x	
	Sa			x	x	
	So			x	x	
12	Mo	**Blut, EKG**	x	x	x	

Begleittherapie *Probiotika* *Quorum quenching* *Entgiftung* *Immun-modulation* ~suppress

Blut: Leber, Niere, Blutbild. **EKG**: QTc-Zeit nicht länger als 440 Millisekunden bei einer Herzfrequenz zwischen 60 und 100 pro Min. **Sonnenschutzmaßnahmen** bei der Anwendung von Tetracyclinen. **Schwangerschafts-Verhütung**. Bei Frauen, die zur Empfängnisverhütung die „Pille" einnehmen, kann die Wirksamkeit dieser Medikamente beeinträchtigt werden oder ganz eingeschränkt sein. **Evtl. Sono-**

graphiekontrolle nach 3 Wochen. www.kabilahsystems.de/therap_02_virus.pdf
http://www.kabilahsystems.de/kostenplan.pdf Haftungsausschluss Alle Angaben ohne Gewähr

Drug interaction Checker https://www.webmd.com/interaction-checker/default.htm

Therapie nach spätestens zwei Monaten bitte umstellen.

Tabelle 12b: Option Medikamenten-Kombinationslangzeittherapie

Das Medikamenten-Behandlungsschema ist praxiserprobt, aber nicht validiert

Woche	Tag	Labor	500 mg/Tag Azithromycin	200 mg/Tag Minocyclin	800–1200 mg/Tag Artemisia	1200 mg/Tag Delimmun	Metronidaz.
1	Mo		x		x		Besser noch
	Die		x		x		**Tinidazol,**
	Mi				x		entsprechend
	Do		x		x		dosiert
	Fr				x		
	Sa		x		x		
	So				x		
2	Mo	Blut, EKG, Sono	x	x			x
	Die			x			x
	Mi		x	x			x
	Do			x			x
	Fr		x	x			x
	Sa			x			x
	So			x			x
3	Mo		x	x			x
	Die			x			x
	Mi		x	x	x		x
	Do			x	x		
	Fr		x	x	x		
	Sa			x	x		
	So			x	x		

4	Mo	Blut,	x	x	x	
		EKG				
	Die			x	x	
	Mi		x	x	x	
	Do				x	
	Fr		x	x	x	
	Sa			x	x	
	So			x	x	
5	Mo		x	x		x
	Die			x		x
	Mi		x	x		x
	Do			x		x
	Fr		x	x		x
	Sa			x		x
	So			x		x
6	Mo	Blut	x	x		x
	Die			x		x
	Mi		x	x		x
	Do			x	x	
	Fr		x	x	x	
	Sa			x	x	
	So			x	x	
7	Mo		x	x	x	
	Die			x	x	
	Mi		x	x	x	
	Do			x	x	
	Fr		x	x	x	
	Sa			x	x	
	So			x	x	
8	Mo	Blut,				
		EKG,	x	x		x
		Sono				
	Die			x		x
	Mi		x	x		x
	Do			x		x
	Fr		x	x		x

	Sa			x		x
	So			x		x
9	Mo		x	x		x
	Die			x		x
	Mi		x	x		x
	Do			x	x	
	Fr		x	x	x	
	Sa			x	x	
	So			x	x	
10	Mo	**Blut**	x	x	x	
	Die			x	x	
	Mi		x	x	x	
	Do			x	x	
	Fr		x	x	x	
	Sa			x	x	
	So			x	x	
11	Mo		x	x		
	Die			x		
	Mi		x	x		
	Do			x		
	Fr		x	x		
	Sa					
	So			x		
12	Mo	**Blut, EKG**	x	x		

Blut: Leber, Niere, Blutbild. **EKG**: QTc-Zeit nicht länger als 440 Millisekunden bei einer Herzfrequenz zwischen 60 und 100 pro Min. **Sonnenschutzmaßnahmen** bei der Anwendung von Tetracyclinen. **Schwangerschafts-Verhütung**. Bei Frauen, die zur Empfängnisverhütung die „Pille" einnehmen, kann die Wirksamkeit dieser Medikamente beeinträchtigt werden oder ganz eingeschränkt sein. **Evtl. Sonographiekontrolle** nach 3 Wochen.

Back to top: www.kabilahsystems.de/therap_06_bei_therapieresistenz.pdf

<u>Haftungsausschluss</u> <u>Perspektiven und „off label use"</u> **Ko-Erreger und Toxine bei Lyme – Borreliose,** Multi-System – Multi-Infektions – Krankheiten und bei Cavete Diagnosen http://www.xerlebnishaft.de/ko-erreger.pdf

Drug interaction Checker https://www.webmd.com/interaction-checker/default.htm

Therapie nach spätestens zwei Monaten bitte umstellen.

Tabelle 12c Option Medikamenten-Kombinationslangzeittherapie

speziell bei Bartonellen und Babesien-Aktivität
Das Medikamenten-Behandlungsschema ist praxiserprobt, aber nicht validiert

Woche	Tag	Labor	500 mg/Tag Azithromycin	200 mg/Tag Minocyclin	1200 mg/Tag Artemisia	50 mg/Tag Dapson[13]	450 mg/Tg Rifampicin
1	Mo				x		x
	Die				x		x
	Mi				x		x
	Do				x		x
	Fr				x		x
	Sa				x		x
	So				x		x
2	Mo	**Blut.**	EKG, Sono	x	x		x
	Die			x	x		x
	Mi			x	x		x
	Do			x	x		x
	Fr			x	x		x
	Sa			x			x
	So			x	x		x
3	Mo		x	x	x		x
	Die			x	x		x
	Mi		x	x	x		x

---

13 Anstelle von Dapson evtl. Gabe von Trimethoprim + Sulfamethoxazol oder Pyrazinamid in entsprechender Dosierung und entsprechender Vorsorge

Woche	Tag	Untersuchung					
	Do			x	x		x
	Fr		x	x	x		x
	Sa			x	x		x
	So			x	x		x
4	Mo	Blut, EKG Evtl. Beutler Test		x		x	x
	Die			x		x	x
	Mi			x		x	x
	Do			x		x	x
	Fr			x		x	x
	Sa			x		x	x
	So			x		x	x
5	Mo			x		x	x
	Die			x		x	x
	Mi			x		x	
	Do			x	x		x
	Fr			x	x		
	Sa			x	x		x
	So			x	x		x
6	Mo	Blut	x	x	x		x
	Die			x	x		x
	Mi		x	x	x		x
	Do			x	x		x
	Fr		x	x	x		x
	Sa			x	x		x
	So			x	x		x
7	Mo			x	x		x
	Die			x	x		x
	Mi			x	x		x
	Do			x		x	
	Fr			x		x	x
	Sa			x		x	x
	So			x		x	x
8	Mo	Blut, EKG		x		x	x

Woche	Tag						
	Die			x		x	x
	Mi			x		x	x
	Do			x		x	x
	Fr			x		x	x
	Sa			x		x	x
	So			x	x		x
9	Mo			x	x		x
	Die			x	x		x
	Mi			x	x		x
	Do			x	x		x
	Fr			x	x		x
	Sa			x	x		x
	So			x	x		x
10	Mo	**Blut**	x	x	x		x
	Die			x	x		x
	Mi		x	x	x		x
	Do			x	x		x
	Fr		x	x	x		x
	Sa			x	x		x
	So			x	x		x
11	Mo			x	x		x
	Die			x	x		x
	Mi			x	x		x
	Do			x		x	x
	Fr			x		x	x
	Sa			x		x	x
	So			x		x	x
12	Mo	**Blut, EKG**	x	x		x	x

Begleittherapie *Probiotika* *Quorum quenching* *Entgiftung* *Immunmodulation* ~suppress

Alternativ zu Rifampicin: RIFABUTIN (vorher Augenarztkonsultation)

Blut: Leber, Niere, Blutbild. **EKG**: QTc-Zeit nicht länger als 440 Millisekunden bei einer Herzfrequenz zwischen 60 und 100 pro Min. **Sonnenschutzmaßnahmen** bei der Anwendung von Tetracyclinen. **Schwangerschafts-Verhütung**. Bei Frauen, die zur Empfängnisverhütung die „Pille" einnehmen, kann die Wirksamkeit dieser Medikamente beeinträchtigt werden oder ganz eingeschränkt sein. **Evtl. Sonographiekontrolle** nach 3 Wochen. Folsäure-Substitution. **Kontraindikationen** beachten. Haftungsausschluss Perspektiven, „off label use" Back to top: http://www.kabilahsystems.de/therap_03_rifa.pdf
Ko-Erreger und Toxine bei Lyme – Borreliose, Multi-System - Multi-Infektions - Krankheiten und bei Cavete Diagnosen http://www.xerlebnishaft.de/ko-erreger.pdf

Drug interaction Checker https://www.webmd.com/interaction-checker/default.htm

Therapie nach spätestens zwei Monaten bitte umstellen.

„Die Geschichte der Infektionskrankheiten lehrt, daß noch nie Seuchen allein durch ein Medikament ausgerottet wurden" (Schadewaldt H, 1998).

Immunprotektion, Darmmikrobiom und Oberflächenmikrobiom

1. Diät, Ernährung
2. Stuhlgang und Dunkelfeldmikroskopie im Blut auf Parasitenbefall
3. Modulation und evtl. Sanierung des Darmmikrobioms
a. Reduktion des Candidabewuchses im Stuhlgang
b. Retrovirusaktivitätsdiagnostik im Stuhl, im Blut und evtl. im Liquor

Anti-Inflammation, antientzündliche Therapie, Entzündungshemmstoffe

1. Probiotika und Praebiotika
2. „Quorum quenching Medikamente", „Biofilmkiller"
3. Entgiftung durch Chelate
4. Immunmodulatoren
5. Immunsuppressiva

Praebiotika und Probiotika K22

Praebiotika Ballaststoffreiche, vorwiegend pflanzliche Ernährung, „Mediterrane Ernährung".

Probiotika z. B. 24 Milliarden Keime aus zehn verschiedenen Bakterienstämmen.

Diätetische Lebensmittel für besondere medizinische Zwecke (entspr. der Orthomolekularen Medizin)

Pflanzliche und tierische Antibiotika wirken entzündungshemmend

Salvia multiorrhiza, Codyceps Houttuynia, Kapuzinerkresse+Meerrettich, Küchenzwiebel, Knoblauch, Bärlauch, Ingwer, Thymian, Karde+Schwarznuss, Salbei, Jiaogulan, Artemisia annua intense, Lactoferrin, Cistus (Cistrose), Propolis, Samento+Banderol, Guajakholz, Weihrauch, Bärentraubenblätter, Kamille, Cryptolepsis, Kapland Pellargonie (Buhner SH, 2020), BioDisrupt 120®.

Entzündungshemmstoffe außer Antibiotika

Curcuma Pulver (Tumeric, Curcumin)+Pfeffer zur besseren Aufnahme von Curcuma, Chilli, Zimt, Muskatnuss, Mangoextrakt, Lärchenterpentin, Traubenkernextrakt, Walnussextrakt, Gingko Biloba (Nakanishi K, 1971, Weinges K, 1969, 2021), griechisches Eisenkraut (Sederitis scardica), N-Acetylcystein, Quercetin, Ozonisiertes Olivenöl, Taurin plus Omega-3-Fettsäuren plus Glutathion, Rheumamedikamente wie Indometacin, evtl. Statine (Kühlein T, 2020), Mesalazin.

Cortison soll nur im Zytokinsturm bzw. Lymphozytengau Verwendung finden, d. h. bei einer extrem heftigen und überschießend gefährlichen Entzündungsreaktion.

Das Wesentliche bei der therapeutischen Entzündungshemmung ist die Eingrenzung der an der entzündlichen Reaktion beteiligten Toxine (z. B. der Schwermetalle). Im Vordergrund steht die Eingrenzung der mikrobiellen und parasitären Ursachen, die „Krankheits-Erregerlast“.

Schwermetalle sind aber auch entzündungshemmend und antibiotisch wirksam (Silber, Gold und Kupfer). Es sind Gifte (Toxine) für Mikroben und Parasiten. Bei chronischen Entzündungen sammelt der Wirtsorganismus Schwermetalle an.

Die alleinige Entzündungshemmung mit Hilfe von Acetylsalizylsäure (Aspirin®) hat aber keinen Vorsorgeeffekt, weder gegen die Folgen der arteriellen Verschluss-krankheit (Vaskulitis, Herzinfarkt, Schlaganfall) noch gegen Dickdarmkrebs (Armitage J, 2018, Gaziano M, 2018).

Ph-Wert im Darm u. a.

Sauerkraut+Essig+Zitrone. Ketone.
Acetyl-DL-Leucin (Tanganil®) evtl. bei Demenz, Multipler Sklerose, Amyotropher Lateralsklerose. Lactulose **K29, K30**

Lysosomotropika

Memantine, Hydroxychloroquin, Artemisia annua intense

Mitochondriotropika bei erworbener mitochondrialer Dysfunktion (Lin MT, 2006)

Coenzym Q10, (Ubichinon-10), Idebenon (Raxone®), L-Carnitin, Deuterium-reduziertes Wasser

Milieunormalisierung

Mg, Se, Zn, Mn. Entsprechende Präparate sind nur dann hilfreich, wenn tatsächlich ein Mangel festgestellt wurde.
Kurzkettige Fettsäuren, Taurin, Caprylsäure, Laurylsäure bei moderater körperlicher Arbeit **K22,** höher ungesättigte Fettsäure z. B. Omega-3–Fettsäuren, Aminosäuren, z. B. L-Arginin, L-Lysin, L-Prolin, Citrullin, Asparaginsäure, Alpha-Liponsäure (Hager K, 2007, Salinthone S, 2008), Propionsäure, Taurin (Aminosulfonsäure), Lactulose (semisynthetisches Disaccharid aus Galactose und Fructose), D-Ribose (Baustein der Nucleoside und Nucleotide).

Methylzyklussupportiva und Vitamine

Vitamin B_1+B_6+B_{12}+Folsäure, Vitamin C (Ascorbinsäure), Vitamin D_3, L-Methionin, L-Carnitin, Vitamin A. **K26**
Vitamin B_{12} (Cobalamin) und Vitamin D_3, Vitamin B_6, Vitamin A und Folsäure sind nur dann hilfreich, wenn tatsächlich ein Mangel festgestellt wurde.

Nukleinsäurestabilisierer
Spermin, Spermidin, Durian, Inosin, Inosiplex

Transmitterhormone
L–Dopa (Levodopa, L–3,4–Dihydroxyphenylalanin), Serotonin.
Serotonin wirkt als ein Beschleuniger für die Aktivität der Microglia. Bei einigen Alzheimervarianten scheint diese Funktion
gestört zu sein (Perry EK, 1991, Hansson G, 1996, Förstl H, 2005).

Steroidhormone als Entzündungshemmstoffe
Cortison
**Die Behandlung mit Cortison bei Patienten mit chronischen Infekten ist auch bei gleichzeitig antibiotischer
Behandlung kontraindiziert! Durch die Behandlung mit
Cortison in therapeutischen Dosen verschiebt sich** das immunologische Gleichgewicht zwischen Wirt und Krankheitserreger zu Gunsten des Krankheitserregers. Die Krankheitssymptome schwächen sich ab. Das Krankheitsgeschehen wird dadurch
aber chronifiziert.

Impfungen
Impfungen sind nur vorsorglich (prophylaktisch) sinnvoll. Z. B.
BCG Vaccine gegen die Infektion mit Mycobakterien wie Tuberkulose, Lepra, und MOTTs (Mycobacteria other than Tubercle Bacilli, non–tuberculous mycobacteria, NTM nichtuberkulöse Mykobakterien). **K34**

Impfungen mit abgeschwächten Krankheitserregern oder mit deren Signatur (RNA– oder DNA–Sequenzen), sog. aktive Impfungen oder mit im Labor hergestelltem genetischen Material sind
bei Patienten mit viralen, mikrobiellen oder parasitären Krankheits-Ursachen prinzipiell kontraindiziert weil sie „das Fass zum
überlaufen bringen" und auch tödlich enden können. Das gilt besonders für die „besonders gefährdeten Patientengruppen". Impfungen während einer entsprechenden Pandemie waren immer
schon kontraindiziert.

Im Rahmen einer reaktiven <u>therapeutischen Hyperthermie</u> können Impfungen jedoch auch immun-aktivierend wirken (Send H, 1922).

Auch die Wurmtherapie, z. B. mit Trichuris suis (Roche B, 2013) oder der standardisierte Stuhltransfer (Faeces Transfer, FT, Stuhltransplantation) (Mölling K, 2015, Stallmach A, 2020) sei möglich.

Gls K22 K23 K24 K25 K26 K27 K28 K29 K30 K31 K32 K33 K34 K35 K36

K22 Fettsäuren werden von Darmbakterien produziert. Fettsäuren wirken in einem pH-Bereich von 4.5 bis 6.0 fungizid (Pilze tötend), antibakteriell, auch insektizid (Insekten tötend) z. B. Caprylsäure, Laurylsäure, Propionsäure, Monoglyceride, kurzkettige Fettsäuren.

Caprylsäure löst das Chitin in der Zellwand von Pilzen und den Chitin Panzer von Insekten auf.

K23 Bei der Alzheimer Behandlung galt bisher die Amyloid-Hypothese. Beta-Amyloid ist ein Peptid, das sich im Hirn ablagert. „Auf der Basis der Amyloid-Hypothese sind die Antidementiva wie Idalopirdin und im Grunde genommen auch alle Cholinesterasehemmer, sowie das nichtsteroidale Antiphlogistikum Tarenflurbil und alle monoklonalen Antikörper wie Bapineuzumab, Gantenerumab, Solanezumab u. a. und wohl auch Aducanumab „[Alpha-Secretase, Alphasekretase] „und Betasekretase Hemmer, reihenweise gescheitert." (Lenzen-Schulte M, 2019) [α-synuclein]

K24 Bakteriophagen können sich als „stealth Pathogene" (Episome bzw. Prophagen) in das Genom ihres bakteriellen Wirtes integrieren (Erez Z, 2017). Sie können sich aber wieder in „frontal Pathogene" in die „Bakterienfresser" zurückverwandeln. (Reploh H, 1961, S. 161). Bakteriophagen werden bei jeder Zerstörung von Bakterien, z. B. durch Antibiotika freigesetzt. Bakteriophagen sind auch Vermittler und Überbringer von fremdem Erbgut an ihren neuen Wirt (z. B.von einer Antibiotika-Resistenz Eigenschaft oder von anderen Qualifikationen).

K25 Bakterielle L-Form Varianten vermehren sich nur etwa alle 30 Tage einmal. Bakterienkulturen müssen daher länger als 30 Tage inkubiert und Patienten länger als 30 Tage mit Medikamenten behandelt werden.

K26 „Im Krankheitsfall soll L-Lysin 3 bis 10 g/Tag plus Vitamin C (Ascorbinsäure) [3000 mg/Tag] (Gorton HC, 1999, Yejin Kim, 2019)+Vitamin D$_3$ [4000 mg/Tag]+Magnesium [300 mg/Tag]+Zink [20 mg bis 50 mg/Tag]+Selen [100 Mikrogramm/Tag] gegen Virusinfektionen unterstützend helfen können." (Ortomolekulare Medizin).

K27 „Es gibt nichts lebendiges auf der Welt ohne Viren." (Mölling K, 2015). Retroviren (REverse TRanskriptase, Onkoviren, RETRO) sind RNA-Viren , die sich durch das Enzym „Reverse transkriptase" in DNA-Viren umwandeln können (Temin H, 1972, Coffin JM, 1997, Heidmann T, 2009). „Etwa 8 % des menschlichen Genoms bestehen aus endogenen Retroviren (ERVs) und 50 % aus degenerierten, zumeist verstümmelten Retroviren, die in unsere DNA integriert sind. Diese 8 % internierten ERVs können aktiviert werden und sich exprimieren und Schaden verursachen, aber meistens werden sie durch Methylierung inaktiv gehalten." (Mölling K, 2015, Mikovits J, 2020). „Genomische Prägungs-Defekte, sog. Imprinting-Defekte, sind Störungen der DNA-Methylierung durch mangelhaft ausgeführte, wie bei chronischen Krankheiten, oder überschießende DNA-Methylierung wie bei zahlreichen infiltrierend und destruierenden Krebserkrankungen". Auch eine Stammzelltherapie nach Cas9 (CRISPR/Cas9) Eingriff wurde in diesem Rahmen angedacht.

Antiretroviral wirkende Medikamente werden bei Multipler Sklerose, Amyotropher Lateralsklerose oder bei Alzheimer und Demenz derzeit nicht eingesetzt. Kandidaten dazu aber sind Protease-Inhibitoren (PI) wie z. B. Lopinavir plus Ritonavir, Kaletra®, Nelfinavir, Viracept®, Raltegravir und evtl. die Kombination wie bei AIDS-Patienten aus Efavirenz, Lamivudin und Tenofovirdisoproxilfumarat (Diaz R, 2020) o. ä…

Der hochempfindliche PCR-Test (Polymerase Chain Reaction-Test) kann intakte, vermehrungsfähige Viren von vermehrungsunfähigen Virusbruchstücken, die er ebenso nachweist, und lebende von toten Bakterien nicht unterscheiden. Der Test wurde deswegen für die Testung von gesunden Probanden **nicht** zugelassen.

K28 „Man muss ja nicht immer das ganze Haus einreißen, um einen Einbrecher zu vertreiben." (LaRock CN, 2013) (Immunsppression)

K29 Wasserstoff ist der Brennstoff der Sonne. Wasserstoff ist auch die Grundlage des Lebens. „Ein 70 kg schwerer Mensch enthält 7 kg (= 10 Gew.-%) Wasserstoff, das sind $3{,}5 \cdot 10^3$ Mol Wasserstoff mit je $2 \cdot 6 \cdot 10^{23}$ Atomen, $4{,}2 \cdot 10^{27}$ Wasserstoffatome." PH http:// de.wikipedia.org/wiki/PH-Wert

Der pH-Wert ist eine Zahl, die angibt, ob eine Lösung basisch oder sauer ist.

pH heißt pondus hydrogenii = Gewicht des Wasserstoffs = Konzentration der Wasserstoff-Ionen in einer Lösung = Konzentration der Protonen. Viele Protonen = sauer, wenig Protonen = basisch/alkalisch. Die Skala reicht von Null bis 14. Die Zahl 7 zeigt an, dass die Lösung neutral ist. Werte unter 7 gelten als sauer, Werte über 7 gelten als basis/alkalisch.

V-ATPasen ($V_o V_1$-ATPasen) sind Membran-gebundene Enzyme, die den Wasserstoff-Gradienten regulieren. Man findet sie in den Vesikeln, in Lysosomen, Endo- und Exozyten, Endosomen, Golgi-Vesikeln, Vakuolen, auch bei Pflanzen und bei Hefepilzen. (Pederson PL, 1987).

„Der Stoffwechsel von V-ATPasen benötigt keine Proteinsynthese, aber er braucht ein **intaktes Zytoskelett**. Eine intakte pH-Regulierung ist ist nur möglich mit einem intakten Zytoskelett." Mikcrotubuli-Netzwerk (Zytoskelett)

„Der Wasserstoff-Transporter zur Bereitstellung von Adenosintriphosphat (ATP) ist in der Atmungskette der Mitochondrien **Nicotinamid-Adenin-Dinucleotid (NAD/NADH)."** http://de.wikipedia.org/wiki/PH-Wert. Säure-Base-Theorien http://www.gym1.at/chemie/pdf7kl/saer_bas.pdf

K30 Physiologische Prozesse, wie die Aktivierung von Neurotransmitter-Rezeptoren, führen zu Schwankungen des intra- und des extrazellulären pH-Wertes. Diese Schwankungen werden über die Nieren, die Atmung und die Schweißsekretion ausgeglichen und dabei sehr stabil gehalten. Eine wesentliche Beeinflussung, z. B. durch die Nahrung, ist kaum möglich.

Pathologische Prozesse durch Zytoskelett Toxine und Ablagerungen

z. B. durch Stress, Durchblutungsstörungen, Ischämie, Bronchialasthma, epileptische Anfälle etc. können demgegenüber zu massiven und lebensbedrohlichen Veränderungen des intra- und extrazellulären pH-Wertes führen (in den sauren Bereich, „da wird man sauer“).

Die **extrazellulären pH-Verhältnisse** folgen der Nahrungsaufnahme (Urin – je nach Nahrungsaufnahme – pH von 5 bis 9). Der pH-Wert des Blutes wird bei Gesunden durch die Lungen und Nieren, unabhängig von der Nahrungsaufnahme, auf einen pH-Wert von 7,37 bis 7,45 sehr genau einreguliert. Körperoberflächen sind optimal leicht sauer (pH 3 bis pH 5), Magen und Vagina haben optimal pH-Werte von 1 bis 3.

Die **intrazellulären pH-Verhältnisse** folgen der Funktion des Zytoskeletts und dem zelleigenen Atmungszyklus und entsprechen den intrazellulären ATP (Adenosintriphosphat) Verhältnissen [Labor Basis]. Optimal intrazellulär ist neutral, bei pH 7, nur in Vesikeln, z. B. in den Lysosomen liegt der pH-Wert zwischen pH 4,5 und pH 5.

K31 Ein Cholesterinmangel ist auf längere Sicht gefährlich und kann dramatische Folgen haben auf die Verdauung, den Hormonhaushalt, die Nervenfunktion und auf die Funktion des Bindegewebes.

Überhöhte Cholesterinwerte im Blut sind nicht die Hauptursache bei der arteriellen Verschlusskrankheit (Hodgson JA, 1815, Virchow R, 1852, Huismans BD, 1971).

Eine primäre Hypercholesterinämie nach Fredrickson (Klose G, 2014) fanden wir in einer Spezialklinik für Patienten mit **peripherer arterieller Verschlusskrankheit** nicht. (Huismans BD, 1971).

Die Cholesterin-Hypothese hat als Indikator für die Entwicklung einer peripheren arteriellen Verschlusskrankheit bisher im

Grunde genommen versagt. Die zur Senkung von Cholesterin-
werten im Blut verordneten Statine (Kühlein T, 2020) sind mild
wirkende Entzündungshemmer. Überhöhte **Low Density Li-
poprotein-Werte** lassen sich in der Regel durch eine geänder-
te Ernährungsweise zusammen mit moderater körperlicher Aktivität normalisieren.

Überhöhte Cholesterinwerte im Blut sind das Symptom von
subakut ablaufenden entzündlichen Prozessen und das Symptom
eines gestörten Methylzyklus. Indirekt zeigt sich dieser Zustand
an durch den **Homocystein** Wert im Serum.

Die vaskuläre Demenz beginnt eher abrupt und der Befund
verschlechtert sich stufenweise. Die Demenz vom Alzheimer Typ
beginnt meist schleichend und verläuft chronisch progredient. Bei
beiden Arten von Demenz ist der Mangel an verwertbarer Glucose im Gehirn der Dreh- und Angelpunkt (Mosconi L, 2005,
Diehl-Schmid J, 2007, de la Monte SM, 2008, Frölich L, 2015,
Frölich L, 2015 Miklossy J, 2016).

K32 Bei der Methylierung von Nukleinsäuren, z.B. der DNA
im Methylzyklus werden DNA-Genabschnitte und ganze Chro-
mosomen stumm geschaltet (silencing) und Histone werden modifiziert. Histone sind die Verpackungseinheiten der DNA der
Zellkerne. Histone werden modifiziert durch Acetylierung, Methylierung oder Phosphorylierung.

Springende Gene (McClintock B, 1931) können auch zu epigenetischen Veränderungen führen.

K33 Vitamin D_3 ist ein Entzünduhgshemmstoff. Es wirkt immunmodulatorisch, schmerzlindernd und psychisch aufhellend.
Ein Vitamin D_3-Mangel ist ein Indikator für chronische Ent-
zündungsprozesse.

Vitamin K2 (Menachinon)-Mangelzustände treten nur bei
eingeschränkter und mangelhafter pflanzlicher Ernährung auf
und bei niereninsuffizienten oder/und bei darminsuffizienten
Patienten.

K34 Vitamin C (Ascorbinsäure) ist gut wasserlöslich, aber saurer als Essig. Vitamin C ist unverzichtbar für die Synthese von Kollagen über die Aminosäure Prolin.

K35 Siehe Anregungen zu einer Nachbehandlungs-Medikation.

K36 Die Chemische Evolution der Lebewesen erfolgte nach heutigem Wissen über Baustein-Moleküle in einer **Eisen-Schwefel-Welt** über Eisen-Nickel-Sulfide (Pyrit), Karbonate, Kieselerde und Ton in Schwarzen Rauchern, noch heute zu beobachten in der Tiefsee bei über 100 °C, und kondensierte sich unter Abkühlung dann zu dem Phänomen der Selbstreproduktion in „Hyperzyklen" (Eigen M, 1971) als **Eiweisswelt**, **Thioesterwelt**, **RNA-Welt** und **DNA-Welt** (DeDuve Ch, 1994, 1998). Auch eine Thiolsensibilität, bzw. Thioester Sensibilität ist als Krankheit bereits bekannt.

K35 Anregungen zu einer Nachbehandlungs-Medikation

Bakterien

Stabilisieren

Ziele	Handhabe	Gruppen	Substanzen	Rezept-Beispiele
Struktur	Stoffwechsel-Stabilisierung	Amine	Spermin, Spermidin	Durian Frucht
			N-Acetyl Cystein	NAC
		Peptide	Glutathion, SAM,	Eumetabol® Gumbaral®
		Fettsäuren	Omega-3-Fett-Sre	Leinöl, Lausitzer Leinöl®
		Glycoside	Senföl-Glycoside	Senf, Meerrettich, Kohl, Lauch, Sauerkraut, Kresse, Zwiebel, Knoblauch, Bärlauch,
		Elektrolyte	K, Ca, Mg, Licht,	Maca Wurzel, Androxan®
		Temperatur	Infrarot, Wärme	Basoform organisch®
			Bio-Photonen	Sauna, O2-Mehrschritttherapie
			Magnetismus	MgSO4, Flohsamen, Lactulose
	Entgiftung	Adsorbentien	Wasser, Abführen	Artemisia annua intense, Quensyl®
		Lyso-Somotropika	Artemisinin Hydroxychloroquin	

Entwaffnen

Ziele	Handhabe	Gruppen	Einzel-Substanzen	Rezept-Beispiele
Biofilm	Anti Quorum sensing	Antibiotika	Makrolide, Rifampicin	Siehe hier / Grapefruitkernextrakt
	Biofilm-Lyse	Enzyme	Naringenin	Nattokinase, Soja, Bohnen,
			Nattokinase	Acetyl-DL-Leucin
			Serratiopeptidase	Serrapeptase
			Bromelain	Bromelain, Dontisanin, Proteozym, Traumanase, Wobenzym mono, Bromelain-R.A.N.,
		Antioxydantien	Resveratrol Quercetin Curcumin	Phlogenzym (Kombin.) Resveratrol (Komplex)
	Oxydations-Schutz		Papain	Quercetin, Curcumin
			Laurinsäure	Ananas-Papaya-Bromelain,
			Lactoferrin	Kokosöl
		Sonstige	Sarasparilla	Lactoferrin 250 mg

Popula-tion	Milieu-Änderung	Pro-, Prae-, Sym-Biotika	Lactobacillus azid. Bifido, E.coli Nissle Bäckerhefe	Joghurt, Kefir, Vagisan® Mutaflor® Bäckerhefe, Perenterol®
		Saurer pH	Vitamin C Lactulose	Bifinorm, Bifiteral, Laevilac, Lactulose-ratio, Eugalac, Tulotract etc.
		S-Glykoside	Kraut, Essig, Gewürze	Sauerkraut, Zitrone, Chili, Pfeffer
			Wasserstoff-Ionen	Obst-Essig verdünnt, Safran pH 5 Eucerin Hautpflege
Adhäsion	Zugabe von Adhä-sions-Mo-lekülen Anti-Efflux-Therapie	Kolloide Metalle Chelate Nanopartikel	Heilerde, Tierkohle Chlorella, Weizenkleie, Silber, Gold Colestyramin Nanobiotika	Kolloidales Silber, Gold (cave Schwermetalle)

Anregungen zu einer Nachbehandlungsmedikation

Literatur Therapie allgemein

Huismans BD Einwilligungserklärung des Patienten http://www.kabilahsystems.de/einwilligungserkaerung.pdf

Huismans BD Ernährung, Bewegung http://www.xerlebnishaft.de/diaet.pdf

Huismans BD Psycho-Hygiene, Salutogenese, Resilienz http://www.xerlebnishaft.de/salutogenese.pdf

Huismans BD Standpunkte, Perspektiven und der off label use. http://www.xerlebnishaft.de/standpunkte_perspektiven.pdf

Huismans BD Antibiotika gepulst, Intervalltherapie http://www.kabilahsystems.de/antibiotika_pulse.pdf

Paracelsus T (1538) Sieben Defensiones. (Antwort auf etliche Verumglimpfungen seiner Missgönner) und Labyrinthus medicorum errantium (Vom Irrgang der Aerzte) (1538).

„Wenn Ihr jedes Gift recht auslegen wolt, was ist, das nit Gift ist? Alle Dinge sind Gift, und nichts ist ohne Gift; allein die Dosis machts, das ein Ding kein Gift sei. Zu exempel, ein jegliche Speise und ein jeglich Getränk, wenn es über seine Dosis eingenommen wird, so ist es Gift; das beweist sein Ausgang. Ich gebe auch zu, das Gift Gift sei; das es aber darum verworfen werden sollte, das darf nicht sein."

Send H (1922) Omnadin (Immunvollvakzine) bei akuten Infektionen. Dtsch Med Wochenschr 48(33, 1110-1111 OI: 10.1055/s-0028-1165993 https://www.thieme-connect.com/products/ejournals/abstract/10.1055/s-0028-1165993

Laurent TC, Laurent UB, Fraser JR (1996) The structure and function of hyaluronan: An overview. Immunology and Cell Biology. 74(2), A1–7. doi: 10.1038/icb.1996.32. PMID 8724014

Nicolaus B (2001) Multiple Sklerose: Copaxone reduziert die Schubrate. Dtsch Arztebl 98(7), A-412 / B-334 / C-312

Burrascano J (2008) MANAGING LYME DISEASE-ILADS LYME DISEASE TREATMENT GUIDELINES LYME BORRELIOSIS PULSETHERAPYconsists of administering antibiotics(usually parenteral ones two to four days http://

www.ilads.org/lyme/B_guidelines_12_17_08.pdf [Antibiotika gepulst, Intervalltherapie]

Paetzold R (2010) Schwache Elektronen-Donator-Akzeptor-Komplexe - Fortschritte und Probleme. Zeitschrift für Chemie. 15. 377–393. 10.1002/zfch.19750151002.

Tashiro et al. (2012) Oral administration of polymer hyaluronic acid alleviates symptoms of knee osteoarthritis: a double-blind, placebo-controlled study over a 12-month period. Scientific World Journal

Mali P, Yang L, EsveltKM et al. (2013) RNA-guided human genome engineering via Cas9. In: Science (New York, N.Y.). Band 339, Nummer 6121, 823–826, ISSN 1095-9203. doi: 10.1126/science.1232033. PMID 23287722. PMC 3712628

Doudna JA, Charpentier E (2014) Genome editing. The new frontier of genome engineering with CRISPR-Cas9. Science. 346(6213), 1258096. doi: 10.1126/science.1258096. PMID: 25430774. https://pubmed.ncbi.nlm.nih.gov/25430774/ [sgRNA]

Kuklinski B, Schemionek A (2015) Mitochondriotherapie – Die Alternative. Aurum Verlag. ISBN 978-3-89901-764-9, E-Book ISBN 978-3-8901-855-4

Safina D, Schlitt F, Romeo R, Pflanzner T, Pietrzik CU, Narayanaswami V, Edenhofer F, Faissner A (2016). Low-density lipoprotein receptor-related protein 1 is a novel modulator of radial glia stem cell proliferation, survival, and differentiation. Glia. 64(8), 1363–80.

Armitage J et al. (2018) ASCEND – A randomized trial of aspirin versus placebo for primary cardiovascular prevention in 15,480 people with diabetes. ESC 2018; Hotline Session 2: FP2315

Gaziano JM et al. (2018) ARRIVE – Aspirin to Reduce Risk of Initial Vascular Events. ESC 2018; Hotline Session 1: FP2017

Zandl-Lang M., Fanaee-Danesh E., Sun Y., Albrecher N. M., Gali C. C., Cancar I., Kober A., Tam-Amersdorfer C., Stracke A., Storck S. M., Saeed A., Stefulj J., Pietrzik C. U., Wilson M. R., Bjorkhem I., Panzenboeck U. (2018) Regulatory effects of simvastatin and apoJ on APP processing and,amyloid-beta clearance in blood-brain barrier endothelial cells.

BIOCHIMICA ET BIOPHYSICA ACTA-MOLECULAR AND CELL BIOLOGY OF LIPIDS. 1863 (1), 40–60 Article

Maes W (2019) Chronische Borreliose - der Schlüssel liegt im Immunsystem
http://www.maes.de/11%20BORRELIOSE/maes.de%20CHRONISCHE%20BORRELIOSE%20UND%20IMMUNSYSTEM.PDF

Gonzalez JF, Alcantara AR, Doadrio AL et al (2019) Developments with multi-target drugs for Alzheimers disease: an overview of the current discovery approaches. doi: 10.1080/17460441.2019.1623201 Expert Opinion on Drug Discovery
https://www.researchgate.net/publication/333646793_Developments_with_multi-target_drugs_for_Alzheimer's_disease_an_overview_of_the_current_discovery_approaches

KlasseWasser. Spannendes zum Element Wasser (2020) Das Wassermolekül. https://www.klassewasser.de/content/language1/html/3631.php

Übungskönig Biologie (2020) 5. Klasse Zellatmung. https://www.uebungskoenig.de/biologie/5-klasse/zellatmung/

Kompetenznetz Multiple Sklerose (2020)
https://www.kompetenznetz-multiplesklerose.de/fachinformationen/qualitaetshandbuch/

Iqbal UH, Zeng E, Pasinetti GM (2020) The Use of Antimicrobial and Antiviral Drugs in Alzheimer's Disease. Revue. International Journal of Molecular Science. https://pubmed.ncbi.nlm.nih.gov/32664669/

„Furthermore, recent studies have suggested that amyloid-β peptides may play a role in innate immunity as an antimicrobial peptide."

Kühlein T, Schaefer C (2020) MANAGEMENT. Leitlinien: Die Kunst des Abweichens. Dtsch Arztebl 117(37): A-1696 / B-1448
https://www.aerzteblatt.de/archiv/215464/Leitlinien-Die-Kunst-des-Abweichens

„Zusammenfassend lässt sich sagen, dass der Effekt von Statinen auf die Sterblichkeit sicher, aber nicht sehr groß ist und schwere Nebenwirkungen selten sind."

„Counterattack" on Mild Cognitive Impairment launched, announces Dr. Norins L, CEO of MCI911.com https://mci911.com/video/ https://mci911.com/

Ellmore TM, Suescun J, Castriotta RJ, Schiess MC (2020) A Study of the Relationship Between Uric Acid and Substantia Nigra Brain Connectivity in Patients With REM Sleep Behavior Disorder and Parkinson's Disease, Frontiers in Neurology, 11 DOI=10.3389/fneur.2020.00815 ISSN=1664-2295 https://www.frontiersin.org/article/10.3389/fneur.2020.00815

Lexikon der Biologie (2021) Chalone. https://www.spektrum.de/lexikon/biologie/chalone/13102

Theuerkauf SA, Michels A, Riechert V et al. (2021) Quantitative Assays Reveal Cell Fusion at Minimal Levels of SARS-CoV-2 Spike Protein and Fusion-from-Without. iScience 24, 102170. https://www.sciencedirect.com/science/article/pii/S2589004221001383?via%3Dihub Online-Abstract

Safety Data Sheet SM-102 https://www.caymanchem.com/msdss/33474m.pdf

Literatur Das Mikrobiom

Mikrobiota
Allgemein

Zhang J, Haines C, Watson AJM et al. Oral antibiotic use and risk of colorectal cancer in the United Kingdom, 1989 – 2012: a matched case–control study. BMJ Journals Gut http://orcid.org/0000-0003-4623-6134 https://gut.bmj.com/content/68/11/1971

Höffeler F (2013) Nutrigenetik: Wie sich Ernährung und Gene gegenseitig prägen. Stuttgart ISBN 3-77762150-1 https://www.lovelybooks.de/autor/Fritz-H%C3%B6ffeler/Nutrigenetik-Wie-sich-Ern%C3%A4hrung-und-Gene-gegenseitig-pr%C3%A4gen-1345143300-w/

EFSA, Europäische Behörde für Lebensmittel- sicherheit 2019, 17(1) doi: 10.2903/j.efsa.2019.5555 https://efsa.onlinelibrary.wiley.com/doi/epdf/10.2903/j.efsa.2019.5555

Cowan CSM, Dinan TG, Cryan JF (2019) Annual Research Review: Critical windows – the microbiota-gut-brain axis in neurocognitive development. Journal of Child Psychology and Psychiatry, and Allied Disciplines. PMID 31773737 doi: 10.1111/jcpp.13156

Cryan JF, O'Riordan KJ, Sandhu K, et al. (2019) The gut microbiome in neurological disorders. The Lancet. Neurology. PMID 31753762 doi: 10.1016/S1474-4422(19)30356-4

Rea K, Dinan TG, Cryan JF (2019) Gut Microbiota: A Perspective for Psychiatrists. Neuropsychobiology. 1–13. PMID 31726457 doi: 10.1159/000504495

Sherwin E, Bordenstein SR, Quinn JL, Dinan TG, Cryan JF (2019) Microbiota and the social brain. Science (New York, N.Y.). 366. PMID 31672864 doi: 10.1126/science.aar2016

Gheorghe CE, Martin JA, Manriquez FV, Dinan TG, Cryan JF, Clarke G. (2019) Focus on the essentials: tryptophan metabolism and the microbiome-gut-brain axis. Current Opinion in Pharmacology. 48, 137–145. PMID 31610413 doi: 10.1016/j.coph.2019.08.004

Kelly JR, Keane VO, Cryan JF, Clarke G, Dinan TG. (2019) Mood and Microbes: Gut to Brain Communication in Depression. Gastroenterology Clinics of North America. 48, 389–405. PMID 31383278 doi: 10.1016/j.gtc.2019.04.006

Fülling C, Dinan TG, Cryan JF. (2019) Gut Microbe to Brain Signaling: What Happens in Vagus…. Neuron. 101: 998–1002. PMID 30897366 doi: 10.1016/j.neuron.2019.02.008

Dinan TG, Cryan JF (2020) Gut microbiota: a missing link in psychiatry. World Psychiatry: Official Journal of the World Psychiatric Association (Wpa). 19, 111PMID 31922692 doi: 10.1002/wps.20726

Blaser M (2021) Watch a video of Blaser's lecture at the Museum. [Mikrobiom] https://www.amnh.org/explore/science-topics/microbiome-health/meet-your-microbiome

Faekale Mikrobiota

Fasano A, Not T, Wang W, Uzzau S et al. (2000) Zonulin, a Newly Discovered Modulator of Intestinal Permeability, and Its Expres-sion in Coeliac Disease. Lancet355 (9214) 1518–9. doi: 10.1016/S0140-6736(00)02169-3. https://www.thelancet.com/journals/lancet/article/PIIS0140-6736(00)02169-3/fulltext

Wang W, Uzzau S, Goldblum SE, Fasano A (2000) Human Zonulin, a Potential Modulator of Intestinal Tight Junctions. Journal of Cell Science113 Pt 24. 4435–40.

Fasano A (2001) Intestinal Zonulin: Open Sesame! Gut 49(2) 159–62

Gill SR et al. (2006) Metagenomic analysis of the human distal gut microbiome.Science.312,1355

Henderson ST, Vogel JL, Barr LJ et al. (2009). Study of the ketogenic agent AC-1202 in mild to moderate Alzheimer's disease: A randomized, double-blind, placebo-controlled, multicenter trial. Nutrition & Metabolism. 6: 31. doi: 10.1186/1743-7075-6-31. PMC 2731764. PMID 19664276

zur Hausen H (2012) Red meat consumption and cancer: Reasons to suspect involvement of bovine. IJC International journal of cancer. 130(11) https://doi.org/10.1002/ijc.27413 https://onlinelibrary.wiley.com/doi/full/10.1002/ijc.27413

Rosche B, Werner J, Benzel FJ et al. (2013) Serum levels of brain-derived neurotrophic factor (BNDF) in multiple sclerosis patients with Trichuris suis ova therapy. Parasite. 20, 55. Published online 2013 Dec 19. doi: 10.1051/parasite/2013056 PMCID: PMC3866952 PMID: 24351232

https://www.ncbi.nlm.nih.gov/pmc/articles/PMC3866952/

Korpela K (2018) Diet, Microbiota, and Metabolic Health: Trade-Off Between Saccharolytic and Proteolytic Fermentation. Annu. Rev. Food Sci. Technol. 9: 65–84. doi.org/10.1146/annurev-food-030117-012830. https://www.annualreviews.org/doi/pdf/10.1146/annurev-food-030117-012830

Frahm, C., Witte, O.W (2019) Mikrobiom und neurodegenerative Erkrankungen. Gastroenterologe 14, 166–171. https://doi.org/10.1007/s11377-019-0345-2

Stallmach A, Steube A, Grunert P et al. (2020) Fecal microbiota transfer-reliable indications, donor screening and modes of application. Dtsch Arztebl Int 117, 31–8, doi: 10.3238/arztebl.220.0031

https://www.aerzteblatt.de/archiv/211862/Faekaler-Mikrobiota-Transfer

Finlay BB, CIFAR Humans, the Microbiome (2020): Are non-communicable diseases communicable? Science; doi: 10.1126/science.aaz3834 PDF https://science.sciencemag.org/content/367/6475/250.summary

Orale Mikrobiota

Huismans BD Probiotika. http://www.kabilahsystems.de/probiotika.pdf

Gibson GR, Roberfroid MB (1995) Dietary modulation of the human colonic microbiota: introducing the concept of prebiotics. J Nutr. 125(6), 1401–1412 PMID 7782892.[Präbiotika]

Chernet, B., & Levin, M. (2014) Transmembrane voltage potential of somatic cells controls oncogene-mediated tumorigenesis at long-range. Oncotarget, 5. http://www.ncbi.nlm.nih.gov/pubmed/24830454

„Based on published data on the voltage-mediated changes of butyrate flux through the SLC5A8 transporter, we present a model linking resting potentials of host cells to the ability of oncogenes to initiate tumorigenesis. Antibiotic data suggest that the relevant butyrate is generated by a native bacterial species, identifying a novel link between the microbiome and cancer that is mediated by alterations in bioelectric signaling.“

Gießelmann K (2019) Probiotika. Nicht immer von Vorteil. Deutsches Ärzteblatt 116,33–34, C1206–08

B.R.A.I.N AG (2019) Pseudomonas BR11571, termed Candidatus Pseudomonas metallosolvens, having Accession Deposit Number DSM 32538 EP 3 456 730 A1

https://data.epo.org/publication-server/pdf-document/
   EP17191837NWA1.pdf?PN=EP3456730%20EP%20
   3456730&iDocId=5877232&iepatch=.pdf
Butler CC, Lau M, Gillespie D, et al. (2020) Effect of Probiotic Use
   on Antibiotic Administration Among Care Home Residents.
   A Randomized Clinical Trial JAMA. 324, 47–56. [Probiotika]
Yildiz S et al. (2020) Respiratory tissue-associated commensal
   bacteria offer therapeutic potential against pneumococcal colonization. eLife, 9, e53581. doi: 10.7554/eLife.5358
„… we demonstrate that L. murinus provides a barrier against
   pneumococcal colonization in a respiratory dysbiosis model
   after an influenza A virus infection, when added therapeutically“. [Lactobacillus murinus]

Literatur Das innere und das äußere Milieu

Huismans BD H2 = pH-Wert = Protonendichte, V-ATPase und
   Deuterium. http://www.kabilahsystems.de/ph.pdf
Huismans BD Antizytokine, Antichemokine und IL-6 durch
   Sport http://www.kabilahsystems.de/antizyt-chem.pdf
Huismans BD Das Zytoskelett und die Neugier [cytobones und
   cytonerves] http://www.xerlebnishaft.de/zytoskelett.pdf
O'Grady P (ca 2020) Thales of Miletus (c. 620 B.C.E.—c. 546
   B.C.E.) © Copyright Internet Encyclopedia of Philosophy
   and its Authors | ISSN 2161-0002 https://iep.utm.edu/tha-
   les/ [s. Wasserstoff / Wasser]
Sörensen SPL (1909) Über die Messung und die Bedeutung der
   Wasserstoffionenkonzentration bei enzymatischen Prozessen.
   Biochem. Zeitschr. 21, 131–304. [Ph+ = pH = potentia hy-
   drogenii = pondus Hydrogenii]
Brønsted JN (1926) Om syre- og basekatalyse (Über Säuren- und
   Basenkatalyse), Kopenhagen

Bunnet JF, Jones RAY (1968) Names for hydrogen atoms, ions, and groups, and for reactions involving them (Recommendations 1988). Pure Appl. Chem.. 60(7), 1115-6. doi: 10.1351/pac198860071115

[A Brønsted acid is a hydron donor and a Brønsted base is a hydron acceptor]

Brehmer von W (1933) Die Messung der Wasserstoffionenkonzentration (pH-Wert) im Organismus, eine neue diagnostische Methode. Die Medizinische Welt. 7(49), 1737–1740.

Pederson PL, Carafoli E (1987) Trends Biochem. Sci. 12, 146–150, 186–189 [V-ATPasen]

Holliday LS et al. (2000) The amino-terminal domain of the B subunit of vacuolar H+-ATPase contains a filamentous actin binding site. J Biol Chem. 275(41), 32331–7. PMID 10915794 http://www.ncbi.nlm.nih.gov/pubmed/10915794

Werbach MR(2000) Nutritional strategies for treating chronic fatigue syndrome. Altern Med Rev. 5(2), 93-108. PMID: 10767667. https://pubmed.ncbi.nlm.nih.gov/10767667/

Ohsawa I, Nishimaki K, Yamagata K, Ishikawa M, Ohta S (2008) Consumption of hydrogen water prevents atherosclerosis in apoliporotein E knockout mice. Biochem Biophys Res Commun 377, 1195–1198.

Zuo J, Vergara S, Kohno S, Holliday LS (2008) Biochemical and functional characterization of the actin-binding activity of the B subunit of yeast vacuolar H+-ATPase. The Journal of Experimental Biology 211, 1102-1108. Published by The Company of Biologists 2008. doi: 10.1242/jeb.013672 http://jeb.biologists.org/content/211/7/1102.full.pdf

Nagata K, Nakashima-Kamimura N, Mikami T et al. (2009) Consumption of Molecular Hydrogen Prevents the Stress-Induced Impairments in Hippocampus-Dependent Learning Tasks during Chronic Physical Restraint in Mice. Neuropsychopharmacology 34, 501–508

Shimouchi A, Nose K, Takaoka M et al. (2009) Effect of Dietary Turmeric on Breath Hydrogen. Dig Dis Sci 54, 1725–1729. [Tumeric = Curcuma longa, Gelbwurz, Gelber Ingwer, Sa-

fran-, Gelb- oder Gilbwurz(el)] http://www.ncbi.nlm.nih.
gov/pubmed/19034660

„These results suggested that dietary turmeric activated bowel
motility and carbohydrate colonic fermentation."

Suzuki Y, Sano M, Hayashida K, Ohsawa I, Ohta S, Fukuda K
(2009) Are the effects of alpha-glucosidase inhibitors on cardiovascular events related to elevated levels of hydrogen gas
in the gastrointestinal tract? FEBS Lett 583, 21572159.

Kinnari TJ, Esteban J, Martin-de-Hijas NZ et al. (2009) Influence of surface porosity and pH on bacterial adherence to hy-
droxyapatite and biphasic calcium phosphate bioceramics. J
Med Microbiol. 58(Pt 1), 132–7. doi: 10.1099/jmm.0.002758-
0. http://www.ncbi.nlm.nih.gov/pubmed/19074665

Li J, Wang C, Zhang JH, Cai JM, Cao YP, Sun XJ (2010) Hy-
drogen-rich saline improves memory function in a rat model
of amyloid-beta-induced Alzheimer's disease by reduction of
oxidative stress. Brain Res 1328, 152–161.

Gu Y, Huang CS, Inoue T, Yamashita T, Ishida T, Kang KM,
Nakao A (2010) Drinking Hydrogen Water Ameliorated Cognitive Impairment in Senescence-Accelerated Mice. Journal
of Clinical Biochemistry and Nutrition 46, 269–276.

Saitoh Y et al. (2010) Biological safety of neutral pH hydrogen
enriched electrolyzed water upon mutagenicity, genotoxici-
ty, and subchronic oral toxicity. Toxicology and Industrial
health. 26(4), 203–216.

Domoki F et al. (2010) Hydrogen is Neuroprotective and Preserves Cerebrovascular Reactivity in Asphyxiated Newborn
Pigs. Pediatric Research. 68(5), 387–392.

Eckermann JM et al. (2011) Hydrogen is neuroprotective against
surgically induced brain injury. Medical Gas Research. 1(1), 7.

Mafu AA, Plumety C, Deschênes L, Goulet J (2011) Research
Article. Adhesion of Pathogenic Bacteria to Food Contact
Surfaces: Influence of pH of Culture. International Journal
of Microbiology Volume 2011 (2011), Article ID 972494, 10
pages http://dx.doi.org/10.1155/2011/972494 http://www.
hindawi.com/journals/ijmb/2011/972494/

Petersen JM, Zielinski FU, Pape T, Seifert R, Moraru C, Amann R, Hourdez S, Girguis PR, Wankel SD, Barbe V, Pelletier E, Fink D, Borowski C, Bach W, Dubilier N (2011). Hydrogen is an energy source for hydrothermal vent symbioses. Nature 476, 176-180. doi: 10.1038/nature10325 http://www.interridge.org/files/interridge/Petersen.pdf

Ohta S et al. (2011) Medical Gas Research 1, 10 doi: 10.1186/2045-9912-1-10 http://www.medicalgasresearch.com/content/1/1/10

Wolfe N (2012) Die Wiederkehr der Seuchen. Rowohlt VerlagGmbH. (2011)The Viral Storm. The Dawn of a New Pandemic Age. Times Books, Henry Holt and Company, New York.

Kentaro N et al. (2012) Hydrogen-supplemented drinking water protects cardiac allografts from inflammation-associated deterioration. Transpl Int. 25.12, 1213–1222

Dohi K et al. (2014) Molecular Hydrogen in Drinking Water Protects against Neurodegenerative Changes Induced by Traumatic Brain Injury. PLoS One. 9(9), e108034.

Ohta S (2014) Molecular hydrogen as a preventive and therapeutic medical gas: initiation, development and potential of hydrogen medicine. Pharmacol Ther.

Ichihara M et al. (2015) Beneficial biological effects and the underlying mechanisms of

molecular hydrogen – comprehensive review of 321 original articles. Med Gas Res. 5, 12.

Jia LY, Long JG, Liu JK (2015) The Protective Effectsand Mechanisms of Molecular Hydrogen in Cardiac Injury. Progress inBiochemistry and Biophysics 42.8, 713–20.

Liu F et al. (2015) The Role of Hydrogen in Plant Stress Tolerance. Zhiwu Shengli Xuebao/Plant Physiology Journal 51.2, 141–52.

Liu W, Sun X, Ohta S (2015) Hydrogen Element and Hydrogen Gas. Hydrogen Molecular Biology and Medicine. 1–23.

Nakata K et al. (2015) Stimulation of Human Damaged Sperm Motility with Hydrogen Molecule. Medical Gas Research 5.1

Ostojic SM (2015) Molecular Hydrogen: An Inert Gas Turns Clinically Effective. Annals of Medicine 47.4, 301–4.

Pshenichnyuk SA, Komolov AS (2015) Dissociative Electron Attachment to Resveratrol as a Likely Pathway for Generation of the H2Antioxidant Species Inside Mitochondria. Journal of Physical ChemistryLetters 6.7 1104-10.

Qian L, Shen J, Sun X (2015) Methods of Hydrogen Application. Hydrogen Molecular Biology and Medicine. 99–107.

Qian L, Shen J, Sun X (2015) Therapeutic Effects of Hydrogen on Different Diseases. Hydrogen Molecular Biology and Medicine. 81–97.

Sun Q, Han W, Nakao A (2015) Selective Antioxidative Effect of Hydrogen. Hydrogen Molecular Biology and Medicine.61–80.

Tamasawa A et al. (2015) Hydrogen Gas Production is Associated with Reduced Interleukin-1β mRNA in Peripheral Blood After a Single Dose of Acarbose in Japanese Type 2 Diabetic Patients. European journal ofpharmacology 762, 96–101.

Zhai X, Nakao A, Sun X (2015) Detection Techniques for Hydrogen. Hydrogen Molecular Biology and Medicine, 49–60

Soledad Marqués-Calvo M, Codony F, Agustí G et al. (2017) Visible Light Enhances the Antimicrobial Effect of Some Essential Oils. Photodiagnosis Photodyn Ther, 17, 180–184 PMID: 27965057 doi: 10.1016/j.pdpdt.2016.12.002 [Licht]
https://pubmed.ncbi.nlm.nih.gov/27965057/?from_term=essential+oil+virus&from_page=16&from_pos=3

MHF Molecular Hydrogen Foundation. (2017) Molecular Hydrogen: An Emerging Medical Gas With Therapeutic Potential.
http://www.molecularhydrogenfoundation.org/what-is-molecular-hydrogen/
http://en.wikipedia.org/wiki/Vacuolar_H%2BATPase https://en.wikipedia.org/wiki/Hydrogen_potassium_ATPase

Elektrolyte und Spurenelemente

Huismans BD Elektrolyte, pH-Wert, Spurenelemente. http://www.xerlebnishaft.de/elektro_spur_ph.pdf

Huismans BD Magnesium, Physiologie und Klinik. Med. Welt. 1594–1597 https://www.researchgate.net/publication/18404964_Magnesium_physiology_clinical_therapy

Huismans BD Magnesiumtherapie bei Karzinom. Med. Welt 25, 78

Lindberg JS, Zobitz MM, Poindexter JR, Pak CY (1990) Magnesium bioavailability from magnesium citrate and magnesium oxide. J Am Coll Nutr. 9(1), 48–55

Walker, Ann F., et al. (2003) Mg citrate found more bioavailable than other Mg preparations in a randomised, double blind study. Magnesium Research 16.3, 183–191.

Rodriguez-Moran M, Guerrero-Romero F (2003) Oral Magnesium Supplementation Improves Insulin Sensitivity and Metabolic Control in Type 2 Diabetic Subjects A randomized double-blind controlled trial. Diabetes Care 26.4, 1147–1152.

Donate-Correa J, Muros-de-Fuentes M, Mora-Fernández C, Navarro-González JF (2015) FGF23/Klotho axis: phosphorus, mineral metabolism and beyond. Cytokine Growth Factor Rev. 23(1-2), 37-46. doi: 10.1016/j.cytogfr.2012.01.004. PMID: 22360923. https://pubmed.ncbi.nlm.nih.gov/22360923/

Chen Y, et al. (2015) On the Antitumor Properties of Biomedical Magnesium Metal. Journal of Materials Chemistry B. 5 849–58. https://pubs.rsc.org/en/Content/ArticleLanding/2015/TB/C4TB01421A

Edward N. Wilson, Sonia Do Carmo, Lindsay A. Welikovitch, Hélène Hall, Lisi Flores Aguilar, Morgan K. Foret, M. Florencia Iulita, Dan Tong Jia, Adam R. Marks, Simon Allard, Joshua T. Emmerson, Adriana Ducatenzeiler, A. Claudio Cuello (2020) NP03, a Microdose Lithium Formulation, Blunts Early Amyloid Post-Plaque Neuropathology in McGill-R-Thy1-APP Alzheimer-Like Transgenic Rats. Journal of Alzheimer's Disease, 73 (2), 723 doi: 10.3233/JAD-190862

Cholinesterase Hemmer und Serinproteasen Hemmer
Donepezil (u.a. Aricept®), Rivastigmine (u. a. Exelon®), Galantamin (u. a. Reminyl®) Tacrine sind für die Behandlung der leichten bis mittelschweren Alzheimer-Krankheit derzeit zugelassen.

Memantine, Amantadin, Methylenblau, Methylene blue, Griffithsin, Indometazcin, Amitriptylin, Disulfiram, Hydroxychloroquin, Remdesivir und andere Virustatika
Memantine ist ein Derivat des Amantadin (Lysosomotropikum und Virustatikum) ist in Deutschland zugelassen zur Behandlung von moderater bis schwerer Demenz vom Alzheimer-Typ und M. Parkinson in Deutschland derzeit zugelassen als Axura®; Namenda®; Ebixa®.

Huismans BD Amantadin. http://www.xerlebnishaft.de/amantadin.pdf

Huismans BD Phenothiazine http://www.xerlebnishaft.de/phenothiazine.pdf [Methylenblau]

Isaacs A, Lindenmann J (1957) Virus Interference. I. The Interferon. *In:* Proceedings of the Royal Society of London. Series B – Biological Sciences. 147(927, 9), 258–267, doi: 10.1098/rspb.1957.0048

Amici C, Di Caro A, Ciucci A et al. (2006) Indometacin has a potent antiviral activity against SARS coronavirus. Randomized controlled trial. Antivir Ther.11(8), 1021-30. [Entzündungshemmstoffe] https://www.ncbi.nlm.nih.gov/m/pubmed/17302372/

Kim S, Hwang BY, Su BN et al. (2007) Silvestrol, a potential anticancer rocaglate derivative from Aglaia foveolata, induces apoptosis in LNCaP cells through the mitochondrial/apoptosome pathway without activation of executioner caspase-3 or -7. Anticancer Res. 27(4B), 2175–83. PMID: 17695501; PMCID: PMC2787233.

Zhou Y, Hancock JF, Lichtenberger LM (2010) The Nonsteroidal Anti-Inflammatory Drug Indometacin Induces Heterogeneity in Lipid Membranes: Potential Implication for Its Diverse Biological Action. PLoS ONE 5(1), e8811. https://doi.org/10.1371/journal.pone.0008811 8 [Entzündungshemmstoffe]

Mandal A, Sinha C, Kumar Jena A et al. (2010) An Investigation on in vitro and in vivo Antimicrobial Properties of the Antidepressant: Amitriptyline Hydrochloride. Braz. J. Microbiol. 41, 635–645.

Zhou Y, Hancock JF, Lichtenberger LM (2010) Correction: The Nonsteroidal Anti-Inflammatory Drug Indometacin Induces Heterogeneity in Lipid Membranes: Potential Implication for Its Diverse Biological Action. PLoS ONE 5(3): 10.1371/annotation/b3b1ad62-b95a-4c99-8885-806ef66347df. https://doi.org/10.1371/annotation/b3b1ad62-b95a-4c99-8885-806ef66347df

Stack C, Jainuddin S, Elipenahli C et al.(2014) Methylene blue upregulates Nrf2/ARE genes and prevents tau-related neurotoxicity. Hum Mol Genet. 23(14), 3716-32. Epub 2014 Feb 20 PubMed.

Baddeley TC, McCaffrey J, Storey JM, Cheung JK, Melis V, Horsley D, Harrington CR, Wischik CM (2015) Complex disposition of methylthioninium redox forms determines efficacy in tau aggregation inhibitor therapy for Alzheimer's disease. J Pharmacol Exp Ther. 352(1), 110–8. Epub 2014 Oct 15 PubMed

Hochgräfe K, Sydow A, Matenia D, Cadinu D, Könen S, Petrova O, Pickhardt M, Goll P, Morellini F, Mandelkow E, Mandelkow EM (2015) Preventive methylene blue treatment preserves cognition in mice expressing full-length pro-aggregant human Tau. Acta Neuropathol Commun. 3, 25. PubMed.

Friedlander B (2015) Methylene blue treatment Silicon Valley Health institute
https://youtu.be/Ha8us1Q_4ic https://www.youtube.com/watch?v=Ha8us1Q_4ic&feature=youtu.be

Atamna H, Atamna W, Al-Eyd G et al. (2015) Combined activation of the energy and cellular-defense pathways may explain the potent anti-senescence activity of methylene blue. Redox Biology 6, 426-435 http://www.sciencedirect.com/science/art...213231715001159
https://www.sciencedirect.com/science/article/pii/S2213231715001159
„– erhöht die NAD/NADH-Ratio – aktiviert PGC1α, SURF1, und die Biosynthese von Komplex IV der Atmungskette – verlangsamt die Telomerverkürzung – zeigt im Zellexperi-

ment starke Anti-Seneszenz-Effekte – und kann gleichzeitig die antioxidative Stressantwort aktivieren."

Gonzalez-Lima F, Auchter A (2015) Protection against neurodegeneration with low-dose methylene blue and near-infrared light. Opinion ARTICLE Front. Cell. Neurosci., https://doi.org/10.3389/fncel.2015.00179
https://www.frontiersin.org/articles/10.3389/fncel.2015.00179/full
https://www.frontiersin.org/articles/10....2015.00179/full

„Neurons are metabolically protected against degeneration using low-level methylene blue and near-infrared light interventions. Both of these novel interventions act by a cellular mechanism involving enhancement of the electron transport chain in mitochondria, which promotes energy metabolism and neuronal survival (Gonzalez-Lima et al., 2014). Methylene blue preferentially enters neuronal mitochondria after systemic administration, and at low-doses forms an electron cycling redox complex that donates electrons to the mitochondrial electron chain. Low-level near-infrared light applied transcranially delivers photons to cortical neurons that are accepted by cytochrome oxidase, which causes increased cell respiration and cerebral blood flow. Breakthrough in vivo studies with these interventions suggest that targeting mitochondrial respiration may be beneficial for protection against different types of neurodegenerative disorders".

Zakaria A., Hamdi N, Abdel-Kader RM (2016) Methylene Blue Improves Brain Mitochondrial ABAD Functions and Decreases Aβ in a Neuroinflammatory Alzheimer's Disease Mouse Model. Mol Neurobiol 53, 1220–1228 https://doi.org/10.1007/s12035-014-9088-8
https://link.springer.com/article/10.1007/s12035-014-9088-8#citeas [Methylenblau]

Rodriguez P, Zhou W, Barrett DW et al. (2016) Multimodal Randomized Functional MR Imaging of the Effects of Methylene Blue in the Human Brain. Radiology 281(2) Original ResearchFree Access Neuroradiology https://doi.org/10.1148/radiol.2016152893

http://www.scinexx.de/wissen-aktuell-20337-2016-06-29.html
https://pubs.rsna.org/doi/10.1148/radiol.2016152893

„Low-dose methylene blue can increase functional MR imaging activity during sustained attention and short-term memory tasks and enhance memory retrieval."

Warren TK et al. (2016) Therapeutic efficacy of the small molecule GS-5734 against Ebola virus in rhesus monkeys." Nature 531(7594). 381-385. doi: 10.1038/nature17180 [Remdesivir]

Millet JK, Séron K, Labitt RN et al. (2016) Middle East respiratory syndrome coronavirus infection is inhibited by griffithsin. Antiviral Research, Volume 133, 2016, pp. 1-8 Download PDF

Lucas, S (2016) The pharmacology of indometacin. Headache. 56 (2) 436–446. [Entzündungshemmstoffe] doi: 10.1111/head.12769. PMID 26865183

Lusvarghi S, Bewley CA (2016) Griffithsin: An Antiviral Lektin with Outstanding Therapeutic Potential. Viruses. 8(10), 296. Published online 2016 Oct 24. doi: 10.3390/v8100296 PMCID: PMC5086628 PMID: 27783038

Ohlow MJ, Sohre S, Granold M et al. (2017). Why Have Clinical Trials of Antioxidants to Prevent Neurodegeneration Failed? - A Cellular Investigation of Novel Phenothiazine-Type Antioxidants Reveals Competing Objectives for Pharmaceutical Neuroprotection. Pharm Res. 34(2), 378-393.

Delport A, Harvey BH, Petzer A, Petzer JP (2017) Methylene blue and its analogues as antidepressant compounds. Metab Brain Dis. 32(5), 1357–1382. doi: 10.1007/s11011-017-0081-6. Epub 2017 Jul 31. PMID: 28762173. https://pubs.rsna.org/doi/10.1148/radiol.2016152893
https://www.ncb.nlim.nih.gov/pubmed/28762173

Müller Chr, Schulte FW, Lange-Grünweller K et al. (2018) Broad-spectrum antiviral activity of the eIF4A inhibitor silvestrol against corona- and picornaviruses. Antiviral Research Volume 150, 123-129 [silvestrol]

Henss L, Scholz T, Grünweller A, Schnierle BS (2018) Silvestrol Inhibits Chikungunya Virus Replication. Viruses. 10(11), 592. doi: 10.3390/v10110592

Lin MH, Moses DC, Hsieh CH (2018) Disulfiram can inhibit MERS and SARS coronavirus papain-like proteases via different modes. Antiviral Res. 150, 155–163. doi: 10.1016/j.antiviral.2017.12.015. Epub 2017 Dec 28 [antiviral]

Mulangu S (2019) A Randomized, Controlled Trial of Ebola Virus Disease Therapeutics., N Engl J Med 381, 2293-2303, doi: 10.1056/NEJMoa1910993

Wang M, Cao R, Zhang L et al. (2020) Remdesivir and chloroquine effectively inhibit the recently emerged novel coronavirus (2019-nCoV) in vitro Cell Res. 30(3), 269-271. doi: 10.1038/s41422-020-0282-0. Epub 2020 Feb 4. [Hydroxychloroquin]

Zhang L, Lin D, Kusov Y et al. (2020) Alpha-ketoamides as broad-spectrum inhibitors of coronavirus and enterovirus replication Structure-based design, synthesis, and activity assessment. J. Med. Chem. https://doi.org/10.1021/acs.jmedchem.9b01828 https://pubs.acs.org/doi/10.1021/acs.jmedchem.9b01828 https://www.internetchemie.info/chemie-lexikon/stoffgruppen/k/ketoamide.php

Yao X, Ye F, Zhang M et al. (2020) In Vitro Antiviral Activity and Projection of Optimized Dosing Design of Hydroxychloroquine for the Treatment of Severe Acute Respiratory Syndrome Coronavirus 2 (SARS-CoV-2). Clin Infect Dis. pii: ciaa237. doi: 10.1093/cid/ciaa237. „Hydroxychloroquine was found to be more potent than chloroquine to inhibit SARS-CoV-2 in vitro.“

He A, 2020, Merkel B, Brown JWL et al. (2020) Timing of high-efficacy therapy for multiple sclerosis: a retrospective observational cohort study. Lancet Neurol. 19(4), 307–316. doi: 10.1016/S1474-4422(20)30067-3.

Sheahan TP, Sims AC, Zhou S, Graham RL et al. (2020) An orally bioavailable broad-spectrum antiviral inhibits SARS-CoV-2 and multiple endemic, epidemic and bat coronavirus. doi: https://doi.org/10.1101/2020.03.19.997890 [beta-D-N4-hydroxycytidine (NHC)] https://www.biorxiv.org/content/10.1101/2020.03.19.997890v1

Beigel JH et al (2020) Remdesivir for the Treatment of Covid-19 — Preliminary Report; New England Journal of Medicine; doi: 10.1056/NEJMoa2007764

Hauser SL, Bar-Or A, Cohen JA, et al. (2020) Ofatumumab versus Teriflunomide in Multiple Sclerosis. N Engl J Med. 383(6), 546–557. doi: 10.1056/NEJMoa1917246

Nourbakhsh B et al. (2020) Safety and efficacy of amantadine, modafinil, and methylphenidate for fatigue in multiple sclerosis: a randomised, placebo-controlled, crossover, double-blind trial. Lancet Neurol. 1474-4422(20)30354–9. doi: 10.1016/S1474-4422(20)30354-9.

Schaefer M, Sarkar S, Theophil I et al. (2020) Acute and Long-term Memantine Add-on Treatment to Risperidone Improves Cognitive Dysfunction in Patients with Acute and Chronic Schizophrenia. Pharmacopsychiatry. 53(1), 21-29. doi: 10.1055/a-0970-9310. PMID: 31390660 Clinical Trial.

Fettsäuren

Huismans BD Lipide, ungesättigte Fettsäuren http://www.kabilahsystems.de/ungesaettfetts.pdf

Kabara JJ, Swieczkowski DM, Conley AJ, Truant JP (1972) Fatty Acids and Derivatives as Antimicrobial Agents. Antimicrob Agents Chemother. 2(1), 23–28. PMCID: PMC444260 http://www.ncbi.nlm.nih.gov/pmc/articles/PMC444260/

Kabara JJ, Vrable R, Lie Ken Jie MSF (1977) Antimicrobial Lipids: Natural and Synthetic Fatty Acids and Monoglycerides. Lipids 12, 753759 http://www.ncbi.nlm.nih.gov/pubmed/409896

„Over 40 natural or synthetic lipophilic compounds were screened for antimicrobial activity. Gram (+) bacteria and yeasts but not Gram (–) bacteria were affected by these agents. Epimino and selena fatty acids are more active than their corresponding straight chain unsubstituted fatty acids. The position of selenium influenced the antimicrobial activity of the fatty acids. The presence and position of a double or triple bond, usually an important factor in long chain fatty acids (greater than C14) had little or no effect in C11 fatty acids. Optimum antimicrobial activity was found for fatty acids and their corresponding monoglycerides when the chain lenght was C12. The dilaurin derivative was not active."

Sands JA, Auperin DD, Landin PD, Reinhardt A, Cadden SP (1978) Antiviral effects of fatty acids and derivatives: lipid-containing bacteriophages as a model system in The Pharmacological Effect of Lipids (JJ Kabara, ed) American Oil Chemists' Society, Champaign IL, 75–95

Shibasaki I, Kato N (1978) Combined effects on antibacterial activity of fatty acids and their esters against gram-negative bacteria. The pharmacological effect of lipids 1978, 15–24.

Kabara JJ (1979) Toxicological, Bactericidal and Fungicidal Properties of Fatty Acids and Some Derivatives. JAOCS 56, 760-767
http://link.springer.com/article/10.1007%2FBF02667439#page-1

Felgner PL et al. (1987) Lipofection: a highly efficient, lipid-mediated DNA-transfection procedure. In: Proc Natl Acad Sci U S A (1987), Band 84, 7413–7417. PMID 2823261

Oh DH, Marshall DL. (1993) Antimicrobial activity of ethanol, glycerol monolaurate or lactic acid against Listeria monocytogenes. International Journal of Food and Microbiology

Isaacs CE, Kim KS, Thormar H. (1994) Inactivation of enveloped viruses in human bodily fluids by purified lipids. Annals of the New York Academy of Sciences 724, 457–464

Bergsson G, Arnfinnsson J, Karlsson SM et al. (1998) In vitro inactivation of Chlamydia trachomatis by fatty acids and monoglycerides. Antimicrobial Agents and Chemotherapy 42, 2290–2294.

Salim A et al. (2004) Investigation of the selective bactericidal effect of several decontaminating solutions on bacterial biofilms including useful, spoilage and/or pathogenic bacteria. Food microbiology 21.1, 11–17.

Gröber U (2006) Morbus Alzheimer – Stellenwert von Mikronährstoffen in der Therapie. OM – Z Orthomol Med 4, 5–11.

Yeeprae W, Kawakami S, Suzuki S et al. (2006) Physicochemical and pharmacokinetic characteristics of cationic liposomes. Pharmazie 61, 2102–2105. PMID 16526555

Hager K et al. (2007) Alpha-lipoic acid as a new treatment option for Alzheimer's disease – a 48 months follow-up analysis. J Neural Transm Suppl 72, 189–193. [Alpha-Liponsäure]

Salinthone S et al. (2008) Lipoic acid: a novel therapeutic approach for multiple sclerosis and other chronic inflammatory diseases of the CNS. Endocr Metab Immune Disord Drug Target 8, 132–142. [Alpha-Liponsäure, Polyneuritis / Polyneuropathie]

Batovska DI et al. (2009) Antibacterial study of the medium chain fatty acids and their 1-mono-glycerides: individual effects and synergistic relationships. Polish Journal of Microbiology 58.1, 43

Huang CB, George B, Ebersole JL (2010) Antimicrobial activity of n-6, n-7 and n-9 fatty acids and their esters for oral microorganisms. Arch Oral Biol. Author manuscript Arch Oral Biol. 2010 August; 55(8): 555–560. doi: 10.1016/j.archoralbio.2010.05.009 PMCID: PMC2902640 NIHMSID: NIHMS208512 http://www.ncbi.nlm.nih.gov/pmc/articles/PMC2902640/

Halldor T, Hammer KA, Carson CF (2010) Antibacterial and Antifungal Activities of Essential Oils Online doi: 10.1002/9780470976623.ch11 http://onlinelibrary.wiley.com/doi/10.1002/9780470976623.ch11/summary

Murakami M. (2011) Lipid mediators in life science. Exp Anim. 60(1), 7–20. http://www.ncbi.nlm.nih.gov/pubmed/21325748

„… Lipid mediators are involved in many physiological processes, and their dysregulations have been often linked to various diseases such as inflammation, infertility, atherosclerosis, ischemia, metabolic syndrome, and cancer. In this article, I will give an overview of the basic knowledge of various lipid mediators …"

Lonez C, Vandenbranden M, Ruysschaert JM (2012) Cationic lipids activate intracellular signaling pathways. In: Adv Drug Deliv Rev. Band 64, Nr. 15, S. 1749–1758. doi: 10.1016/j.addr.2012.05.009. PMID 22634161

Darren S, Dumlao DS, CunninghamAM, Wax LE et al. (2012) Dietary Fish Oil Substitution Alters the Eicosanoid Profile in Ankle Joints of Mice.during Lyme Infection1-3 The Journal of

Nutrition. doi: 10.3945/jn.112.157883 http://www.google.de/url?sa=t&rct=j&q=&esrc=s&source=web&cd=5&ved=0CFYQF-jAE&url=http%3A%2F%2Fjn.nutrition.org%2Fcontent%2Fearly%2F2012%2F06%2F12%2Fjn.112.157883.full.pdf&ei=EhSWU-5jYPOqu7Aaf0YAg&usg=AFQjCNGq4dlOwjyych4LT-kXo5vnHD8AVbg&bvm=bv.68445247,d.ZGU

„Although dietary FO [Fish oil] substitution reduced the production of inflammatory (n-6) fatty acid-derived eicosanoids, no change in the host inflammatory response or development of disease was detected.“

Tam VC, Quehenberger O, Oshansky CM et al. (2013) Lipidomic profiling of influenza infection identifies mediators that induce and resolve inflammation. Cell. 154(1), 213–27. doi: 10.1016/j.cell.2013.05.052. http://www.ncbi.nlm.nih.gov/pubmed/23827684

"Bioactive lipid mediators play a crucial role in the induction and resolution of inflammation."

Russell CD, Schwarze J. (2014) The role of pro-resolution lipid mediators in infectious disease. Immunology. 141(2), 166-73. doi: 10.1111/imm.12206. http://www.ncbi.nlm.nih.gov/pubmed/24400794

Pratt CL, Brown CR (2014) The role of eicosanoids in experimental Lyme arthritis. Cellular and Infection Microbiology 4(69), 1–6 http://journal.frontiersin.org/Journal/10.3389/fcimb.2014.00069/abstract

„In this review, we will focus on recent advancements of our understanding of the roles of eicosanoids as inflammatory mediators in the regulation of experimental Lyme arthritis. Eicosanoids, such as PGE_2 and LTB_4, are powerful regulators of inflammatory responses and thus may be important mediators of Lyme arthritis.“

Gorres KL, Daigle D, Mohanram S, Miller G. (2014) Activation and repression of Epstein-Barr virus and Kaposi sarcoma-associated herpesvirus lytic cycles by short- and medium-chain fatty acids. J Virol. [Epub ahead of print] http://www.ncbi.nlm.nih.gov/pubmed/24807711

„IMPORTANCE: Lytic reactivation of EBV and KSHV is needed for persistence of the virus and plays a role in carcinogenesis. Our direct comparison highlights the mechanistic differences of lytic reactivation between related human oncogenic gammaherpesviruses. Our findings have therapeutic implications, as fatty acids are found in the diet and produced by human microbiota. Small molecule inducers of the lytic cycle are desired for oncolytic therapy. Inhibition of viral reactivation, alternatively, may prove useful in cancer treatment. Overall, our findings contribute to understanding pathways that control the latent to lytic switch and identify naturally occurring molecules that may regulate this process.“

Nicolson GL, Ash ME (2014) Lipid Replacement Therapy: a natural medicine approach to replacing damaged lipids in cellular membranes and organelles and restoring function. Biochim Biophys Acta 1838(6), 1657-79. doi: 10.1016/j.bbamem.2013.11.010. Epub 2013 Nov 21. PMID: 24269541 doi: 10.1016/j.bbamem.2013.11.010 https://pubmed.ncbi.nlm.nih.gov/24269541/

Haghikia A, Jorg S, Duscha A et al (2015) Dietary fatty acids directly impact central nervous system autoimmunity via the small intestine. Immunity 43: 817–829 [Propionsäure]

Nonaka Y et al. (2016) Lauric acid stimulates ketone body production in the KT-5 astrolyte cell line. J Oleo Sci. 65(8), 693–699. doi: 10.5650/jos.ess16069.

Chain F, Martín R et al. (2017) Beneficial effects on host energy metabolism of short–chain fatty acids and vitamins produced by commensal and probiotic bacteria. In: Microbial cell factories. Band 16, Nummer 1, S. 79, doi: 10.1186/s12934-017-0691-z, PMID 28482838, PMC 5423028 (freier Volltext) (Review). [Propionsäure, propionate“]

Newport M (2019) The Complete Book of Ketones: A Practical Guide to Ketogenic Diets and Ketone. https://www.amazon.com/Complete-Book-Ketones-Practical-Supplements/dp/1684421608/ref=sr_1_2?crid=16TWP8V0DLGOV&dchild=1&keywords=complete+book+of+-

ketones&qid=1599075217&sprefix=complete+book+of+k
etones%2Caps%2C154&sr=8-2

Besinger F (2020) Olmühle an der Havel. http://www.oelge-
nuss.de/

Chatterjee P, Fernando M, Fernando B et al. (2020) Potential of
coconut oil and medium chain triglycerides in the prevention and treatment of Alzheimer's disease. Mech Ageing Dev.
186, 111209. doi: 10.1016/j.mad.2020.111209.

Caprylsäure

[bakteriostatisch und fungistatisch, Entzündungshemmstoffe]

Kabara JJ (1978) Fatty acids and derivatives as antimicrobial agents.
In: Kabara JJ ed.The pharmacological eVect of lipids. St Louis: American Oil Chemists Society, 1–14.3

Shibasaki I, Kato N (1978) Combined effects on antibacterial activity of fatty acids and their esters against gram-negative bacteria. In: Kabara JJ, ed. The pharmacological eVect of lip-ids.
St. Louis: American Oil Chemists Society, 5–24.4

Thormar H, Isaacs CE, Brown HR et al. (1987) Inactivation of
enveloped viruses and killing of cells by fatty acids and monoglycerides. Antimicrob Agents Chemother 31, 27–31.5

Welsh JK, Arsenakis M, Coelen RJ et al. (1979) Effect of antiviral lipids, heat, and freezing on the activity of viruses in human milk. J Infect Dis 140, 322–8.6

Bergsson G, Arnfinnsson J, Karlsson SM et al. (1998) In vitro
inactivation of Chlamydia trachomatis by fatty acids and monoglycerides. Antimicrob Agents Chemother, 42, 2290–4.7

Kristmundsdóttir T, Arnadóttir SG, Bergsson G, Thormar H
(1999) Development and evaluation of microbicidal hyd-
rogels containing monoglyceride as the active ingredient. J
Pharm Sci. 88(10), 1011–5. https://www.ncbi.nlm.nih.gov/
pubmed/10514348

Henderson ST, Vogel JL, Barr LJ, et al. (2009) Study of the ketogenic agent AC-1202 in mild to moderate Alzheimer's disease: a randomized, double-blind, placebo-controlled, multicenter trial. Nutr Metab (Lond). 6, 31.

Cunnane S, Nugent S, Roy M, et al. (2011) Brain fuel metabolism, aging, and Alzheimer's disease. Nutrition. 27(1), 3–20.

Axona® [prescribing information]. Broomfield, CO: Accera, Inc.; November 2012.

Shilling M, Matt L, Rubin E (2013) Antimicrobial effects of virgin coconut oil and its medium-chain fatty acids on Clostridium difficile. J Med Food. 16(12), 1079–85. doi: 10.1089/jmf.2012.0303.
http://www.ncbi.nlm.nih.gov/pubmed/24328700

Laurylsäure

Hierholzer JC. Kabara JJ (1982) In vitro effects of monolaurin compounds on enveloped RNA and DNA viruses. Journal of Food Safety. 4, 1–12

Bartolotta S, García CC, Candurra NA, Damonte EB (2001) Effect of fatty acids on arenavirus replication: inhibition of virus production by lauric acid. Arch Virol. 146(4), 777-90.
https://www.ncbi.nlm.nih.gov/pubmed/11402863

Preuss HG et al. (2005) Effects of essential oils and monolaurin on Staphylococcus aureus: In vitro and in vivo studies." Toxicology mechanisms and methods. 15.4., 279–285.

Lieberman Sh, Enig MG, Preuss HG (2006) A review of monolaurin and lauric acid: natural virucidal and bactericidal agents. Alternative & Complementary Therapies 12.6, 310–314

Vidal L, Thuault V, Geffard M et al. (2014) Lauryl-poly-L-lysine: A New Antimicrobial Agent? Journal of Amino Acids.
http://www.ncbi.nlm.nih.gov/pmc/articles/PMC3934720/

Goc A, Niedzwiecki A, Rath M (2015) In vitro evaluation of antibacterial activity of phytochemicals and micronutrients against Borrelia burgdorferi and Borrelia garinii. J Appl Microbiol. 119(6), 1561-72. doi: 10.1111/jam.12970.
https://www.ncbi.nlm.nih.gov/pubmed/26457476

Monoglyceride

Thormar H, Isaacs EC, Brown HR, Barshatzky MR, Pessolano T (1987) Inactivation of enveloped viruses and killing of cells by fatty acids and monoglycerides. Antimicrobial Agents and Chemotherapy 31, 27–31

Biogene Amine, Peptide, Proteine, Hormone

Huismans BD Biogene Amine, Peptide und Proteine u.a. http://www.kabilahsystems.de/biogeneamineundpeptide.pdf

Gottfries CG (1990) Disturbance of the 5-hydroxytryptamine metabolism in brains from patients with Alzheimer's dementia. J Neural Transm Suppl 30, 33–43

Cheng AV, Ferrier IN, Morris CM, Jabeen S, Sahgal A, McKeith IG, Edwardson JA, Perry RH, Perry EK (1991) Cortical serotonin-S2 receptor binding in Lewy body dementia, Alzheimer's and Parkinson's diseases. J Neurol Sci 106, 50–55 https://pubmed.ncbi.nlm.nih.gov/1779239/

Hansson G, Alafuzoff I, Winblad B, Marcusson J (1996) Intact brain serotonin system in vascular dementia. Dementia 7, 196–200 https://pubmed.ncbi.nlm.nih.gov/8835882/

Förstl H. (2005) Serotonin, Kognition, Demenz. In: Przuntek H., Müller T. (eds) Das serotonerge System aus neurologischer und psychiatrischer Sicht. Steinkopff DOI https://doi.org/10.1007/3-7985-1537-9_5 Publisher Name Steinkopff Print ISBN 978-3-7985-1499-7 Online ISBN 978-3-7985-1537-6 eBook Packages Medicine (German Language) https://link.springer.com/chapter/10.1007%2F3-7985-1537-9_5#citeas

Kundukad B, Schussman M, Yang K et al. (2017) Mechanistic action of weak acid drugs on biofilms. Scientific Reports 7, 4783 https://www.ncbi.nlm.nih.gov/pmc/articles/PMC5500524/

„N-Acetylcystein, We showed that NAC and acetic acid at pH < pKa can penetrate the matrix and eventually kill 100 % of the bacteria embedded in the biofilm. Once the bacteria are killed, the microcolonies swell in size and passively shed bacteria, suggesting that the bacteria act as crosslinkers within the extracellular matrix."

Chung EMC, Dean SN, Propst CN et al. (2017) Komodo dragon-inspired synthetic peptide DRGN-1 promotes wound-healing of a mixed-biofilm infected wound. npj Biofilms Microbiomes 3, 9. https://doi.org/10.1038/s41522-017-0017-2 https://www.nature.com/articles/s41522-017-0017-2

Polyphenole

Huismans BD Polyphenole, Cistus, Manuka, Cholesterin, Resveratrol, Taxifolin, Silibinin, Anthocyane. http://www.kabilahsystems.de/polyphenole.pdf

Thefeld K (1997) Untersuchung der etherischen Öle von Cistus ladaniferus L. (Labdanum-Öl), Tanacetum fruticulosum Ledeb. und Hedychium gardnerianum Sheppard, Dissertation 1997, TU Berlin

Adeyemi OS, Ebugosi C, Akpor OB et al. (2020) Quercetin Caused Redox Homeostasis Imbalance and Activated the Kynurenine Pathway. Biology (Basel). 9(8) 219. doi: 10.3390/biology9080219

PMCID: PMC7465034 PMID: 32785180 https://www.ncbi.nlm.nih.gov/pmc/articles/PMC7465034/

Sogenannte unorthodoxe alternative Therapien

Huismans BD Entgiftung. http://www.kabilahsystems.de/entgiftung.pdf

Lantos PM, Shapiro ED, Auwaerter PG, Baker P, Halperin JJ, McSweegan E, Wormser GP (2015) Unorthodox Alternative Therapies Marketed to Treat Lyme Disease. Klinical Infectious Diseases 1–6 http://cid.oxfordjournals.org/content/early/2015/04/06/cid.civ186.abstract

pH, Zuckerstoffwechsel, bei einem intakten microtubular network

Huismans BD H2 = Protonen = pH http://www.kabilahsystems.de/ph.pdf [Actos]

Huismans BD Jarisch Herxheimer Reaktion http://www.kabilahsystems.de/herxh.pdf

Teklu B, Habte-Michael A, White NJ, et al. (1985) Glucose and insulin homeostasis during the Jarisch-Herxheimer reaction. Trans R Soc Trop Med Hyg 79(1), 74–7. http://www.ncbi. nlm.nih.gov/pubmed/3887684

Frölich L, Müller WE, Riederer P (2015) Editorial: Siegfried Hoyer's concept of Alzheimer pathophysiology. J Neural Transm (Vienna) 122(4), 495-7. doi: 10.1007/s00702-015-1371-y. Epub 2015 Jan 24. PMID: 25616721 doi: 10.1007/s00702-015-1371-y https://pubmed.ncbi.nlm.nih.gov/25616721/

„The concept of central insulin resistance and dysfunctional insulin signaling in Alzheimer's Disease (AD) has been developed by Siegfried Hoyer in 1985–2000. It is widely recognized that the mechanisms underlying neuronal energy deficiency and in particular to elucidate insulin/insulin receptor cascade deficiencies are some of the most relevant proximate characteristics of sporadic AD."

Pflanzliche und tierische Fraß – Abwehrstoffe

Huismans BD Pflanzenkost http://www.kabilahsystems.de/diaetblatt.pdf

Huismans BD Lipide http://www.kabilahsystems.de/ungesaettfetts.pdf

Huismans BD Polyphenole http://www.kabilahsystems.de/polyphenole.pdf

Huismans BD Gelbwurz http://www.kabilahsystems.de/ pfefferchilligelbwurz.pdf

Huismans BD Quorum sensing inhibitoren http://www.erlebnishaft.de/quorum.pdf

Huismans BD Samento und Banderol
http://www.kabilahsystems.de/samento_banderol.pdf,

Huismans BD Lactoferrin http://www.kabilahsystems.de/immunsti.pdf

Huismans BD Ajojene, Bärlauch, Knoblauch Zwiebeln http:// www.kabilahsystems.de/pflanzlicheantimikrobiotika.pdf

Huismans BD Grapefruitkerne http://www.xerlebnishaft.de/ grape_kern.pdf

Huismans BD Lumbrokinase, Nattokinase http://nattokinase-hearthealth.com/60/what-is-lumbrokinase/

Weinges K (1969) Bilobalid A. Ein neues Sesquiterpen mit ter-Butyl Gruppe aus den Blättern von Gingko Biloba L. Justus Liebigs. Ann. Chem. 724, 214–216

Nakanishi K, Habaguchi K, Nakadaira Y et al. (1971) Structure of bilobalide, a rare tert-butyl containing sesquiterpenoid related to the C20-ginkgolides. J. Am. Chem. Soc. 93, 14, 3544–3546 https://doi.org/10.1021/ja00743a051 https://pubs.acs.org/doi/abs/10.1021/ja00743a051

Kaul TN, Middleton E Jr, Ogra PL (1985) Antiviral effect of flavonoids on human viruses. J Med Virol. 1985 Jan;15(1):71–9. doi: 10.1002/jmv.1890150110. PMID: 2981979. https://pubmed.ncbi.nlm.nih.gov/2981979/

Sheng Y, Bryngelsson C, Pero RW (2020) Enhanced DNA repair, immune function and reduced toxicity of C-MED-100™, a novel aqueous extract from Uncaria tomentosa, Journal of Ethnopharmacology, 69(2), 115-126, ISSN 0378-8741, https://doi.org/10.1016/S0378-8741(99)00070-7. (https://www.sciencedirect.com/science/article/pii/S0378874199000707

PryorJL, AS Craig S, Swensen T (2012) Effect of betaine supplementation on cycling sprint performance in J. Int. Soc. Sports Nutrition 9, 12, doi: 10.1186/1550-2783-9-12

Buhner SH (2020) Pflanzliche Virenkiller. Heilkräuter, die erfolgreich Viren abwehren und Infektionen bekämpfen können. EAN: 9783946245018 ISBN: 3946245013

Buhner SH (2020) Pflanzliche Antibiotika. Heilkräuter, die Leben retten können, wenn konventionelle Antibiotika nicht mehr wirken. ISBN-10 : 9783946245001 ISBN-13 : 978-3946245001

Buhner SH (2020) Borreliose Koinfektionen. Erkennen, Behandeln, Heilen. Babesia, Ehrlichia und Anaplasma, Mycoplasma, Bartonella. Herba Press.ISBN 978-3-946245-07-0

Arbeitsgruppe Prof. Dr. K. Weinges (2021) Bilobalids, Sesquiterpenoide, Sesquiterpene und Bioflavinoide https://www.uni-heidelberg.de/institute/fak12/DC/emeriti/wein/

Adsorbentien, Chelate, Toxine, Chlorella, Spirulina, Oberflächenadsorbentien

Colestyramin etc.

Levring T et al. (1966) Meeresalgen für die menschliche Ernährung. Botanica Marina Vol IX, Supplement. Cram, De Gruyter & Co., Hamburg

Boylan J et al. (1978) Colestyramin; Use a new Therapeutic Approach for Chlordecone (Kepone) Poising in: Science Vol. 199

Fumarola D, Munno I, Marcuccio C, Miragliotta G. (1986) Endotoxin-like activity associated with Lyme disease Borrelia. Zentralbl Bakteriol Mikrobiol Hyg A. 263(1-2) pp.142–5.

Cartwright MJ, Martin SE, Donta ST (1999) A Novel Neurotoxin (Bbtox 1) of Borrelia burgdorferi. Meeting of the American Society for Microbiology. (Conference Abstract), Chicago

Shoemaker RC (2001) Desperation Medicine. Gateway Press Inc. Baltimore, MD

Shoemaker, R. „Welcome to ChronicNeurotoxins, Inc. Home Page", http://www.chronicneurotoxins.com/.

Merchant RE, Andre CA (2001) A review of recent clinical trials of the nutritional supplement Chlorella pyrenoidosa in the treatment of fibromyalgia, hypertension, and ulcerative colitis. Altern Ther Health Med 7(3), 79–91

Bhakdi S (2002) Mangelndes Interesse an Bakterientoxinen Pharmazie, Pharmacon Davos

Hartmann F, Müller-Marienburg H, Hopf-Seidel P (2004) Über die Cholestyramintherapie der chronischen Borreliose. medizin 2000 plus. 1, 14–19

Shoemaker R, Schmidt P (2005) Mold Warriors, Fighting America's Hidden Health Threat, Gateway Press, Baltimore, MD pp. 61–66.

Grossmann, W. (2009) Borreliose, EEG und Colestyramin Borreliose Wissen Nr. 19, S. 10

Kalafati M, Jamurtas AZ et al. (2010) Ergogenic and antioxidant effects of spirulina supplementation in humans. Med Sci Sports Exerc 42(1), 142 51

Hartmann F, Müller-Marienburg H. (2010) Zur Entstehung und Behandlung der BORRELIOSE. hansadruck, Kiel https://docplayer.org/37930093-Zur-entstehung-und-behandlung-der-borreliose-prof-dr-med-fred-hartmann-dr-med-hatto-mueller-marienburg-7-erneut-ueberarbeitete-auflage.html

Otsuki T, Shimizu K (2011) et al. Salivary secretory immunoglobulin A secretion increases after 4-weeks ingestion of chlorella-derived multicomponent supplement in humans: a randomized cross over study. Nutr J 10, 91

Kwak JH, Baek SH et al. (2012) Beneficial immunostimulatory effect of short-term Chlorella supplementation: enhancement of Natural Killer cell activity and early inflammatory response (Randomized, double-blinded, placebo-controlled trial). Nutr J 11(1), 53

Hill H-U (2014) Umweltschadstoffe und Neurodegenerative Erkrankungen des Gehirns (Demenzkrankheiten) Wie neurotoxische Langzeitwirkungen von Chemikalien zur Degeneration des Gehirns führen. Ein Überblick über aktuelle Erkenntnisse der Wissenschaft. Shaker Verlag Aachen 4. aktualisierte Auflage 2014

http://www.shaker.de/Online-Gesamtkatalog-Download/2020.02.29-13.13.56-62.158.240.68-rad88BA9.tmp/3-8440-2540-5_INH.PDF

Gupta P, Sinha D, Bandopathyay R (2014) Isolation and screening of marine Microalgae Chlorella Sp._Pr1 for anticancer activity. International Journal of Pharmacy and Pharmaceutical Sciences 6(10), 517-519 Download this PDF file - Innovare Academics

http://connection.ebscohost.com/c/articles/99589381/isolation-screening-marine-microalgae-chlorella-sp-pr1-anticancer-activity

Mooyottu S, Kollanoor-Johny A, Flock G et al. (2014) Carvacrol and trans-Cinnamaldehyde Reduce Clostridium difficile Toxin Production and Cytotoxicity in Vitro. Int J Mol Sci. 15(3), 4415-4430. Published online 2014 Mar 12. doi: 10.3390/ijms15034415 PMCID: PMC3975404

https://www.ncbi.nlm.nih.gov/pmc/articles/PMC3975404/

https://www.google.de/search?q=carvacrol&sa=G&hl=de&tbm
=isch&tbo=u&source=univ&ved=0ahUKEwieorH0h8fU-
AhVEvBoKHT2mCV4QiR4I0gE&biw=1600&bih=736

Rabie E, Serem JC, Oberholzer HM, Gaspar AR, Bester MJ
(2016) How methylglyoxal kills bacteria: An ultrastructural
study. Ultrastruct Pathol. 40(2), 107–111. PMID 26986806
[Manuka Honig]

Zeolith http://de.wikipedia.org/wiki/Zeolithe_%28Stoffgrup-
pe%29 https://cytodetox.com/studies/#additional

Aktivkohle http://de.wikipedia.org/wiki/Aktivkohle

Heilerde http://de.wikipedia.org/wiki/Heilerde

DMSA, DMPS, EDTA

El-Khishin IA, El-Fakharany YMM, Abdel Hamid OI (2015)
Role of garlic extract and silymarin compared to dimercap-
tosuccinic acid (DMSA) in treatment of lead induced nephro-
pathy in adult male albino rats. Toxicol Rep. 8(2), 824–832.
doi: 10.1016/j.toxrep.2015.04.004. eCollection 2015. https://
www.ncbi.nlm.nih.gov/pubmed/28962418

„Treatment by garlic extract combined with silymarin (milk thist-
le) as well as treatment with DMSA resulted in significant improvement in the affected parameters. Also, both methods of
treatment resulted in improvement of the histopathological
changes. It can be concluded that garlic extract combined to
silymarin is comparable to DMSA in amelioration of lead induced nephrotoxicity."

Aminosäuren, Peptide und Proteine

Huismans BD Aminosäuren und Proteine http://www.kabilah-
systems.de/biogeneamineundpeptide.pdf

Huismans BD Bild Methyl-Arginin http://www.xerlebnishaft.
de/bildmethyl-arginin.pdf

Huismans BD L-Arginin http://www.erlebnishaft.de/l-arginin.pdf

Khaminets A, Behl C, Dikic I (2016) Ubiquitin-Dependent And
Independent Signals In Selective Autophagy. Trends Cell
Biol. 26(1), 6–16.

Windschmitt J, Jacobi B, Buelbuel Y, Sester L, Tappe J, Hiebel C, Behl C, Theobald M, Munder M (2018) Arginine Depletion in Combination with Canavanine Supplementation Induces Massive Cell Death in Myeloma Cells By Interfering with Their Protein Metabolism and Bypassing Potential Rescue Mechanisms. BLOOD. 132: Meeting Abstract

Granold M, Hajieva P, Tosa M I., Irimie F-D, Moosmann B. (2018) Modern diversification of the amino acid repertoire driven by oxygen. PNAS 115 (1), 41–46 https://www.pnas.org/content/115/1/41

Moosmann B, Schindeldecker M, Hajieva P (2019). Cysteine, glutathione and a new genetic code: Biochemical adaptations of the primordial cells to spread into the open water and survive biospheric oxygenation. Biol Chem, 25;401(2):213–231. doi: 10.1515/hsz-2019–0232 https://pubmed.ncbi.nlm.nih.gov/31318686/

Probiotika

Huismans BD Probiotika http://www.kabilahsystems.de/probiotika.pdf

Praebiotika, Immunmodulantien

Patterson E, Cryan JF, Fitzgerald GF, Ross RP, Dinan TG, Stanton C (2014) Gut microbiota, the pharmabiotics they produce and host health. In: The Proceedings of the Nutrition Society. 73(4), 477–489, doi: 10.1017/S0029665114001426, PMID 25196939 (Review), PDF.

Chambers ES, Viardot A et al. (2015) Effects of targeted delivery of propionate to the human colon on appetite regulation, body weight maintenance and adiposity in overweight adults. In: Gut. 64(11), 1744–1754, doi: 10.1136/gutjnl-2014-307913

De Angelis M, Montemurno E, Vannini L et al. (2015) Effect of Whole-Grain Barley on the Human Fecal Microbiota and Metabolome. In: Applied and Environmental Microbiology. 81(22), 7945–7956, doi: 10.1128/AEM.02507-15, PMID 26386056.

Brandstätter O, Schanz O, Vorac J et al. (2016) Balancing intestinal and systemic inflammation through cell type-specific expression of the aryl hydrocarbon receptor repressor. In: Scientific Reports. 6, 26091, doi: 10.1038/srep26091.

LeBlanc JG, Chain F, Martín R, Bermúdez-Humarán LG, Courau S, Langella P (2017) Beneficial effects on host energy metabolism of short-chain fatty acids and vitamins produced by commensal and probiotic bacteria. In: Microbial cell factories. 16(1), 79, doi: 10.1186/s12934-017-0691-z, PMID 28482838, PMC 5423028

Bartolomaeus H et al. (2018) The Short-Chain Fatty Acid Propionate Protects from Hypertensive Cardiovascular Damage. In: Circulation. doi: 10.1016/j.cardiores.2006.06.030.

Tirosh1 A, Calay ES et al. (2019) The short-chain fatty acid propionate increases glucagon and FABP4 production, impairing insulin action in mice and humans. In: Science Translational Medicine.

Metalle

Huismans BD Magnesium, Selen, Zink, (Bor) http://www.xerlebnishaft.de/elektro_spur_ph.pdf

Chiricolo M, Musa AR, Monti D et al. (1993) Enhanced DNA repair in lymphocytes of Down syndrome patients: the influence of zinc nutritional supplementation, Mutation Research/DNAging, 295(3), 105–111, ISSN 0921-8734, [Zink] https://doi.org/10.1016/0921-8734(93)90012-R.

(https://www.sciencedirect.com/science/article/pii/092187349390012R)

„This is the first demonstration that a nutritional intervention in humans is apparently able to modify the biochemical steps which control the rate of DNA repair.“

Shankar AH, Prasad AS. (1998) Zinc and immune function: the biological basis of altered resistance to infection. Am J Clin Nutr. 68:447S-463S. https://www.ncbi.nlm.nih.gov/pubmed/9701160

Fraker PJ, King LE, Laakko T, Vollmer TL. (2000) The dynamic link between the integrity of the immune system and zinc status. J Nutr. 130:1399S–406S. https://www.ncbi.nlm.nih.gov/pubmed/10801951

Beck MA, Levander OA, Handy J. (2003) Selenium deficiency and viral infection. J Nutr. 133:1463S–1467S. https://www.ncbi.nlm.nih.gov/pubmed/12730444.

Hoffmann PR, Berry MJ. (2008) The influence of selenium on immune responses. Mol Nutr Food Res. 52:1273–1280. https://www.ncbi.nlm.nih.gov/pubmed/18384097

Steinbrenner H, Al-Quraishy S, Dkhil MA et al. (2015) Dietary selenium in adjuvant therapy of viral and bacterial infections. Adv Nutr. 6: 73–82. https://www.ncbi.nlm.nih.gov/pubmed/25593145

Eisen

Weinberg E (1984) Iron Withholding: A Defense Against Infection and Neoplasia. Physiological Reviews. 64(1), 65 https://journals.physiology.org/doi/abs/10.1152/physrev.1984.64.1.65?journalCode=physrev https://journals.physiology.org/doi/pdf/10.1152/physrev.1984.64.1.65

Weinberg ED (1996) Iron withholding: A defense against viral infections. Biometals 9, 393–399 https://doi.org/10.1007/BF00140609 https://link.springer.com/article/10.1007%2FBF00140609

Schaible UE, Kaufmann SHE (2004) Iron and microbial infection. Nature Reviews Microbiology 2, 946–953 Download Citation https://www.nature.com/articles/nrmicro1046

Weinberg ED, Miklossy J (2008) Iron withholding: a defense against disease. J AlzheimerDis. 13(4), 451-63. https://www.ncbi.nlm.nih.gov/pubmed/18487852

„Our increasing awareness of the pathologic roles of iron, as well as of the methods for prevention of iron loading coupled with intensified research and development of tissue specific iron chelator drugs, can be expected to yield marked improvements in human health."

Skaar EP (2010) The Battle for Iron between Bacterial Pathogens and Their Vertebrate Hosts. PLOS https://doi. org/10.1371/journal.ppat.1000949 https://journals.plos.org/plospathogens/article?id=10.1371/journal.ppat.1000949

Soppi ET (2018) Iron deficiency without anemia - a clinical challenge. Clin Case Rep. 6(6), 1082-1086. Published online 2018 Apr 17. doi: 10.1002/ccr3.1529 PMCID: PMC5986027

PMID: 29881569 https://www.ncbi.nlm.nih.gov/pmc/articles/PMC5986027/

Vitamine

Huismans BD Vitamin D_3, Vitamin B_1, B_6, B_{12}, Folsäure, Carotinoide http://www.xerlebnishaft.de/vitamine.pdf

Huismans BD Methylzyklus http://www.xerlebnishaft.de/bild-methyl-arginin.pdf

Huismans BD Methylierung http://www.erlebnishaft.de/methylierung.pdf

Weitberg AB (1989) Effect of nicotinic acid supplementation in vivo on oxygen radical-induced genetic damage in human lymphocytes, Mutation Research/Environmental Mutagenesis and Related Subjects, 216(4), 197-201, ISSN 0165-1161, https://doi.org/10.1016/0165-1161(89)90005-8 (https://www.sciencedirect.com/science/article/pii/0165116189900058)

Liebler DC (1993) Antioxidant reactions of carotenoids. Ann N Y Acad Sci. 691, 20–31. doi: 10.1111/j.1749–6632.1993.tb26154.x. PMID: 8129289. https://pubmed.ncbi.nlm.nih.gov/8129289/ [Carotinoide]

Gorton HC, Jarvis K (1999) The effectiveness of vitamin C in preventing and relieving the symptoms of virus-induced respiratory infections. J Manip Physiol Ther, 22:8, 530–533. https://www.ncbi.nlm.nih.gov/pubmed/10543583

Przybelski RJ, Binkley NC (2007) Is vitamin D important for preserving cognition? A positive correlation of serum 25-hydroxyvitamin D concentration with cognitive function. Arch Biochem Biophys. 460(2), 202-5 https://www.ncbi.nlm.nih.gov/pubmed/17258168

„In conclusion, the positive, significant correlation between serum 25(OH)D concentration and MMSE in these patients suggests a potential role for vitamin D in cognitive function of older adults."

Vogiatzoglou A et al. (2008) Vitamin B$_{12}$ status and rate of brain volume loss in community-dwelling elderly. Neurology. 71(11), 826–32 https://www.limitlessmindset.com/scientific-studies/528-vitamin-b12-status-and-rate-of-brain-volume-loss#

Yuk JM, Shin DM, Lee HM et al. (2009) Vitamin D$_3$ induces autophagy in human monocytes/macrophages via cathelicidin. In: Cell Host Microbe 6(3). 231–43 doi: 10.1016/j.chom.2009.08.004. PMID 19748465 [LL-37]

Tangney CC et al. (2011) Vitamin B$_{12}$, cognition, and brain MRI measures: a cross-sectional examination. Neurology. 77(13), 1276-82 https://www.ncbi.nlm.nih.gov/pubmed/21947532

Yejin Kim, Hyemin Kim, Seyeon Bae et al. (2013) Vitamin C is an essential factor on the anti-viral immune responses through the production of interferon-α/β at the initial stage of influenza A virus (H3N2) infection. Immune Netw. 13: 70–74. https://www.ncbi.nlm.nih.gov/pubmed/23700397.

Chen AC, Martin AJ, Choy B et al. (2015) A Phase 3 Randomized Trial of Nicotinamide for Skin-Cancer Chemoprevention. In: New England Journal of Medicine. 373, 1618–1626, doi: 10.1056/NEJMoa1506197, PMID 26488693.

Martineau AR, Jolliffe DA, Hooper RL et al. (2017) Vitamin D supplementation to prevent acute respiratory tract infections: systematic review and meta-analysis of individual participant data. BMJ. 356:i6583. https://www.ncbi.nlm.nih.gov/pubmed/28202713.

Hans Konrad Bielsalski HK (2019) Vitamine, Spurenelemente und Minerale. Indikation, Diagnostik, Therapie. 2. Auflage. 448 Seiten, 28 Abbildungen, kartoniert https://www.amazon.de/Vitamine-Spurenelemente-Minerale-Indikation-Diagnostik/dp/3132427357#reader_B07ST3QC1B

Schwefel, Disulfiram

Saizew AM (1867) Über die Einwirkung von Salpetersäuren auf Schwefelmethyl und Schwefeläthyl. Justus Liebigs Annalen der Chemie. 144, 148–156

Gessner T, Jakubowski M (1972) Diethyldithiocarbamic acid methyl ester – a metabolite of disulfiram. Biochem Pharmacol 21, 219–230

Scheibel LW, Adler A, Trager W (1979) Tetraethylthiuram disulfide (Antabuse) inhibits the human malaria parasite Plasmodium falciparum (malaria/in vitro culture/disulfiram) Proc. Natl. Acad. Sci. USA 76 (10), 5303-5307 https://pubmed.ncbi.nlm.nih.gov/388434/

Zuccarello M, Anzil AP (1979) A localized model of experimental neuropathy by topical application of disulfiram. Experimental Neurology 64(3), 699-703 https://doi.org/10.1016/0014-4886(79)90239-5 https://www.sciencedirect.com/science/article/abs/pii/0014488679902395

Disulfiram (1997, 1978,1983) https://onlinelibrary.wiley.com/doi/pdf/10.1002/3527600418.mb9777d0024

Eneanya DE, Bianchine JR, Duran DO (1981) The actions and metaboloc fate of Disulfiram.

Annual Review of Pharmacology and Toxicology. 21, 575–596 https://www.annualreviews.org/doi/pdf/10.1146/annurev.pa.21.040181.003043 https://doi.org/10.1146/annurev.pa.21.040181.003043

Bergouignan FX, Vital C, Henry P, Eschapasse P (1988) Disulfiram neuropathy. J Neurol. 235(6), 382–3. https://www.ncbi.nlm.nih.gov/pubmed/2845009

(2012, 1997) Documentations and Methods. Disulfiram [MAK Value Documentation in German language, 1997] https://doi.org/10.1002/3527600418.mb9777d0024 https://onlinelibrary.wiley.com/doi/10.1002/3527600418.mb9777d0024

Zhang M, Izumi I, Kagamimori S, Sokejima S, Yamagami T, Liu Z, Qi B (2004) Role of taurine supplementation to prevent exercise-induced oxidative stress in healthy young men.

Amino Acids. 26(2), 203–7. doi: 10.1007/s00726-003-0002-3. Epub 2003 May 9. PMID: 15042451. https://www.ncbi.nlm.nih.gov/pubmed/15042451

Goodman CA, Horvath D, Stathis C, Mori T, Croft K, Murphy RM, Hayes A (2009) Taurine supplementation increases skeletal muscle force production and protects muscle function during and after high-frequency in vitro stimulation. J Appl Physiol (1985). 107(1), 144–54.

doi: 10.1152/japplphysiol.00040.2009. Epub 2009 May 7. PMID: 19423840; PMCID: PMC2711783. https://pubmed.ncbi.nlm.nih.gov/19423840/

Balshaw TG, Bampouras TM, Barry TJ, Sparks SA (2013) The effect of acute taurine ingestion on 3-km running performance in trained middle-distance runners. Amino Acids. (2), 555–61.

doi: 10.1007/s00726-012-1372-1. Epub 2012 Aug 2. PMID: 22855206. https://www.ncbi.nlm.nih.gov/pubmed/22855206

Millet JK, Séron K, Labitt RN et al. (2016) Middle East respiratory syndrome coronavirus infection is inhibited by griffithsin. Antiviral Research, Volume 133, 2016, pp. 1–8 Download PDF

Kaiser J (2017) An old drug for alcoholism finds new life as cancer treatment. Science. http://www.sciencemag.org/news/2017/12/old-drug-alcoholism-finds-new-life-cancer-treatment

Skrott Z, Mistrik M, Bartek J et al. (2017) Alcohol-abuse drug disulfiram targets cancer via p97segregase adaptor NPL4. Nature 552, 194–199 doi: 10.1038/nature25016

„Moreover, we identify the ditiocarb-copper complex as the metabolite of disulfiram that is responsible for its anti-cancer effects, and provide methods to detect preferential accumulation of the complex in tumours and candidate biomarkers to analyse its effect on cells and tissues.“

Clinical Trials.gov Identifier: NCT03891667 (2019) Disulfiram: A Test of Symptom Reduction Among Patients With Previously Treated Lyme Disease. https://clinicaltrials.gov/ct2/show/NCT03891667#outcomemeasures

Lin MH, Moses DC, Hsieh CH, Cheng SC, Chen YH, Sun CY, Chou CY (2018) Disulfiram can inhibit MERS and SARS coronavirus papain-like proteases via different modes. <u>Antiviral Res.</u> 150, 155–163. doi: 10.1016/j.antiviral.2017.12.015. Epub 2017 Dec 28. https://www.ncbi.nlm.nih.gov/pubmed/29289665

Google Disulfiram Draft https://www.google.de/search?q=disulfiram+draft&hl=de&btnG=Google+Search

Chapter 3—Disulfiram https://www.ncbi.nlm.nih.gov/books/NBK64036/

Potula H-H SK, Shahryari j, Inayathullah M et al. (2019) Repurposing disulfiram (Tetraethylthiuram Disulfide) as a potential drug candidate against Borrelia burgdorferi in vitro and in vivo. bioRxiv doi: https://doi.org/10.1101/842286 [„Schwefel-Kondensat"] https://www.biorxiv.org/content/10.1101/842286v1.full?fbclid=IwAR0If30vJmVyf9hgf-8b84vK4javJRf6NDRcA2-TGk1Gi5gp645DV08tXT8

Liegner KB (2019) Disulfiram (Tetraethylthiuram Disulfide) in the Treatment of Lyme Disease and Babesiosis: Report of Experience in Three Cases. <u>Antibiotics (Basel).</u> 8(2). pii: E72. doi: 10.3390/antibiotics8020072.

Schwarz G (2020) Praxisbuch DMSO.Das natürliche Universalheilmittel: hemmt Entzündungen, lindert Schmerzenund stärkt das Immunsystem. Kopp Verlag. ISBN978-3-86445-654-1

Liegner KB (2020) Disulfiram in the Treatment of Lyme Disease and Babesiosis: Summary of First 3-years' Experience in One Medical Practice. Presented at The 2020 ILADS Annual Scientific Conference. Conducted virtually

Blehle S (2020) Disulfiram – therapy of chronical infections. Experiences since November 2019 https://cdn.website-editor.net/01e255078ebd4d899442524c9292ae52/files/uploaded/Conf_chron_disease%2520presentation%2520Disulfiram%2520060920.pdf

Bor

Travers RL, Rennie GC, Newnham RE (1990) Boron in Arthritis: The results of a double blind pilot study. J. Nutr. Med. 1, 127–132

Newnham RE (1994) Essentiality of boron for healthy bones and joints. Environ. Health. Perspect. 102, 83–85

Cholesterin

Huismans BD, Auel H (1971) Häufigkeit doppelter Prä-Beta-Banden in derLipiderlektrophorese auf Membranfolien bei Gefäßkranken. Z. klin. Chem u. klinBiochem 9, 176–177

Huismans BD, Felgenhauer K (1971) Periodic Acid-Schiff Staining of UnsaturatedSerum Lipoproteins following Disk Electrophoresis. Biochem. Biophys. Acta 248,330–332

Felgenhauer K, Graseelin D, Huismans BD Comparison of Slab and CylinderGel Focussing. In: Protides oft he biological Fluids 19th Colloquium Pergamon PressOxford + New York

Huismans BD Lebenserwartung bei Männern mit chronischer arterieller Verschlusskrankheit (Drei-Jahres-Studie) Lebensversicherungsmedizin 6, 137

Huismans BD, Zeitler E Malignom-Todesursachen bei Verschlusskrankeneiner Gefäßklinik während einer dreijährigen Beobachtungszeit VASA 1, 20

Huismans BD Serumlipidwerte und Lipid-Elektrophoresen in einer Gefäßklinik. Die Med. Welt 42,1594

Hodgson JA (1815) Treatise on the Diseases of Arteries and Veins containing the Pathology and Treatment of Aneurisms and wounded Arteries. London: Underwood

Hope J (1833) Von den Krankheiten des Herzens und der grossen Gefässe. Berlin: Enslin

Virchow R (1852) Über parenchymatöse Entzündung. Virchows Arch. path. Anat. 4, 261–324 https://doi.org/10.1007/BF01915662 https://link.springer.com/article/10.1007/BF01915662 [Atheromatose versus Arteriosklerose]

Karlson P (1961) Kurzes Lehrbuch der Biochemie für Mediziner und Naturwissenschaftler.. Georg Thieme Verlag Stuttgart.

Klose G, Laufs U, März W, Windler E (2014) Familiäre Hypercholesterinämie. Entwicklungen in Diagnostik und Behandlung. Familial hypercholesterolemia: developments in diagnosis and treatment. Dtsch Arztebl Int 111, 523–9; doi: 10.3238/

arztebl.2014.0523 https://www.aerzteblatt.de/archiv/161185/
Familiaere-Hypercholesterinaemie

Haverich, A, Kreipe, HH (2016) Ursachenforschung Arterio-
sklerose: Warum wir die KHK nicht verstehen. Dtsch Arztebl 113(10), A-426 / B-358 / C-358 https://www.aerzteblatt.
de/archiv/175264/ Ursachenforschung-Arteriosklerose-Wa-
rum-wir-die-KHK-nicht-verstehen

Seneff S (2017) The Mineral Power for Your Body's Electrical
Supply. TEDxNewYorkSalon
https://www.youtube.com/watch?v=fDWEVXhaydc
„Deficiencies in cholesterol and sulfate supplies to he blood and to
he tissues are the most important factor behind modern diseases."
Siehe auch Biogene Amine, Peptide und Proteine (Schwefeldo-
natoren)

Körperhygiene, Psychohygiene

Huismans BD Sauna, Schwitzen, Sport, das Diätblatt http://
www.kabilahsystems.de/diaetblatt.pdf

Huismans BD Zahn – Mundpflege, Oralhygiene. http://www.
xerlebnishaft.de/zahn_mundpflege.pdf

Huismans BD Gastroenterologie http://www.xerlebnishaft.de/
gastroent_borr.pdf

Huismans BD Kardiologie http://www.xerlebnishaft.de/angio-
pathie.pdf

Huismans BD Neurologie und Psychiatrie **http://www.xer-
lebnishaft.de/neurologische_patienten.pdf** http://www.
erlebnishaft.de/psychiatric_patients.pdf

Krehl L (1928) Krankheitsform und Persönlichkeit. Thieme.
Deutsche Medizinische Wochenschrift. 54, 42

von Bergmann G (1922) Seele und Körper in der inneren Medizin. http://d-nb.info/578856980

von Weizsäcker V (1955) Am Anfang schuf Gott Himmel und
Erde. Vanden Broeck und Rupprecht Göttingen.

Balint M (1964) The Doctor, his Patient and the Illness. Pitman
Medical Publishing Co. Ltd., London. Der Arzt, sein Patient und die Krankheit, Klett-Cotta-Design 9. Auflage (1993)

von Uexküll T (1979) Lehrbuch der psychosomatischen Medizin. Urban & Schwarzenberg https://www.zvab.com/buch-suchen/textsuche/uexkuell-psychosomatische-medizin/

Wesiack W (1984) Grundzüge der psychosomatischen Medizin. Springer-Verlag

Wesiack W (1984) Psychosomatische Medizin in der ärztlichen Praxis. Probleme, Möglichkeiten, Grenzen. Urban & Schwarzenberg

Herpertz SC, Bertsch K. (2016) Oxytocin effects on brain functioning. Biol Psychiatry 79(8),31–2

SRP Scaling-root-planning https://scholar.google.de/scholar?q=scaling-root-planning&hl=de&as_sdt=0&as_vis=1&oi=scholart

Literatur Geeignete Antibiotika, Fungistatika, Protozoen-, Nematodenmittel

Allgemein

Huismans BD Antibiosetherapieplan http://www.kabilahsystems.de/antibiosetherapieplan.pdf

Huism ans BD Antibiosetherapie http://www.xerlebnishaft.de/antibiosetherapie.pdf

Huismans BD Sekundäre Bakterienresistenz http://www.xerlebnishaft.de/staphylococcusaureus.pdf

Huisma ns BD Langzeitantibiose http://www.kabilahsystems.de/antibiotika_langzeit.pdf

Huismans BD Antibiotika Pulstherapie http://www.kabilahsystems.de/antibiotika_pulse.pdf

Huismans BD Lysosomotropika http://www.xerlebnishaft.de/lysosomotropika.pdf

Oregano, cinnamon bark, clove bud https://www.youtube.com/watch?v=qIbp7U4wNzw

Disulfiram, Mitomycin C, Hygromycin https://globallymealliance.org/meet-researcher-kim-lewis-ph-d/
https://www.youtube.com/watch?v=KCxA0Vmqb2o

Ziska MH, Donta ST, Demarest FC (1996) Physician preferences in the diagnosis and treatment of Lyme disease in the United States. Infection 24, 182–186. [Langzeittherapie mit Antibiotika]

Stricker RB, McNeil EL (2004) Duration of antibiotic therapy for Lyme disease. Ann Intern Med. 140(4), W6; author reply W7. doi: 10.7326/0003-4819-140-4-200402170-00027-w1 PMID: 14970173. https://pubmed.ncbi.nlm.nih.gov/14970173/ [Langzeittherapie mit Antibiotika]

Stricker RB (2007) Kontrapunkt: Langzeitantibiotikatherapie verbessert die persistierenden, mit Lyme-Borreliose verbundenen Symptome. in Antibiotic Therapy and Lyme Disease 45, 149–157

Helmstädter A (2010) 100 Jahre Salvarsan. Chemisch auf Erreger zielen. Pharmazeut.PZ Zeitung.

https://www.pharmazeutische-zeitung.de/ausgabe-51522010/chemisch-auf-erreger-zielen/

Johnson L, Shapiro M, Stricker RB, Vendrow J, Haddock J, Needell D (2020) Antibiotic Treatment Response in Chronic Lyme Disease: Why Do Some Patients Improve While Others Do Not? Healthcare 8, 383; doi: 10.3390/healthcare8040383 www.mdpi.com/journal/healthcare
file:///C:/Users/BERNT-~1/AppData/Local/Temp/healthcare-08-00383-v2.pdf [Langzeitantibiose]

Tetrazykline

Huismans BD Minocyclin, Doxycyclin, Tetrazyklin, Metalloprotease. http://www.kabilahsystems.de/minocyclin.pdf

Becker-Pauly C, Pietrzik CU (2017). The Metalloprotease Meprin β Is an Alternative β-Secretase of APP. Front Mol Neurosci. 9, 159

Walter S, Jumpertz T, Hüttenrauch M, Ogorek I, Gerber H, Storck SE, Zampar S, Dimitrov M, Lehmann S, Lepka K,

Berndt C, Wiltfang J, Becker-Pauly C, Beher D, Pietrzik CU, Fraering PC, Wirths O, Weggen S (2019) The metalloprotease ADAMTS4 generates N-truncated Aβ4-x species and marks oligodendrocytes as a source of amyloidogenic peptides in Alzheimer's disease. Acta Neuropathol. 137(2), 239-257. doi: 10.1007/s00401-018-1929-5. Epub 2018 Nov 13.

Makrolide

Huismans BD Azithromycin. http://www.kabilahsystems.de/azithromycin_and_lyme.pdf

Campbell WC, Fisher MH, Stapley EO, Albers-Schönberg G, Jacob T A (1983) Ivermectin: a potent new antiparasitic agent. Science 221, 823–828. doi: 10.1126/science.6308762

Campbell WC (1985) Ivermectin: An update. Parasitol. Today 1, 10–16. doi: 10.1016/0169-4758(85)90100-0

Menzel M. et al. (2016) Azithromycin induces anti-viral effects in cultured bronchial epithelial cells from COPD patients. Sci. Rep. 6, 28698; doi: 10.1038/srep28698

Kobuchi S, Fujita A, Kato A et al. (2019): Pharmacokinetics and lung distribution of macrolide antibiotics in sepsis model rats, Xenobiotica, DOI:10.1080/00498254.2019.1654633 https://doi.org/10.1080/00498254.2019.1654633

Vallejos J, Zoni R, Bangher M et al. (2020) Ivermectin to prevent hospitalizations in patients with COVID-19 (IVERCOR-COVID19): a structured summary of a study protocol for a randomized controlled trial. Trials 21(1), 965. doi: 10.1186/s13063-020-04813-1. PMID: 33234158 https://pubmed.ncbi.nlm.nih.gov/32825892/

Tang M, Hu X, Wang Y, Yao X, Zhang W, Yu C, Cheng F, Li J, Fang Q (2021) Ivermectin, a potential anticancer drug derived from an antiparasitic drug. Pharmacol Res 105207. doi: 10.1016/j.phrs.2020.105207. Epub 2020 Sep 21. PMID: 32971268.

Linkomycine

Huismans BD Clindamycin. http://www.kabilahsystems.de/clindamycin.pdf

Ansamycine

Huismans BD Rifampicin. http://kabilahsystems.de/rifampicin.pdf

Sulfonamide

Huismans BD Dapson http://www.kabilahsystems.de/dapson.pdf

Horowitz R, Murali K, Gauri G et al. (2020) Effect of Dapsone Alone and in Combination With Intracellular Antibiotics Against the Biofilm Form of B. Burgdorferi. doi: 10.21203/rs.3.rs-40534/v1 https://pubmed.ncbi.nlm.nih.gov/32993780/

Metronidazole (Protozoenmittel)

Huismans BD Metronidazole. http://www.kabilahsystems.de/metronidazole.pdf

Betakaktame

Huismans BD Betalaktame http://www.kabilahsystems.de/betalaktame.pdf

Fritsche D. (1966) Zur bakteriziden Wirkung des Penicillins auf den Erreger der Aktinomykose. In: Heite HJ. (eds) Krankheiten Durch Aktinomyzeten und Verwandte Erreger Wechselwirkung Zwischen Pathogenen Pilzen und Wirtsorganismus. Springer, Berlin, Heidelberg. https://doi.org/10.1007/978-3-642-95004-9_6

Pothineni VR, Potula HSK, Ambati A et al. (2020) Azlocillin can be the potential drug candidate against drug-tolerant Borrelia burgdorferi sensu stricto JLB31. Sci Rep. 2020;10(1), 3798

Antimykotika

Huismans BD Fluconazol und Nystatin. http://www.kabilahsystems.de/fluconazol.pdf

Effluxpumpenblocker

Huismans BD Pyrazinamid http://www.xerlebnishaft.de/pyrazinamid.pdf

Huismans BD Phenothiazine http://www.xerlebnishaft.de/phenothiazine.pdf

Nematodenmittel
Forth W (1997) Anthelminthika – Neuentwicklungen zur Behebung unangenehmer Reiseerinnerungen
Dtsch Arztebl 94(42), A-2732 / B-2330 / C-2186 https://www.aerzteblatt.de/int/article.asp?id=8098

Literatur Phytotherapie

Huismans BD Heilpflanzen & Milieu bei Multisystemkrankheiten durch Krankheitserreger. http://www.kabilahsystems.de/phytotherapie.pdf

Huismans BD Kräutertherapie http://www.xerlebnishaft.de/kraeutertherapie.pdf

Huismans BD Pflanzliche Antimikrobiotika, Antiphlogistika, Analgetika und Immun-Aktivierer. http://www.kabilahsystems.de/pflanzlicheantimikrobiotika.pdf
http://www.xerlebnishaft.de/phytotherapie.pdf

Huismans BD Samento und Banderol http://www.kabilahsystems.de/samento_banderol.pdf

Huismans BD Lactoferrin http://www.kabilahsystems.de/immunsti.pdf

Huismans BD Ajojene, Knoblauch Zwiebeln http://www.kabilahsystems.de/pflanzlicheantimikrobiotika.pd,

Huismans BD Grapefruitkerne http://www.xerlebnishaft.de/grape_kern.pdf,

Huismans BD Polyphenole http://www.kabilahsystems.de/polyphenole.pdf

Barak V, Halperin T, Kalickman I (2001) The effect of Sambucol, a black elderberry-based, natural product, on the production of human cytokines: I. Inflammatory cytokines. Eur Cytokine Netw. 12(2), 290-6.
„We conclude from this study that, in addition to its antiviral properties, Sambucol Elderberry Extract and its formulations ac-

tivate the healthy immune system by increasing inflammatory
cytokine production. Sambucol might therefore be beneficial to the immune system activation and in the inflammatory process in healthy individuals or in patients with various
diseases. Sambucol could also have an immunoprotective or
immunostimulatory effect when administered to cancer or
AIDS patients, in conjunction with chemotherapeutic or other treatments. In view of the increasing popularity of botanical supplements, such studies and investigations in vitro, in
vivo and in clinical trials need to be developed."

Aktas O, Prozorovski T, Smorodchenko A et al. (2004) Green
tea epigallocatechin-3-gallate mediates T cellular NF-kappa
B inhibition and exerts neuroprotection in autoimmune encephalomyelitis. In: J Immunol. PMID 15494532.

Literatur Bakteriophagen
und andere antibotisch wirkende Viren

Huismans BD Bakteriophagen-Therapie und CRISPR/Cas. http://
www.kabilahsystems.de/bakteriophagen.pdf [Bakteriophagen]

Raettig H (1958) Bakteriophagie, 1917 bis 1956; zugleich ein
Vorschlag zur Dokumentation wissenschaftlicher Literatur.
Stuttgart, Fischer. https://www.worldcat.org/title/bakte-
riophagie-1917-bis-1956-zugleich-ein-vorschlag-zur-do-
kumentation-wissenschaftlicher-literatur/oclc/4309311

Schubert RA, Dodd IB et al. (2007) Cro's role in the CI Cro
bistable switch is critical for 's transition from lysogeny to
lytic development. Genes & Development 21(19), 2461–72
doi: 10.1101/gad.1584907
https://www.researchgate.net/publication/5935984_Cro%27s_
role_in_the_CI_Cro_bistable_switch_is_critical_for_%27s_
transition_from_lysogeny_to_lytic_development

Hanlon GW (2007) Bacteriophages: an appraisal of their role in the treatment of bacterial infections. Int J Antimicrob Agents 30(2), 118-28. doi: 10.1016/j.ijantimicag.2007.04.006. Epub 2007 Jun 12. PMID: 17566713 doi: 10.1016/j.ijantimicag.2007.04.006 https://pubmed.ncbi.nlm.nih.gov/17566713/

Häusler T (2003) Gesund durch Viren. Ein Ausweg aus der Antibiotika-Krise. Piper [Bakteriophagen]

ISBN3-492-04520-0

Kutateladze M, Adamia R (2010) Bacteriophages as potential new therapeutics to replace or supplement antibiotics. In:Trends in Biotechnology.28(12), 591–595 doi: 10.1016/j.tibtech.2010.08.001 [Bakteriophagen]

Matsuzaki S, Uchiyama J, Takemura-Uchiyama I et al. (2014) Perspective: The age of the phage. Nature 509, S9. https://doi.org/10.1038/509S9a [Bakteriophagen]

Pawluk A et al. (2016) Naturally occurring off-switches for CRISPR-Cas9. Cell, doi: 10.1016/j.cell.2016.11.017. http://www.cell.com/fulltext/S0092-8674(16)31589-6

„Here, we report the discovery of three distinct families of anti-CRISPRs that specifically inhibit theCRISPR-Cas9 system ofNeisseria meningitidis. We show that these proteins bind directly toN. meningitidis Cas9 (NmeCas9) and can be used as potent inhibitors of genome editing by this system in human cells. These anti-CRISPR proteins now enable ‚off-switches' for CRISPR-Cas9 activity and provide a genetically encodable means to inhibit CRISPR-Cas9 genome editing in eukaryotes."

RohdeC, WittmannJ, Kutter E (2018) Bacteriophages: A Therapy Concept against Multi-Drug-Resistant Bacteria. Surg Infect (Larchmt). 19:737-744. doi: 10.1089/sur.2018.184.

Teulières L (2019) bacteriophages (phage) Borrelia Phage PCR Test. (Video) [Bakteriophagen]

https://www.youtube.com/watch?v=xsLpZCIa-Z5I&fbclid=IwAR12_wOtnQkxp0_Orp7zEZpgQK878c_y2HcoPsxWHjqHyYY3el9_RWQBYmU

Gorski A et al (2019) Phage Therapy a Practical Approach. Springer https://books.google.de/books?id=QDy5DwAAQBAJ&print-sec=frontcover&hl=de

Teulières L (2020) Phelix Phage Borrelia Test update. https://www.youtube.com/watch?v=9MscAofmNDM

Phage4Cure (2021) Entwicklung von Bakteriophagen als zuge-lassenes Medikament gegen bakterielle Infektionen https://phage4cure.de/de/projekt/ [Phelix Phage Test]

Onkolytische Viren

Ferguson M et al. (2012) Systemic delivery of oncolytic viruses: hopes and hurdles. Advances in Virology Article ID 805629, doi: 10.1155/2012/80562 CrossRef MEDLINE

Seneca-Valley-Virus

Gibbs EPJ, Stoddard HL, Yedloutchnig RJ, House JA, Legge M (1983) A vesicular disease of pigs in Florida of unknown etio-logy. Florida Vet J 12: 25–27.

Journal of the National Cancer Institute. „Cancer-Killing Vi-rus Shows Promise as Metastatic Cancer Treatment." Scien-ceDaily. ScienceDaily, 1 November 2007. www.sciencedai-ly.com/releases/2007/10/071030160940.htm

National Cancer Institute Definition of Seneca Valley virus-001. National Cancer Institute Retrieved on 2008-10-09.

Hales LM, Knowles NJ, Reddy PS, Xu L, Hay C, et al. (2008) Complete genome sequence analysis of Seneca Valley vi-rus-001, a novel oncolytic picornavirus. J Gen Virol 89, 1265–1275.

Venkataraman S, Reddy SP, Loo J, Idamakanti N, Hallenback PL, et al. (2008) Structure of Seneca Valley Virus-001: An oncolytic picornavirus representing a new genus. Structure 16, 1555–1561.

Koppers-Lalic D, Hoeben RC (2011) Non-human viruses de-veloped as therapeutic agent for use in humans. Reviews in Medical Virology 21 (4), 227–239. doi: 10.1002/rmv.694. PMID 21560181. edit

Friedman GK, Cassady KA, Beierle EA et al. (2012) Targeting pediatric cancer stem cells with oncolytic virotherapy. Pediatric Research 71 (4-2) 500–510. doi: 10.1038/pr.2011.58. PMID 22430386. edit

Singh K, Corner S, Clark SG, Scherba G, Fredrickson R (2012) Seneca Valley Virus and Vesicular Lesions in a Pig with Idiopathic Vesicular Disease. J Vet Sci Technol 3:123 doi: 10.4172/2157-7579.1000123 http://www.omicsonline.org/seneca-valley-virus-and-vesicular-lesions-in-a-pig-with-idiopathic-vesicular-disease-2157-7579.1000123.pdf

Targeting Tumors with Viruses (2014) http://www.the-scientist.com//?articles.view/articleNo/40114/title/Targeting-Tumors-with-Viruses/

Literatur Quorum Quenching, Lysosomotropika und Stabilisatoren

Huismans BD Biofilme Vorkommen und Therapie http:///www.xerlebnishaft.de/lebendigkeit03.pdf

Huismans BD Biofilm Lyse, Quorum sensing http://www.xerlebnishaft.de/quorum.pdf

Huismans BD Lysosomotropica http://www.xerlebnishaft.de/lysosomotropika.pdf

Huismans BD Antikoagulantien, Gerinnungshemmer, Anticoagulants http://www.kabilahsystems.de/hyperkoagulation.pdf,

Huismans BD Waserstoff, pH-Wert http://www.kabilahsystems.de/ph.pdf,

Jacques PJ (1976) The Selection and Design of Lysosomotropic Drugs. In: Reichard S.M., Escobar M.R., Friedman H. (eds) The Reticuloendothelial System in Health and Disease. Advances in Experimental Medicine and Biology, vol 73. Springer, Boston, MA https://link.springer.com/chapter/10.1007/978-1-4684-3297-8_25#citeas

Weitz JI (2012) Antiplatelet, Anticoagulant and Fibrinolytic Drugs. In: Anthony S. Fauci u. a. (Hrsg.): Harrison's Principles of Internal Medicine. 18. Auflage. New York 994–996.

Zhao W, Lorenz N, Jung K, Sieber SA (2016) Fimbrolide Natural Products Disrupt Bioluminescence of Vibrio By Targeting Autoinducer Biosynthesis and Luciferase Activity. Angew Chem Int Ed Engl. 18; 55(3),1187-91. doi: 10.1002/anie.201508052. Epub 2015 Nov 26.

https://www.ncbi.nlm.nih.gov/pubmed/26609793

Feng J, Weitner M, Shi W et al. (2016) Eradication of Biofilm-Like Microcolony Structures of Borrelia burgdorferi by Daunomycin and Daptomycin but not Mitomycin C in Combination with Doxycycline and Cefuroxime. Front. Microbiol. http://dx.doi.org/10.3389/fmicb.2016.00062 http://journal.frontiersin.org/article/10.3389/fmicb.2016.00062/full

Kundukad B., Schussman M., Yang K et al. (2017) Mechanistic action of weak acid drugs on biofilms. Scientific Reports 7, 4783 „N-Acetylcystein" https://www.ncbi.nlm.nih.gov/pmc/articles/PMC5500524/

Kalia VCh (Ed.) (2018) Biotechnological Applications of Quorum Sensing Inhibitors

https://www.springer.com/gp/book/9789811090257 [Quorum Quenching]

Yao X, Ye F, Zhang M et al. (2020) In Vitro Antiviral Activity and Projection of Optimized Dosing Design of Hydroxychloroquine for the Treatment of Severe Acute Respiratory Syndrome Coronavirus 2 (SARS-CoV-2). Clin Infect Dis. pii: ciaa237. doi: 10.1093/cid/ciaa237. „Hydroxychloroquine was found to be more potent than chloroquine to inhibit SARS-CoV-2 in vitro."

Lysosomotropika

Huismans BD Artemisinin http://www.kabilahsystems.de/artemisinin.pdf

Chou S, Marousek G, Auerochs S, et al. (2011) The unique antiviral activity of artesunate is broadly effective against human cytomegaloviruses including therapy-resistant mutants. Antiviral Res. 92(2), 364–8.

Chenchen Shi, Haipeng Li, Yifu Yang, Lifei Hou (2015) Anti-Inflammatory and Immunoregulatory Functions of Artemisinin and Its Derivatives. Volume 2015 |Article ID 435713 | 7 pages | https://doi.org/10.1155/2015/435713 https://www.hindawi.com/journals/mi/2015/435713/

Chakraborty D, Felzen V, Hiebel C, Stürner E, Perumal N, Manicam C, Sehn E, Grus F, Wolfrum U, Behl C (2019) Enhanced autophagic-lysosomal activity and increased BAG3-mediated selective macroautophagy as adaptive response of neuronal cells to chronic oxidative stress. Redox Biol. 2019 Apr 2;24:101181. doi: 10.1016/j.redox. 101181.

Mitochondriotropika

Huismans BD Q10 und L-Carnitin. http://www.kabilahsystems.de/q10_und_I.pdf

Steffen J, Stenzel J, Ibrahim S, Pahnke J (2018) Short-Term Effects of Microglia-Specific Mitochondrial Dysfunction on Amyloidosis in Transgenic Models of Alzheimer's Disease. J Alzheimers Dis 65(2), 465–474. doi: 10.3233/JAD-180395. Affiliations PMID: 30040730 doi: 10.3233/JAD-180395

Nucleoprotein Stabilisatoren

Huismans BD Fettsäuren http://www.kabilahsystems.de/ungesaettfetts.pdf

Huismans BD Isoprinosine, Delimmun®, Immunmodulation http://www.kabilahsystems.de/immunsti.pdf

Huismans BD Biogene Amine und Peptide http://www.kabilahsystems.de/biogeneamineundpeptide.pdf

Poehl A (1898) Die physiologisch-chemischen Grundlagen der Spermintheorie. Verlag Hirschwald http://resolver.sub.uni-goettingen.de/purl?PPN547485514 https://gdz.sub.uni-goettingen.de/id/

PPN547485514?tify={%22panX%22:0.5,%22panY%22:0.591,%22view%22:%22info%22,%22zoom%22:0.445}

Madeo F et al. (2019) Spermidine: a physiological autophagy inducer acting as an anti-aging vitamin in humans?
Autophagy. 15(1), 165–168 https://pubmed.ncbi.nlm.nih.
gov/30306826/

Zhang H, Simon AK (2020) Polyamines reverse immune senescence via the translational control of autophagy. Autophagy. 16(1), 181-182. doi: 10.1080/15548627.2019.1687967
. Epub 2019 Nov 6. PMID: 31679458 https://pubmed.ncbi.
nlm.nih.gov/31679458/

Google Suche: Polyamine, Spermin, Spermidin https://www.
google.de/search?q=spermine&hl=de&btnG=Google+Search&gws_rd=ssl

https://www.google.de/search?hl=de&ei=lYNuXKy1AsjEw
QKOj4DoDA&q=spermin+spermidin&oq=spermine&gs_
l=psy-ab.1.0.0i7l12.0.0..8588...0.0..0.0.0.......0......gws-wiz.
L185l0oDC_w

Literatur Primäre und sekundäre Antibiotika-Resistenz

Huismans BD Bakterielle Antibiotika-Resistenz http://www.
erlebnishaft.de/staphylococcusaureus.pdf

Warburg O et al. (1958) Partielle Anaerobiose der Krebszellen und
Wirkung der Röntgenstrahlen auf Krebszellen. Max-Planck-
Institut für Zellphysiologie, Berlin-Dahlem. In: Jahrbuch
1958 der Max-Planck-Gesellschaft zur Förderung der Wissenschaft e.V., Göttingen. pp 195–211, hier Seite 206 http://
link.springer.com/article/10.1007%2FBF00599078https://
www.researchgate.net/researcher/1958105_O_WARBURG/
publications/3

„Zuerst ungeordnetes Wachstum und, damit verbunden, Entkoppelung der Atmung und Anstieg der Gärung, darauf folgend, und zwar beschleunigt durch Sauerstoffmangel, Abfall der Atmung und der Abfall der Katalase. Die Carzinomzellen werden ‚bei der Rückimpfung auf die Testtiere von den Cytolysinen der Testtiere aufgelöst.‘ ‚Erst nach langer in-vitro-Kultur entwickelt sich bei den Carzinomzellen eine Resistenz gegen die Zytolysine der Testtiere‘“. [H$_2$O$_2$]

Putnam CD, Arvai AS, Bourne Y, Tainer JA (2000) Active and inhibited human catalase structures: ligand and NADPH binding and catalytic mechanism. J Mol Biol. 296(1), 295–309. doi: 10.1006/jmbi.1999.3458. PMID: 10656833. [Katalase]

Chelikani P, Fita I, Loewen PC (2004) Diversity of structures and properties among catalases. Cell Mol Life Sci. 61(2) 192-208. doi: 10.1007/s00018-003-3206-5. PMID: 14745498. [Katalase]

Lewis K (2008) Multidrug tolerance of biofilms and persister cells. Curr Top Microbiol Immunol. 322, 107–31. https://www.ncbi.nlm.nih.gov/pubmed/18453274

Lewis, K (2012). Persister Cells: Molecular Mechanisms Related to Antibiotic Tolerance. Handbook of experimental pharmacology. 211. 121-33. 10.1007/978-3-642-28951-4_8.

https://www.researchgate.net/publication/232611103_Persister_Cells_Molecular_Mechanisms_Related_to_Antibiotic_Tolerance

http://www.perfendo.org/docs/Biofilm/persisters%20lewis.pdf

https://www.ncbi.nlm.nih.gov/pubmed/20528688?dopt=Abstract

Kim JS, Heo P, Yang TJ, Lee KS, Cho DH, Kim BT, Suh JH, Lim HJ, Shin D, Kim SK, Kweon DH. (2011) Selective killing of bacterial persisters by a single chemical compound without affecting normal antibiotic-sensitive cells. Antimicrob Agents Chemother. 55(11), 5380–3. doi: 10.1128/AAC.00708-11. PMID: 21844322; PMCID: PMC3195057. https://pubmed.ncbi.nlm.nih.gov/21844322/

Hof H, Dörries R (2014) Medizinische Mikrobiologie 5. Auflage. Georg Thieme Verlag KG

Khodamoradi Y, Kessel J, Vehreschild JJ, Vehreschild MJGT (2019) Rolle der Mikrobiota bei der Prävention von Infektionen mit multiresistenten Bakterien. Dtsch Arztebl. Int 2019 116, 670–6. doi: 10,3238/arztebl.2019.0670 https://www.aerzteblatt.de/archiv/210079/Rolle-der-Mikrobiota-bei-der-Praevention-von-Infektionen-mit-multiresistenten-Bakterien

Brauner A, Fridman O, Gefen O, Balaban NQ (2016) Distinguishing between resistance, tolerance and persistence to antibiotic treatment. Nat Rev Microbiol. 14(5), 320–30. doi: 10.1038/nrmicro.2016.34. https://www.ncbi.nlm.nih.gov/pubmed/27080241/

Fisher, R, Gollan, B, Helaine, S (2017) Persistent bacterial infections and persister cells. Nat Rev Microbiol 15, 453–464 https://doi.org/10.1038/nrmicro.2017.42 https://www.nature.com/articles/nrmicro.2017.42

Wood TK, Knabel SJ, Kwan BW (2020) Bacterial Persister Cell Formation and Dormancy. AEM doi: 10.1128/AEM.02636-13 https://aem.asm.org/content/79/23/7116

Literatur Die Reversions-Therapie bei pleomorphen Bakterien-Formen

Mattman LH (2001) Cell Wall Deficient Forms. Stealth Pathogens. CRC Press. Boca Raton London New York Washington, DC https://books.google.de/books?id=SoDOBQAAQBAJ&sitesec=buy&hl=de&source=gbs_buy_r

Literatur Immuntherapeutika, Virustatika, Immunsuppressiva, Enzyme

Immunmodulantien, Virustatika und antiretroviral wirkende Medikamente

Huismans BD Amantadin. http://www.xerlebnishaft.de/amantadin.pdf

Isoprinosine, siehe Immunmodulantien.

Huismans BD Immunmodulantien. http://www.kabilahsystems.de/immunsti.pdf

Huismans BD Antizytokine, Antichemokine
http://www.kabilahsystems.de/antizyt-chem.pdf

Huismans BD Antikoagulantien, Gerinnungshemmer, Anticoagulants http://www.kabilahsystems.de/hyperkoagulation.pdf

Huismans BD Antihistaminika; Loratadin http://www.xerlebnishaft.de/eosinophilie.pdf

Huismans BD Minocyclin, Tetracycline http://www.kabilahsystems.de/minocyclin.pdf

Huismans BD Probiotika http://www.kabilahsystems.de/probiotika.pdf

Griffith RS, Walsh DE, Myrmel KH, Thompson RW, Behforooz A (1987) Success of L-lysine therapy in frequently recurrent herpes simplex infection. Treatment and prophylaxis Dermatologica.175(4), 183–90.

Coffin JM, Hughes SH, Varmus HE (1997) The Place of Retroviruses in Biology. Retroviruses. Cold Spring Harbor Laboratory Press, ISBN 0–87969–571–4. https://www.ncbi.nlm.nih.gov/books/NBK19382/

Mae-Wan Ho (2000) Genetic engineering: dream or nightmare? Turning the tide on the brave new world of bad science and big business, New York, NY: Continuum. ISBN 0–8264–1257–2.

Pythagoras007

Ho (2003) Living with the fluid genome, London, UK: Institute of Science in Society; Penang, Malaysia: Third World Network. ISBN 0–9544923–0–7.

Tomas-Camardiel M, Rite I, Herrera AJ et al (2004) Minocycline reduces the lipopolysaccharide-induced inflammatory reaction, peroxynitrite-mediated nitration of proteins, disruption of the blood–brain barrier, and damage in the nigral dopaminergic system. Neurobiol Dis 16:190–201

Klinman D, Shirota H, Tross D et al. (2008) Synthetic oligonucleotides as modulators of inflammation. J Leukoc Biol. 84(4), 958-964. doi: 10.1189/jlb.1107775 PMCID: PMC2538593 PMID: 18430787 https://www.ncbi.nlm.nih.gov/pmc/articles/PMC2538593/

Singh IR, Gorzynski JE, Drobysheva D, Bassit L, Schinazi RF (2010) Raltegravir Is a Potent Inhibitor of XMRV, a Virus Implicated in Prostate Cancer and Chronic Fatigue Syndrome. In: PLOS ONE. Band 5, Nr. 4, S. e9948, doi: 10.1371/journal.pone.0009948

Wagh D, Pothineni VR, Liu MIS et al. (2015) Borreliacidal activity of Borrelia metal transporter A (BmtA) binding small molecules by manganese transport inhibition. DovePress 9, 805–816

http://www.dovepress.com/borreliacidal-activity-of-borrelia-metal-transporter-a-bmta-binding-sm-peer-reviewed-article-DDDT http://www.ncbi.nlm.nih.gov/pmc/articles/PMC4330029/

http://www.ncbi.nlm.nih.gov/pubmed/25709405

„Borrelia treated with lethal doses of desloratadine exhibited a significant loss of intracellular Mn specifically and a severe structural damage to the bacterial cell wall. Our results support the possibility of developing a novel, targeted therapy to treat Lyme disease by targeting specific metabolic needs of Borrelia."

Grübler B (2017) Medizinische Biotechnologie: Virenfänger und Bakterienkiller. Dtsch Arztebl 114(20), A-1002 / B-832 / C-814

https://www.aerzteblatt.de/archiv/188849/Medizinische-Biotechnologie-Virenfaenger-und-Bakterienkiller

Flores J, Noël A, Foveau B, Lynham J, Lecrux C, LeBlanc AC (2018). Caspase-1 inhibition alleviates cognitive impairment and neuropathology in an Alzheimer's disease mouse model. Nat Commun. 9 (1), 3916. doi: 10.1038/s41467-018-06449-x

Amgen, Novartis And Banner Alzheimer's Institute Discontinue Clinical Research Program With BACE Inhibitor CNP520 For Alzheimer's Prevention [Betasekretase Hemmer]

Meira RZC, Biscaia IFB, Nogueira C, Murakami FS, Bernardi LS, Oliveira PR (2019) Solid-State Characterization and Compatibility Studies of Penciclovir, L-Lysine Hydrochloride, and Pharmaceutical Excipients. Materials (Basel). 12(19), 3154. doi: 10.3390/ma12193154

Álvarez DM, Castillo E, Duarte LF et al. (2020) Current Antivirals and Novel Botanical Molecules Interfering With Herpes Simplex Virus Infection. Front Microbiol. 11, 139. doi: 10.3389/fmicb.2020.00139

Derfuss T, Mehling M, Papadopoulou A (2020) Advances in oral immunomodulating therapies in relapsing multiple sclerosis. The Lancet Neurology. doi: 10.1016/S1474-4422(19)30391-6 [Metalloprotease]

„Blocking of matrix metalloproteinases or tyrosine kinases are novel modes of action in the treatment of relapsing multiple sclerosis, which are exhibited by minocycline and evobrutinib, respectively. Minocycline reduced conversion to multiple sclerosis in patients with a clinically isolated syndrome."

Yildiz S et al. (2020) Respiratory tissue-associated commensal bacteria offer therapeutic potential against pneumococcal colonization. eLife, 9, e53581. doi: 10.7554/eLife.5358

„… we demonstrate that L. murinus provides a barrier against pneumococcal colonization in a respiratory dysbiosis model after an influenza A virus infection, when added therapeutically." [Lactobacillus murinus]

Krienke Chr, Kolb L, Diken E et al. (2021) A noninflammatory mRNA vaccine for treatment of experimental autoimmune encephalomyelitis. Science 371(6525), 145–153

doi: 10.1126/science.aay3638 Antigen-specific tolerance is induced in multiple sclerosis by an mRNA vaccine strategy. Supplementary Materials

Immunsuppressiva

Huismans BD Immunsuppressive Therapie bei neuropathischer Vaskulitis nach dem sicheren Ausschluss von Infektions - Ursachen, oder bei lebensbedrohlichen Krankheits-Zuständen mit Antibiose zugleich. http://www.xerlebnishaft.de/immunsubpression.pdf

Der Internist (6/1997) Konventionelle Immuntherapie entzündlicher Erkrankungen. https://www.springermedizin.de/der-internist-6-1997/7947652

LaRock CN, Cookson BT (2013) Burning Down the House: Cellular Actions during Pyroptosis PLOSPathogens. http://www.ncbi.nlm.nih.gov/pmc/articles/PMC3868505/ http://www.plospathogens.org/article/info%3Adoi%2F10.1371%2Fjournal.ppat.1003793

Chong WangJin-Tai Yu et al. (2014) Targeting the mTOR Signaling Network for Alzheimer's Disease Therapy In: Molecular Neurobiology, Band 49 doi:10.1007/s12035-013-8505-8 [Sirolimus = Rapamycin = Rapamune® = RTB101]

Kaeberlein M, Galvan, V (2019) Rapamycin and Alzheimer's disease: Time for a clinical trial? In: Science Translational Medicine, Band 11 doi:10.1126/scitranslmed.aar4289 [Sirolimus = Rapamycin = Rapamune® = RTB101

Singh N, Winston DJ, Razonable RR et al. (2020) Effect of preemptive terapy vs antiviral prophylaxis on cytomegalovirus disease in seronegative liver transplan recipients with seropositive donors. A randomized clinical trial. JAMA 323, 1378-87

Literatur Risiken und Kontraindikationen bei der Langzeittherapie

Huismans BD Risiken und Kontraindikationen http://www.xerlebnishaft.de/gegen.pdf

Huismans BD Risiken und Kontraindikationen http://www.xerlebnishaft.de/gegen_eng.pdf

Fralick M et al. (2014) Co-trimoxazole and sudden death in patients receiving inhibitors of renin–angiotensin system: population based study. BMJ 349, g6196 doi: https://doi.org/10.1136/bmj.g6196 https://www.bmj.com/content/349/bmj.g6196

Paauw DS (2016) Dangerous and Deadly Drug Combinations. http://www.medscape.com/features/slideshow/dangerous-drug-combinations?src=WNL_infoc_160703_MSCPE-DIT&uac=165524AR&impID=1145816&faf=1#page=1

Medscape (2016) Drug interaction Checker. http://reference.medscape.com/drug-interactionchecker?src=WNL_infoc_160703_MSCPEDIT&uac=165524AR&im-pID=1145816&faf=1

Walger P et al. (2017) Infektionsmedizin. Klinische Expertise fördern. Deutsches Ärzteblatt. 114(19), A948-A950 https://www.aerzteblatt.de/archiv/188587/Infektionsmedizin-Klinische-Expertise-foerdern

Literatur Mögliche Komplikationen bei bestimmten Arzneimitteln

Huismans BD Azithromycin http://www.kabilahsystems.de/azithromycin_and_lyme.pdf

Huismans BD Amantadin http://www.xerlebnishaft.de/amantadin.pdf

Huismans BD Minocyclin, Tetracycline http://www.kabilahsystems.de/minocyclin.pdf

Huismans BD Lysosomotropika http://www.xerlebnishaft.de/lysosomotropika.pdf

Huismans BD Betalaktame http://www.kabilahsystems.de/betalaktame.pdf

Huismans BD Chinolone http://www.kabilahsystems.de/chinolone.pdf
Huismans BD Fluconazol http://www.kabilahsystems.de/fluconazol.pdf
Huismans BD Quorum sensing http://www.xerlebnishaft.de/quorum.pdf

Literatur Kontroll-Untersuchungen und Option bei Langzeittherapie

Huismans BD Kontrolluntersuchungen während einer Kombinationslangzeitantibiose http://www.kabilahsystems.de/kommentkontrollunters.pdf

Literatur Optionen Medikamenten-Kombinationslangzeittherapie

Die Medikamenten Kombinationstherapie bzw. Multidrug – Therapie (MDT) wurde 1972 durch Prof. Freerksen geboren durch die Behandlung von Leprakranken mit der Kombination von Dapson plus Rifampizin in einem groß angelegten Versuch auf der Insel Malta.

Huismans BD Langzeitantibiose http://www.kabilahsystems.de/antibiotika_langzeit.pdf http://www.kabilahsystems.de/kommentantibiosetherapie.pdf
Huismans BD Chronic Inflammatory Disorders. Multisystem diseases caused bypathogens. http://www.kabilahsystems.de/ko-erreg_eupd1.pdf [Multisystemkrankheiten]

Huismans BD, Klemann W. (2008) Langzeitbehandlung mit Antiinfektiva bei persistierenderBorreliose mit Borrelien-DNA-Nachweis durch PCR. Mit Hinweisen auf Antiinfektivakombinationen im Anhang. Grin Verlag ISBN 978-3-640-19384-4 http://www.hausarbeiten.de/faecher/vorschau/117294.htm [Watschen-Therapie]

Huismans BD Adjuvant mögliche Begleittherapien http://www.kabilahsystems.de/kommentmedbegleittherapie.pdf http://www.kabilahsystems.de/immunsti.pdf

Huismans BD Phytotherapeutische Möglichkeiten http://www.kabilahsystems.de/pflanzlicheantimikrobiotika.pdf

Freerksen E (1975) The chemotherapy of leprosy today and tomorrow Second International Leprosy Colloquium, held at the Forschungsinstitut Borstel, October 15 and 16, 1974. [London] Acad. Press

Jernberg C, Löfmark S, Edlund C, Jansson JK (2007) Long-term ecological impacts of antibiotic administration on the human intestinal microbiota. ISME J. 1(1), 56-66. doi: 10.1038/ismej.3. PMID: 18043614

Hartmann F, Müller-Marienburg H (2010)Zur Entstehung und Behandlung der BORRELIOSE.hansadruck, Kiel
http://www.bfbd.de/media/literaturdownloads/Hartmann%20Borreliose%2071.pdf

Jernberg C, Löfmark S, Edlund C, Jansson JK (2010) Long-term impacts of antibiotic exposure on the human intestinal microbiota. Review. Microbiology (Reading) 156 (Pt 11) 3216–3223. doi: 10.1099/mic.0.040618-0. Epub 2010 Aug 12. PMID:20705661 doi 10.1099/mic.0.040618-0 https://pubmed.ncbi.nlm.nih.gov/20705661/

Sommer MO, Dantas G (2011) Antibiotics and the resistant microbiome. Curr Opin Microbiol. 14(5), 556-63. doi: 10.1016/j.mib.2011.07.005. Epub 2011 Jul 27. PMID: 21802347 Review.

Elsenbruch S., Schedlowski M. (2011) Immunkonditionierung als ein grundlegendes Paradigma der Psychoneuroimmunologie. In: Ehlert U., von Känel R. (eds) Psychoendokrinologie und Psychoimmunologie. Springer, Berlin,

Heidelberg https://link.springer.com/chapter/10.1007%
2F978-3-642-16964-9_4

Stricker RB, Delong AK, Green CL, Savely VR, Chamallas SN,
Johnson L (2011) Benefit of intravenous antibiotic therapy in
patients referred for treatment of neurologic Lyme disease.
Int J Gen Med. 4, 639–646.

Blander JM, Sander LE (2012) Beyond pattern recognition: five
immune checkpoints for scaling the microbial threat. Nat
Rev Immunol . 12(3), 215–25. doi: 10.1038/nri3167. Affiliations PMID: 22362354 doi: 10.1038/nri3167 [Pilze, Fungi]

Klemann W (2012) Erfahrungen mit Langzeitantibiose bei Spät-
borreliose u. Argumente dafür –Erkenntnisse über Biofilme als
mögliche Ursache chronischer Infektionen. Referat anlässlich
der Frühjahrstagung der Deutschen Borreliose-Gesellschaft,
Schweinfurt, April 2012 http://www.ingeborgschmierer.de/
resources/Dr.+Klemann+Erfahrungen+bei+Sp$C3$A4t-
borreliose.pdf

Berende A, ter Hofstede HJ, Vos FJ, van Middendorp H, Vo-
gelaar ML, Tromp M, van den Hoogen FH, Donders AR,
Evers AW, Kullberg BJ (2016) Randomized Trial of Longer-
Term Therapy for Symptoms Attributed to Lyme Disease. N
Engl J Med. 374(13), 1209–20. doi: 10.1056/NEJMoa1505425

Disclaimer

Nutzungsbedingungen und Haftungsausschluss

- Nach dem Urteil vom 12. Mai 1998 – 312 O 85/98 – „Haftung für Links", Landgericht (LG) Hamburg ergeht folgende Erklärung: Der Autor distanziert sich vorsorglich ausdrücklich von allen Inhalten der verlinkten externen Internetseiten und macht sich diese Inhalte nicht zu eigen. Diese Erklärung gilt für alle angebrachten Links.
  http://www.wwwarchiv.de/wwwarchiv/anfang/all/recht.html

- Der Beitrag wurde mit der größten Sorgfalt erstellt. Für die Genauigkeit oder Richtigkeit der mitgeteilten Informationen, insbesondere von Dosierungsangaben, kann weder vom Autor noch von jemand anderem irgendeine Haftung übernommen werden. Unter keinen Umständen ist der Verfasser des Beitrags für irgendwelche Verluste und Schäden haftbar zu machen, die dem Nutzer dadurch entstehen können, dass er auf eine Information vertraut, die er im Rahmen der Nutzung des Beitrags erhalten hat. Die Informationen und Anleitungen haben ausschließlich Empfehlungscharakter. Sie sollen Ärzten bei ihrer Urteilsfindung helfen. Sie sind für Ärzte rechtlich nicht bindend und haben weder eine haftungsbegründende noch eine haftungsbefreiende Wirkung. **Der Beitrag kann einen Besuch beim Arzt keinesfalls ersetzen.**

- © Dr. med. Bernt-Dieter Huismans, Am Haldenberg 24. 74564 Crailsheim. http://www.wwwarchiv.de/wwwarchiv/anfang/huis/seite01.htm
  www.Huismans.click

- Der Autor steht in keinem finanziellen Abhängigkeitsverhältnis. Dieser Beitrag wurde ohne jegliche finanzielle Zuwendung erstellt.

Namenregister

Conlon BP 228, 284
Cramer F 126, 129, 130, 151, 163, 177
Cryan JF 140, 270, 354, 382
Curie MS 145, 157
De Bary A 127, 149, 177,
DeDuve Ch 126, 128, 135, 147, 164, 185, 303, 347,
De Loof A 126, 141, 148, 166,
Derfuss T 107, 111, 113, 275, 408
de la Monte SM 23, 58, 346
Diaz R 116, 297
Dicke RH 160
Dienes L 218, 139,
Domingue GJ 136, 164, 220, 221, 226, 233, 235
Donate-Correa J 301, 362
Doudna JA 296, 351
Dupuis L 119, 150
Dirac PAM 148, 158, 159
Dobson CM 57, 152, 194, 197
Douville R 28, 33, 252, 262
Eigen M 160, 347
Einstein A 125, 152, 157, 158
Elsenbruch S 8, 10, 147, 273, 412
Erez Z 140, 154, 239, 342
Freerksen E 28, 45, 289, 412
Fröhlich H 126, 130, 141, 148, 169, 238, 239
Frölich L 23, 71, 143, 146, 346, 377
Enby EOH 129, 162, 163, 220, 221, 262
Enderlein G 135, 215
Ewald PW 129, 149, 179
Falkow S 138, 165, 223
Fearon ER 139, 154, 162
Feynman RP 126, 163
Finckh U 29, 38
Finlay BB 18, 356,
Firouzi R 28, 32, 103, 297
Fischer K 254, 267

Hüther G 126, 165
Iacoangeli A 43
Isaacs A 148, 295, 363
Iqbal UH 27, 352
Itzhaki RF 27, 31, 38, 48, 49, 50, 57, 58, 59, 61, 70, 75, 79, 82, 87, 196, 197, 198
Kajander EO 27, 221, 222
Kalia VCh 141, 401
Karlson P 303, 310, 390
Kauffman S 151, 173
Klein S 125, 130, 167, 188
Klieneberger-Nobel E 135, 137, 217, 218, 289
Klose G 390
Koch R 135, 157
Kolb EW 152, 162
Korpela K 315, 355
Kozłowsky M 168
Krienke Chr 408
Kriesel JD 28, 30, 33, 143, 252, 297
Kutschera U 127, 149, 178, 180, 181, 182, 183
Lantos PM 376
LaRock CN 344, 409
Laszlo E 126, 148, 166
Lee DH 151, 153, 173
Lee Ch-Y 136, 230
Leiner P 8, 10, 20, 273
Lenzen-Schulte M 88, 241, 342
Levine B 137, 241
Lieff J 127, 184
Liegner KB 30, 33, 100, 101, 105, 263, 389
Lin MH 295, 296, 367, 388
Livingston G 37, 81, 269
Lorenz K 148, 151, 161, 169
Lövheim H 31, 68, 72, 198, 199
Lisco A 128, 201
Lu YF 8, 10, 20, 273

Müller Chr 295, 366

Mutlu A 146, 167

Nabers A 85, 255

Nakamura A 85, 254, 259

Nation P 148, 165

Nejman D 129, 168, 262

Newport M 134, 372

Norins L 255, 353

Ohta S 300, 358, 359, 360

Ostwald W 126, 157, 170

Pahnke J 25, 29, 41, 402

Paracelsus T 310, 350

Patrizi da Cherso 147, 242, 243

Pawluk A 155, 398

Pederson PL 136, 344, 358

Pedersen NL 25, 29, 37

Penzias AA 160

Perronne C 7, 9, 22

Perron H 32, 102, 106, 143, 252, 297

Perczel A 104, 152

Pisa D 32, 65, 66, 70, 71, 74, 81, 82, 85, 124, 207, 209, 210

Planck M 125, 152, 158, 159, 168, 403

Popp FA 126, 129, 130, 141, 144, 145, 155, 161, 162, 165, 239

Popper KR 148, 163

Preparata G 149, 163, 179

Prigogine I 161

Portmann A 125, 127, 160

Reiber H 101, 102, 103, 105, 112, 252

Reploh H 136, 139, 218

Rohrer H 136, 161

Roth G 148, 151, 172

Röthlein B 126, 164

Sapi E 31, 89, 90

Sawcer S 25, 29, 43

Schadewaldt H 28, 35, 337

Scheibenbogen C 142, 168

Diagnostikregister und Therapieregister

Diagnostikregister

Therapieregister

„Better to light a candle than to curse the darkness."
„Es sei besser, ein einziges kleines Licht anzuzünden,
als die Dunkelheit zu verfluchen."

(Konfuzius; Alzheimer's Germ Quest, Inc.
https://alzgerm.org/, 2020)

Der Autor

Bernt-Dieter Huismans wurde 1938 in Breslau geboren und ist in Leer/Ostfriesland aufgewachsen.

Nach der Gymnasialzeit begann er eine Universitätsausbildung und schloss diese mit der Promotion in Medizin an der Universität zu Köln ab. Es folgten Weiterbildungen in Allgemeinmedizin, Angiologie und interner Röntgenologie, Kardiologie sowie Innerer Medizin und interner Labordiagnostik.

Von 1975 bis 2006 war er als Internist und allgemeinmedizinisch arbeitender Hausarzt in Crailsheim (Nord-Württemberg) in eigener Praxis tätig. Zudem betrieb er eine Fliegerärztliche Untersuchungsstelle und Taucheruntersuchungsstelle. Nach Weiterbildungen in Psychosomatischer Medizin, Umweltmedizin und Nanozellbiologie sowie Nanostruktur-Medizin betrieb er zudem von 2004 bis 2006 eine Gemeinschaftspraxis mit den Schwerpunkten Angiologie, Kardiologie, Hygiene, Infektiologie und Umweltmedizin. Von 2007 bis 2015 arbeitete er in einer Klinik für Patienten mit chronischen Multisystemkrankheiten, verursacht durch spezielle Krankheitserreger.